ISBN 978-0-656-59254-8
PIBN 11288176

1 MONTH OF
FREE
READING

at
www.ForgottenBooks.com

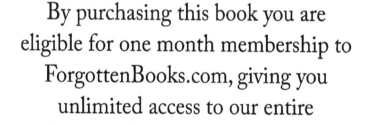

By purchasing this book you are eligible for one month membership to ForgottenBooks.com, giving you unlimited access to our entire collection of over 1,000,000 titles via our web site and mobile apps.

To claim your free month visit:
www.forgottenbooks.com/free1288176

English
Français
Deutsche
Italiano
Español
Português

www.forgottenbooks.com

Mythology Photography **Fiction**
Fishing Christianity **Art** Cooking
Essays Buddhism Freemasonry
Medicine **Biology** Music **Ancient**
Egypt Evolution Carpentry Physics
Dance Geology **Mathematics** Fitness
Shakespeare **Folklore** Yoga Marketing
Confidence Immortality Biographies
Poetry **Psychology** Witchcraft
Electronics Chemistry History **Law**
Accounting **Philosophy** Anthropology
Alchemy Drama Quantum Mechanics
Atheism Sexual Health **Ancient History**
Entrepreneurship Languages Sport
Paleontology Needlework Islam
Metaphysics Investment Archaeology
Parenting Statistics Criminology
Motivational

onaventura's
mÿstische Nächte.

Natura nos ad utrumque genuit,
et contemplationi rerum et actioni.
Seneca de otio Sap.c.XXXI.

Ignaz von Aurelius
Dr. J. A. Feßler.

Berlin,
bey Friedrich Maurer.
1807.

Inhaltsanzeige.

★

ventura's Urtheil darüber. S. 525. — Renato's
letzte Eröffnungen an seinen Freund, sein Tod. S.
533. — Bonaventura's Ruf an Peraldi. Untergang des Jesuiter=Ordens. Der Spanische Jesuit Alonso de Castilla bey Bonaventura.
S. 541. Bewaffnung der Corsicaner wider die Französischen Truppen. Bonaventura bewirbt sich um
das Bürgerrecht auf San Marino. Wechselndes
Glück der Corsicaner, ihre Niederlage, Paoli's
Unglück, Abfahrt von der Insel. S. 550. — Bonaventura's Ende auf San Marino. S. 563.

——————————

Bona=

Bonaventura's mystische Nächte.

Erstes Buch.

Dicam primum, ut possit aliquis, vel a prima aetate, contemplationi veritatis totum se tradere, rationem vivendi quaerere, atque exercere secreto.

SENECA de otio Sap. XXIX.

„Corsica ist nur ein kleiner Theil der Welt,
„für die der Mensch geboren wird; und Patrio-
„tismus ist bloß das Element, aus dem er sich
„zum Weltbürgersinne erheben soll;" — so
sprach Carlo di Ornano zu Abbate Gonella, als er diesem seinen Neffen Bonaventura zur höhern Bildung übergab. — „Schon
„vor hundert sieben und siebzig Jahren ist Cor-
„sica mit unserm großen Stammvater Sam-
„piero di Ornano gefallen; in dem jungen
„Corsen übernehmen Sie einen Sprößling die-
„ses edeln Stammes; und ich glaube, daß noch
„etwas Bessers aus ihm werden könne, als ein
„Mönch oder ein Heiliger, wozu ihn sein Vater
„und der Jesuit Peraldi in ihrer patriotischen
„Verzweiflung erziehen wollten. Zu seinem
„Glücke schloß mein Bruder in Certaldo zu
„rechter Zeit noch seine Rechnung mit der Welt

„und ſetzte mich zum Vormunde des Jünglings
„ein; durch Ihre Hülfe ſoll er der menſchlichen
„Geſellſchaft erhalten werden, und ich erwarte
„nichts Geringers von Ihnen, als daß Sie ihn
„auf der Bahn unſerer edeln Väter, deren ehr-
„würdige Reihe noch kein Schwärmer oder Mü-
„ßiggänger entehret hat, leiten und darauf er-
„halten werden. Die lehrreichſte Schule für den
„Menſchen iſt die Welt; in die mannigfaltigen
„und verwickelten Kreiſe derſelben ſollen Sie ihn
„einführen, und durch Ihre praktiſche Klugheit
„dahin bringen, daß er ſeines Himmels vergeſ-
„ſe, in welchem die Erde und das Gefühl ſeiner
„Menſchlichkeit ihm viel zu zeitig verſchwunden
„ſind. Sie werden zu thun haben und die gan-
„ze Macht Ihrer Philoſophie aufbiethen müſſen,
„um die Keime des Verderbens zu zerſtören,
„welche der Schwärmer Peraldi, der Corſica,
„eben ſo wenig als mein Bruder, retten konnte,
„durch eine Reihe von Jahren zu Piſa in ihm
„entwickelt und befruchtet hat. Schulmäßig
„braucht der Jüngling nichts mehr zu lernen;
„er weiß genug, um jetzt unter der Anleitung
„eines weiſen Führers die Welt und den Men-

„schen studieren, und endlich in allen Verhält=
„nissen einen angemessenen Wirkungskreis für
„sich finden und seinen wahren Vortheil schnell
„erschauen zu können. Das Lateinische, Spani=
„sche und Französische spricht er fertig, in der
„Länderkunde und in der Geschichte ist er hin=
„länglich bewandert; was er jetzt noch treibt ist
„unnüß. Sampiero's Enkel ist zu etwas Hö=
„herm bestimmt, als Griechische Bücher zu lesen,
„Madonnen=Bilder zu mahlen und halbe Nächte
„durch die Sterne zu betrachten. Bey seiner ver=
„schlossenen Gemüthsart ist hier, unter den ein=
„förmigen Verhältnissen des häuslichen Lebens,
„keine Sinnesänderung von ihm zu hoffen; um
„Ihnen daher Ihr wichtiges Geschäft zu erleich=
„tern, schlage ich eine mehrjährige Reise mit ihm
„durch die Schweiz, durch Deutschland, Hol=
„land, England, Spanien, Frankreich und das
„südliche Italien vor: die Hauptstädte dieser
„Länder sind reich an Mitteln zur Bildung ei=
„nes jungen Menschen, der an der treuen Hand
„eines klugen Mentors wandelt. Ich wünsche,
„daß Sie in jeder derselben mehrere Monathe
„verleben und keine Kosten schonen, um ihn

„überall die Reize der Wirklichkeit, die Vorthei=
„le einer wohlgeordneten Staatsverfassung und
„den Werth einer weltbürgerlichen Gesinnung
„erkennen zu lassen. In allem, was Sie ihm
„zeigen, soll ihn die Wahrheit ansprechen, daß
„nicht ein idealisches Scheinleben, nicht eine
„frömmelnde Trägheit, sondern gemeinnützige
„Thätigkeit die Bestimmung des Menschen sey.
„Billigen Sie meinen Vorschlag, so sollen die
„Anstalten zu Ihrer Abreise bald getroffen seyn.
„Wir müssen eilen; glücklich ist der Jüngling
„vor einigen Tagen dem Tode entronnen, die
„Reise wird auch die Genesung seines Geistes be=
„fördern, und ich werde Sie als den Wohlthä=
„ter unseres Geschlechtes segnen, wenn Sie ihn,
„von seinen Thorheiten geheilt, gleichgültig ge=
„gen Corsica, aber voll des gerechten Hasses
„gegen Genua, in meine Arme zurückbringen:
„dann soll er sich denjenigen Staat zum Vater=
„lande wählen, in dessen Dienst er die nächste
„Gelegenheit findet, Sampiero's meuchelmör=
„derischen Tod an Genua zu rächen.“

Annibale Gonella hatte bereits in meh=
rern ansehnlichen Häusern Toscana's seine Kunst,

Knaben und Jünglinge von gewöhnlichen Anlagen zu erziehen bewährt, als ihn Carlo di Ornano nach Orbitello zur Führung Bonaventura's berief. Des Abbate sittlicher Wandel, seine gelehrten Kenntnisse, seine ausgebreiteten Erfahrungen und Einsichten rechtfertigten zwar Carlo's an ihm getroffene Wahl; allein dieß alles machte ihn noch nicht fähig, in der Seele seines Zöglings das Außerordentliche in seiner vollen Bedeutung zu begreifen, richtig zu würdigen und geschickt zu behandeln.

Ganz anders, als Carlo, dachte Serafino di Ornano über Vaterland und Welt, über Patriotismus und Weltbürgersinn; fest stand in ihm die Ueberzeugung, daß dieser ohne jenen keinen Augenblick bestehen, und die heilige Flamme der Vaterlandsliebe nur von einem religiösen Gemüthe empfangen und genähret werden könne. Eine Welt ohne Vaterland war ihm wie eine Kirche ohne Gegenstand der

Verehrung; und ein Weltbürgersinn ohne Vaterlandsliebe gleich einer Gottseligkeit ohne Gott.
Mit dieser Gesinnung konnte er seinen Sohn nur
für Corsica erziehen; und damit dieser mit ganzer Seele Corsischer Weltbürger würde, mußte
er vor allem sein Gemüth, und in diesem die Anlage zur Religiosität auf das vollständigste entwickeln. Auch in der Erziehung glaubte er,
müßte vor allem das Reich Gottes gesucht werden; aus seinem Lichte und
seiner Kraft würde dann die wahre
Brauchbarkeit des Menschen für die Angelegenheiten der Welt von selbst erfolgen. Alles, was er daher durch zehn Jahre
an den Umgebungen des Knaben gethan hatte,
war aus dem Reiche der Kunst entlehnt, und lediglich dahin gerichtet, ihm Mittel darzubiethen,
die ihn aufforderten und drängten, sich selbst zu
vernehmen und verstehen zu lernen. Die Harmonie zwischen der Thätigkeit seiner Vernunft,
der Lebhaftigkeit seiner Phantasie und der Reizbarkeit seines Gefühls war schon sicher vorbereitet, der Sinn für das Wahre, Gute, Schöne
und Heilige war kräftig in ihm erwacht, als ihn

Serafino der besondern Geistespflege seines,
mit ihm gleichdenkenden und bewährten, Freun=
des Peraldi zu Pisa anvertraute; dieser setzte
in demselben Geiste, durch Philosophie und
Mysticismus fort, was Serafino durch
Kunst und Gottseligkeit glücklich begonnen
hatte. Noch Ein Mahl besuchte der treue Vater,
nach seiner letzten Rückkehr aus Corsica, und
kurz vor seinem Verschwinden aus der Welt,
den Sohn und den Freund, und bewunderte
die raschen Fortschritte des Erstern in den Ele=
menten der Kunst, der Religiosität und der Ge=
lehrsamkeit, welche ihn seine künftige Vollen=
dung mit Zuversicht hoffen ließen. Bekannt mit
der Macht des Geistes, dessen Leben und Wir=
ken in Bonaventura sich offenbarte, fürchte=
te er nichts mehr von den Hindernissen, welche
die selbstsüchtige Weltklugheit alltäglicher Men=
schen dem Emporstreben des Jünglings entgegen
setzen dürfte. Getrost kehrte er nach Certaldo
zurück, machte über sein Vermögen die nöthigen
Verfügungen, setzte Carlo zum Vormunde sei=
nes Sohnes, seinen alten Freund und Vertrau=
ten seiner Leiden, den Einsiedler Renato, zum

Wächter über Carlo; und folgte dem Drange,
welchem er unmöglich länger widerstehen konnte:
wohin dieser ihn getrieben hatte, blieb selbst seinem Bruder ein undurchdringliches Geheimniß.

Carlo glaubte an Bonaventura's Vater schon lange eine ungewöhnliche Schwermuth
bemerkt zu haben. Unfähig, die Leiden zu fassen oder mit zu fühlen, welche Serafino's re-
ligiös-patriotische Seele vor dem Bilde des sin-
kenden Vaterlandes so oft empfunden hatte,
muthmaßte er, sein Bruder habe in einem An-
falle des Wahnsinnes, nach Cato's Weise, seinem Leben ein Ende gemacht; um so mehr wollte er nun an dem verwaiseten Jünglinge, nicht
nur als Vormund, sondern auch als Vater handeln. Ungeachtet Serafino's ausdrücklicher
Willenserklärung, daß Bonaventura, wenigstens bis in sein neunzehntes Jahr, der Obhut und Leitung Peraldi's überlassen bleiben
sollte, rief er ihn eiligst nach Orbitello zurück,
weil er, nach der Weise einseitiger Beobachter,
alles mit allgemeinen Schlüssen abmachte und
geradehin behauptete, daß jeder einzelne Jesuit
eben so wenig, als der ganze Orden, taugte,

folglich keiner fähig sey, einen Enkel Sampie=
ro's zum Weltbürger zu erziehen.

Die Trennung von Peraldi war Bona=
ventura's erster Schmerz; die Eindrücke des=
selben blieben unauslöschlich in seinem Herzen.
Stets hatte er den weisen Priester für sich als
Stellvertreter der Gottheit betrachtet, in ihm
hatte er seinen Vater; sein Vaterland und das
ganze menschliche Geschlecht geliebt und verehrt.
Zum Denkmahl seiner Freundschaft gab ihm
Peraldi ein Kästchen mit, bey dessen Eröff=
nung er diejenigen Bücher fand, welche er wäh=
rend seines Aufenthalts zu Pisa mit dem Pater
am liebsten gelesen hatte. Sie waren sämmtlich
in niedlichen Duodez=Ausgaben, in schwarzen
Saffian gebunden, zu einer Reise=Bibliothek ge=
ordnet, und schon die Wahl derselben würde ei=
nen weniger befangenen Mann, als Carlo,
überzeugt haben, daß Bonaventura, nach
seiner Eigenthümlichkeit, sich nirgends besser, als
unter Peraldi's Aufsicht, würde entwickelt ha=
ben. Das Kästchen enthielt das Neue Testa=
ment, die Bekenntnisse des heiligen Augu=
stinus, die geheimen Wege der göttlichen Liebe,

von Constantin Barbanson*), Epictets Handbuch, Seneca's Schriften, des Marsilius Ficinus Briefe, des Luis de Leon Spanische Oden, Petrarcha's und Girolamo Benivieni's Sonnetten und Canzonen. Bonaventura's Geschmack hatte sich schon unter der Leitung seines Vaters für den Inhalt dieser und ähnlicher Schriften, vorzüglich aber für die genannten drey Dichter, entschieden; Peraldi bezeichnete durch sein Geschenk nur die Richtung, in welcher er bey den Aufflügen seines Gemüthes die Abgründe des Fanatismus vermeiden könnte. **)

---

*) Unter allen ascetischen Mystikern der vernünftigste.

**) So sollten die Verirrungen des Geistes genannt werden, welche die Weisen und Klugen der Welt Mystik nennen. Den Kindern Gottes ist die Mystik die eigentliche und wesentliche Form aller sichtbaren und unsichtbaren Dinge, und der Mysticismus, nach dem sie streben, nichts geringers, als die Fertigkeit, in allen Erscheinungen der sinnlichen und übersinnlichen Welt die Einheit des Denkens und des Seyns, das Unbedingte, Ewige und Göttliche anzuschauen.

Mit tiefer Wehmuth im Herzen, betrat er das Haus seines Oheims. Dort erfuhr er, daß sein Vater, an Corsica's Rettung völlig verzweifelnd, unsichtbar geworden sey, und niemand seinen Aufenthalt oder sein Ende entdecken könne. Diese Nachricht erschütterte ihn so gewaltig, daß er in ein heftiges Fieber verfiel, und die Aerzte schon nach einigen Tagen die Unzulänglichkeit ihrer Kunst bekennen mußten. Auf welche Weise er, als ihn alle schon verloren gaben, plötzlich wieder hergestellet worden war, erzählte er seinem Peraldi selbst in folgendem Briefe:

„Es ist wahrlich nicht meine Schuld, ehr„würdiger Vater, daß Sie nach meiner Trennung „von Ihnen so spät die erste Nachricht von mir „erhalten; ich war krank und dem Tode nahe. „Seit sechs Tagen ward es stündlich besser mit „mir, aber erst diesen Augenblick erlaubte mir „der Arzt den Gebrauch der Feder wieder, weil „er die Kraft, durch welche ich genas, wohl „schwerlich kennen dürfte.“

„Sie wissen, mit welchem Schmerz ich den „letzten Abschiedskuß von Ihnen empfing; in „Orbitello harrten meiner neue Leiden. Mein

„Oheim hatte zu meinem Empfange ein häusli=
„ches Fest angeordnet; allein ich fragte nur nach
„meinem geliebten Vater, und statt der Antwort
„erblickte ich überall nur Gesichter, die ihre
„Verlegenheit vor mir nicht verbergen konnten.
„Man kündigte mir an, daß ich in Zukunft in
„meines Oheims Hause bleiben, und zu dem
„Dienste des Großherzogs von Toscana gebil=
„det werden sollte; doch mir lag Corsica und
„mein Vater mehr, als die ganze Welt, am Her=
„zen, und alles, was ich fest halten konnte, be=
„stürmte ich mit Fragen nach ihm. Auf anhal=
„tendes Bitten und Flehen erhielt ich endlich von
„meiner Tante die schreckliche Kunde: „„er sey
„„nicht mehr; und wie man aus seinem lange
„„genährten Trübsinne vermuthete, möchte
„„er sich wohl selbst —„„ Ich kann die Lä=
„sterung nicht niederschreiben. Trübsinn nennt
„dieß müßige Volk den ernsten Sinn, das be=
„deutende Schweigen, die nur durch Befrey=
„ung des Vaterlandes oder durch die Flucht aus
„der Welt zu befriedigende Unruhe des patrio=
„tischen Weisen. Mein Geist war zu schwach,
„die gewaltsame Losreißung von Ihnen und

„den Verlust meines Vaters auf Ein Mahl zu er-
„tragen; ich mußte der Macht der Gefühle, die
„mein Innerstes empörten, unterliegen. Von
„einem gewaltigen Fieber in der Nacht ergrif-
„fen, verlor ich schon am folgenden Tage mein
„Bewußtseyn, und nach fünf Tagen erklärten
„mich die Aerzte für ein Opfer des Todes."

„Als alles schon verzweifelt schien, kam ich
„plötzlich wieder zu mir selber; da sah ich mei-
„nen Oheim und die Tante vor meinem Lager
„weinen, und meine erste Frage war: wo ist
„mein Vater? Niemand antwortete mir, als
„der gute Fabio, der mich hoffen hieß. Ich
„bat die Weinenden, mich mit ihm allein zu las-
„sen, und man war so menschlich, mir diesen
„Trost zu gönnen. Da mußte er mir von Ih-
„nen sprechen, und von den seligen Tagen, die
„ich bey Ihnen in Pisa verlebt hatte, erzählen.
„Als er nichts mehr wußte, ersuchte ich ihn, mir
„einige, von Ihrer Hand bezeichnete, Canzonen
„des göttlichen Benivieni *) vorzulesen: sein

***

*) Girolamo Benivieni lebte in dem vertrau-
ten Zirkel des Lorenzo di Medicis, und ward

„Vortrag war mir himmlische Musik, er hatte
„ihn ja von Ihnen gelernt. Ich fühlte die zurück=
„kehrende Lebenskraft, und er unterstützte sie
„durch sein vortreffliches Spiel auf der Harfe,
„womit er den herrlichen Gesang der Ode, de
„la Vida del Cielo, von dem erhabnen Luis
„de Leon *), begleitete. Unter der sechsten Stro=
„phe befiel mich ein sanfter Schlaf, und ein
„merkwürdiger Traum vollendete in mir, was
„die

---

von Marsiglio Firino und Pico von Mi=
randola vorzüglich geliebt. Seine poetischen
Schöpfungen athmen durchaus Platons erhabe=
nen Geist, und die Ideen=Welt dieses Weisen er=
scheinet in ihnen mit allen Reizen der Kunst auf=
geschlossen.

*) Luis Ponce de Leon (geb. zu Granada 1527.
† zu Salamanca 1591.) ist an classischer Vollen=
dung der Diction und an Erhabenheit poetischer
Ideen noch von keinem Spanischen Dichter über=
troffen worden. Seine Muse offenbart sich durch
die reinsten Gesinnungen und Gefühle der Reli=
gion; und ob er gleich, von seinem sechzehnten
Jahre an, Augustiner=Mönch war, so bewahrte
er doch sein Gemüth und seine Kunst vor allen

„die Feyer Ihres Andenkens, was Poesie und
„Musik angefangen hatten."

„Es war, als hätte ich das Haus meines
„Oheims heimlich verlassen, um zu Ihnen mich
„zu flüchten. Glücklich erreichte ich Pisa, doch
„vergeblich klopfte ich an die Klosterpforte, denn
„es war schon Nacht, und die ganze Stadt lag
„in tiefen Schlaf versunken. Lieblich leuchtete
„der volle Mond am Himmel, in seinem Schim-
„mer ging ich in den Campo Santo *), wo

Einwirkungen einer düstern und abergläubigen
Mönchsschwärmerey. Mit dem Genius der Alten
vertraut, hat er mit dem Römischen Odensänger
alle Vorzüge gemein, und übertrifft ihn an dem
Einen, was dem Römer fehlt, an tiefer Empfindsamkeit und an Stärke der poetischen Kraft.
*) So heißt der berühmte Kirchhof zu Pisa, ein gro-
ßer, mit Mauern eingefaßter Platz, rings herum
mit einem Säulengange von weißem Marmor
umgeben. Die Wände sind in große Felder getheilt und von den genannten ältesten Künstlern
Italiens mit allerley Fresco = Gemählden geziert.
Das Grabmahl des Philosophen und Arztes Matteo Curzio ist von Artoldo = Lorenzi, einem Schüler des Michelangelo.

B

„Sie mir öfters an Cimabue's, Giotto's
„und Orgagna's Werken die Geschichte der
„wieder auflebenden Kunst erzählten. Unter den
„Säulengängen wandelnd, wollte ich den An-
„bruch des Tages erwarten; allein von dem
„Wiederhalle meiner eigenen Tritte mehrmahls
„erschreckt, setzte ich mich an das Grabmahl des
„Matteo Curzio, dachte an meinen Vater
„und weinte. Vom hängenden Thurme erscholl
„das Zeichen der zweyten Stunde, und plötzlich
„ward es wunderbar licht um mich herum. Ein
„schöner, freundlicher Jüngling, dem Scheine
„nach mir gleich an Alter, an Gestalt der mir
„unvergeßlichen Camilla sprechend ähnlich,
„stand zu meiner Seite. Er winkte mir mit hol-
„der Miene, und die Worte: „„folge deinem
„„Genius jetzt und immerdar!"" erklangen
„durch mein Innerstes. Er führte mich zur Ca-
„pelle der heiligen Jungfrau; doch statt der-
„selben stand ein höher majestätischer Tempel,
„ganz im Griechischen Styl, vor mir da. Eine
„leise Berührung von seiner Hand öffnete die
„Thore, und er führte mich durch vier Vorhöfe
„in das Heiligthum. Gleich in dem ersten Vor-

„hofe, erblickte ich den vertrautesten Freund mei-
„nes Vaters, den räthselhaften Einsiedler Re-
„nato, jetzt stattlich gekleidet, dem Jünglinge
„und mir vertraulich die Hand biethend. Beyde
„hoben mich von der Erde und trugen mich auf
„ihren Händen durch die übrigen drey dunkeln
„Vorhöfe, voll verworrener Gestalten, in das
„hellbeleuchtete Heiligthum. Der Jüngling zeig-
„te mir auf einen Spiegel hin, dessen Höhe und
„Breite mein Blick, zu messen, nicht vermoch-
„te. In ihm stellte sich mir eine bergige, wilde,
„schauderhafte Gegend dar. Im Hintergrunde
„derselben erhob sich ein hoher Berg, bepflanzt
„mit Feigen, Cypressen und Oehlbäumen, un-
„ter deren Schatten eine zahlreiche Schar von
„Männern, alle weiß gekleidet, mit dem erha-
„bensten Ausdrucke der Religion und den Zü-
„gen einer himmlischen Ruhe im Angesichte, bald
„schweigend lustwandelten, bald den frohen, hei-
„tern Blick gen Himmel gewandt, in stiller An-
„dacht weilten. In ihrer Mitte erkannte ich mei-
„nen Vater; sein liebvoller Blick begegnete dem
„meinigen, er schien zu sprechen, doch was er
„sagte, vernahm ich in, nicht außer mir.

„„„Süß ist die Ruhe im Hafen,"""" so lautete sein
„Wort in meiner Seele, „„„doch nur, wer mu=
„„„thig im Sturme gekämpft hat, ist ihrer Won=
„„„ne empfänglich und würdig. Erst jetzt lebe ich
„„„wahrhaft: du hüthe dich, den Führungen Got=
„„tes durch voreilige Willkühr zu widerstreben;
„„„denn nach mancherley Stürmen werden sie
„„„auch dich in einen sichern Hafen geleiten.""""

„Die Erscheinung verschwand, Renato
„war mir unsichtbar geworden, das Heiligthum
„deckte tiefe Nacht; und nur in dem Lichte, wel=
„ches von dem Jünglinge ausfloß, fand ich den
„Weg aus dem Tempel. „„„Was ist die Ruhe
„„„im Hafen und das wahre Leben anders, als
„„„die Heimkehr des Geistes durch den Tod;""""
„so dacht' ich, ängstlich zweifelnd, „„„und worin
„„„besteht die voreilige Willkühr, durch welche ich
„„„die mir angewiesene Laufbahn nicht verlassen
„„„soll? O, wenn mein Vater von der seinigen
„„„willkührlich gewichen wäre, weil er mich vor
„„„diesem Frevel so bedeutend warnte!"""" — Der
„Jüngling gewahrte meine Angst, er lächelte,
„und in meinem Geiste stand die Gewißheit, daß
„der Theure noch auf Erden lebt und ich ihn

„wieder ſehen werde. Aufgeheitert durch dieſe
„Zuverſicht, bath ich den Jüngling, wer er ſey,
„mir zu ſagen und unzertrennlich bey mir zu
„bleiben. „„Erkenne,“„ ſprach er, „„und liebe
„„„treu in mir das Weſen, welches die Weiſen
„„„der Vorwelt in ihren wachenden Träumen
„„„den guten Genius, die frommen Gläubi-
„„„gen den Schutzengel des Menſchen nann-
„„„ten. Ich bin dein eigentliches unbegränztes Ich,
„„„dem, ewig in der Gottheit lebend, ſtets ge-
„„„genwärtig iſt, was deiner beſchränkten Sinn-
„„„lichkeit vergangen oder zukünftig ſcheint.“„“
„Die liebliche Geſtalt verſchwand, und ich er-
„wachte geſund zu einem neuen Leben.“

„Seit dieſem wunderbaren Schlafe dämpft
„die bloße Erinnerung an das, was ich im
„Traume geſehen und gehört habe, jede auf-
„wallende Unruhe meines Herzens. Ihre Weis-
„heit, ehrwürdiger Vater, wird mir den Sinn
„deſſelben, den ich größten Theils nur noch ahn-
„den kann, vollſtändig aufſchließen. Ich fühle
„es, daß meine Wege hiernieden nicht die ge-
„wöhnlichen ſeyn werden, und nur mit Mühe
„erwehre ich mich der geheimen Furcht, daß end-

„lich nicht auch ich, wie viele Gottseligen, der
„Zaubermacht der Phantasie ein Opfer werde,
„und in dem Wahne sinnlicher Visionen, Exta=
„sen und Offenbarungen untergehe. Darum
„bleiben Sie mir Vater meines Geistes, indem
„Sie meinem Blicke auch nicht den feinsten Punct
„entgehen lassen, welchen Sie, geübter Seher,
„auf der Gränzlinie zwischen der Wissenschaft des
„Göttlichen und dem Fanatismus entdecken.“

„Noch gönnet man mir nur wenig Zeit zum
„Mahlen, doch in einer Madonna mit dem Kin=
„de, an der ich seit meiner Genesung arbeite,
„wird die himmlische Gestalt der Camilla Sa=
„licetti und ihrer kleinen Olympia lieblicher,
„als in allen meinen frühern Gemählden, ver=
„klärt erscheinen. Während ich mahle, spielt
„Fabio auf der Harfe und befördert durch sei=
„nen Gesang den Aufschwung meines Geistes.
„Meine übrige Zeit ist zwischen den zwey Stoi=
„kern und den drey Dichtern getheilt; doch die
„Weihestunden meines innern Lebens feyere ich
„größten Theils mit Marsiglio Ficino. Flieht
„mich des Nachts der Schlaf, so zeichnet mir
„Fabio das Bild verflossener Tage, ich bin bey

„Ihnen, und oft ist mir, als fände ich die hö-
„here Bedeutung Ihrer Lehren in den Sternen."

„Vorgestern hat mir mein Oheim in Abba-
„te Bonella meinen künftigen Mentor vorge-
„stellt und zugleich angekündiget, daß ich einige
„Jahre mit ihm reisen werde. Ich soll nicht
„mehr Griechische Bücher lesen, soll den Tände-
„leyen mit der Poesie und Mahlerey ein Ende
„machen, den Tacitus und Machiavelli
„studieren, Corsica seinem Schicksale, meine
„übrigen Schwärmereyen Mönchen und Ein-
„siedlern überlassen, durch Klugheit, Weltkennt-
„niß und Gelehrsamkeit mir ein neues Vater-
„land erwerben, und durch staatsbürgerliche
„Verdienste den Nahmen der Ornano's auch
„außer Corsica berühmt machen: so will es
„Carlo, dem thätige Theilnahme an öffentli-
„chen Angelegenheiten und Staatsämtern die
„würdigste Bestimmung des Menschen und die
„unerläßlichste Bedingung seiner Selbstachtung
„zu seyn scheint. Er machte sogleich Miene, mei-
„ne mahlerischen Studien zu zerreißen, mein
„Farbenkästchen zu zertrümmern, und meiner
„Reise-Bibliothek, des mir so theuern Denkmahls

„Ihrer Liebe, mich zu berauben. Diesem allen
„widersetzte sich der Abbate mit der Andeutung,
„daß er das Haus meines Oheims sogleich wie-
„der räumen müßte, wenn man mich ihm nicht
„mit unbedingtem Vertrauen überlassen könnte.
„Aber Fabio soll nach Pisa zurück, darauf be-
„steht der harte Mann, und ich fürchte, Go-
„nella wird mir ihn mit dem besten Willen
„nicht erhalten können. Kein Funke der Liebe
„und Dankbarkeit wird für Don Carlo in
„meinem Herzen auflodern, wenn er selbst alle
„Fäden, die mich Verwaisten an das Menschen-
„geschlecht heften, gewaltsam zerreißt, und ich
„nur im Gefühle meiner Wunden seiner geden-
„ken kann. Beherzt stellte der Abbate in meiner
„Gegenwart unbeschränkte Freyheit unter der
„Leitung der Klugheit, als die wesentliche Be-
„dingung einer liberalen Menschenbildung auf,
„mein Oheim schüttelte dabey bedenklich den
„Kopf; mir aber flößten seine Behauptungen
„ziemliches Vertrauen zu ihm ein, und ich wür-
„de mich ihm sogleich mit Liebe hingegeben ha-
„ben, wenn ich nicht seine auffallende Leiden-
„schaftslosigkeit noch scheuete. Das Einzige,

„wofür ich bis jetzt ein lebhafteres Interesse in
„ihm entdecken konnte, sind Pflanzen und Stei-
„ne. Nach neun Tagen soll die Reise vor sich
„gehen, und, wie ich höre, werden wir schon
„den nächsten Winter an den Freuden und Ge-
„nüssen Venedigs Theil nehmen. Möchten
„Sie doch, bevor ich diese Gegend verlasse, mich
„mit einigen Worten der Weisheit und Freund-
„schaft erfreuen!"

Nach einigen Tagen erhielt Bonaventura von Peraldi folgende Antwort: „Oeffne
„dein Gemüth, mein Sohn, den Einwirkungen
„der ewigen Welt mit kindlicher Ergebung; du
„hast nichts zu fürchten, und auf der Bahn, auf
„welcher du so gemessen und sicher einher schrei-
„ten gelernet hast, wirst du die Gränzlinie zwi-
„schen der Wissenschaft des Göttlichen und dem
„Fanatismus nicht leicht übersteigen. Kaum be-
„darfst du nach deinem Traume, das ist,
„nach einer solchen Erfahrung des innig-
„sten Lebens deiner Seele im Uebersinn-

„lichen, noch einer Beruhigung von mir. Wo
„selbst bey völliger Gebundenheit des äußern
„Sinnes, der innere sich so richtig äußert, und
„bey überwiegender Thätigkeit der Phantasie
„die Vernunft dennoch ihre Herrschaft behaup-
„tet, dort ist das Gemüth nach der Harmonie
„des göttlichen All geordnet, dort sind sinnli-
„che Visionen, wahrnehmbare Extasen und ver-
„nehmliche Offenbarungen, lauter Paroxysmen
„eines zerrütteten Gemüthes, nicht mehr mög-
„lich. Alles Wunderbare in deinem Traume,
„die einladende Stimme, dem Jünglinge zu fol-
„gen, die Worte deines Vaters, die in dir er-
„wachende Gewißheit von seinem Daseyn, die
„besonders merkwürdigen Aufschlüsse des Ge-
„nius, waren nicht nur eigenthümliche Wirkun-
„gen des freyen Seyns deiner Seele, was die
„bedeutenden Träume bey allen Menschen sind;
„sondern sie kündigten sich auch, als solche, in
„deinem Bewußtseyn an, was nur wenigen Er-
„densöhnen begegnet. Ueber die Quelle der Of-
„fenbarungen, die dir geworden sind, kannst du
„nicht mehr im Zweifel seyn, seit dem du be-
„griffen hast, daß in dem menschlichen Geiste

„unendlich mehr vorhanden sey, als was die
„Analyse unserer scharfsinnigsten Logiker und
„Psychologen von ihm zeiget. Der Maßstab
„der Begriffe ist für ihn viel zu klein, und seine
„Tiefen sind jedem andern, als dem religiösen
„Auge, verschlossen. Die Kunde, welche deine
„Phantasie, ihrer Natur gemäß, in Worte und
„Gestalten kleiden mußte, war nichts anders,
„als eine Anschauung deines eigentlichen, wah-
„ren, reinen Ich von den Begebenheiten seines
„symbolischen Daseyns. Den Beweis gibt dir
„der Schluß deines Traumes, die Bestätigung
„wirst du in der Erfüllung finden.“

„Die Warnung deines Vaters, oder viel-
„mehr deines reinen Selbst soll dir vorzüglich
„wichtig seyn und bleiben; und ich wünsche,
„daß du den Sinn derselben nicht nur vollstän-
„dig fassest, sondern ihn auch als Richtschnur
„deines Wandels bereitwillig anerkennest. Du
„hast mehr Neigung zur Ruhe und Specula-
„tion, als zur Thätigkeit außer dir; auch diese
„Neigung mußt du der Vernunft unbedingt un-
„terordnen: es wird dir leicht werden, wenn du
„die Einheit des Idealen und Wirklichen in der

„Idee, und die Ueberzeugung, daß die gewalt-
„same Entzweyung dieser Einheit durch den Be=
„griff, die Quelle alles Irrthumes, aller Sün=
„de, aller Unzufriedenheit und alles Uebels sey,
„deiner Aufmerksamkeit nie entschwinden lässest.
„Es ist nicht wahr, mein Sohn, daß derjenige
„im Reiche der Ideen einheimisch werden könne,
„der im Gebiethe ihrer symbolischen Erscheinun-
„gen ein müßiger Fremdling geblieben ist. Wie
„wolltest du auch unter einem Haufen gleich ge-
„kleideter Menschen Benedict den XIV. oh=
„ne fremde Beyhülfe heraus finden, wenn du
„nie ihn selbst, oder ein treues Bild von ihm, ge=
„sehen; oder wie könntest du Raphaels Geist
„und Charakter bestimmen, wenn du unterlas=
„sen hättest, irgend eines seiner und seiner Mei=
„ster Werke zu studieren? Moses läßt Gott
„selbst durch sechs Tage an dem Weltgebäude
„arbeiten, und erst den siebenten die Güte, das
„ist das Idealische alles dessen, was er gemacht
„hat, in heiliger Ruhe und mit Wohlgefallen
„beschauen.‘

„Also erst handeln und wirken, mein Sohn,
„und dann ruhen. Das Leben im Unendlichen

„ist ein fortdauerndes Entsinnlichen, Verklären,
„Vergöttlichen;" dazu aber muß der Geist den
„Stoff durch die Thätigkeit im Endlichen sam-
„meln. Es ist ein ungeheurer Unterschied zwi-
„schen dem Untergehen im Sinnlichen, Zufälli-
„gen, Zeitlichen, und der Fertigkeit, das Sinn-
„liche in seiner geistigen Bedeutung, das Zufäl-
„lige in seiner unbedingten Nothwendigkeit und
„das Zeitliche in seiner Richtung nach dem
„Ewigen zu begreifen; gegen das Erstere bist du
„schon durch den regen Drang deines Wesens
„gesichert, das Letztere ist das Ziel, nach dem
„du streben sollst."

„Darum folge willig jeder Aufforderung zur
„Thätigkeit, und bewähre dich zu jedem gemein-
„nützigen Geschäfte brauchbar; es kommt nie
„darauf an, was, sondern in welchem Gei-
„ste du es thust, oder mit welcher Gewandtheit
„du die unselige Trennung zwischen dem Idea-
„len und Wirklichen der Dinge vermittelst. Nur
„der hat die Weihe des echten Lebens empfan-
„gen, welcher, bey gleicher Bildung und Ge-
„schicklichkeit zu Allem, ohne Störung der Ruhe
„und Klarheit seiner innern Welt, zu jeder Zeit

„sich aufgelegt fühlt, entweder den Rechtshan=
„del einer streitenden Partey vor Gerichte zu
„verfechten, oder in stiller Zurückgezogenheit
„sein angeerbtes Feld zu bauen; als Krieger
„für sein Vaterland zu kämpfen, oder als Künst=
„ler das Ideal der Schönheit in neuen Schö=
„pfungen darzustellen; als Hofmann den schwa=
„chen Fürsten, zum Besten seines Volkes, bey
„guter Laune zu erhalten, oder als Priester der
„Kirche ihren gläubigen Kindern das Evange=
„lium zu verkündigen. Universalität, nicht Ein=
„seitigkeit des Geistes ist die Bedingung, unter
„welcher sich dem Menschen die höhern Myste=
„rien des Lebens aufschließen."

„So lange du zu jener dich noch nicht er=
„hoben hast, wird es dir oft scheinen, als thä=
„test du besser, dich vor den Aufforderungen
„und Zerstreuungen der Welt in eine einsame
„Klosterzelle zu verbergen; dann aber bedenke,
„daß die Quelle der Zerstreuungen, welche du
„vermeiden möchtest, nicht in den äußern Ver=
„hältnissen, sondern in der Gemüthlosigkeit und
„innern Leerheit der Menschen liegt. Vergiß
„auch des Bekenntnisses nicht, das du biswei=

„len von mir gehöret haſt; mit innigſter Zufrie-
„denheit wiederhohle ich's dir: erſt nach den
„mannigfaltigen Verwickelungen eines thätigen
„Weltlebens, und durch die Erfahrungen, wo-
„mit mich mein Lehramt zu Paris, meine Krie-
„gesdienſte in Holland und Deutſchland, meine
„Geſandtſchaften in Spanien und England, und
„meine Procuraturen in unſerm gemeinſchaftli-
„chen Vaterlande bereichert hatten, konnte ſich
„derjenige Zuſtand des Gemüthes und der
„Geiſt der Wiſſenſchaft in mir bilden, welcher
„dem echten Ordensmanne unentbehrlich iſt.
„Darum würde ich auch jetzt noch keinen Augen-
„blick anſtehen, meine Zelle zu verlaſſen, ſobald
„Corſica's Väter für gut fänden, mich zu rufen,
„und meiner Kraft einen neuen Wirkungskreis
„anzuweiſen. Nur ſelten iſt der Beruf des Jüng-
„lings zur klöſterlichen Einſamkeit von Gott;
„und wo er's iſt, dort muß er ſich durch außer-
„ordentliche Merkmahle ankündigen. Der Klo-
„ſterſtand würde nicht ſo raſch ſeinem Unter-
„gange zueilen, verſchlöſſe er ſeine Hallen in der
„Regel jedem, den nicht vorher die Welt aus
„ihrer Lehre und ihrem Dienſte entlaſſen oder

„verstoßen hätte; und ich seufze über jeden, der
„mir vor seinem vierzigsten Jahre im Ordens-
„kleide begegnet: er hat sich zu seinem Verder-
„ben der Meisterschaft bemächtigt, bevor er
„Lehrling war."

„Auch ich glaube, mein Sohn, „daß deine
„Wege hiernieden nicht die gewöhnlichen seyn
„werden;" allein auf welche du auch geführet
„werden mögest, auf jedem wirst du sicher wan-
„deln und so wirken, wie Menschen wirken sol-
„len, so lange das dreyeinige Licht der Philoso-
„phie, der Kunst und der Religion ungetrennt
„deine Schritte leitet und beleuchtet. Nur da-
„mit du dieses Licht in seiner Einheit ohne Un-
„terlaß beschauest, und nach jeder Verdunke-
„lung desselben durch die Anmaßungen des Ver-
„standes oder der Sinnlichkeit es schneller wie-
„der findest, habe ich dir den Seneca und den
„Marsiglio Ficino, den Luis de Leon
„und den Benivieni, den Augustinus und
„den Barbanson zu Gefährten auf deiner Le-
„bensreise mitgegeben: doch wenn du sie zu Ra-
„the ziehest, so halte dich nicht lediglich an den
„Körper ihrer Worte, in welchen sie die Unend-
„lich-

„lichkeit ihres Geistes und ihrer Ideen zusam-
„men drängen und begränzen mußten. Sie zei-
„gen dir nur in der Einheit der Linie, was sich
„in deinem Gemüthe, so, wie es in dem ihrigen
„war, zu einer unermeßlichen Fläche ausdehnen
„soll; und du würdest deinen Irrthum oft be-
„reuen müssen, wenn du den Haufen der Ma-
„terialien, den sie, ohne Rücksicht auf die Un-
„gleichartigkeit derselben, zusammen trugen, als
„ein vollendetes Gebäude beziehen wolltest.‟

„Es ist mir lieb, daß sich das Bild der schönen
„Camilla mit ihrem Kinde nicht nur seit deinem
„zehnten Jahre lebhaft in deiner Seele erhalten
„hat, sondern auch in deinen Kunstversuchen sich
„immer idealischer verklärt: ich betrachte dieß
„als eine gute Vorbedeutung; der höhere Kunst-
„sinn schließt sich dem Gemüthe nur unter der im-
„merwährenden Contemplation des Ideals der
„Schönheit auf, und die Annäherung an das-
„selbe wird beträchtlich erleichtert, wenn es in
„einer bestimmten Gestalt versinnlicht erscheint,
„und in der Seele sich bleibend abbildet.‟

„Ich tadle deinen Oheim nicht, daß er ei-
„nen einsichtsvollen, gewandten und thätigen

„Weltmann aus dir machen will, denn ich woll-
„te ja eben dasselbe. Freylich war die Art, wie
„er dabey verfahren zu müssen glaubte, die un-
„richtigste, die er wählen konnte; dieß soll dir
„aber die Güte seiner Absicht nicht verdächtig
„machen, es beweiset bloß, daß er das Nothwen-
„dige nur noch dunkel ahndet, welches ich dir
„oben in ziemlicher Klarheit dargestellt habe.
„Auch mag er schwerlich wissen, daß man erst
„dann in der Erscheinungswelt recht
„zuversichtlich und fruchtbar wirken
„könne, wenn sich das Chaos der idea-
„lischen Welt durch Philosophie, Kunst
„und Religion im Gemüthe völlig ge-
„ordnet und aufgehellet hat.‟

„Laß es dir gefallen, mit Gonella nicht
„nur den Tacitus, sondern alle Alten, beson-
„ders die Griechen, und unter diesen vorzüglich
„den Platon, wenn dein Mentor der Griechi-
„schen Sprache kundig ist, zu lesen. Es kann
„dir gar nicht schwer werden, Don Carlo zu
„überreden, daß du seinen Wünschen und Er-
„wartungen durch das Studium der Griechen
„gewisser und gründlicher, als durch das Lesen

„der Römer und der Neuern entsprechen wür=
„dest. Du beleidigest damit die Wahrheit nicht,
„denn die Werke der Erstern hat der lebendigste
„Kunstsinn und das kräftigste Gefühl des Le=
„bens, die Nachahmungen der Letztern nur die
„kalte und erkünstelte Reflexion hervor gebracht.
„Je tiefer du in die Kunde der alten Welt ein=
„dringen wirst, desto schneller wird deiner in=
„nern das Kleine, Dürftige und Unwürdige dei=
„nes Zeitalters verschwinden. Dein Geist wird,
„über die beschränkenden Umgebungen der Ge=
„genwart erhaben, den unabsehbaren Kreis ei=
„ner großen Vergangenheit überschauen, und
„in ihr den Maßstab wahrer Größe finden:
„überall werden sich dir große Charaktere, die
„Herrschaft hoher Gesinnungen, das allgemeine
„Streben nach dem Unvergänglichen, und die
„Kunst, dem Allgemeinen das Einzelne unterzu=
„ordnen, in starken Zügen darstellen. Die ge=
„setzmäßige Form in den poetischen, plastischen
„und philosophischen Kunstwerken der Griechen
„war der reinste Abdruck der ewigen Idee von
„der Urschönheit; und selbst die ehrwürdigen
„Reste von ihnen, die wir heute nur bewundern,

C 2

„nicht erreichen können, sind größten Theils freye
„Ergießungen eines Gemüthes, welches von der
„Anschauung einer vergöttlichten Menschheit er-
„griffen war. Sie sind nirgends größer und
„vortrefflicher, als wo sie alle Erscheinungen nur
„nach ihrer Beziehung auf die ewige Bestim-
„mung des Menschen beurtheilen, oder die gänz-
„liche Vernichtung aller Eigenthümlichkeit unter
„der Majestät des All hervor scheinen lassen;
„und gerade dieß ist das untrügliche Merkmahl,
„daß sie, in der Beschauung der ewigen Schön-
„heit verloren, nur den Gott, der sie erfüllte,
„aus sich reden und schaffen ließen. Aber merke
„es wohl, mein Sohn, nicht derjenige widmet
„sich dem Studium ihrer Werke würdiglich, der
„dasselbe zum Mittel, den Trieb der Nachah-
„mung zu beschäftigen, herab würdiget; auch
„der nicht, welcher es als Quelle, den Reich-
„thum seiner glänzenden Vielwisserey zu ver-
„mehren, benutzen will, sondern nur der Aus-
„erwählte, welcher fähig ist, ihre göttliche Sin-
„nesart in seine reine Seele aufzunehmen, und
„überall in dem Zufälligen nur das Nothwendi-
„ge, in dem Bedingten lediglich das Unbeding-

;;te, und in dem Einzelnen bloß das Allgemeine
„mit Andacht und Ehrfurcht zu betrachten."

„Unter den Griechen empfahl ich dir vor
„allen das Studium des Platon, weil ich
„nichts kenne, was bey der Richtung deines
„Geistes dir zuträglicher wäre; darum gab ich
„dir auch schon letztens Marsiglio Ficino's
„Briefe mit. Wärest du noch länger bey mir
„geblieben, so würde ich Dich ehestens in die er-
„habne Welt des göttlichen Weisen eingeführet
„und ihre Höhen und Tiefen dir gezeiget haben;
„jetzt muß ich allen Beystand, den ich dir auf
„deiner Wallfahrt in dieselbe leisten kann, auf
„folgende Weisung beschränken: Da Platon
„von dem Unermeßlichen, das seinen Geist über-
„strahlet hatte, nur das Wenigste in Begriffe
„kleiden und in Worten aussprechen konnte, so
„schärfe deine Aufmerksamkeit mehr auf das,
„was unter dem Vernehmen seiner Offenbarun-
„gen in deinem Gemüthe von selbst sich auflä-
„ret, als auf das, was er, in die Schranken des
„Schriftstellers eingezwängt, behauptet. Werde
„Platons freyer, selbstthätiger Geistesgenoß,
„nicht nachlallender Platoniker."

„Reise glücklich! Thue allenthalben, was
„du sollst, sieh alles, was dir vorgeführt wird,
„sammle dir Stoff, so viel du kannst; dabey
„wache über die Kindlichkeit deines Herzens und
„über die Keuschheit deines Sinnes; überall
„aber gedenke der Winke deines treuen Corsen"

Lorenzo Peraldi.

Bonaventura trat mit Gonella, in Begleitung eines alten Bedienten des Ornanischen
Hauses, seine Reise an. Fabio mußte, ungeachtet der Thränen des Jünglings und der Vorstellungen des Abbate, nach Pisa zurück kehren.
Carlo liebte die Musik nicht, und konnte die
Genialität nirgends, am wenigsten aber an einem Menschen ertragen, den er für nichts Besseres, als für einen Bedienten hielt. Ueber dieß
fürchtete er, der junge Paduaner, unterstützt
durch die lange Gewohnheit und die Vertrau-
lichkeit des Jünglings, möchte die Vorliebe desselben für die, nach seiner Würdigung müßi-
gen Künste, in welchen Fabio sich vorzüglich

auszeichnete, Trotz aller Vorsicht Gonella's,
immer mehr nähren und verstärken. Zum Glücke für den Gekränkten war der Abbate selbst
Verehrer der Kunst, Kenner der Musik und
Freund der Griechischen Literatur; von ihm hatte Bonaventura keine Hindernisse zu fürchten, aber auch keine Beförderung in diesen Dingen zu hoffen; denn der weltkluge, bloß verständige und gelehrte Mann, war überall in
dem Stoffe versunken, und um die Kraft gekommen, sich zur Form und zum Geiste empor
zu schwingen. Auch begann er sein Amt bey dem
Jünglinge in dem entschiedensten Irrthume. Ohne ihn aufmerksam beobachtet und ganz erforscht
zu haben, nahm er als ausgemacht an, was er
seyn müßte. Er war völlig überzeugt, daß er
einen durch Schwärmerey und Aberglauben verwahrloseten Zögling eines gemeinen Jesuiten vor
sich hätte, und in diesem Wahne wollte er durch
allerley künstliche Maßregeln und Mißgriffe
aus ihm machen, was er entweder nach seiner
Eigenthümlichkeit nicht werden konnte, oder was
sich aus derselben, ganz von selbst und ohne
äußere Mitwirkung, hätte entwickeln müssen.

Der erste Ruhepunct der Reisenden war Bologna; ohne Bedenklichkeit erhielt Bonaventura von seinem Begleiter, daß der Weg dahin über Certaldo genommen wurde. Dort
hoffte er, den Eremiten Renato zu treffen, und
wenn nirgend anderswo, doch wenigstens von
diesem würdigen Manne Aufschlüsse über seinen
Vater zu erhalten. In Serafino's Villa fand
er niemanden, als einen Verwalter, den sein
Oheim hingesetzt hatte, und der von allem, was
der Jüngling fragte, nichts wußte. Um so begieriger eilte dieser in das tiefere Thal zur Einsiedeley hinab; aber auch der Bewohner derselben war fort, und sein alter Diener konnte keine
andere Nachricht von ihm geben, als daß der
sonderbare Mann auf mehrere Jahre Abschied
genommen, und, im Falle er nicht mehr zurück
kehrte, ihn zum Erben der anmuthigen Klause eingesetzt hätte. Seines Traumes eingedenk, ward
der junge Corse über diese Kunde nicht im geringsten entrüstet; heller, als sein verfehltes Ziel, stand
in seiner Seele die Hoffnung, in kurzer Zeit Renato und durch ihn auch seinen Vater zu finden.

Zwischen Monzone und Bologna brachte

er, nach mancherley schmeichelhaften Aeußerun=
gen gegen Gonella, die Verhältnisse in Vor=
schlag, welche während der ganzen Reise unter
ihnen beyden obwalten sollten. Die Bestimmung
der Reise=Route, der Art zu reisen und des Auf=
enthaltes an einem Orte, stellte er dem Abbate
ausschließend anheim, und versprach ihm in al=
lem die strengste Folgsamkeit; nur wenn sie in
einer Stadt verweilten, sollte er den Morgen
und den ganzen Vormittag, ohne weitere Sor=
ge, ihn völlig sich selbst überlassen. Dagegen
wollte er den Nachmittag und Abend nur mit
ihm und ganz nach seinem Wohlgefallen verle=
ben. Die von seinem Oheim angeordnete Lec=
türe sollte, theils unter Weges, in der Mittags=
und Nachtherberge, theils in den längern Win=
terabenden getrieben werden, wobey er es je=
doch als ein besonderes Zeichen der Liebe und
Freundschaft ansehen würde, wenn Gonella
diese Beschäftigung nicht mit dem Tacitus,
sondern mit Platons Büchern von der Repub=
lik und den Gesetzen anfangen, mit seinen übri=
gen Schriften fortfahren, darauf den Poly=
bios und Plutarchos folgen lassen, und erst

dann zu den Römern übergehen wollte. Der
Abbate gab zu allem seine Einwilligung, und
bereitete seinen irrigen Verfahrungsplan nur
mit dem Antrage vor, daß Bonaventura in
seiner Gesellschaft fleißig dem Gottesdienste bey=
wohnen, und, außer den Griechen und Römern,
auch gottselige und andere lehrreiche Bücher mit
ihm lesen müßte, weil die Furcht des Herrn der
Anfang aller Weisheit sey.

Beyde hielten einander redlich, was sie sich
versprochen hatten. Für den Aufenthalt zu Bo=
logna waren zwölf Tage bestimmt, und der
Jüngling blieb alle Vormittage Herr seiner Zeit.
Mit Camilla's herrlicher Gestalt in seiner See=
le, suchte er vor allen die Madonnen=Bilder
des Lippo Dalmasi und Guido Reni auf.
Durch die Feinheit seines Sinnes ward er bald
mit dem hinreißenden Charakter von Unschuld,
Andacht und Heiligkeit, welcher Dalmasi's
Werke auszeichnet, in allen seinen Nuanzen und
Abstufungen vertraut; doch inniger fühlte er
sich von dem unerklärbaren, idealischen Leben,
von der verklärten Zartheit, Schönheit und Ma=
jestät aus Guido's Madonnen angesprochen.

Von einigen Werken dieser beyden Künstler ent=
warf er sich Studien, durch deren Hülfe er das
heilige Gefühl, das ihn unter der Beschauung
ergriffen hatte, in seinen einsamen Weihestunden
der Kunst in sich erneuern konnte. Er zeigte sie
seinem ehemahligen Zeichenmeister, Giovanni
Sorbi, den er unerwartet in der Clementina
wiedergesehen hatte, und dieser bewunderte die
richtige Beobachtung und Auffassung des Ei=
genthümlichen und Wesentlichen der Formen, in
welchen der erhabne Ausdruck der genannten
Künstler lag. Freudig both sich ihm nun Sorbi
zum Wegweiser in Bologna an, und gab ihm den
Rath, um die Kunst in ihrer höchsten Kraft und
Würde kennen zu lernen, den Charakter der
religiösen Begeisterung ganz vorzüglich zu
studieren. „Diesen," meinte er, hätten die Künst=
„ler rein aus ihrem edlern Selbst schöpfen müs=
„sen, weil in dem ganzen Gebiethe des Antiken
„keine Muster davon vorhanden wären."

Vor allen führte er ihn in die Kirche San
Giovanni in Monte zur heil. Cäcilia von Ra=
phael, und ließ ihn in den Gesichtszügen der
gottseligen Tonkünstlerinn den unübertrefflichen

Ausdruck der Erhebung über alles Irdische und des lebendigsten Verlangens nach dem Ewigen und Göttlichen betrachten. Von hier aus mußte er ihm in die Kirche der Dominicaner-Nonnen folgen, auf deren Hochaltare der Martertod der heiligen Agnes von Dominichino dargestellt ist. Dort machte er ihn auf den groß und kräftig herrschenden Charakter des religiösen Heroismus aufmerksam, von welchem die Blutzeuginn des Christenthumes entflammt, in dem Augenblicke, als ihr Körper den schrecklichsten Martern unterliegt, durch die Macht des Vertrauens und der Liebe zu Gott die Siegespalme der Unsterblichkeit erringt. Das weinende Kind im Vordergrunde des Bildes und die schöne Gruppe der frommen drey Frauen, welche über die unbezwingliche Macht der Wahrheit mit einander zu sprechen scheinen, verstärkte in Bonaventura den Eindruck des hier so herrlich gefeyerten Triumphes der Religion. Mit den Worten: „er wolle hier nicht mahlen, sondern „gottselig empfinden lernen;" bath er seinen Führer, zu schweigen, als ihm dieser, nach gewöhnlicher Künstlersitte, nun auch das Fehler-

hafte des Gemähldes, das zu grelle Colorit in
der himmlischen Glorie, den verfehlten Ton in
der angebrachten Architectur, die Duplicität der
Handlung und dergleichen enthüllen wollte.

„Ich werde dir also nichts Mangelhaftes mehr
zeigen!" sprach Sorbi, und führte ihn nach
San Martino vor das Gemählde des Lodovi=
ro Carracci, auf welchem der heilige Hiero=
nymus, nach himmlischer Weisheit sich sehnend,
in der Betrachtung des göttlichen Wortes Licht
und Erkenntniß von oben herab erflehet. Der
Jüngling konnte sich nicht enthalten, die spre=
chendsten Züge der Sehnsucht und des Gefühls
der innern Erleuchtung auf der Stelle in seine
Studien einzutragen, und sie drückten sich auch
in seinem Gemüthe so lebhaft ab, daß außer
dem weinenden Petrus von Guido Reni im
Pallaste Zampieris, alles, was ihm Sorbi in
den übrigen Pallästen Bologna's von Cala=
brese, Guercino, Pasinelli und andern
Meistern der Lombardischen Schule an diesem
Tage noch vorführte, nur kalte Bewunderung
und ruhiges Wohlgefallen in ihm erwecken konn=
te. Sorbi bemerkte es und sprach empfindlich:

„Vollendung in der Kunst wirst du auf dei-
„ner Reise nie erreichen. Sie ist der Himmel,
„nicht die Schule der Gottseligkeit. Die Seele
„des echten Künstlers muß sich, unabhängig
„von einseitigen Zwecken, erweitern und aus-
„dehnen können, um das Unendliche in seiner
„ganzen Fülle mit heiliger Liebe in sich aufzu-
„nehmen. Ihn rührt und begeistert überall nur
„das Schöne an sich, unbekümmert, in welchen
„Gestalten es ihm erscheinet. Die Schönheit ist
„ihm alles, wie dem Philosophen die Wahrheit;
„nur sie beschauend und anbethend, heißt er je-
„des Interesse des Verstandes, oder des Ge-
„fühls in sich schweigen. Dich machen die Reize
„des Besondern unempfänglich für die Einwir-
„kungen des Allgemeinen; nach der zufälligen
„Richtung deines Geistes, oder dem Bedürfnisse
„deines Herzens, fassest du in einzelnen Kunst-
„werken nur das glücklich Ausgesprochene der
„Gegenwart, und überhörest in allen die leisen
„Nachklänge der fernen Verborgenheit. Ich er-
„schrak über deine Gleichgültigkeit vor der Ju-
„dith des Carravaggio und der badenden
„Diana des Agostino Carracci; der, dir

„mißfällige, Stoff verblendete dich gegen die
„herrliche Form, kaum weilte dein Blick auf die:
„sen meisterhaften Schöpfungen, wie auf ge-
„wöhnlichen Bildern, weil du sie mit deinen
„gottseligen Empfindungen in keine Beziehung
„zu bringen wüßtest. So wenig ahndest du
„noch, daß auch sie eine Offenbarung der ewi-
„gen Schönheit sind, daß die bildende Kraft
„überhaupt alle Elemente an sich zieht, ihr Un-
„gleichartiges in ein Gleichartiges verwandelt,
„und sie an den gemeinschaftlichen Mittelpunct
„des All, an die Gottheit, bindet. Du hast nur
„den Sinn, nicht die Freyheit, die Reizbarkeit,
„nicht die Schwungkraft, die Klarheit, nicht
„auch die Tiefe des höhern Kunstgeweihten."

„Sie sprechen wahr, Meister," versetzte der
Jüngling, „und mein Gemüth soll Ihre weisen
„Worte in treuem Andenken bewahren, damit
„ich mir nicht nur für die Beschauung des Schö-
„nen, sondern auch für das Leben in ihm erwer-
„be, was mir noch mangelt. Nur das Eine,
„was ein weiser Mann mir unauslöschlich in
„das Herz geschrieben hat, erlauben Sie mir,
„in kindlichem Vertrauen Ihnen mitzutheilen."

„„Ueber dem Schönen,““ sagte er oft, „„„steht
„„„noch etwas Höheres, das Heilige und Gött=
„„„liche.““ — Ist das wahr, so möchte ich glau=
„ben, daß die Kunst in ihren Schöpfungen nur
„dieß Heilige und Göttliche durch die idealischen
„Formen des Schönen verkündigen dürfte; die=
„se Formen aber zu empfangen, möchte wohl
„nicht jeder Stoff geeignet seyn. Oder sollte ich
„auch in Carravaggio's falschen Spielern
„und wahrsagenden Zigeunern die himmlischen
„Reize der Urschönheit bewundern und unter
„ihrer Hülle das Göttliche entdecken müssen,
„weil es ihm gefallen hat, sie an einem niedri=
„gen Stoffe zu entheiligen? Die Judith ließ
„mich kalt, weil mir der Ausdruck ihres Ab=
„scheues vor der That dem Bewußtseyn einer
„göttlichen Eingebung zu widerstreiten, und ent=
„weder ein böses Gewissen, oder ein Widerstre=
„ben des menschlichen gegen den höhern Willen
„zu verrathen schien. Bey der badenden Diana
„mochte ich nicht weilen, weil ich das Antike
„nur in den Werken der Alten, nicht in den
„Nachbildungen der Neuern sehen will. Ver=
„zeihen Sie diese Einseitigkeit dem Corsen, der
„in

„in dem großen Reiche der Kunst immer nur ein
„bescheidener, mit Dank und Liebe genießender
„Gast bleiben, und nie es wagen wird, in die
„ehrwürdigen Reihen seiner Bürger und Ge-
„weiheten sich einzuschleichen. Finden Sie mich
„mit dieser Gesinnung Ihrer Gastfreundschaft
„noch ferner würdig, so bitte ich Sie, mehr mei-
„ne gegenwärtigen Bedürfnisse, als meine künf-
„tige Vollendung dabey in Anschlag zu bringen.“

Sorbi versprach ihm, die erstern am folgenden Tage in vollem Maße zu befriedigen. Er
bath sich seine Gesellschaft von Gonella für
den ganzen Tag aus, und bestellte ihn mit dem
frühesten Morgen vor das Thor di San Ma-
molo, wo sie sich einander treffen würden. Sie
gingen zuerst in die Capuciner-Kirche, um Guido Reni's vorzüglichstes Werk in Bologna zu
beschauen. Es ist ein hohes Altarblatt, Christus
am Kreuze und darunter seine Mutter, den Joannes und die Magdalena vorstellend. Bonaventura übersah die Richtigkeit der Zeichnung, die Harmonie der Anordnung, die Kraft
des Pinsels, die Stärke des Colorits und das
Vollendete in der Ausführung; er sah und fühl-

D

te nur den, vom Künstler ergriffenen, Moment
der Darstellung, und glaubte wirklich die Worte: „Weib sieh das ist dein Sohn;" aus dem
Munde des Heilandes zu vernehmen. Lange
hing sein sinnender Blick an der Mutter, an dem
Jünger, an der Freundinn; und in tiefer Andacht betrachtete er an ihnen die allmähliche
Verschmelzung des Glaubens an den Messias
mit der Liebe, mit der Wehmuth und Sehnsucht,
mit der Hoffnung, den Geliebten in seiner Verklärung wieder zu sehen.

Mit den hier empfangenen Eindrücken im
Innern beschäftiget, folgte er schweigend seinem
Führer auf den Berg S. Michele in Bosco.
Vor der Pforte des Olivetaner-Klosters wollte
der Mahler, daß er sich an der prächtigen Aussicht in Gottes schöne Welt ergeßen und an ihrer wunderbaren Beleuchtung erheitern sollte;
allein, gleichwie sich in seinem Gemüthe alles
Ausgedehnte und Klare mehr zusammen drängte
und in eine mystische Dunkelheit verhüllte, so
ward er auch in der Natur, weniger von dem
Sanften und Heitern, als von dem Großen, Düstern und Schauderhaften angesprochen. Im

Kreuzgange des Klosters fand er sich wieder in
seiner Welt. Dort verlor sich sein Geist in der
Beschauung der kostbaren Reste von den sieben
und dreyßig Fresco = Gemählden aus dem Leben des heil. Benedictus und der heil. Cäcilia,
an welchen Lodovico Carracci seine hohe
Kunstweihe, Brizio den Reichthum seiner Erfindungen, Garbieri die Schwärmerey seiner
Gefühle, Guido Reni die Idealität seines
Ausdruckes, Cavedone die Wehmuth seines
Herzens, Leonello Spada und Tiarini die
Munterkeit ihres Sinnes wetteifernd verewiget
hatten. In der Kirche erhob er sich in das Reich
der Liebe vor Guercino's Bernardo Tolo-
mei; dem die göttliche Mutter die Ordensregel
überreicht, und an der büßenden Magdalena
von Guido, die im innigsten Gefühl ihrer Liebe
die Gewißheit der Verzeihung und ihrer Auserwählung findet.

Bis jetzt hatte Bonaventura, außer in
den Städten, noch keine Mönche gesehen, am
allerwenigsten aber kannte er solche, deren ganzes Leben der Contemplation gewidmet war.
Der mit Fichten, Eichen und Cypressen dicht be-

D 2.

pflanzte Berg und die Olivetaner in weißer Klei=
dung führten ihm das Bild seines Traumes er=
neuert vor. Ungern trennte er sich nach einem
gastfreundlichen Mahle von ihnen; denn in je=
dem glaubte er, wenn auch nicht seinen Vater,
doch einen Heiligen zu erblicken. „In der Cer=
tosa," sagte Sorbi, „werde ich dir Heilige
„zeigen!" und hieß ihn folgen.

Dort führte er ihn durch verschiedene Kreuz=
gänge gerade zur Zelle des Paters Girolamo
Colonna, eines Corsen, an den sie von dem
Abte der Olivetaner angewiesen waren. In der
Capelle dieses ehrwürdigen Mönches wurde das
begeisternde Gemählde von Lodovico Car=
racci, Joannes in der Wüste predigend, auf=
bewahret. Der Carthäuser, ein heiterer, bejahr=
ter Mann und selbst Künstler, lenkte die Auf=
merksamkeit Beyder auf die seltnen Vorzüge des
Bildes, ohne ihrem Blicke und Gefühle vorzu=
greifen. In keinem seiner zahlreichen Werke hat=
te Lodovico seinen hohen Sinn, sein innigstes
Leben im Schönen und Göttlichen mit solcher
Kraft und Fülle dargestellt, wie in diesem. Die
Würde, Erhabenheit und Heiligkeit, welche aus

dem Ganzen spricht, flößte dem Jünglinge eine
Ehrfurcht ein, wie er sie noch nie empfunden
hatte. Sorbi bewunderte die Vortrefflichkeit
des Entwurfes, die Annehmlichkeit in der Stel-
lung, den Anstand und die Einfachheit in der
Bewegung, das schöne Verhältniß zwischen der
Stärke und Sanftheit in der Farbengebung:
überall glaubte er das Idealische des Guido,
das Colorit des Titian, das Feuer des Tintoretto, die Harmonie des Veronese und
die Grazie des Correggio übertroffen zu sehen. Von dem allen gewahrte Bonaventura
eben so wenig, als er von Sorbi's rhetorischen
Künstlerformeln vernahm; ihn durchdrang das
Höhere: er hatte das Edelste und Schönste der
Menschheit in dem Vorläufer Jesu erschauet.
Die unerschütterlichste Seelengröße und die zar-
teste Demuth, die allergründende Weisheit und
die gelassenste Selbstverläugnung, das innnig-
ste Bewußtseyn einer göttlichen Sendung und
die bestimmteste Ueberzeugung, daß der Ruhm
der Thaten nur dem Sender, nicht dem Gesandten, gebühre, erschienen ihm hier in den erhabensten Zügen vereinigt. Auch er mußte seine Be-

geisterung in Worte ausbrechen lassen: „Wie
„klar und rein," rief er aus, „mußte sich die
„Idee der göttlichen Menschheit in der Seele des
„Künstlers gespiegelt haben, der die unmittelba-
„re Einwirkung der Gottheit auf den Menschen
„so groß und vollendet außer sich hinstellen
„konnte! Hier erkenne ich im Bilde die Wahr-
„heit, welche ich in den Worten meines Peral-
„di nicht fassen konnte:" „„„alles Schaffen,
„„„selbst das göttliche, ist nichts anders, als eine
„„„Selbstbeschauung und Darstellung der All-
„„„heit oder der Eigenthümlichkeit des Schöpfers
„„„außer sich.„„„ — „Girolamo errieth den
„Geist, der in dem Jünglinge sich ankündigte;
„mit herzlichem Wohlgefallen zog er ihn in seine
„Arme, und begrüßte in ihm den künftigen Bür-
„ger einer höhern Welt."

Von allen Schätzen der Kunst, womit die
Carthause ausgestattet war, begehrte Bonaventura nichts weiter mehr zu sehen; als ihm
aber der Carthäuser die von ihm selbst in Kup-
fer geätzte Communion des heiligen Hieronymus zeigte und ihm eröffnete, daß das
Original-Gemählde, das berühmteste von Ago-

ſtino Carracci, in der großen Kloſterkirche
ſich befinde, bath er den beredten Sorbi, bey
dem Pater zu verweilen, bis er von ſeiner Wall⸗
fahrt zurück kehrte.

ı. Hatte er vor dem Joannes des Lodovico
die im Menſchen lebende und wirkende Gott⸗
heit begriffen, ſo entzückte ihn hier vor dem ſter⸗
benden Hieronymus des Agoſtino der herr⸗
ſchende Ausdruck eines gottſeligen Greiſes, der,
durch den Glauben erleuchtet, durch die Hoff⸗
nung geſtärkt, durch die Liebe entflammt, und
durch das Vorgefühl ſeiner Seligkeit erheitert,
nur einen Augenblick noch durch die Sehnſucht,
in der Gottheit unterzugehen, lebte. Dort war
er in dem Angeſichte des Heiligen über die hehre
Macht und Majeſtät des göttlichen Reiches,
welches noch kommen ſollte, erſtaunt; hier be⸗
trachtete er in ſüßer Wehmuth das Hinſcheiden
eines Auserwählten, deſſen ganzes Weſen die
Herrlichkeit und Glorie dieſes Reiches bereits
verkläret hat. Der Künſtler hatte den Moment
gewählt, in welchem der Sterbende, ſeine Auf⸗
löſung erwartend, das Abendmahl empfangen
will. Einige Mönche ſeines Kloſters erhalten

ihn aufrecht, andere sind an dem Altare beschäf=
tigt, an den Meisten ist der Vorsatz, so zu leben,
wie ihr Meister, an allen der Wunsch, einst so
wie er zu sterben, sichtbar. — Eben dieser Vor=
satz und Wunsch stieg unter der anhaltenden Be=
schauung des Bildes in der Seele des Jünglings
kräftiger als jemahls auf; und er glaubte die
Bestätigung dessen, was der innere Sinn zu
ihm sprach, aus dem Abgrunde der Ewigkeit zu
vernehmen, da plötzlich in dem Chor eine An=
zahl gewaltiger Baßstimmen, von ungewöhnli=
cher Tiefe, mit dem feyerlichen, Deus in adjuto-
rium ꝛc. ꝛc., in aushaltender Schwebung der
Sylben, die Vesper begann.

Unterdessen hatte Girolamo seine eigenen
Studien und Versuche in der Mahlerey aufge=
stellt. Bonaventura kam aus der Kirche zu=
rück und erstaunte über die Entdeckung eines
solchen Meisters in dem, der Welt abgestorbe=
nen, Einsiedler. Noch aufmerksamer ward er auf
ihn, als ihm dieser eine, mit Einsicht und Ge=
schmack geordnete, Sammlung von erhaben
und tief geschnittenen Gemmen vorlegte, und
endlich durch mancherley Kunststücke von seiner

Erfindung auch seine Kenntniſſe in der Optik und
Perſpective bewährte. „Wozu,‟ fragte er, „dieß
„alles dem Manne, deſſen Geiſt, der Erde ver-
„geſſen, nur im Himmliſchen lebt und in der
„Beſchauung des Göttlichen ruht?‟

„Mein Himmel und mein Gott,‟ erwiederte
Girolamo; „iſt überall und in Allem. Du ir-
„reſt, Sohn meines Vaterlandes, wenn du
„glaubſt, das Himmliſche ſey von dem Irdi-
„ſchen, ſo wie dieſe Zelle von der benachbarten,
„oder wie Corſica von Sardinien, getrennt. Der
„Menſch macht die Scheidung, der Geiſt ſoll in
„ſich wieder einigen, was jener, nur getäuſcht,
„entzweyet hat. Iſt dir der Himmels-Sphären
„doppelter Umſchwung unbekannt; und weißt
„du nicht, daß nur durch ihn ihr Licht erzeuget
„und ihre Harmonie erhalten wird? Auf gleiche
„Weiſe, muß die Sphäre des Gemüthes, in und
„um ſich ſelbſt harmoniſch thätig, und zugleich
„um ihren Mittelpunct in ruhiger Ergebung
„ſich bewegen, wenn das Licht der Gottheit von
„ihr ausfließen, und die Harmonie des All durch
„ſie erklingen ſoll.‟

„Dann errathe ich nicht, warum Sie Cor-

„ſica verlaſſen, und ſich in dieſe Einſamkeit ver-
„ſchloſſen haben.“

„Vernimm dann die Löſung des Räthſels;
„es wird meinem Herzen wohl thun, die bunte
„Karte meiner Pilgerſchaft vor einem Corſen
„noch ein Mahl aufzurollen. Ich lebe jetzt vier
„und ſechzig Jahre, wovon die letztern zehn,
„wie die Stunden eines frohen Tages, in dieſer
„Zelle mir verſchwunden ſind. Von den frühern
„wurden achtzehn auf meine Bildung zur Sitt-
„lichkeit, Kunſt und Wiſſenſchaft, ſo gut es in
„Corſica möglich war, angewendet. Eines ver-
„ſchwendete ich als Noviz des Serviten-Or-
„dens; ich trat aus, weil ſo wohl mein Inner-
„ſtes, als auch meine Umgebungen, laut und
„noch zu rechter Zeit, mir verkündigten, Sturm
„und Drang der Welt, nicht die Ruhe des Klo-
„ſters, ſey für den Jüngling. Sechs Jahre wid-
„mete ich ſodann zu Neapel, Rom und Paris
„den ernſtern Wiſſenſchaften, unter welchen die
„Geſchichte, die Mathematik und Metaphyſik ei-
„nen vorzüglichen Reiz für mich hatten. Die
„Lockungen des gelehrten Ruhmes verleiteten
„mich, zu Turin den Lehrſtuhl der Philoſophie

„anzunehmen. Der mir zu Theil gewordene
„Beyfall erregte die Wachsamkeit des Neides,
„man durchschauete die Hülle, unter welche ich
„meine Lehre von der Ewigkeit der Welt verstek=
„ken wollte; und nur eine schnelle Flucht rettete
„mich aus den Klauen meiner Verfolger. Ich
„ging nach Neapel und spielte dort durch sieben
„Jahre, bisweilen glücklich, öfters unglücklich,
„mit dem Fantom der Ehre im Dienste des Ho=
„fes und des Königs. Im Gefühle meiner Kraft
„und meiner Unabhängigkeit ließ ich meiner
„Originalität allenthalben freyen Lauf; aber
„sie ward selten geduldet, noch seltener verstan=
„den. Die Sehnsucht nach meinen vaterländi=
„schen Felsen trieb mich nach Corsica zurück, wo
„ich in meinem vier und dreyßigsten Jahre zum
„Leben der Liebe erwachte. Jetzt fing ich erst an,
„eine geheime und höhere Bedeutung der Welt,
„der Kunst und der Wissenschaft zu ahnden; ich
„ward gottselig, da ich bis dahin im Herzen
„Freydenker und äußerlich nur einer kirchlichen
„Scheinfrömmigkeit ergeben war. Die Unver=
„söhnlichkeit des Vaters meiner Geliebten, der
„alle Colonna's haßte, weil ihn Einer belei=

„digt hätte, widersetzte sich durch zwey Jahre
„der Vollendung meines Glückes. Sein Tod en-
„digte meine Leiden, seine Tochter Costánza
„Giuliani feyerte mit mir seinen Uebergang
„in das Land des Friedens durch die heiligste
„Verbindung. In der anmuthigsten Gegend
„um Sollacaro bezog ich mit ihr ein einsa-
„mes Landhaus, um unsere Seligkeit in unge-
„störter Ruhe zu genießen. Bald ward sie uns
„durch die Geburt meiner Camilla erhöht; in
„der Vaterfreude empfand ich die höchste Won-
„ne der Menschlichkeit, aber ihr höchster Schmerz
„stand mir noch bevor. Auch seine bittere Scha-
„le mußt' ich leeren, als ich nach fünf Jahren
„die Hülle meiner verewigten Costanza in die
„Erde senkte. Camilla's Erziehung war jetzt
„mein einziges Geschäft, ich übernahm es ohne
„fremde Hülfe, welche ich in Corsica ohnehin
„vergeblich würde gesucht haben. Sie war
„zwölf Jahr alt, als die Väter unseres Volkes
„einen neuen Versuch wagten, das schimpfliche
„Joch der Genueser abzuschütteln, und die all-
„gemeine Angelegenheit mich nöthigte, die vä-
„terliche Sorgfalt der Pflicht gegen das Vater-

„land unterzuordnen. Ich trat unter die Fah=
„nen des Lodovico Giafferri; allein unse=
„re Tapferkeit mußte der Uebermacht der theuer
„erkauften Genuesischen Hülfs=Truppen unterlie=
„gen, wir konnten uns der Freyheit nur würdig
„zeigen, sie nicht erkämpfen. Unter der Bürgschaft
„des Kaisers ward ein gezwungener Friede mit
„unsern Unterdrückern geschlossen, und wir ga=
„ben alle Hoffnung eines bessern Schicksals auf,
„als wir unsere Helden und Väter, Ciaccal=
„di, Giafferri, Raffalli und Aitelli,
„treulos verrathen und als Verbrecher gefan=
„gen, nach Genua abführen sahen. Der würdi=
„ge Priester Raffalli, auf des Papstes Ver=
„wendung in Freyheit gesetzt, ging nach Rom;
„er war mein Freund, und ohne ihn ward mir
„der Aufenthalt in Sollacaro mit jedem Ta=
„ge unerträglicher. Ich wanderte daher mit
„meiner Tochter und meinem Vermögen aus,
„und kaufte mir bey Capua ein kleines Land=
„gut, wo ich alle meine Sorgen und meine Freu=
„den auf die Bildung meiner Tochter beschränk=
„te. Ich glaube sie glücklich vollendet zu haben;
„denn in dem Kinde lebte der äußerst zarte Sinn

„der Mutter, in mir der Geist der Geliebten.
„In ihrem achtzehnten Jahre führte sie die Vor-
„sehung an der Hand eines würdigen Mannes
„in das Heiligthum der Ehe ein, und mich der
„Drang, hinfort nur mir zu leben, in diese Zel-
„le. Ich hatte gesammelt und gearbeitet, ge-
„kämpft und gelitten, genossen und entbehrt;
„ich hielt mich für berechtigt, die Ruhe zu su-
„chen. Neues konnte mir nicht mehr begegnen,
„und das Alte unter bloß verwechselten Gestal-
„ten mich nicht mehr beschäftigen. Zwar wer-
„den die edeln Corsen ihre Fesseln noch oft spren-
„gen, und mancher würdige Sohn meines Va-
„terlandes wird Gelegenheit finden, durch sei-
„nen Heldenmuth zu zeigen, wie weit er über die
„entnervten und trägen Haufen anderer Völker
„erhaben sey; aber Corsica wird nie mehr frey
„und unabhängig werden: geschähe dieß je-
„mahls, so würde es mit der Unterjochung des
„erschlafften Italiens anfangen, und vielleicht
„mit der Herrschaft über Europa endigen. Noch
„sind der Colonna's genug daselbst; Sie wer-
„den ohne mich thun, was sie vermögen; der
„Mann, der mit Fug und Recht sich nach seiner

„Heimath ſehnt, würde auf dem auswärtigen
„Kampfplatze nur ſchlecht beſtehen. Wenn ich
„aber doch irgendwo auf Erden meinen Ruf
„dahin erwarten ſollte, warum nicht gerade
„dort, wo meine Neigung mich hinzog, und wo
„ich meinen einzigen Freunden hiernieden, dem
„Genius der Kunſt und dem Geiſte der Wiſſen-
„ſchaft, mich ganz hingeben konnte. — Hier iſt
„mein Corſica!“

Indem er dieſes ſprach, zog er von dem Altare ſeiner Zelle einen Vorhang weg, der einen
Todtenkopf und zwey Bilder bedeckt hatte; dann
fuhr er fort: „dieß war Coſtanza Giulia-
„ni; dieß iſt mir auf Erden von ihr übrig, und
„dieß iſt meine Tochter; nun gönne meinem Her-
„zen dieſe Ruheſtätte!“

„Ha! Camilla di Salicetti mit ihrem
„Engel Olympia! und Sie ihr Vater!“ rief
Bonaventura innigſt bewegt, warf ſich in
Girolamo’s Arme, wand ſich wieder los und
heftete ſein Auge auf die anmuthsvolle Geſtalt,
die ſeit dem erſten Anblicke ſich unauslöſchlich in
ſeiner Seele abgedruckt hatte. Drey Mahl wiederhohlte der betroffene Vater ſeine Frage: ob

und woher er seine Tochter kenne, ehe der Jüngling, in Betrachtung des Bildes versenkt, ihn
hörte und ihm antworten konnte; endlich erzählte er ihm: „daß Salicetti mit Camilla
„und ihrem Kinde vor sieben Jahren auf ihrer
„Flucht aus Corsica nach Neapel seinen Vater
„Serafino in Certaldo besucht, und durch ei-
„ne Unpäßlichkeit nothgedrungen, sich daselbst
„drey Wochen lang aufgehalten habe. In die-
„ser Zeit hätte er sich nie ohne Leiden im Herzen
„von ihr trennen können; und um dieß seltner
„zu müssen, wäre die kleine Olympia aus sei-
„nen Armen nur an die Brust der Mutter und
„von dieser wieder in seine Arme gekommen.
„Auch wußte er sehr bestimmt, daß er in diesen
„drey Wochen mehr, als in den vorhergegan-
„genen drey Jahren, gelernet hätte, weil Ca-
„milla seinen meisten Lehrstunden beywohnte.
„Erst durch ihre Anleitung wäre ihm der Unter-
„richt der Giovanna Fratellini in der Pa-
„stell-Mahlerey erleichtert worden, und ihren
„einfachen Grundregeln müßte er seine Einsicht
„in die Theorie des Helldunkeln verdanken." Er
schloß mit der Bitte: „Girolamo möchte ihn
„mit

„mit einem Bilde von ihr, oder wenigſtens mit
„einer Zeichnung von ihrer Hand, beglücken, da=
„mit er ſich bey dem Anblicke derſelben den Ge=
„nuß der ſeligſten Stunden ſeines Knabenalters
„recht oft erneuern könnte."

Girolamo beſaß noch ein kleines, ſpre=
chend ähnliches, Portrait, welches ſie ſelbſt von
ſich in ihrem ſiebzehnten Jahre in Geſtalt der
heiligen Thereſia gemahlet hatte, als ſie ihm
damit den Wunſch, Carmeliter=Nonne zu wer=
den, entdecken wollte; dieß ſchenkte er ihm mit
einem Abdrucke von dem ſterbenden Hieronymus
und mit einer Handſchrift von den vier Büchern
des Petri Cyrnaei de rebus Corsicis zum An=
denken an dieſen Tag, an Camilla und an
ihr gemeinſchaftliches Vaterland.

In ſüßer Rührung, wie der fromme Wall=
fahrter die heilige Stätte, an der ſich ihm die
tröſtende Ausſicht in eine beſſere Zukunft aufge=
ſchloſſen hatte, verließ Bonaventura mit
Sotbi die Carthauſe. Im äußerſten Hofe der=
ſelben zog ihn ein Laienbruder auf die Seite,
fragte ihn nach ſeinem Nahmen, und überreich=
te ihm einen Zettel, mit der Aufſchrift: Tibi ſoli.

E

Der Jüngling öffnete ihn sogleich und las fol=
gendes:

"Seit drey Tagen bin ich dir überall auf
"dem Fuße gefolgt, und habe erkannt, daß
"deine Wege noch dieselben sind, auf welche
"Serafino und Peraldi deine Schritte
"leiteten. Du wirst Bologna nicht ohne mich
"und noch einen dir lieben Menschen ver=
"lassen. Mache, daß der Abbate dich am
"nächsten Sonntage in das Oratorio bey
"den Philippinern führe; für ihn lernest du
"mich dort erst kennen. — Frage mich um
"nichts; ich werde einleiten, was geschehen
"soll, und was der Einzige, der dich liebt,
"zu deinem Heile will."

Abbé Bonnevall, sonst Renato.

———————

Sonella hielt die sinnende Stille und die
zarte Empfänglichkeit seines Zöglings für alles
Schöne und Religiöse, seine Vorliebe für Kunst=
werke, welche Gegenstände des kirchlichen Cul=
tus darstellen, und sein enthusiastisches Wohlge=

fallen an Leons und Benivieni's heiligen
Poesien für nichts Gewissers, als für Folgen seiner jesuitischen Erziehung zur Bigotterie und Andächteley. Um ihn von diesem irrig voraus gesetzten Uebel zu heilen, wollte er die Seele des
Jünglings mit Aberglauben und Schwärmerey
in solcher Fülle sättigen, daß endlich, wie er
hoffte, das Uebermaß derselben eine gewaltige
Revolution in ihm erregen, und ihn auf Ein
Mahl von allem Stoffe des Verderbens, von
dem alten und tiefliegenden, wie von dem neu-
en, befreyen müßte. Bologna war reich an Gelegenheiten zu Versuchen dieser Cur; den ganzen
Tag bis zum späten Abend lud das Geläute von
den Thürmen die Gläubigen zu allerley Uebun-
gen der Andacht in die hundert achtzig Kirchen
ein. Die Stadt verehrte unter ihren eigenen verewigten Bürgern sechs heilige Märterer, sieben
und zwanzig selige Bekenner, sieben heilige Jung-
frauen; und von den Meisten verwahrte sie die
Reliquien auf prächtigen Altären oder in kost-
bar ausgeschmückten Capellen. Bonaventura
mußte alle Nachmittage in Gonella's Begleitung dieß alles nicht nur sehen, sondern auf des-

fen Veranlaffung fich, überall auch eine Menge
Legenden und Wundermährchen von den Heili=
gen erzählen laffen. Je unverschämter die Mön=
che vor dem Grabmahle des heiligen Domini=
cus, vor dem, von Sct. Lucas gemahlten, wun=
derthätigen, Marien=Bilde, oder vor dem, feit
zwey hundert Jahren unverwesten, Leichname der
heiligen C a t h a r i n a V i g r i logen, je aufmerk=
famer Bo n a v e n t u r a, der dem Poetischen und
Romantischen gerade in den kirchlichen Mythen
am liebsten fich hingab, den Erzählungen zu=
hörte, desto inniger gefiel fich der Abbate in feiner
Klugheit, und desto näher glaubte er fich zu fei=
nem Zwecke; darum führte er ihn auch ohne Wei=
gerung in das Oratorio bey den Philippinern.

Diese Oratorien wurden alljährlich, von Al=
lerheiligen=Tage bis Oftern, jeden Sonntag des
Abends gegeben und bestanden aus einem mu=
fikalischen Drama in zwey Theilen, bey deffen
Aufführung einheimische und fremde Tonkünst=
ler fich hören ließen. Der Inhalt war gewöhn=
lich aus der biblischen Geschichte oder aus der
Legende eines Heiligen, dieß Mahl aus dem Le=
ben des heiligen Gregorius Thaumaturgus,

deſſen Feſt an demſelben Tage begangen wur=
de, entlehnt. In den Partien des Euſtachius,
eines Schülers des Gregorius, erkannte Bo=
naventura die liebliche Tenor=Stimme ſeines
Fabio. „Ecco là Fabio!‟ rief Gonella voll
Verwunderung. — „Mein treuer Gefährte auf
„meinen botaniſchen Reiſen;‟ ſprach ein Mann,
der hinter ihm ſtand; es war Bonnevall,
ſonſt der Einſiedler Renato. Willkommen war
dem Abbate ein Mann, mit dem er ſich über
ſeine Liebhaberey unterhalten konnte; er vergaß
des heiligen Gregorius und der Muſik, um
Bonnevalls abgebrochene Nachrichten von
den außerordentlichen Schätzen in den verſchie=
denen Gärten und Muſeen Bologna's anzuhö=
ren; ſelbſt die Freudenthränen ſah er nicht, die
aus Bonaventura's Auge über das Wieder=
finden ſeines väterlichen Freundes und ſeines
Fabio floſſen. Er äußerte das Verlangen, je=
ne Schätze in Bonnevalls Geſellſchaft zu be=
ſehen, dieſer ſagte ihm ſeine Dienſte zu, es wur=
den auf der Stelle acht Tage dazu beſtimmt,
und es ward ausgemacht, daß unterdeſſen Fa=
bio ſeine muſikaliſchen Kunſtverwandten in der

Stadt besuchen und Bonaventura ungehindert dem Zuge seiner Kunstandacht folgen könnte.

Von Fabio erfuhr sodann der Jüngling,
daß er bey seiner Ankunft in Pisa den ihm ganz
unbekannten Mann bey dem Pater Peraldi
schon getroffen, daß sich derselbe nach Gonella's Eigenthümlichkeiten genau bey ihm erkun-
diget, daß er ihm von dem Geschmacke des Abbate an der Botanik Kenntniß gegeben, und
Bonneball's Einladung zu einer weiten botanischen Reise, mit Peraldi's völliger Billigung,
angenommen hätte, worauf sie gleich am folgenden Tage nach Bologna abgereist wären.
Bonaventura sah hierin deutliche Spuren
eines geheimen Planes, dessen Richtung und
Zweck er jedoch nicht enträthseln könnte; eingedenk seines Traumes, freuete er sich jetzt nur der
Gewißheit, am Ende doch durch Renato seinen Vater wieder zu finden.

Das Glück, über acht Tage frey verfügen
zu können, war ihm theuer, und er benutzte es
für sein ganzes Leben. Die Bibliothek des Olivetaner-Klosters auf dem Berge St. Michele
in Bosco war in Bologna die reichste, der Abt

unter den Gelehrten dieſer Stadt, als Grieche
und als Philoſoph, ſehr berühmt, nur bey den
Ariſtotelikern, mit welchen die Lehrſtühle der
Univerſität beſetzt waren, als Neu=Platoniker
verrufen, und der Heterodoxie verdächtig. Von
ihm erbath ſich Bonaventura für die Tage
ſeiner Muße gaſtfreundſchaftliche Aufnahme in
dem Kloſter und eine Anweiſung zum gründli-
chen Studium Platon's, wozu Peraldi's
Empfehlung und Ficino's Briefe das drin-
gendſte Verlangen in ihm erweckt hatten. Mit
edler Liberalität begünſtigte Don Bernardo
Spinelli, ein vertriebener Genueſer und theilnehmender Freund aller patriotiſchen Corſen,
das Beſtreben des Jünglings; denn ſchon bey
dem erſten Beſuche mit Sorbi hatte ihn der
geiſteskundige Mann liebgewonnen. Er wies
ihm eine Zelle an, gab ihm Platon's Schriften aus der Bibliothek, und las ihm vorläufig
ſelbſt des Alcinous Abriß der Platoniſchen
Lehre, und des Proklos Commentar über Platon's Theologie vor, mehr, um ihm zu zeigen,
worin und warum Alcinous und Proklos
den erhabnen Weiſen nicht verſtanden hätten,

als um ihm vorzusagen, was derselbe wirklich
gedacht und durch seine Behauptungen angedeutet habe. „Dieß, meinte er, ließe sich weder
„durch die Hülfe seiner unberufenen Ausleger,
„noch durch schulmäßige Erläuterungen, nicht
„einmahl durch unablässiges Lesen seiner Schrif-
„ten erreichen, sondern müßte lediglich aus den
„Tiefen des religiösen Gemüthes, aus welchen
„allein Platon's Weisheit geflossen wäre, un-
„ter der Anleitung seiner Winke ergründet wer-
„den; denn nur Winke, nicht Lehrsätze, hätte er
„niederschreiben wollen und können." Auf An-
rathen des Abtes wählte Bonaventura jetzt
vor allem den Phädros, den größern Hip-
pias und das Gastmahl zum Gegenstande
seiner einsamen Contemplationen, und zeichnete
sorgfältig auf, was sich darunter in seinem Geiste aufgeschlossen und zur anschauenden Erkenntniß des innern Sinnes gebildet hatte. Am letzten Tage legte er das Erzeugniß seiner freyen
Thätigkeit der Prüfung Bernardo's vor, und
dieser bewunderte darin die hellen Spuren seiner religiösen Erleuchtung, die eindringenden
Blicke und höhern Ahndungen seines frommen

Gemüthes. Freudig machte er ihm mit dem Exemplar des Platon's ein Geschenk, und legte ihm dann bey dem Abschiede unter andern auch folgendes an das Herz:

„So weit ich bis jetzt den Menschen in seinem Werden beobachten konnte, bemerkte ich, „daß, in der Regel, nur der Spieltrieb unter „mannigfaltigen Gestalten den Knaben und den „Jüngling in Thätigkeit setzt und erhält, bis „derselbe allmählich unter dem edlern Bildungstriebe verschwindet. Bey dir, mein Sohn, ist „es anders. Ich habe Männer gesehen, welche „dieses Verschwinden nie erlebten, sondern mit „dem Wichtigsten, Edelsten, Ehrwürdigsten und „Heiligsten der Menschheit, unter den Nahmen „Wissenschaft, Regierung, Gerechtig„keit, oder Religion, bis an ihr Grab nur „spielten. Die angemessenen Urtheile, welche du „letztens über die Kunstwerke dieses Klosters be„scheiden geäußert, die Wahl deiner Studien „und der Geist, mit welchem du in diesen Tagen „aus der Quelle derselben geschöpft hast, über„zeugen mich zu meiner Freude, daß das Thun „und das Ende jener Männer nicht das deinige

„werden könne. — Du haſt früh aufgehört zu
„ſpielen, und der Trieb dazu iſt in dir bey Zei=
„ten unter der Macht des Kunſtſinnes erſtorben.
„Wer es auch war, der ihn durch die früheſte
„Entwickelung deiner Anſchauungskraft ſo le=
„bendig in dir zu erwecken mußte, ich verehre
„in ihm einen Weiſen; durch ſeinen erſten glück=
„lichen Griff kann dein ganzes Leben zum wohl=
„gerathenen Kunſtwerke der Schönheit und
„Weisheit werden: ſchon deine Liebe für Pla=
„ton's hohe, poetiſche Philoſophie iſt nichts An=
„deres, als eine Wirkung deiner Anſchauungs=
„kraft und deines Kunſtſinnes.“ —

„Du wandelſt eine eigene Bahn und wirſt
„ſie nie verlaſſen, denn die gewöhnlichen Wege
„der Menſchen durchkreuzen ſie nirgends; nur
„zwey Gefährten wünſche ich dir, die deiner Si=
„cherheit unentbehrlich ſind. Der eine iſt männ=
„liche Beſonnenheit; der andere kindli=
„che Empfänglichkeit für alles, was in dei=
„nem Laufe dir begegnet: jene wird unter al=
„len Einwirkungen von außen das klare Be=
„wußtſeyn deines Selbſt dir erhalten, dieſe dei=
„ne menſchliche Eigenthümlichkeit in das Him=

„melreich einer heiligen Allgemeinheit erheben;
„das erstere nennen unsere Asceten: in stäter
„Gegenwart Gottes wandeln, das letz-
„tere: dem Herrn in Einfalt des Herzens
„dienen. Durch eine gewisse Praxis, welche
„in unserer Sprache innerliches Gebeth
„heißt, wirst du beydes mit bestem Erfolge ver-
„einigen."

„Lege dich nie zur Ruhe, ohne daß du vor-
„her im Heiligthume deines Geistes eine poeti-
„sche, philosophische, oder religiöse Idee ergrif-
„fen, und in ihrem Lichte alle Erscheinungen und
„Begebenheiten des Tages beschauet hast; das-
„selbe thue des Morgens, sobald du erwachest.
„Die, in diesem wichtigen Augenblicke aufgefaßte
„Idee bleibe das Licht deines Tages, an sie hefte
„dein ganzes Selbst, und nur ihre Gestalt er-
„spähe in allem, was deinem äußern Sinne
„zur Anschauung sich darbiethet. Erspähen,
„sage ich, nicht in die Gegenstände hinein tragen,
„sollst du sie; denn dieß hieße das Allgemeine
„vereinzelnen, das Vereinigte scheiden: schon
„aus dem, was du in diesen Tagen aus Pla-
„ton erkannt hast, wirst du wissen, daß alle

„ſichtbare und unſichtbare Dinge nur Geſtalten
„göttlicher Ideen ſind.“

„Nicht wahr, mein Sohn, dieſe Praxis ſchei=
„net dir eben ſo leicht als einfach, und doch iſt
„ſie Vielen ein Geheimniß, Unzähligen Thorheit,
„nur den Weiſen Heiligung der Welt und ihrer
„ſelbſt. Du nimm die Mittheilung derſelben als
„ein Merkmahl meiner Liebe an, und benutze ſie
„auf deiner Reiſe zu dem Ziele, das ich dir auf=
„geſteckt erkenne.“

Hiermit entließ er ihn, verſehen mit zwey
Schreiben, deren eines ihn an den Lector der
Theologie, Don Foscarini, zu Venedig, das
andere an den Prior der Olivetaner zu Milano
angelegentlichſt empfahl. Von Bernardo's
Belehrungen durchdrungen, eilte Bonaven=
tura, mit Platon's Werken unter dem Arme, in
die Stadt, wo ihn die Nachricht, daß der Abba=
te ſich von Bonnevall nicht mehr trennen, und
dieſer mit ſeinem Gefährten Fabio die ganze
Reiſe mitmachen wollte, höchſt erfreulich über=
raſchte. Gonella war bis dahin nur ſpielen=
der Pflanzenſammler geweſen, Bonnevall
aber hatte ſich in ſeiner Einſiedeley bey Certal=

so mehr mit dem Veredeln, als mit dem Sammeln der Pflanzen beschäftiget, und jetzt die Rolle des Botanikers bloß in der Absicht, den Abbate zu gewinnen und ihn nach seinen Zwecken
zu lenken, angenommen. Es ward ihm leicht,
sie gleichförmig fortzuspielen, nachdem es ihm
in diesen acht Tagen gelungen war, der Spiele-
rey des Gonella eine bessere Richtung zu geben.

Auf der Reise nach Padua wollte der Abbate in Ferrara nicht verweilen, denn da war
nichts, was ihn, aber sehr viel, was seinen Zögling reizen konnte. „Zwar ist es ausgemacht
„unter uns," sprach dieser bittend, „daß Sie
„allein den kürzern oder längern Aufenthalt an
„einem Orte bestimmen sollen, doch wird bis-
„weilen ein Wunsch von mir Ihr Recht nicht
„kränken, und Sie werden meinen gegenwärti-
„gen erfüllen, wenn Sie mich lieben, und wenn
„Sie mir glauben, daß ich in Ferrara für Ario-
„sto's Grabstätte und Tasso's Gefängniß die-
„selbe Andacht hege, welche Sie in Bologna

„vor der Mumie der heiligen Catharina Bi=
„gri, und in der Zelle, wo Sct. Dominicus
„starb, an mir wahrgenommen haben." Go=
nella bewilligte einen Tag, da ihm Bonne=
vall versprach, in den Sümpfen bey der Stadt
ihn zu Pflanzen zu führen, aus deren Samen
er die prächtigsten Blumen gezogen hätte. Wäh=
rend jener mit dem Sammeln und Trocknen der=
selben sich beschäftigte, wallfahrtete Bonaven=
tura mit dem Freunde seines Vaters zur Bene=
dictiner = Abtey, um ehrfurchtsvoll des großen
Dichters heilige Manen zu begrüßen. Das be=
scheidene Grabmahl war dem Unsterblichen,
nicht etwa von der Nation, von den Bürgern
der Stadt, oder von dem Fürsten des Landes,
sondern achtzig Jahre nach seinem Tode von sei=
nem Großneffen errichtet worden, und zwar
bloß: „damit seine kindliche Treue nicht erman=
„gelte, den Ruhm des seltenen Mannes zu ver=
„herrlichen." Unter der Betrachtung der Grab=
schrift erinnerte sich Bonaventura des niedri=
gen Scherzes: „Messer Lodovico, dove diavo=
„lo havete pigliato tante coglionerie:" womit
der Cardinal Hippolyt von Este den ihm

zugeeigneten Orlando Furioſo aufgenommen
hatte. „So wenig," ſprach er, — „achten Zeit-
„genoſſen und Nachkommen das Verdienſt,
„wenn der Verewigte nicht nach ſeinem Tode
„noch durch wahre oder erdichtete Wunder ih-
„rem Eigennuße fröhnet! O, ich möchte in Weh-
„muth vergehen, wenn ich faſt aus jeder heili-
„gen Mythe, faſt aus jedem Kunſtwerke das
„Hervorſchielen des Eigennußes, der jene er-
„funden, dieſes geſchaffen hat, gewahre, und
„dann des Gedankens mich nicht erwehren kann,
„daß wir, ohne die Geſinnung und den Antrieb
„der Selbſtſucht, vielleicht, weder eine Poeſie,
„noch eine Kunſt beſäßen."

„Weniger grell," verſetzte Bonnevall,
„ſehe ich die Dinge. Das Gefühl des Unglückes
„und die Sehnſucht nach dem Beſſern und Hö-
„hern haben heilige Mythen, haben Poeſie und
„Kunſt erzeugt. Laß den Eigennuß der Men-
„ſchen ſteigen, ſo hoch du willſt, erſtickeſt du in
„ihrer Seele die Ahndung von dem Daſeyn be-
„freundeter Weſen in einer unſichtbaren Welt,
„und den Wunſch, an ihrem Schutze oder an
„ihrer Seligkeit ſchon hiernieden Theil zu neh-

„mien, so verschwinden aus dem Himmel alle
„Heiligen, und aus dem Gemüthe der Menschen
„alle Begeisterung zur Poesie und Kunst."

„Und jene Ahndungen, jener Wunsch, was
„sind sie anders, als Regungen eines verfeiner-
„ten oder tief versteckten Eigennutzes?"

„So kann es mir nicht scheinen; denn Ei-
„gennutz mag ich die Kraft nicht nennen, durch
„welche der Stein von einer Höhe fallend, mit
„stets verdoppelter Schnelligkeit vom Mittel-
„puncte der Erde angezogen, die Erde, nach
„Vereinigung strebend, doch immer nur Licht
„und Wärme erhaltend, um die Sonne getrie-
„ben wird."

„Der Stein und die Erde folgen dem Ge-
„setze der Nothwendigkeit; der Mensch ist frey."

„Das Göttliche in seiner Natur ist und wirkt
„an sich nicht minder nothwendig; nur denke es
„rein und trenne es scharf von den mannigfalti-
„gen Formen, in welchen es nach freyer Wahl,
„sein Seyn und Wirken offenbart. Mir ist es
„leicht, selbst hinter den gröbsten Aeußerungen
„der Eigenliebe und des Eigennutzes das edlere
„Verlangen nach dem allein Liebenswürdigen

„und

„und Unvergänglichen zu errathen. Kein Mensch
„liebt sich ausschließend um seiner selbst willen,
„oder, wie die meisten Weltklugen irrig glau=
„ben, nur sich im Gegenstande seines. Genus=
„ses; sondern er liebt den Gegenstand in seinem
„Selbst, oder als Mittel, das ihm angeborne,
„tief in ihm liegende Gefühl seines wahren ewi=
„gen Seyns, sich wenigstens symbolisch in das
„Bewußtseyn zu bringen. Es ist daher auch nur
„die reizende Ahndung oder Anschauung des
„Uebersinnlichen, was aus dem reinen Ich des
„Menschen unter der Hülle sinnlicher Gegenstän=
„de, entweder die gröbere Begierde des Besit=
„zes und Genusses, oder die edlere poetische Be=
„geisterung in ihm erweckt und die Bildungs=
„kraft zur Thätigkeit auffordert. Würden wohl
„die spielsüchtigen Guido Reni und Schedo=
„ni, der ausschweifende Barbarelli, der
„zänkische Caravaggio, der neidische Ti=
„tian, der zaghafte Dominichino und der
„geizige Pietro Perugino so herrliche Werke
„der Kunst geschaffen haben, wären die verschie=
„denen Aeußerungen ihrer selbstsüchtigen Ge=
„müthsart etwas Anderes gewesen, als bloße

F

„Geftalten, durch welche ſich die Ahndungen und
„die Sehnſucht ihres edlern Selbſt in den For-
„men ihrer Eigenthümlichkeit ankündigten?"

 „In Ihrer Anſicht von den Dingen könnten
„bald auch alle Laſter und Verbrechen den Cha-
„rakter der Bosheit verlieren, und ſelbſt die Tu-
„gend dürfte zu einer bloßen Form der menſch-
„lichen Eigenthümlichkeit hinab ſinken."

 „Ich ſehe nur den Teufel nicht ſo ſchwarz,
„wie viele ihn gern mahlen; mir bleibt er in ſei-
„nem Weſen ein Engel, obgleich ein gefallener,
„und die von ihm erzeugte Sünde, — Einſei-
„tigkeit und Eigenthümlichkeit, — kann
„in dem Menſchen das Göttliche nur verdunkeln
„oder verkehren, – nicht verwandeln, nicht ver-
„nichten. Willſt du dieſe ſelbſtverſchuldete Ver-
„kehrung oder Verdunkelung Bosheit nennen,
„ſo werde ich nicht dawider ſtreiten; biſt du dir
„aber ſelbſt, entweder der Idee, oder der Geſin-
„nung eines reinen Willens bewußt, ſo wirſt du
„auch wiſſen, daß ſie nicht aus deiner zufälligen
„Eigenthümlichkeit, ſondern aus der Allgemein-
„heit deines Weſens, aus deinem wahren, gan-
„zen, unbedingten Ich entſproſſen ſey. ꝛc. ꝛc."

Sie ſetzten dieſes Geſpräch auf dem Wege
zu dem Hoſpital der heiligen Anna fort. Man
führte ſie daſelbſt in das Zimmer, in welchem
„Taſſo, auf Befehl des Herzogs Alfonſo II.,
unter dem Vorwande des Wahnſinnes durch
ſechs Jahre eingeſchloſſen war. Innigſt bewegt
ſtand der Jüngling da, weihte dem Andenken
des Märterers der Liebe und Poeſie Thranen
der Rührung, und hörte, in ſich zurück gezogen,
nichts von den Erzählungen, Muthmaßungen
und Bemerkungen über Taſſo's Schickſale, womit der Verwalter des Hauſes Reiſende zu unterhalten pflegte. „Wahnſinnig waren die Kal-
„ten und Klugen," ſagte endlich Bonaventura zu Bonnevall, „welche die zarte Empfind-
„ſamkeit ſeines Herzens verkannten." —

„Und unfähig waren," ſetzte dieſer hinzu,
„ſeinen kindlichen Sinn zu verſtehen. Ihm war
„das Wahre, das Gute und das Schöne, in der
„Idee des Göttlichen, Eins: darum mußte er
„auch Fremdling ſeyn und bleiben unter Men-
„ſchen, welche in ihrer Verblendung dieſe Ein-
„heit, nicht nur in der Benennung, ſondern
„auch im Streben trennten. Der Haufe unſerer

„Zeitgenossen ist um nichts weiser; sie verehren
„das Gute nur, wenn es Andere sich zum Ziele
„setzen, das Wahre würdigen sie bloß nach sei=
„ner Nutzbarkeit für sie, und von dem Schönen
„wissen sie nur eiteln Glanz und sinnliche Ge=
„nüsse sich zu erbetteln."

    „Hier, o Renato, wird mir in seinem gan=
„zen Umfange anschaulich, was ich vor einigen
„Tagen auf dem Berge S. Mirhele aus Pla=
„ton, den höhern Sinn nur ahndend, mir auf=
„gezeichnet habe: — Vortrefflicher ist der gött=
„liche Wahnsinn als die bloß menschliche Beson=
„nenheit; aber indem er nur eine zarte, heilig
„bewahrte, Seele begeistert, fliehet er die Unge=
„weihten, die nichts glauben, als was sie recht
„fühlbar mit Händen greifen können, und nichts
„hören mögen von dem Seyn und Wirken des
„Unsichtbaren. — Von solchen verstockten, wi=
„derspenstigen, von den Musen ganz und gar
„verlassenen Menschen hätte Tasso mit Ver=
„achtung sich zurück ziehen sollen."

    „Das vermochte der liebende Schwärmer
„nicht, den durchaus nur das Gefühl, nicht die
„Einsicht beherrschte und ihm den Umgang mit

„Menschen unentbehrlich machte. Vom Drange
„dieses Bedürfnisses fortgetrieben und an der
„Erde angezogen, konnte er zu dem vornehmen
„Menschenpöbel nur hinauf sehen, nicht ihn, von
„der Höhe der Allgemeinheit des Geistes herab,
„über und durchschauen. Und gerade hierin soll-
„ten sich die Auserwählten ganz vorzüglich üben,
„deren Herz die Natur mit einer so leicht über-
„fließenden Fülle der Empfindsamkeit bereichert
„hat; dann könnten sie mit den, an Geist und
„Herz Verwahrloseten ohne Nachtheil spielen,
„und würden sich nie genöthiget sehen, sie zu
„fliehen.“

„Sehr wohl verstehe ich Ihre Winke, Re-
„nato, doch schwer ist es dem Fühlenden, sie
„zu verfolgen.“

„Ganz leicht dem Fühlenden und zugleich
„Weisen, der in der wildesten Wüsteney das Gro-
„ße, Schöne und Würdige der Menschheit um
„sich her zu versammeln, und mitten in der lär-
„mendsten Gesellschaft das Licht der ewigen Welt
„mit seinem Blicke fest zu halten, und ihre Har-
„monien ungestört zu vernehmen weiß.“

„Wo ist die Schule, die solche Weisen bildet?“

„In seinem Innersten kann jeder Sterbliche
„sie finden; und ohne Unterlaß erschallen in und
„außer ihm ihre Offenbarungen. Was sie ihn
„hier in Zeichen, Sinnbildern und Räthseln leh-
„ret, das stellt sie dort in seiner vollen Klarheit
„dar, wenn ihn der Wahn, der das Zeichen für
„die Sache selbst und den bloßen Schein für
„die Wirklichkeit hält, nicht blendet."

„Und das Mittel diesem Wahne zu entgehen?"

„Kein anderes, als das Heraustreten
„aus der Eigenthümlichkeit zur Allge-
„meinheit in dem Würdigen der Dinge,
„und Vereinigung der zwey Lebenspole, Be-
„geisterung und Besonnenheit." rc. rc.

Bonneval hatte ihm versprochen, zu Mit-
tage in der Carthause bey Ferrara gastfreund-
schaftlich einzusprechen; jetzt gingen sie hin, und
in ihrer treuherzigen Aufnahme erhielt Bonaventura einen starken Beweis für seinen Glauben, daß nur Einsamkeit und Contemplation
das echte Medium sey, in welchem sich das Schöne und Anmuthige der Humanität erzeuget. Viel
Freude hatte Serafino's Freund über das andächtige Wohlgefallen, womit der Jüngling die

dort aufbewahrten Werke der Kunst betrachtete; seine sichern und treffenden Urtheile darüber
gaben ihm neue Gelegenheit, die Feinheit seiner
Empfindungen und die eindringende Kraft seines Geistes zu bewundern. Als sie nach einge-
nommenem Mahle die Carthause verlassen hatten, sprach Bonaventura: „in einem ähnlichen
„Paradiese, und in eben diesem Kleide der Un-
„schuld und Heiligkeit werde ich einst gewiß mei-
„nen Vater sehen."

„Woher kommt dir diese Zuversicht?" fragte Bonnevall.

„Und Sie, Renato, Sie selbst werden
„mich zu ihm führen; dieß, und nicht der Pflan-
„zen Kenntniß oder Veredlung ist der Zweck Ih-
„rer Reise mit uns; wie hätten Sie sonst Ihre
„frey gewählte und geliebte Einsamkeit im Thale
„bey Certaldo verlassen können?"

„Ich sah dich schon oft den Seneca lesen;
„entging dir das Gesetz, das er dem Einsiedler
„der Weisheit verkündiget?" „„Er flüchte sich
„„so aus der Welt,"" so lautet es, „„„daß, wo-
„„„hin er auch mit seiner Muße sich verbirgt, der
„„„Wille, dem Einzelnen wie dem Ganzen, durch

„„„„Einsichten., durch Ermahnungen und durch
„„„Rathschläge zu nützen, ihn begleite.„„„

„Also glauben soll ich, daß nur dieß Gesetz
„und dieser Wille Sie an uns bindet?"

„Und der Wunsch, in meinem Beyspiele dir
„zu zeigen, wie alles Himmlische und Göttliche,
„mithin auch der Geist des Menschen, nur durch
„stätige Bewegung, Wirksamkeit und Verwand=
„lung sich erhält, und in der Anschauung seines
„immer gleichen Selbst unter dem ewigen Wech=
„sel seiner Formen sich ergetzt."

„Soll dieß vielleicht das Bild des Lebens
„seyn, das jetzt mein Vater führt?"

„Geführet hat. — Doch forsche nicht, und
„ehre den Schleyer, der deine Zukunft deckt."

„Mein Geist hat ihn bereits durchschauet:
„gönnen Sie mir den Genuß, Ihnen zu erzäh=
„len, auf welche Weise."

Hierauf erzählte er ihm seinen Traum; und
Bonneval's Urtheil darüber stimmte mit Lo=
renzo Peraldi überein: denn auch er kannte
von dem unermeßlichen Vermögen der Seele
mehr, als alle psychologische Compendien der

Schule bis dahin von ihr enthüllet hatten. Nur jede Forderung einer bestimmtern Deutung wies er mit Ernst zurück, und mit der Weisung: „Wen „Einmahl der Geist des All seiner unmittelba= „ren Einwirkungen gewürdiget hätte, der müßte „ferner auch sich ihm in frommer Demuth und „kindlicher Ergebung überlassen.“

———————————

Padua war Fabio's Vaterstadt; dort hatten ihn Facciolati in der Lateinischen und Griechischen Sprache, Stellini in der Logik, Metaphysik und Ethik, Tartini in der Ton= kunst, als ihren besten Schüler, geliebt, als er auf die Empfehlung des Letztern von Peraldi nach Pisa zu Bonaventura's Gesellschafter berufen wurde. Seine Mutter, die Wittwe eines Architekten, lebte noch in Padua, bey ihr lag ein Brief an Bonaventura di Ornano, worin Peraldi sich beklagte, daß ihm derselbe von seinen Erfahrungen und erweiterten Ansich= ten bis dahin noch keine Nachricht ertheilet hät= te. Er säumte nicht, den väterlichen Freund und

sein eigenes Herz sogleich zu befriedigen und ihm
getreu zu schildern, wie alles, was er bis jetzt
gesehen, auf ihn gewirkt, was dadurch in ihm
anders oder Neues geworden wäre, was sich
ihm in seinem Wesen mit Klarheit zeigte, wie das
Meiste noch vor seinem Blicke in dichtes Dunkel
sich verhüllte, und wie ihm ahndete, daß erst ein
Kampf in seinem Innern sich erheben müßte, bevor alles, was von außen sich ihm darböthe
oder aufdrängte, zu den Accorden seiner Seele
harmonisch stimmen könnte. Die Aufforderung
des Weisen, ihm öfters Rechenschaft von seinem
Zustande abzulegen, erkannte er für eine Wohl-
that, und er schloß mit dem Versprechen, ihr
von Zeit zu Zeit zu folgen.

Der Reichthum des botanischen Gartens zu
Padua gab dem Abbate so viele Unterhaltung,
daß er sich wenig um seinen Zögling bekümmer-
te; dieser verlor dadurch nichts, als Renato's
Gesellschaft, der ihn immer dahin begleiten mußte. Fabio war von Tartini, dem Maëstro
delle Nazioni, unzertrennlich; Bonaventura,
sich selbst überlassen, theilte sein Daseyn unter
den Umgang mit eben diesem großen Tonkünst-

ler, mit dem Schußheiligen der Stadt und
mit Petrarcha's Manen zu Arquado.

„Je weiter mir Tartini," — schrieb er an
seinen Peraldi, — „die Mysterien der göttli:
„chen Kunst entschleyert, desto mehr Ursache fin:
„de ich, meine mechanische Ungeschicklichkeit in
„der Ausübung derselben zu bedauern. Die
„Macht ihres Geistes, dessen reges Leben ich in
„mir wahrnehme, scheint die Beweglichkeit mei:
„ner äußern Organe für das Spiel zu lähmen;
„ich verliere dadurch in der Ausdehnung, was
„ich an der Innigkeit des Genusses gewinne.
„Wahrscheinlich soll sie in meinem Gemüthe der
„reine Nachklang der ewigen Harmonie bleiben,
„und mir nie Mittel werden, etwa ein unheili:
„ges Volk damit zu ergetzen, oder mir selbst die
„Zeit zu kürzen. Tartini schenkte mir seine Ab:
„handlung über die Grundsätze und Regeln des
„reinen Satzes; mit edler Bereitwilligkeit hielt er
„mir selbst darüber einige Vorlesungen, unter
„welchen ich das Wesen der Kunst, deutlicher und
„bestimmter, als durch Rameau's System der
„Harmonie und durch alle Lehren meiner Mei:
„ster erkannte. Mit Entzücken hörte ich ihn auch

„das höchste Meisterstück seines innern Sinnes, —
„er nennet es, die Sonate des Teufels, auf
„dem Violon spielen. Seine Erzählung von dem
„wunderbaren Ursprunge dieser Kunstschöpfung
„hat seit der Zeit schon mehrmahls meinen Geist
„beschäftigt. Sie war ihm von dem Höllengei=
„ste, mit dem er sich verbündet schien, im Trau=
„me vorgespielet worden, und nie hatte er wa=
„chend etwas so Erhabenes und Vollendetes ver=
„nommen. Im Uebermaße seines Wonnegefühls,
„unvermögend zu athmen, war er erwacht. Ver=
„geblich hatte er sich sogleich bemühet, das Gan=
„ze, dessen Nachhall ihm unvergänglich in der
„Seele forttönte, auf seinem Instrumente zu wie=
„derhohlen; allein auch nur das Wenige, das
„ihm davon gegenwärtig geblieben war, schweb=
„te, als das Ideal des Höchsten, seinem Geiste
„vor, so oft er in der Folge das Heiligthum der
„Kunst betreten und ihre Herrlichkeit durch seine
„Sätze verkündigen wollte. Mir würde in seiner
„Lage, so glaube ich, eine solche Offenbarung
„des Unendlichen in meinem Wesen durch die ed=
„lere Gestalt des Luis de Leon, des Platon,
„der göttlichen Mutter, oder der schönen Ca=

„milla, nicht des Beelzebub, zu Theil gewor=
„den seyn; denn schwerlich könnte meine Phan=
„tasie, das Leben meines reinen Ich im Trau=
„me versinnlichend, die Gestalt von einem poe=
„tischen Geschöpfe entlehnen, von welchem kei=
„ne Anschauung in meinem Gemüthe, für wel=
„ches keine Liebe und kein Haß in meinem Her=
„zen vorhanden ist, wenn ich auch kurz vor dem
„Einschlafen, wie Tartini, durch Dante's
„furchtbar schöne Hölle gewandert wäre.“

Die erhabenste Wirkung jenes Traumgesich=
tes bewunderte Bonaventura am Feste der
unbefleckten Empfängniß Mariä in der Kirche
des heiligen Antonius, wo Tartini's, bald
nach jener Nacht componirte Messe vortrefflich
aufgeführt wurde. Unter ihrer himmlischen Eu=
phonie erschien seinem Geiste die heilige Jung=
frau als Ideal der reinen Menschheit, welche
durch Liebe die Gottheit in sich aufnehmen und
ewig nur Göttliches gebären soll. Klar ward
ihm dadurch die höhere Bedeutung des Festes,
und der tiefere Sinn der Lehre, daß die Mutter
Jesu ohne Makel der Erbsünde empfangen wor=
den sey. Er machte Renato zum Vertrauten sei=

ner Erleuchtung; dieser aber äußerte lächelnd
den Zweifel: ob auch wohl Joànnes Duns
Scotus, der Erfinder jener Lehre, sich zu dieser Idee erhoben hätte; doch schwieg er bald,
als ihm der Jüngling schilderte, wie selig er im
Glauben sey, daß der Geist der ewigen Welt
durch Scotus Lehre, mit oder ohne Bewußtseyn des Organs, unter unendlichen Ideen auch
die seinige ausgesprochen habe, weil sie sonst unmöglich seinem Gemüthe sich hätte darstellen können. Nach Peraldi's Vorschrift, sollte er, mit
Platon und Seneca vertraulich lebend, sich
nicht bloß an den Körper ihrer Worte halten, in
welchen sie die Unendlichkeit ihres Geistes und
ihrer Ideen zusammen drängen und begränzen
mußten, indem sie ihm nur in der Einheit der
Linie zeigen konnten, was sich in seinem Geiste, so wie es in dem ihrigen war, zu einer unermeßlichen Fläche ausdehnen müßte: er glaubte nicht zu irren, wenn er die Lehre seines Freundes auf alles Geistige, das von Menschen
kommt, anwendete, diese nur als Organe oder
Werkzeuge des ewigen Weltgeistes betrachtete,
und sich weniger in die klügelnde Prüfung ihres

Gebildes, als in die Beschauung der Jdeen deſ=
ſelben verſenkte.

Bey aller Schönheit und Feyerlichkeit, wo=
mit dieſes Feſt von der Religion am Hochaltare,
von der Kunſt auf dem Chore begangen wurde,
bemerkte doch der andächtige Jüngling mit Wi=
derwillen, daß den meiſten Menſchen die Kirche
nur zum Durchgange diente, um zur Capelle des
großen Wunderthäters Antonius zu gelangen.
So wohl durch dieß, als auch durch eine Menge
ſonderbarer Dinge, die man ihm allenthalben zu
Padua von dieſem Manne erzählet hatte, ward er
bewogen, der Quelle ſeines Heiligenſcheines und
ſeiner Wunder mit großem Fleiße nachzuſpüren.

„Eine ſichere Kunde ſagte mir," — ſo ſchrieb
er an Peraldi, — „ſein wohlgetroffenes Bild,
„von Margaritone aus Arezzo, nach dem
„Leben in naſſen Kalk gemahlt, ſey auf dem Chor
„des Kloſters zu ſehen; ich ging hin, um zu er=
„fahren, auf welche Weiſe ſeine Geſtalt zu mei=
„nem Geiſte ſprechen würde. Ich ſah das Bild=
„niß eines jungen Mannes, in deſſen Geſichte die
„Majeſtät des männlichen Ernſtes, die Stärke
„eines vollendeten Charakters, der ſprechende

„Ausdruck eines tiefen Gemüthes und die allver=
„klärende Begeisterung der Religion in lieblicher
„Anmuth und hoher Würde vereinigt erschienen.
„Auch ohne die Unterschrift hätte ich den Him=
„melsbürger in ihm errathen, und wäre er mir
„im Leben so begegnet, ich würde zuversichtlich
„ihn als Heiligen begrüßt und seinen Segen mir
„erflehet haben. Am Altare las ein Mönch die
„Messe; die Salbung, womit er die ehrwürdige
„Handlung beging, ließ mich in ihm einen hell=
„sehenden, mit göttlichen Dingen wohlbekann=
„ten, Priester errathen. Nach vollbrachtem Op=
„fer folgte ich ihm auf seine Zelle, und bath ihn,
„mich in meiner Absicht mit einer glaubwürdigen
„Legende vom heiligen An to ni us zu unterstü=
„zen.“ „„„dergleichen giebt es viele,““„ so erwie=
derte er meine Bitte, „„„für die Wenigen, die das
„„„Lesen verstehen und wohl wissen, daß der ge=
„„„meine Ruhm der Heiligen größten Theils aus
„„„keiner andern Quelle, als aus dem Witze und
„„„der Beredsamkeit ihrer Biographen geflossen
„„„sey. Das glaubwürdigste von il San to fin=
„„„dest du in unserm Brevier auf den dreyzehn=
„„„ten und die folgenden sieben Tage des Junius.

„„„Die

„„„Die Hymnen und Legenden, die du da lesen
„„„wirst, hat selbst ein Heiliger gemacht, und
„„„Gregorius IX. für die ganze Kirche, als
„„„fromme.Wahrheit, bestätiget. Nimm das
„„„Buch, das Rühmlichste seines Wandels wirst
„„„du darin auch ohne meinen Wink entdecken,
„„„wenn deiner Jugend nicht die Wege Gottes
„„„noch völlig fremd sind.„„„

„Nichts fand ich da von allen Wunderge=
„schichten, woran die Paduaner sich lieber, als
„an den Beyspielen seines Glaubens und seiner
„Liebe zu erbauen pflegten. So wußten auch die
„Alten von den Zaubereyen und Verwandlun=
„gen ihrer Heroen mehr, als von den Helden=
„thaten, wodurch sie ihren Platz im Kreise der
„Götter errungen hatten: der Geist des Heiden=
„thumes wird wohl nimmermehr aus der Welt
„verschwinden. Nicht Wunder, sondern eine hei=
„lige Gesinnung und fromme Thaten, besonders
„einen unüberwindlichen Eifer für Wahrheit und
„Recht, preiset das Brevier an dem heiligen An=
„tonius.“ „„„Alle die ihn kannten,„„„ — heißt
„es, — „„„sahen die Kraft und Majestät der Wahr=
„„„heit ganz besonders in ihm verkläret, und er=

G

„„„kannten ihren Vorzug vor der Gabe, Wun-
„„„der zu wirken, die nur zu oft im Leben durch
„„„Täuschung und Betrug irre leitet.““““*) „So
„oft ich nun sein Bildniß wieder betrachtete, em-
„pfand ich in seinen Zügen die Wahrheit dieses
„Lobes und in mir die Aufforderung, auch ihn,
„als eine besondere Erscheinung des Göttlichen
„in der Menschheit, zu verehren.“

„So näherte ich mich endlich in der ihm ge-
„widmeten Capelle seinem Grabe. Die Gebei-
„ne des Heiligen ruhen in einem marmornen
„Sarge, dessen Deckel den Altartisch ausmacht.
„Er steht, von allen Seiten frey, durch fünf Stu-
„fen von Erz erhöhet und von sechs und dreyßig
„Lampen beleuchtet. An der hintern Seite des
„Altars sind in dem Steine mehrere Ritzen sicht-
„bar, durch welche die ehrwürdigen Reliquien
„schon seit mehrern Jahrhunderten einen liebli-
„chen Wohlgeruch ausduften. Beschuldigen Sie
„mich nicht der Leichtgläubigkeit bey dieser Nach-

*) Haec siquidem virtus in ipso claruit in oculis om-
nium, quae quidem miraculis potior est, quia
illa plerumque fallaciter in vita decipi-
unt. — Breviar. Franciscan. XIX. Junii. Lectio IV.

„richt, denn ich überzeugte mich von der Wahr=
„heit der Sache durch wiederhohlte Wahrneh=
„mungen meines Sinnes: auch nicht des Aber=
„glaubens, indem ich diese Erscheinung als et=
„was Uebernatürliches für mich betrachte; denn
„alles Natürliche an sich, dessen Möglichkeit
„wir nicht begreifen und dessen Ursache wir nicht
„ergründen können, wird eben dadurch für uns
„ein Uebernatürliches. Ein Engländer, der zu
„gleicher Zeit mit mir vor dem Grabe stand und
„den, der Florentiner Lilienwurzel ähnlichen, Ge=
„ruch einathmete, betheuerte mir, er wüßte, daß
„die Mönche jeden Morgen vor Eröffnung der
„Capelle die Ritzen des Steines mit wohlriechen=
„den Salben bestrichen; aber er verschonte mich
„mit seiner Weisheit, als ich ihn fragte, ob er
„für das Unerklärbare keinen bessern Schlüssel,
„als den erbärmlich abgenutzten, Betrug und
„Täuschung, kennte. „„Was wir System oder
„„Ordnung der Natur und Gleichförmigkeit in
„„ihren Wirkungen nennen,„„ so dacht ich, „„ist
„„nichts weiter, als das Kunstgebilde unseres
„„Verstandes; in der Natur selbst ist nichts Or=
„„dentliches, nichts Außerordentliches, sondern

„„überall nur Unbegränztes und Unendliches.
„„Wenn es demnach dem ewig fortwirkenden
„„Weltgeiste möglich war, die Unendlichkeit sei=
„„ner Jdeen, im Kleinen, wie im Großen, in
„„dem süßen Dufte der Blumen, wie im unver=
„„gänglichen Lichte der Gestirne, mit gleicher
„„Kraft, Fülle und Mannigfaltigkeit außer sich
„„darzustellen, was hätte ihn hindern können;
„„sein Leben und sein Wirken auch an der Hülle ei=
„„nes Heiligen durch einen bleibenden Wohlge=
„„ruch zu versinnlichen? Das Eine ist so wun=
„„derbar, wie das Andere; und alles, was die
„„Physik über jenes zu sagen weiß, ist doch nur
„„eine scheinbare Erklärung dessen, was die Din=
„„ge scheinen, nicht was sie sind. Freylich wird
„„der Rosenstock immer nur Rosen bringen, und
„„diese werden nie wie Nelken riechen; doch wür=
„„de ich verzweifeln, sollte ich die Unmöglichkeit
„„des Gegentheils beweisen müssen, und sähe ich
„„einmahl auf einem Rosenstocke Nelken, oder
„„Rosen, die wie diese röchen, so würde ich, bey
„„völliger Richtigkeit der Sache, lieber die, von
„„Menschen geschaffene, Kette von Arten, Gat=
„„tungen, Geschlechtern und Cläffen um einen

„„„Ring erweitern, als auf Betrug, Kunst, oder
„„„Naturspiel rathen.„„„

„Mit diesen Gedanken stellte ich mich in ei-
„nen Winkel des Heiligthumes, um die herzuströ-
„menden Scharen der Andächtigen aus allen
„Ländern Europa's zu beobachten. Da zeigten
„sich mir Glaube und Zweifel; Vertrauen und
„Kleinmuth, Hoffnung und Ungewißheit, Zu-
„versicht und Verzweiflung in allen möglichen
„Uebergängen und Abstufungen. Ich glaube,
„daß ich jedem, bloß nach dem Ausdrucke in sei-
„nen Gesichtszügen, hätte vorher sagen können,
„ob er erhöret oder unerhöret von dannen ziehen
„würde. Die meisten Kranken und Bresthaften
„gingen wieder hinaus, wie sie herein gekommen
„waren; nur einen siechen Spanier, der von sei-
„nen Wärtern auf den Händen war hinein getra-
„gen worden, sah ich plötzlich gesund und stark
„die heilige Stätte verlassen, und ein, vom
„Schlagflusse an der Zunge, gelähmter Piemon-
„teser hatte kaum eine Viertelstunde vor dem
„Grabe gelegen, als er die Sprache wieder er-
„hielt und laut die Herrlichkeit Gottes in seinen
„Heiligen verkündigte: aber auch noch nie war

„mir, in irgend einem Bilde, oder in einem Sterb=
„lichen, der hohe Ausdruck des lebendigsten Glau=
„bens, des kindlichsten Vertrauens und der zu=
„versichtlichsten Hoffnung so bestimmt und spre=
„chend, wie an diesen zwey Menschen, erschie=
„nen. Ein Genfer, der mir zur Seite stand, war
„Zeuge der an ihnen geschehenen Wunder, und
„rief, vergessend seiner Bibel, mit gottlosem
„Sinne: „„„Betrug!„„„ Mir war, als dränge
„aus dem Grabe eine Stimme durch mein In=
„nerstes, und deutlich glaubte ich die Worte
„zu vernehmen:„ „„„das ist die Macht des Gei=
„„„stes über den Körper; das ist der Glaube, al=
„„„ler Wunder Quelle, deren kräftige Ergießung
„„„das Gefühl des Lebens zu erneuern und sogar
„„„Berge zu versetzen vermag!„„„

„Seit diesem Augenblicke liegt für mich das
„Wunderbare nicht in dem, was außer dem Ge=
„biethe erkennbarer Naturkräfte geschieht, son=
„dern in dem Mittel, wodurch der Geist über
„den Körper herrscht und die, nur ihm bekann=
„te, Kraft der Natur seinem Willen unterthänig
„macht: ich werde auch dieß ergründen, sobald
„sich mir die räthselhafte Abkunft aller endlichen

„Dinge aus der Idee, oder die Offenbarung der
„göttlichen Wirklichkeit durch eine scheinbare Sin=
„nenwelt, befriedigend wird enthüllet haben." ꝛc.

––––––––––––

In Arquado ward ihm schon eine dunkle
Ahndung von diesem Geheimnisse zu Theil. Das=
selbe Gefühl der Andacht, dessen sein Herz in der
Capelle des heiligen Antonius voll war, beglei=
tete ihn auch in das Haus, in welchem der lieb=
liche Sänger der Laura und freundliche Lob=
redner der Einsamkeit seine letzten Tage verlebt
hatte; aber ein ihm unerklärbares Treiben und
Drängen in seiner Seele ließ ihn nicht lange da=
selbst verweilen. Er eilte zur Pfarrkirche und er=
hielt durch einige klingende Beweggründe von
dem Küster, daß er ihn in der Capelle der heiligen
Jungfrau, einem Denkmahle der Frömmigkeit
Petrarcha's, allein ließ und ihm ein Stünd=
chen Ruhe bey der Grabstätte des Dichters gönn=
te. Die Einfachheit derselben täuschte seine Er=
wartung; er fand nichts als einen Sarg, von
vier marmornen Säulen getragen, über ihm das

Brustbild des Verewigten in Bronze, unten die Grabschrift, wie er sie selbst verordnet hatte:

Frigida Francisci tegit hic lapis ossa Petrarcae.
Suscipe, virgo parens, animam: Sate virgine parce,
Fessaque jam terris coeli requiescat in arce. *)

„Dieß ist also alles," dachte er, „für das An=
„denken des Mannes, den seine Zeitgenossen als
„den Liebling der Musen, als den Geweihten der
„Philosophie, der Wohlredenheit und der Kunst
„verehrten und liebten!"

Von den beschwerlichen Wegen aus Padu=
a's Ebenen über die Euganeischen Berge ermü=
det, nahm er Platz in einem Stuhle und vertiefte
sich in die Betrachtung des unruhigen und un=
stäten Lebens, in welchem Petrarcha sich im=
mer nach der Einsamkeit gesehnet hatte, und doch
unfähig war, in ihrer geheimnißvollen Stille
lange auszuhalten. Unwillkührlich fing er an,

---

*) „Dieser Stein deckt Franz Petrarcha's kalte Ge=
„beine. Jungfräuliche Mutter, nimm seine Seele
„auf: Sohn der Jungfrau erbarme dich ihrer,
„und laß sie, auf Erden ermüdet; im Himmel
„ruhen."

die ein und zwanzigste Canzone des Dichters,
worin er seinen wechselnden Kampf gegen Liebe
und Ruhmbegierde schilderte, zu recitiren; und
sie verleitete ihn zu einer Vergleichung zwischen
seiner und Benivieni's Dichterkraft, seinem und
Ficino's philosophischen Sinn, seiner und Le=
on's Religiosität. Unter dieser Anstrengung ver=
fiel er in eine außerordentliche Mattigkeit, aus
welcher er in einen tiefen Schlaf versank. Was
er während desselben im Geiste gesehen und wie
es auf ihn gewirkt hatte, theilte er seinem Lo=
renzo Peraldi in folgendem Schreiben mit.

„ic. ic. Der längst Vollendete, mit seinen Schrif=
„ten unter dem Arme, lag vor dem Altare der gött=
„lichen Mutter auf seinen Knien und bethete.
„Durch die Gewalt eines Blitzstrahles stürzte das
„Gewölbe der Capelle ein. Den Bethenden und
„mich hatten zwey weibliche Gestalten mit ihren
„Schildern gegen die herabfallenden Trümmer
„geschützt; aber das Bild der heiligen Jungfrau
„war verschwunden, und wir wurden beyde zu
„einem unabsehbaren Lichtmeere erhoben. Die
„zwey weiblichen Wesen standen sogleich wieder
„zu Petrarcha's Seite. Beyde waren von

„gleicher Jugend und gleicher Schönheit, an den
„Zügen und dem Ausdrucke ihres Antlißes ein=
„ander völlig ähnlich, die Eine weiß, die Andere
„himmelblau gekleidet, die Erstere mit einer Ster=
„nenkrone, die Leßtere mit einem Blumenkränze
„auf dem Haupte; jene führte eine, in reinster
„Flamme brennende, Fackel; diese einen golde=
„nen, mit Carbunkeln, Smaragden und Sa=
„phieren besetzten, Becher in der Hand."

„„„„Erhöret,"""" so sprach die Göttliche zu dem
Dichter, und die Musik ihrer Rede schien aus
meinem Innersten wie von ihren Lippen zu er=
schallen; „„„„erhöret ist das Gebeth, in welchem
„„„„deine unterdrückte Seele während ihrer Wan=
„„„„derschaft sich oft, dir unbewußt, ergoß. Nicht
„„„„fern mehr ist der Augenblick deiner Auflösung,
„„„„Wiedergeburt und Verklärung. Dein reines
„„„„Ich erwache, dein wahres Leben beginne noch
„„„„vorher, und klar erscheine dir, wie das Stre=
„„„„ben und der Ruhm deines verirrten Geistes in
„„„„leeren Dunst zerfließt. Werde würdig, durch
„„„„uns, mit unserer ältesten Schwester und durch
„„„„sie mit uns dich auf ewig zu vermählen.""""

„Jetzt berührte sie mit der Flamme seinen

„Scheitel, und sogleich drangen dichte Nebel-
„wolken in mannigfaltigen Gestalten aus seinem
„Haupte hervor, und verloren sich schnell in dem
„Lichtmeere, worin wir schwebten. Himmlische
„Strahlen umgaben ihn nun, doch unerreichbar
„meinem Blicke war der Punct, aus dem sie flos-
„sen. Er unterlag der überschwänklichen Wonne
„seiner Erleuchtung, und sank entsinnlicht zu den
„Füßen der Göttinn hin. Da reichte ihm die An-
„dere ihren Becher, er trank und richtete sich ver-
„geistigt wieder auf. Seine Schriften entsanken
„seinem Arme und fielen in die düstere Tiefe. Ei-
„ne Kruste von Eis, wie Bergkrystall in allen
„Farben spielend, bedeckte ihn einige Augenblik-
„ke ganz und löste sich von ihm allmählich wie-
„der los. Aus seiner Brust stieg dann eine lieb-
„liche Flamme empor; deren wohlthätige Wär-
„me sich bis zu mir verbreitete, und unter einer
„entzückenden Harmonie von unsichtbaren und
„mir unbekannten Instrumenten erschien die drit-
„te weibliche Gestalt, auf einem Throne von Sa-
„phier, in feinsten Goldschleyer gekleidet, das
„Haupt mit einer Glorie umgeben, in ihrer Hand
„ein diamantenes Kreuz, mit Cypressen, Myr-

„ten, Lilien. und Rosen umwunden, zu ihrer
„Linken Pythagoras und Platon, zu ihrer
„Rechten Joannes und Jesus, wie ich sie,
„von Carracci und Guido gebildet, öfters
„gesehen habe. Glänzender wurden jetzt die
„Strahlen über Petrarch a's Haupt und hö=
„her loderte aus seiner Brust die heilige Flamme
„auf. Die Ernste mit der Sternenkrone und die
„Anmuthsvolle mit dem Blumenkranze setzten
„sich zur Erhabenen auf den Thron, und plötz=
„lich verschwand an ihnen alles Unterscheidende;
„ich glaubte in drey völlig gleichen Gestalten nur
„ein einziges Wesen zu erblicken. Die Mittlere
„streckte ihre Arme gegen den Dichter aus; von
„ihr ergriffen, ging er mit Allem, was ich bis=
„her gesehen hatte, im Lichtmeere unter, und ich
„befand mich wieder vor dem Altar der Capelle."

„Auf der Stufe desselben lagen die Schrif=
„ten des Verklärten zerstreuet, begierig sammel=
„te ich sie und wollte lesen; da stand die Ehr=
„würdige im weißen Gewande vor mir und hieß
„mich diese Kinder des Verstandes und der Sinn=
„lichkeit, im Schatten der Nacht und des Todes
„erzeugt, wieder hinlegen." „„Das Spiel mit

„„ihnen,"" sprach sie, „„würde dich, nicht min-
„„der als ihren Vater, mit einem eiteln Scheine
„„des Lebens täuschen. Das Beyspiel seines zer-
„„streuten Wandels und zerrissenen Seyns auf
„„Erden diene dir zur Warnung, und was du
„„jetzt gesehen hast, das bleibe deines Strebens
„„unverrücktes Ziel. Charakterlos, sich selbst ein
„„Räthsel, im ewigen Widerstreite mit seinem
„„Ich, verschwand er aus der Sinnenwelt. Ihm
„„fehlte stets der Sinn des Kindes und die Kraft
„„des Mannes, um die Weihe und Begeisterung
„„der ewigen Ideen zu empfangen; der Begriff
„„war ihm das Höchste, und die Reflexion der
„„einzige Weg zum Heiligthume der Wissenschaft,
„„deren Daseyn ihm ahndete. Darum konnte
„„sich auch nimmermehr sein Dichterflug zur Poe-
„„sie, seine Welterkenntniß zur Philosophie, sei-
„„ne kirchliche Frömmigkeit zur Religion und
„„seine einseitige Eigenthümlichkeit zu dem all-
„„gemeinen Charakter der Menschheit hinauf
„„schwingen. Nicht er, sondern der hochgeweih-
„„te Priester der Ideen=Welt, den er nur wenig
„„kannte, und den du liebst, der göttliche Pla-
„„to n, sey und bleibe dein Gefährte zu meinem

„„„und meiner Schwestern ewigen Reiche, in wel-
„„„chem wir vereinigt herrschen und unsern Treu-
„„„en Licht, Kraft und Wonne spenden. Folgest
„„„du, auf ihn vertrauend, doch freyen Sinnes,
„„„seinen Winken, so wird sein Geist mit deiner
„„„Seele sich vermählen, damit du das Princip
„„„aller göttlichen Wissenschaft, Poesie und Re-
„„„ligion aus dir selbst erzeugest. und die ewige
„„„Wahrheit, daß nur die Idee der Ursprung,
„„„das Wesen, die Form und das Leben aller
„„„Dinge sey, auch deine Wahrheit werde. Du
„„„wirst dich ihrer ganz bemächtigen, wenn du,
„„„in dem Zustande einer heiligen Trunkenheit
„„„und weisen Besonnenheit, dich immerfort be-
„„„hauptend, alle Erscheinungen der sichtbaren
„„„Welt nur als mystische Andeutungen des Un-
„„„endlichen betrachtest, und unter der Erfor-
„„„schung, Bildung oder Benutzung des Einzel-
„„„nen dein Gemüth in fortdauernder Beschau-
„„„ung des Ganzen erhältst.„„„

„Die Gestalt zerfloß in Licht, das selbst noch
„beym Erwachen meiner Sinne in seinen Wir-
„kungen mich zu umschweben schien. Mein Ge-
„fühl der Ermattung war verschwunden, mein

„Geist war ungewöhnlich heiter, mein Herz zum
„ruhigsten Frohsinne und zur reinsten Freude ge-
„stimmt. Allein je öfter ich erwäge, was ich ge-
„sehen und gehört, je bestimmter die Bedeutung
„desselben sich mir aufschließt, desto schmerzlicher
„empfinde ich auch das Drückende der äußern
„Lage, worin ich durch den Willen derer, die
„mir gebiethen, fest gehalten werde. Ich weiß,
„daß das Traumgesicht und alles, was durch
„dasselbe sich mir offenbarte, nur eine, im Be-
„wußtseyn reflectirte, Lebensäußerung meines
„reinen, freyen Selbst war; was würde ich
„sehen und vernehmen, könnte ich, meinen zer-
„streuenden Umgebungen entwunden, das voll-
„ständige Denken und Seyn meiner Seele in
„diesem Spiegel überschauen? Bey schwächerm
„Selbstbewußtseyn und bey minderer Stärke
„meines innern Sinnes hätte vielleicht dieser Le-
„bensact meines fessellosen Geistes sich trüglich
„in Petrarcha's Krönung auf dem Capitol
„und in einigen Ermahnungen zum Studieren
„für mich abgebildet; welche Mysterien würden
„sich mir entsiegelt haben, wäre meine Empfäng-
„lichkeit für die Einwirkungen des Uebersinnli-

„chen noch mehr entwickelt, und der Spiegel, in
„dem es sich für mich gestalten muß, vom Dun=
„ste der Sinnlichkeit weniger getrübt?" „„„Ich
„„„muß in ein Kloster;"" „so rufe ich oft ver=
„zweifelnd aus und weine; denn selbst die War=
„nungen Ihrer Weisheit verlieren ihre Kraft
„unter dem Drange meiner Sehnsucht. Vor ei=
„nigen Tagen nöthigte mir Renato das Ge=
„ständniß derselben ab; statt alles Trostes schlug
„er mir im Seneca folgende Stelle auf:

„Das höchste Gut des Menschen, welches
„über alle Gewalt erhaben, weder gegeben
„noch genommen werden kann, ist das Welt=
„all, das Erhabenste, das Prächtigste, was
„die Natur geschaffen hat, und dieser Geist,
„der Beschauer und Bewunderer desselben,
„sein herrlichster Theil, uns eigenthümlich
„und unwandelbar, so lange mit uns dau=
„ernd, als wir selbst dauern werden. — Wenn
„ich also nur in die Gesellschaft himmlischer
„Wesen, so weit es dem Sterblichen vergön=
„net ist, mich mischen und meinen Geist, nach
„der Anschauung ihm verwandter Dinge stre=
„bend, auf seiner Höhe unverrückt erhalten
„kann,

„kann, was liegt daran, auf welchem Fleck
„der Erde ich wohne oder walle!"*)

„Wohl fühle ich den gediegenen Gehalt dieser
„Worte; sie sollen mir auch oft zum Thema
„meiner einsamen Selbstgespräche dienen; aber
„schwerlich werden sie, gleich einer Zauberfor-
„mel, die Unruhe meines Herzens stillen und
„mein Verlangen nach dem Paradiese der Wei-
„sen und Heiligen auf Erden ersticken."

„Uebermorgen reisen wir nach Venedig,
„in dessen natürlichen und künstlichen Nebeln wir
„ein halbes Jahr arbeiten, ruhen und genießen
„sollen. Ich werde dort fortsetzen, was ich in
„Bologna angefangen habe; ich werde versu-
„chen, wie weit es mir gelingen wird, nach dem
„Muster jener Stadt, alle Inseln meiner innern
„Welt zu einem Ganzen zu verbinden; denn bis
„jetzt steht vieles noch getrennt und einzeln in
„mir da." ꝛc. ꝛc.

---

*) Consol. ad Helv. C. IX.

H

Bonaventura gab sich zu Venedig auf
Peraldi's nachdrücklich wiederhohlte Ermah=
nungen den Umständen bereitwilliger hin und
verfehlte dabey seinen Vortheil seltener, weil er
allmählich in dem Einzelnen das Allgemeine fin=
den, und die Dinge nach einer mehr umfassen=
den Ansicht würdigen lernte.

Auf Don Carlo's Anweisung bezog Go=
nella mit seinem Zöglinge das Haus des Avo=
gadore Stolardo. Renato begab sich auf
die Carthäuser = Insel und genoß daselbst das
Recht der Gastfreundschaft, welches ihm von sei=
nem Bruder, dem Procurator des Ordens, in
allen Carthausen eingeräumt worden war. Bo=
naventura fand in dem Hause des Avogado=
re alles besser, als er es von einem Freunde sei=
nes Oheims erwartet hatte. Zwar schien ihm
Stolardo's kalte, finstere Miene bey dem Em=
pfange wenig Gutes zu versprechen; allein er
war so eben aus dem Rathe der Prégadi ge=
kommen, und so oft dieß der Fall war, brauchte
er einige Zeit, um den Geist der verderbten Re=
gierung, der er diente, aus seinem Wesen zu ver=
bannen und den edlern Menschen in sich wieder

aufleben zu lassen. Das Erwünschteste war dem
Jünglinge der kleine Kreis gelehrter Männer,
der sich wöchentlich zwey Mahl des Abends bey
Stolardo versammelte. Der Bruder der Avo-
gadorinn, Don Foscarini, Lector der Theologie in der Benedictiner-Abtey San Giorgio
Maggiore, der Theolog der Republik, Pater
Girello, ein, dem Rufe nach, sehr aufgeklär-
ter Servit, der Rector der Somäschen Don Paruta, als tiefsinniger Metaphysiker berühmt,
der Custos der Sct. Marcus-Bibliothek, Zanetti und sein Bruder Girolamo, ein gelehrter Künstler, der Rechtsgelehrte Costantini
und der Segretario der Pregadi Giovanelli;
dieß waren die Männer, welche Bonaventura daselbst kennen lernte. Der Mahler Giuseppe Nogari und der Tonkünstler Rinaldi
schlossen den Kreis, von welchem Chiara, die
Tochter des Hauses, ein Mädchen voll Feuer,
Geist und Schwärmerey, die Seele war.

Dem würdigen Peraldi hatte es der junge
Corse zu verdanken, daß er vor den Söhnen
der Venetianischen Nobili zu seinem Vortheile
sich auszeichnete; dieß erwarb ihm die Aufmerk-

H 2

ſamkeit, und ſehr bald auch die Achtung und
Liebe der verdienſtvollen Männer, in deren Ge=
ſellſchaft er verſetzt war. Inniger, als den Ue=
brigen, ſchloß er ſich dem hellſehenden Foſca=
rini, dem ihn Abt Bernardo zu Bologna
ganz beſonders empfohlen hatte, dem ſcharfſin=
nigen Antonio Zanetti, und dem tiefdenken=
den Paruta an, wofür er auch ſeine ſchönſten
Stunden zu Venedig mit ihnen verlebte. Nach
dem Willen ſeines Oheims und der Wahl des
Stolardo, ſollte ihn Coſtantini in allem
unterrichten, was nach dem Geſetze der Natur
und den Beſtimmungen der Römer unter Men=
ſchen, Völkern und Staaten für Recht gehalten
wird; Giovanelli ihn lehren, daſſelbe im bür=
gerlichen Leben mit Klugheit anzuwenden. Die=
ſer Anordnung gemäß ging er täglich zu dem Er=
ſtern, um unter ſeiner Anleitung ſich mit den
Grundſätzen und Feinheiten der Rechtsgelehrſam=
keit bekannt zu machen, und zwey Mahl in der
Woche zu dem Letztern, um dort mit mehrern
jungen Nobili Berathſchlagungen über allge=
meine politiſche Gegenſtände anzuſtellen, ver=
ſchiedene, vom Segretario vorgelegte Fälle nach

den Regeln des Rechts und der Staatskunst zu
entscheiden und im öffentlichen Sprechen sich zu
üben. Dieß war zu Venedig seine Arbeit; seinen
Genuß fand er bald in der Sct. Marcus-Bibliothek, wo ihm Zanetti in Sophokles und
Euripides das kräftige Leben und die geheimen Reize des Hellenischen Geistes entschleyerte,
bald in den, für Wissenschaft und Kunst gewinn-
reichen Besuchen bey Don Paruta und Nogari, oder zu Hause in musikalischen Studien
mit der liebenden Chiara und dem tiefsinnigen
Rinaldi. Die Sonnabende und Sonntage weihete er den heiligen Mysterien der Einsamkeit im
Kloster auf der Insel S. Giorgio Maggiore, wo
ihm durch Foscarini's Vermittelung eine
freundliche Zelle angewiesen, zu allen gottes-
dienstlichen Handlungen der Mönche freyer Zutritt gestattet und der unbeschränkte Gebrauch
der Bibliothek bewilliget worden war.

So wenig Gonella, Trotz allen Bemühun-
gen Renato's, das organische Leben der Pflanzen und seine Bedeutung jemahls begreifen konnte, eben so wenig vermochte er, mit dem jungen
Corsen sich über Platons Buchstaben zu dem

Geiste des Weisen empor zu schwingen: darum
betrachtete Bonaventura das tägliche Lesen
desselben mit dem Abbate in den Morgenstun=
den als bloße Sprachübung, und schwerlich
würden sie jemahls in ihren Unterredungen da=
bey die Gränzen der Grammatik überschritten
haben, hätte der letztere nicht bey jeder Gelegen=
heit beweisen wollen, der Jüngling müßte seine
alten Freunde, Benivieni und Leon, so wie
seine neuen, Sophokles und Euripides, in
das Feuer werfen, weil Platon, seiner Mei=
nung nach, die Dichter aus der Republik verban=
niet wissen wollte. Vergeblich suchte ihm Bona=
ventura begreiflich zu machen, selbst der ganze
Inhalt der Schriften Platon's sey nichts an=
ders, als die erhabenste Poesie der Ideen; Go=
nella erklärte diese Behauptung geradezu für den
Einfall eines Wahnsinnigen.

Noch immer hielt er den Schüler Peral=
di's für einen Frömmler, und nur die Weise, ihn
zu dem, was er Vernunft nannte, zu bekehren,
fand er für gut, in Venedig zu verändern. Bis
dahin wollte er die ihm angedichtete Neigung
zur mönchischen Andächteley durch Ueberspan=

nung und Ermüdung in ihm tödten; darum
mußte er täglich des Morgens und Abends ein
langes Gebeth mit ihm verrichten, eine Menge
Legenden von den Heiligen und die schrecklichsten
Beschreibungen von den vier letzten Dingen des
Menschen lesen, vor jedem Bilde des Gekreuzig-
ten oder seiner Mutter sich segnen und ein Re-
sponsorium mit ihm recitiren, die erbärmlichsten
Predigten anhören und allen möglichen Messen,
Vespern und Processionen beywohnen. Bonaventura that alles ohne Widerwillen, weil er
überall einen höhern Sinn zu finden, oder hinein zu tragen, wußte, und erlangte dadurch,
daß der Abbate selbst ermüdete und dieser Art
ihn zu behandeln, überdrüssig wurde.

Aus der Verehrung des Jünglings gegen
Platon nahm Gonella nun Veranlassung
ihm anzukündigen, wie es sich geziemte, daß er
bey seinen philosophischen Studien seine Schwärmereyen, Ueberbleibsel der klösterlichen Erziehung, fahren ließe und der reinen Vernunft-Re-
ligion, der alle Aufgeklärten und Weisen anhin-
gen, beyträte. Auch hierin wollte er ihm seinen
Beystand treulich leisten, die Mittel dazu hatte

er in Stolardo's Bibliothek gefunden.. Er be=
gann sein Werk mit Des Landes Betrachtun=
gen über die großen Männer, welche scherzend
gestorben sind. *) Die Beyspiele, welche der
Verfasser aufstellte, sollten beweisen, daß man
ohne Religion heiter und ruhig sterben könne.
Nachdem sie das ziemlich unterhaltende Buch
durchgelesen hatten, wollte der Abbate wissen,
wie weit es nun Bonaventura in der Erkennt=
niß der Vernunft=Religion gebracht hätte; aber
die Antwort, er habe in dem lustigen Buche von
der Vernunft oder von der Idee der Religion
auch nicht eine dunkle Spur entdecken können,
setzte ihn in einige Verlegenheit. Dessen ungeach=
tet ließ er den Muth nicht sinken, der Jüngling
mußte noch die Religion des Pilosophen**)
und so nach und nach Bayles Betrachtungen
über die Kometen, endlich Chubbs Schriften***)
mit ihm durchgehen; allein dieß alles konnte ihm

---

*) Reflexions sur les grands hommes, qui sont morts en
   plaisantant. à Amsterdam. 1712 in 12. par Mr. D.
**) La Religion d'un Philosophe. à Londres. 1702.
***) Nouveaux Essais sur la Bonté de Dieu, la Liber-
   té etc. etc. trad. de l'Angl. de Mr. Chubb. à Am-
   sterd. 1732.

den Sinn für eine natürliche Religion nicht öffnen.
Nicht länger wollte er den Abbate an einem ver-
geblichen Bestreben Kraft und Zeit verschwen-
den lassen; als dieser hernach in seiner Verzweiflung sogar das berüchtigte Buch de tribus Im-
postoribus herbey brachte, gab ihm der freymü-
thige Corse in einer ernsthaften Unterredung
mancherley zu erwägen, wovon Folgendes das
Wesentliche war.

„Sie haben es,“ sprach er, „in der Geistes-
„kunde nicht weit gebracht, wenn Sie glauben,
„daß man Deist oder Naturalist aus Büchern
„werden könne; wo diese wirken, dort ist die
„edelste Empfänglichkeit des Gemüthes für die
„Offenbarungen der Einen, unwandelbaren und
„ewigen Religion entweder noch nicht entwik-
„kelt, oder bereits erstickt. Ob das Eine oder das
„Andere bey mir der Fall sey, darüber mußten
„Sie Sich vorher in's Klare setzen, bevor Sie in
„mir zerstören oder aufbauen wollten. Mein Va-
„ter ist Ihnen unbekannt. Sie wissen nicht, wie
„wohlberechnet er durch die ersten zehn Jahre
„meines Daseyns den Anschauungssinn für das
„göttliche Leben in der ganzen Natur in mir er-

„weckte, schärfte und erweiterte, mit welcher
„sichern Kunst er die Thätigkeit meiner Phanta-
„sie vom Nachbilden zum freyen Schaffen leite-
„te, mit welcher Wachsamkeit und Klugheit er
„mein Gefühl behandelte, pflegte und die Ge-
„genstände, die es begeistern sollten, wählte. Ich
„weiß es selbst nicht mehr, und schließ' es nur
„aus dem, was der ehrwürdige Peraldi, mein
„zweyter Vater, in mir fortbildete, und was
„ich unter Beyder weisen Obhut ward. Auch
„diesen Mann verkennen Sie, indem Sie mei-
„nen, Ihre Bücher könnten das Licht verdunkeln
„oder auslöschen, das auf den Wegen, die er
„mich führte, in reinem Glanze mir erschienen
„war. Der Stand und das Kleid des Jesuiten
„verdeckt in ihm der ganzen Welt, wie Ihnen,
„den thatenreichen Patrioten Corsica's, den er-
„fahrnen einsichtsvollen Weltmann, den erhab-
„nen Geist und ein Herz, in dem die Menschheit
„sich in ihren edelsten und schönsten Formen spie-
„gelt. Was dieser Mann im Menschen werden
„heißt, bleibt ewig; und wen er mit Liebe an
„sich bindet, der ist seiner Auserwählung zur
„Seligkeit gewiß.‟

„Was Ihre großen Männer, Des Landes,
„Bayle, Chubb und ihres gleichen bezweifeln,
„verspotten oder lästern, sind entweder nur Lehr-
„sätze der Schul-Theologie, deren höhere Bedeu-
„tung ihr Verstand, mit der Vernunft entzweyet,
„nicht erreichen, oder kirchliche Gebräuche, von
„andächtigen Mönchen im Geiste und Geschmak-
„ke ihres Zeitalters erfunden, deren idealischer
„Richtung ihre lahme Phantasie nicht folgen
„konnte. Sie haben mir nun seit einigen Wochen
„viel von einer natürlichen, der positiven
„entgegen gesetzten, Religion vorgesprochen;
„ich will Ihnen meine wahre Meinung von die-
„sem Dinge nicht länger vorenthalten. In mei-
„ner Kindheit sah ich bisweilen Knaben mit Ku-
„geln, von Seifenschaume aufgeblasen, spielen;
„das, und nicht eine Kugel von Bergkrystall,
„wie die Knaben im kindischen Taumel wähn-
„ten, ist mir das Ding, welches Sie mir als na-
„türliche Religion so beredsam preisen. Ich ken-
„ne nur die Eine Religion, welche sich aus einer
„und derselben Quelle der Gottheit, obgleich in
„mannigfaltigen Gestalten, durch Moses, Da-
„vid, Numa, Pythagoras, Platon, Je-

„fus und Mahomed dem menschlichen Ge-
„schlechte angekündiget hat; also keine andere
„als eine geoffenbarte, es sey durch die Erschei-
„nung der göttlichen Ideen im Weltall; oder
„durch die Lehre auserwählter, von ihr begei-
„sterter Menschen. Sie sehen, Signor Abbate,
„ich schreite weiter, als ihre Wünsche sich viel-
„leicht erstrecken; denn in meinem Tempel der
„Gottseligkeit vereinigen sich Griechen und Rö-
„mer, Heiden und Christen, Juden und Türken,
„Rechtgläubige und Ketzer zu einer heiligen Ge-
„meinde religiöser Geister; und ich erhebe mich
„zum Priester unter ihnen, indem ich ihre ver-
„schiedenen Ansichten von dem göttlichen All in
„eine einzige große zusammen fasse, und die
„mancherley Formen, in welche jeder die seinige
„kleidet, zu einem historischen Gemählde der Got-
„tes vollen Menschheit harmonisch ordne. Dar-
„um ist mir auch das, was Sie, positive Re-
„ligion nennen, nicht Gegensatz, sondern
„Hülle, Zeichen oder Schein der geoffenbarten,
„aufgestellt, um zu dem Heiligthume der Einzi-
„gen und Ewigen hinzuweisen, noch immer ach-
„tungswürdig selbst dem Glücklichen, der, in

„dem Himmel der letztern ruhend und genießend,
„jener Weisung nicht ferner mehr bedarf."

„Nun werden Sie wohl leicht errathen,
„warum ich früher Ihre Heiligen-Legenden mit
„innigstem Wohlgefallen, und jetzt die Schriften
„Ihrer starken Geister mit kalter Gleichgültig-
„keit, höchstens mit drückendem Mitleiden, las: in
„jenen konnte mir die kindliche Dichtung und die
„Sprache der Einfalt den idealischen Aufschwung
„des menschlichen Geistes zu dem Unendlichen
„nicht verhüllen; in diesen zeigte sich mir nichts,
„als ein verwegenes Grübeln des Verstandes in
„einem Gebiethe, in dem er ewig blinder Bettler
„bleiben wird. Dort bewunderte ich das mensch-
„liche Geschlecht in den mannigfaltigen Weisen
„seiner Erhebung; hier erblickte ich mit Weh-
„muth den Menschen in seiner vorsetzlichen Er-
„niedrigung."

„Doch mit dem allen will ich Sie eben so
„wenig bekehren, als Sie auf andere Mittel zu
„meiner Bekehrung bedacht machen. Der Wille
„meines Oheims hat Sie nun einmahl zu mei-
„nem Führer bestimmt; allein das Feste und Un-
„veränderliche, was von dem Geiste meines Va-

„ters und Peraldi's meine Schritte leitet, ent-
„bindet Sie der lästigen Rolle und Pflicht eines
„Wegweisers. Es liegt in Ihrer Macht, in der
„leichtern eines angenehmen Gefährten mir zur
„Seite zu gehen und meine Liebe zu gewinnen.
„Bleiben Sie mir immerhin das Organ der Be-
„fehle und Wünsche meines Vormundes; so weit
„dieselben auf mein Aeußeres sich beziehen, wer-
„den Sie nie vergeblich zu mir sprechen: nur zum
„Vormunde über das höhere Vermögen meines
„innern Denkens und Seyns lassen Sie Sich nicht
„weiter brauchen; da fühle ich mich mündig und
„in der Verwaltung desselben nicht geneigt, ir-
„gend eine, mir fremdartige, Einmischung zu dul-
„den. Auch mein Lehrer sollen Sie nach Don
„Carlo's Verfügung seyn; und Sie werden in
„der Mathematik, in den Sprachen der alten
„Welt, in der Geschichte der Völker, in den fal-
„schen Künsten, mit welchen sie beherrscht wor-
„den sind, und in den wahrhaften Grundsätzen,
„nach welchen sie regiert werden sollten, den flei-
„ßigen Schüler in mir nie vermissen. In allem
„aber, was nicht gelehret werden kann, über-
„lassen Sie mich frey der Unterweisung meines

„innern Lehrers und seiner Zucht, die mir stets
„Achtung für Sie gebiethen wird."

Diese freye Erklärung verfehlte bey Gonella ihre erwünschte Wirkung nicht, er fing an,
den Jüngling, ungeachtet seiner sonderbaren
Meinungen zu achten, und von dieser Zeit an
war von Schwärmerey, von Poesie und Religion, von Ideen und göttlichen Dingen nicht
mehr die Rede unter ihnen. Er gab ihm täglich
seine Lehrstunden, und ließ denselben die ihm
ganz fremde Wissenschaft des Höchsten und Unbedingten ungehindert suchen, wo und wie er sie
zu finden glaubte.

Sie glaubte Bonaventura, außer in Peraldi, noch in keinem Menschen so hell und all-
umfassend, wie in Don Paruta, entdeckt zu haben. Das Kloster der Somaschen lag dem Hause Stolardo's gegen über, und dieß begünstig-
te sein Verlangen, sein Herz recht oft den Einwirkungen des erleuchteten Rectors hinzugeben.
Nur wenige Tage vergingen, an welchen er
nicht einige Stunden bey ihm der Weisheit heiligte. „Vermöchte ich noch, im Menschen," —
so schrieb er einst von diesem Manne an Peral-

di, „den Geist in der Form einer eigenthümlichen
„Persönlichkeit zu denken, so würde ich glauben,
„ihn habe sich Platon's Geist, wie Sie der
„Geist des Pythagoras, zu seiner Wohnung
„auserkoren. Nie ergießt sich seine Rede in er-
„müdende Abhandlungen; und wenn ich über
„irgend etwas nur seine Meinung vernehmen
„will; so führt er mich im Labyrinthe der Be-
„griffe so lange herum, bis mein eigener Sinn
„den Ausgang findet und mir den Standpunct
„zeigt, aus welchem ich das Ding von allen
„Seiten in der Verklärung des Idealen und sei-
„ner Verbindung mit dem Ganzen überschauen
„kann." ꝛc. ꝛc.

Was auf diese Weise das Erzeugniß der eigenen Kraft des jungen Corsen geworden war,
das nahm er in seiner Zelle zu San Giorgio noch
Ein Mahl vor, um es mit den Erscheinungen des
Lebens zu vergleichen, und nach allen seinen Rich-
tungen zum wahren Seyn zu würdigen. Sein

Auf-

Aufenthalt daselbst war ganz der Beschauung
der Ideen=Welt in Platon's Gesellschaft gewid=
met. Was dem Jünglinge nur ruhiges Verneh=
men seines Wesens war, das schien dem Fosca=
rini anstrengende Arbeit, und nicht zu erklären
wußte er's sich, wie derselbe, mit der Philoso=
phie eines Heiden in seiner Seele stets beschäf=
tigt, dennoch mit so andächtiger Theilnahme im
Chor dem Psalmgesange der Mönche oder dem
Hochamte beywohnen, und auch seine Kunst=Stu=
dien nur von Madonnen= und Heiligenbildern
entlehnen könnte. Ob wirklich reiner, innerer
Trieb zur Wissenschaft, in so fern sie Eins ist mit
dem Leben und dem Wirken, oder ob nur Eitel=
keit und Hang zum Sonderbaren ihn zu einer so
seltenen Anstrengung begeistere, darüber wollte
Foscarini befriedigende Aufschlüsse sich ver=
schaffen, um ihn entweder in seinem Streben zu
bestärken, oder auf bessere Wege zu leiten. Als
nun einmahl Bonaventura, die Insel wieder
verlassend, von ihm Abschied nahm, gab ihm
der Lector eine Abhandlung in Lateinischer Spra=
che über die Unruhen, durch welche die
Platoniker die Kirche Christi erschüt=

J

tert haben *), mit, und forderte von ihm, sie
mehrmahls durchzulesen, ihren wichtigen Inhalt
gewissenhaft zu erwägen, und am nächsten Sonn=
abende ihm frey und wahrhaft seine Meinung
darüber zu eröffnen: „wahrscheinlich," sprach er,
„wirst auch du das so oft verunglückte, mithin
„vergebliche Bestreben, den Platon mit Chri=
„stus zu vereinigen, für immer fahren lassen."

Bonaventura that pünctlich, was Fos=
carini verlanget hatte; drey Mahl las er die
Abhandlung durch. Um seine Unbefangenheit
nicht zu stören, hatte der Lector den Nahmen
des evangelischen Autors und des Druckortes bis
zur Unkenntlichkeit ausgestrichen. Anfänglich be=
wunderte der Jüngling eben so sehr die ausge=
breitete Gelehrsamkeit des Verfassers, als er her=
nach, bey hellerer Einsicht in sein künstliches Ge=
webe, über seine Verwirrung der Begriffe und
seine Impotenz, die Platonischen Ideen in ihrer
Reinheit aufzufassen, erstaunte. Tag und Nacht
beunruhigten ihn die Behauptungen desselben,
er fühlte ihre Unrichtigkeit; aber den Grund des

---

*) Moshemii de turbata per recéntiores Platonicos ec-
clesia Commentatio. Helmstadii 1732.

Irrigscheinenden mußte er sich nicht aufzudecken: da ließ er sich auf die Carthäuser-Insel hinüber fahren, um mit Renato das Ganze noch Ein Mahl durchzugehen.

Renato war in der Stadt; um ihn zu erwarten, ging er in die Kirche, wo so eben das Zeichen zur Sext gegeben wurde. Bey den Worten der frommen Sänger: „Herr dein Wort blei„bet ewiglich so weit der Himmel ist; deine Wahr„heit währet für und für; *)" erfüllte sein Herz die wehmüthigste Sehnsucht nach diesem Worte und nach dieser Wahrheit: sogleich stand auch eine Stelle des Themistios aus der Abhand„lung in ihrer vollen Bedeutung vor seinem Geiste. Unwillkührlich wiederhohlte er sich dieselbe laut,**) und heftete sein Auge auf das Gemähl-

---

*) Psalm 119. v. 89.

**) „Allen Menschen, selbst den rohesten und un„wissendsten ist die Idee der Gottheit anerschaf„fen und das Gefühl der Frömmigkeit eingeflößt. „Keine Ueberredung und kein Zwang kann in ih„rer Seele jene auslöschen, dieses ersticken; nur „die Gestalten, in welchen die erstere sich sinn„lich darstellen, und die Formeln, durch welche

de am Hochaltare von Marco Basaiti, welches Jesum, die Söhne des Zebedäus berufend,
vorstellte. Je tiefer seine Seele sich in die Betrachtung des Bildes versenkte, desto klärer ward ihm
auch, daß der Verfasser der Abhandlung weder

„sich das letztere ergießen möge, sind jedes Ein-
„sicht und freyer Wahl überlassen. — Die Ver-
„schiedenheit religiöser Ansichten und Meinungen
„hat den Sinn für Religion genährt, verstärkt,
„und wird ihn auch bis an das Ende der Zeiten
„unter Menschen erhalten; dagegen bey völlig
„gleichförmigen Lehrbegriffen und Gebräuchen
„kaum ein Schatten von Religion auf Erden mehr
„vorhanden wäre. — Nur unweise Menschen kön-
„nen eine gänzliche Uebereinstimmung der Mei-
„nungen über göttliche Dinge bewirken wollen; al-
„lein die Gottheit selbst scheint ihr thörichtes Be-
„streben zu vereiteln. — Die sichtbare Natur will
„nach Heraklitus Lehre unergründlich bleiben, wie
„vielmehr der unsichtbare Schöpfer und Herr des
„All. Undurchdringlich dem Verstande, und über
„alle menschliche Erkenntniß erhaben, liegt ihm
„weniger daran, daß alle ihn auf gleiche Art ver-
„ehren, als daß jeder frey, nach seiner eigenen,
„nicht nach fremder, Einsicht von ihm denke.‟

Orat. VII. ad Jovian. et Orat. XII. ad Valentem.

den Zweck der Sendung Jesu, noch den Beruf
seiner Vertrauten zum Reiche Gottes begriffen
habe; und das Irrige seiner Schrift auf den
nicht erkannten Unterschied zwischen Philosophie
des Geistes und schulmäßiger Welterkenntniß des
Verstandes, zwischen Christenthum und Theolo=
gie, zwischen allvereinigender Religion und tren=
nender Kirche gegründet sey. Dieser, schon von
Themistios angedeutete, Unterschied stellte sich
ihm jetzt so bestimmt und einleuchtend dar, daß
er den Muth faßte, in einer eigenen Schrift die
Behauptungen des ihm unbekannten Theologen
durch die Begründung der Gegensätze zu wider=
legen, und damit dem einsichtsvollen Foscari=
ni das verlangte Urtheil schriftlich zu überbrin=
gen. So eilte er nach Hause, um augenblicklich
Hand an das Werk zu legen.

Er begann es mit der Ausmittelung und Ab=
leitung der Idee von Religion aus der Idee des
Unendlichen und aus dem Wesen des menschli=
chen Gemüthes, wobey er den Verstand strenge
auf den ihm angemessenen Dienst, das Ideale
in Begriffe zu kleiden, beschränkte. Hieraus fol=
gerte er die Einheit der Religion und Phi=

losophie, des Glaubens und des Wissens
in der Idee, und ihre scheinbare Verschie=
denheit in dem Begriffe. Aus jener Einheit
bildete er die Idee des Christenthumes, aus die=
ser Verschiedenheit entwickelte er den Begriff ei=
ner Theologie und Kirche. Die Idee der Reli=
gion und Philosophie unter dem Symbol des
göttlichen Reiches zu offenbaren, nicht eine Theo=
logie zu begründen und eine Kirche zu stiften,
stellte er als den Zweck der Sendung Jesu auf.
Nach dieser Einleitung zeigte er den Ursprung
der christlich genannten Kirche aus der Synago=
ge, deren Geist jene bis auf den heutigen Tag
beseelte; und von hier an zerfiel seine Abhand=
lung in zwey Haupttheile.

Im ersten bewies er, daß die Platoniker die
Kirche in ihrem Streben, durch eine eigene Theo=
logie zu einigen und zu trennen, wirklich erschüt=
tert haben; weil sie die Gründe, womit diese den
heidnischen Cultus, seinen Sinn nicht fassend,
bekämpfen wollte, durch ihre Lehre aufhoben;
weil sie den Wunderthaten, worauf die Kirche
ihre göttliche Einsetzung, die Wahrheit ihrer Dog=
men, und die Heiligkeit ihrer Sitten stützte, die

Wunder, welche Epimenides, Pythagoras, Empedokles gethan, die göttlichen Extasen, welche Plotinos, Jamblichos, Proklos erfahren, und die nicht minder vortreffliche Sittenlehre, die Pythagoras, Zenon
und Platon gelehret hatten, entgegen setzten;
und weil sie endlich dadurch bewirkten, daß Viele, wie Kaiser Julian, aus der Kirche wieder
austraten, oder wie Themistios, Chalki-
dios und Symmachus, aus dem Christenthume und dem Platonismus einen eigenen religiösen Lehrbegriff sich bildeten. Dabey läugne-
te er doch nicht, daß eben dieser Platonismus
die heiligen Väter verleitet habe, von der Freyheit des Menschen, von dem Ursprunge, dem
Wesen und der Fortdauer der Seele, von der
Person Jesu und der göttlichen Dreyeinigkeit
bisweilen anders zu lehren, als die Kirche es billigen oder dulden konnte; daß ihre erhabene philosophische Mystik, von Unzähligen mißverstanden, Vielen zum Elemente eines ascetischen Fanatismus geworden sey; daß sie, an die allego-
rische Auslegung der alten Mythen gewöhnt,
diese Art zu deuten auch auf die heiligen Schrif-

ten angewendet, und mit den Genien, Dämo-
nen und Manen des Heidenthumes vertraut, die
Gegenstände und die Ceremonien des kirchlichen
Cultus beträchtlich vermehret haben.

Leicht war es ihm nun, im zweyten Theile
darzuthun, wie aus eben dieser Erschütterung
der Kirche und ihrer Theologie für die Wieder:
herstellung und Befestigung der Religiosität un:
ter Menschen die entschiedensten Vortheile erfol:
gen mußten. Er führte folgende Sätze aus.

Der eben so fruchtbare als vortreffliche
Grundsatz des Ammonios und Plotinos,
daß alle Weisen der alten Welt in der Ur=Idee von
dem Wahren, Guten, Schönen, Göttlichen und
Unendlichen überein stimmten, und nur in der
Bezeichnung derselben durch Begriffe von ein:
ander abwichen, ward bald, sowohl in kirch:
lichen als philosophischen Schulen, angenom:
men. —

Durch ihn gewann bey aufgeklärten Heiden
das Christenthum Verehrung, die Kirche Dul:
dung, die Philosophie bey den Vätern und Kir:
chenlehrern Achtung, und hiermit auch die Ein:
seitigkeit der Theologie in der vielseitigen philo:

fophifchen Anficht von den Dingen ein Gleich=
gewicht, das ihr fo nöthig und heilfam war. —

: Willig erkannten die Platoniker das Heilige
und Göttliche in Jefu an, fie beftritten nur die Kir=
che, durch welche die neubekehrten Juden die Idee
eines göttlichen Reiches in der Menfchheit verkör=
pert hatten; und jeder Sieg, den fie ihr entwanden,
war ein Gewinn für die Herrfchaft der Religion.—

Die Vorliebe und Begeifterung der Väter
für den Platonismus öffnete ihr überall eine
fichere Zufluchtsftätte, wo das Streben der Kir=
che, das Reich des Ueberfinnlichen lieber zu be=
herrfchen als zu verfinnbilden, fie verfolgte. Sie
fand in dem Kleide ihrer ewigen Schwefter, der
Philofophie, eine ehrenvolle Aufnahme, wo fie
in ihrer eigenen majeftätifchen Geftalt nicht mehr
erfcheinen durfte. —

Gerade die höhern, den kirchlichen Dogmen
widerftreitenden, Lehren der platonifirenden Vä=
ter erweckten in ihren empfänglichen Schülern
wieder dunkle Ahndungen von Religion, welche
fich durch den trotzigften Widerftand der Kirche
in den Auserwählten bis zur Idee aufklärten
und kräftig in das Leben übergingen. —

Ihre Weise, die heiligen Schriften allego=
risch und mystisch zu deuten, erhob die Gottseli=
gen zur Anschauung des darin wehenden Gei=
stes, und riß sie los von dem tödtenden Buch=
staben, in welchem Kirche und Theologie ihr
kümmerliches Leben erschöpften. —

Ihre treu bewahrte Liebe für die Gemein=
schaft mit Genien und Dämonen gebar die kind=
lichen Dichtungen von der Hierarchie der Engel,
von einem Himmel voll Heiligen; das ist, von ei=
nem Reiche der vergöttlichten Menschheit. —

Dadurch ward auch die dritte, lange ver=
bannt gewesene, Schwester der Religion, die Poe=
sie, in die Kirche wieder eingeführt, und sie be=
förderte die Wiedergeburt der Kunst, der jeder
edlere Mensch mit Andacht huldigte. —

Es lag in der Natur der alten einfachen Ce=
remonien des Cultus, daß sie durch die bestän=
dige Wiederhohlung ihren Eindruck, und nach
und nach sogar ihre ursprüngliche Bedeutung,
verlieren mußten. Vermehrte und erweiterte An=
sichten von dem Göttlichen forderten neue Ge=
stalten, in welchen sie sich dem sinnlichen Men=
schen darstellen konnten; das Gefühl der Gottse=

ligkeit bedurfte zu keinem Aufschwunge neuer dra-
matischer oder lyrischer Formen, weil es von den
alten wenig mehr gerühret wurde. Die schöne
Hellenik war von der Erde auf ewig verschwunden, der Judaismus der Kirche konnte aus seinem starren, düstern Wesen nur Trauriges und
Schreckliches erzeugen, kein Heil war mehr zu
hoffen, wenn nicht die liebliche Romantik zu Hülfe eilte. Hätte sich nun der Platonismus der Väter mit ihr vermählt, so war die Schöpfung neuer
Gegenstände und Formen des Cultus gerade sein
wohlthätigstes Verdienst nicht nur um die Religion, sondern auch um die Kirche selbst, die ihn
verfolgte.

Dieß alles unterstützte und beleuchtete er mit
vollgültigen Gründen, Zeugnissen und Beyspielen. Freudig übergab er am nächsten Sonnabende die Schrift seinem Freunde, und er fühlte
sich reichlich dafür belohnet in den Worten, womit derselbe ihn am folgenden Montage von
sich entließ. „Fahre fort mein Sohn," sprach er,
„deine Wohnstätte in Platon's heiliger Welt
„zu bauen; nie wirst du seinen Glanz, wie Vie-
„le, dir nur erborgen. Frey und eigenthümlich

„wird in und aus dir sich gestalten, was er für
„sich aus seinem Innern frey gebildet hat."

Was Bonaventura sonst noch in Venedig erfahren, gesehen, beobachtet, mit welchen
Gesinnungen, Empfindungen und Ahndungen er
die prächtige Lagunen=Stadt verlassen hat, mögen einige Bruchstücke aus seinen Briefen an
Peraldi schildern.

„ꝛc. ꝛc. Eine holde Spenderinn so mancher
„angenehmer Genüsse," schrieb er in dem einen,
„war mir auch Chiara. Das anmuthsvol-
„le, geistreich schwärmende Mädchen wird am
„nächsten Festtage der heiligen Engel in der
„Abtey zu San. Lorenzo den Schleyer nehmen,
„um ihren Citadino Rinaldi ungehindert
„lieben zu können, weil sie, als die Tochter ei-
„nes Nobile, sich mit ihm nicht vermählen darf,
„und mit dem Manne, den Stolardo für
„sie gewählt hatte, sich nicht vermählen will.
„Wahr ist es, Rinaldi's Liebenswürdigkeit
„hat für weibliche Herzen ungemein viel An=

„ziehendes, und schwerlich werde ich selbst den
„Abglanz der himmlischen Tonkunst auch in dem
„Wesen und Betragen eines Menschen je wieder
„so würdig, so schön und so harmonisch, wie in
„ihm, erblicken; dessen ungeachtet erschreckte mich
„Chiara's Geheimniß und Entschluß. Lange
„würde ich ihrer nicht ohne Schmerz gedenken
„können, hätte sie mir nicht selbst ein freundli=
„cheres Bild von ihrer Zukunft mitgegeben."

„Bald nach ihren vertraulichen Eröffnungen
„führte sie mich in das Sprachzimmer der Non=
„nen, deren frohsinnige Gemeinde sie durch ih=
„ren Beytritt nächstens vermehren wird. Da sah
„ich, wie weit es diese Opfer einer staatsklugen
„Convenienz in der Kunst gebracht haben, den
„Himmel und die Erde zu vereinigen, und den
„Heiland in dem Manne ihres Herzens zu lie=
„ben. Sündigen sie, so läßt sich die Sünde in
„keiner reizendern Gestalt denken; ist ihre Liebe
„vor einem höhern Richterstuhle schuldlos, so
„wünschte ich, nur so zu lieben und nur so ge=
„liebt zu werden."

„In der kurzen Frist von Einer Stunde ka=
„men sechzehn Nonnen in das Zimmer, alle noch

„in der schönsten Blüthe ihres Frühlings, die
„meisten mit dem hinreißenden Ausdrucke, in
„welchem sich Kindlichkeit und Andacht mit der
„süßen Schwärmerey romantischer Liebe ver-
„schmolzen zeigten. Bey ihrem Anblicke dacht'
„ich: „„die Kinder der Menschen sahen nach den
„„Töchtern Gottes, wie sie schön waren;"" und
„da die erstern immer nur bey dem bloßen Se-
„hen blieben, beunruhigte mich auch keine Furcht
„vor einer neuen Sündfluth. Ihre Art sich zu
„kleiden hat etwas unbeschreiblich Reizendes.
„Außer dem Chor tragen sie keinen Schleyer, ih-
„re Haare sind gekräuselt und nachlässig bedeckt
„mit einem Tuche von gelber Gaze, welches sie
„unter dem Kinne zubinden. Ein Tuch von Mous-
„selin um den Hals verhüllet bloß ihre Schul-
„tern, und weder das schwarze, oben knapp an-
„liegende, unten im freyen Faltenwurf spielende
„Gewand, noch das Scapulier, verwehret den
„Anblick eines schönen Busens, der in einer zier-
„lich gefalteten Einfassung von Spitzen wallet.
„Ihre Lebensart ist frey, und, die Clausur aus-
„genommen, von klösterlichen Vorschriften we-
„nig eingeschränkt. Der Chorgesang und die mei-

„ſten Andachtsübungen ſind ganz ihrer Willkühr,
„ihrem Geſchmacke, oder ihrem Bedürfniſſe an-
„heim geſtellt."

„Die Geſellſchaft der Laien in dem Sprach-
„zimmer beſtand aus lauter jungen Nobili, durch
„Einen und denſelben Zweck zur innigſten Ver-
„traulichkeit verbunden. Einige von ihnen be-
„theuerten mir, daß ein zärtliches Verhältniß
„mit einer Venetianiſchen Nonne alle erdenkliche
„Verbindungen an Seligkeit und Wonne über-
„träfe, und daß ſie es für keinen Genuß in der
„Welt vertauſchen möchten. Rinaldi, obgleich
„von Menſchen unabhängig durch ſein Glück,
„dient dieſer Abtey als Chor-Director, um unter
„dem Schuße ſeines Amtes auch in Zukunft nur
„ſeiner Chiara leben zu können. Mit Beyden
„war ich bey mehrern kleinen Feſten, welche die
„Nonnen ihren Verwandten oder Herzensfreun-
„den gaben, fröhlicher Gaſt, und lernte dabey
„die Liebe, mehr in den ſinnreichen Erfindungen
„einer ſchönen Kunſt, als in den ſtürmiſchen Be-
„wegungen einer heftigen Leidenſchaft, kennen.
„Nur Camilla's unauslöſchliches Bild rettete
„hier meine Freyheit, indem es die Schönheit die-

„ser Grazien des heiligen Benedictus, mitwel=
„chen ich in anständiger Unbefangenheit scherzte,
„in meiner Seele verdunkelte."

„Stolardo's älterer Sohn verehret die
„Heilige seiner Liebe in der Abtey der Augustiner=
„Nonnen zu San Maria celeste; auch ihn beglei=
„te ich gern als Zeuge seiner frommen Zärtlich=
„keit, und sehe dort dieselbe Macht des himmli=
„schen Amors herrschen; nur anlockender noch,
„als bey den Töchtern des heiligen Benedic=
„tus, spielet seine unschuldige Schalkheit unter
„dem Anzuge der hier verschlossenen Vestalin=
„nen. Ein weißes Kleid von zartem Stoffe um=
„fließt die Reize der schlanken Gestalt, ein schwar=
„zer Flor bezeichnet das geheime Heiligthum ver=
„liebter Seufzer, ein niedliches Häubchen von
„feinsten Spitzen, unter dem Kinne zierlich befe=
„stigt, bedeckt die schwarzen, über Stirn und
„Nacken herabwallenden Locken, unter welchen
„der schmachtende Blick des sehnsuchtsvollen Au=
„ges den Sturm der Begierde in dem Geliebten
„dämpft, und nur die Wonne einer zärtlichen
„Ergebung des Herzens verspricht. Da von meh=
„rern Söhnen eines Hauses, in der Regel, nur

„Einer

„Einer sich verehelicht, so dienen die Uebrigen
„bei jungen Frauen, als Cavalieri serventi, oder
„sie überlassen sich in den Armen schlauer Buh=
„lerinnen den schändlichsten Ausschweifungen;
„nur die Bessern, nach reinern Freuden verlan=
„gend, genießen sie, als vertraute Tröster der
„schönen Unglücklichen, welche der Zwang des
„Familien = Stolzes und der Staatsklugheit in
„die Klöster verwiesen hat." 2c. 2c.

„2c. 2c. An den lärmenden Freuden des Car=
„navals nehme ich in Chiara's Gesellschaft flei=
„ßig Theil; in ihnen, so wie in der Opera, be=
„trachte ich mit Wohlgefallen die unaustilgbare
„Neigung und den lebhaften Aufschwung zu
„dem Idealen, unter welchem Menschen und
„Völker, ihre höhere Bestimmung ahndend, das
„Leere, die Leiden und die Lasten der gemeinen
„Wirklichkeit so gern vergessen. Unter den Aeu=
„ßerungen des zügellosesten Muthwillens ward
„ich Kräfte gewahr, auf welche sich bey weiser
„Leitung die Wohlfahrt des Staates sicherer, als
„auf die künstlich unterstützte Verderbtheit der
„Bürger, gründen ließe." 2c. 2c.

K

„ꝛc. ꝛc. Da in der Zeit des allgemeinen Tau=
„mels alle ernsthafte Geschäfte ruhten und auch
„mein Unterricht bey Costantini und Giova=
„nelli ausgesetzt wurde, so weihete ich den größ=
„ten Theil meiner Tage dem Studium und Ge=
„nusse der Kunst in ihrem eigentlichen Heiligthu=
„me, in den Kirchen, die jetzt größten Theils leer
„standen. Unzählig sind in Venedig die Schö=
„pfungen der Göttlichen. Nogari und Giro=
„lamo Zanetti begleiteten mich auf meinen
„Wallfahrten; der Eine leitete meinen Blick auf
„den Körper der Gebilde, der Andere ließ ihre
„Seele zu meinem Gefühle sprechen, ihren Geist
„konnte nur die Thätigkeit meines innern Sin=
„nes erschauen. Es hatte jetzt schon großen Reiz
„für mich, der idealen Welt, so wie sie dem
„Kunstgeweihten in mannigfaltigen Formen
„erschienen war, in ihren Werken nachzuspü=
„ren; ich war daher am liebsten dort, wo ich
„eine größere Anzahl derselben von Einem Künst=
„ler in meiner Betrachtung und Würdigung zu=
„sammen fassen konnte.“

„So fand ich den ganzen Titian in dem
„Pallaste der Barbarigo’s, wo ein heiliger Hiero=

„nymus, fein erftes, ein heiliger Sebaftian, fein
„letztes, und eine Venus, fein beftes Gemählde,
„nebft vielen andern feines Pinfels aufbewah=
„ret werden. In allen fand ich den eben fo treu=
„en als fcharffichtigen Nachahmer der fichtba=
„ren Natur, die allein fich, feiner Meinung
„nach, in der Kunft fpiegeln follte. Die vortreff=
„liche Anordnung und die ihm eigenthümliche
„Einfachheit in feinen Werken, die naivefte Un=
„fchuld und anfpruchlofefte Wahrheit in feinen
„Kindergeftalten ließ mich in ihm den freyen, zu=
„friedenen, mit fich felbft einigen Mann und
„ein Gemüth voll Ruhe und kindlichen Frohfin=
„nes errathen. Doch nirgends fah ich ihn über
„das, was ihm die Wirklichkeit, als wahr
„und fchön, dargebothen hatte, mit kühnerm
„Fluge fich erheben, und fremd war ihm, fo
„glaube ich, der Gedanke, daß zwar die Kunft
„das fcheinbar Wahre in der Sinnenwelt bis
„zum Lieblichen und Gefälligen erhöhen könne,
„aber wirklich fchön nur das Ideale, und
„eben fo nur dieß, aus feinem Wefen, für die
„Kunft das einzig Wahre fey. Sein Sinn
„war, meiner Anficht nach, weniger für das gei=

„ßige Leben der Erscheinungen, als für das Me=
„dium derselben, für das Licht, geschärft; da=
„her die unerreichbare Klarheit, Kraft und Ma=
„gie seines Colorits, welches in seinen Gemähl=
„den nur zu oft die Stelle der geistigen Verklä=
„rung ersetzen mußte. Seine weiblichen Gestal=
„ten, die mythischen wie die heiligen, sind voll
„menschlicher Anmuth und Grazie; doch über=
„all vermisse ich die idealische Schönheit und
„Würde des Göttlichen. Selbst wenn er die
„höchste Aufgabe der Kunst in der Darstellung
„der religiösen Begeisterung lösen wollte, erreich=
„te sein Ausdruck bloß das Wirkliche, nicht
„das Erhabene und Himmlische. Eben dar=
„um ist seine Verkündigung Mariä in der Kir=
„che San Salvador, Troz der Unterschrift:
„Titianus fecit, fecit, nicht vollendet. Sei=
„ne Krönung des Erlösers mit Dornen konnte in
„meinem Urtheile von ihm nichts verändern; das
„Vorzügliche derselben, der glücklich getroffene
„Uebergang des sinnlichen Schmerzgefühls in
„das Bewußtseyn einer übermenschlichen Hoheit
„und freywilligen Selbsterniedrigung bewies mir
„nur, daß das idealisch Schöne und göttlich

„Große auch seinem Gemüthe befreundet war,
„aber im Kampfe mit seiner verständigen Scheu,
„die Gränzen der Wirklichkeit zu überschreiten,
„höchst selten siegte.‟

    „Tintoretto's unruhiger, feuriger Geist
„erschreckte mich mehrmahls in der Kirche dell'
„Orto; sein jüngstes Gericht und seine Anbethung
„des goldenen Kalbes überzeugten mich, daß er
„wohl Michelangelos großen Styl mit Ti=
„tian's magischem Colorit in seinen Kunstbil=
„dungen meisterhaft zu vereinigen, aber nie in
„sich die Phantasie mit der Vernunft und mit
„dem Gefühl in Harmonie zu bringen, und da=
„durch sein Gemüth für die Einwirkungen des
„Idealen und ewig Schönen empfänglich zu ma=
„chen wußte. In allen seinen Werken, deren äu=
„ßere Vollendung ich in der Scuola di San Roc=
„co bewunderte, erkannte ich zugleich, wie ge=
„recht ihm der Beynahme, il fulmine di pe=
„nello, gegeben ward, und welcher Verlust es
„sey, wenn ein origineller Geist, in Zwietracht
„mit sich selbst, sich immer nur erweiternd, das
„Feuer, das ihm vom Himmel kam, an äußern
„Umgebungen verschwendet.‟

„Unermeßlich ausgedehnt zeigte sich mir in
„der Kirche zu San Sebastiano Paolo Vero=
„nese's innere Welt; allein auch sie war nur ein
„Spiegel, in dem sich lediglich die äußere und
„sichtbare mit nie verfehlter Richtigkeit und Wahr=
„heit darstellte. Seine Engel sind naive, liebliche
„Kinder, seine Madonnen mehr sinnlich reizend
„als idealisch schön, seinen Christus=Bildern fehlt
„es an göttlicher Würde und seinen Märterern
„an der höheren Begeisterung des religiösen He=
„roismus; doch starke Ahndungen des letztern
„verrieth mir sein heiliger Georgius, das vor=
„trefflichste seiner Werke."

„Eine Menge Kunstbildungen von Titi=
„an's, Tintoretto's und Veronese's Schü=
„lern oder Nachahmern ließen mich in jeder Rück=
„sicht unbefriedigt. Sie schienen mir, das Eine,
„was ihren Meistern Noth that, gefühlt zu ha=
„ben; allein mit der bloßen Muthmaßung, daß
„nicht minder für den bildenden, als für den
„philosophierenden Künstler, über der Wahrheit
„der sichtbaren Natur, wohl noch etwas Höhe=
„res vorhanden seyn dürfte, konnten sie dasselbe
„nicht finden, nicht ergreifen. Sie verfielen in

„das Manierirte, weil sie, eben so wenig
„als ihre Meister, die Mystik der Kunst, das
„zarte Andeuten des Idealen durch eine heilige
„Dämmerung, das Zusammenziehen der Unend=
„lichkeit in bestimmte Formen von dem Ideali=
„sieren wirklicher Gegenstände zu unterscheiden
„wußten. Irre ich, ehrwürdiger Vater, wenn
„ich das lebendigste Gefühl, daß der Mensch
„ohne reges Leben in Ideen überall nur
„etwas Zerrissenes und Hinfälliges
„sey, und nirgends mit seiner ganzen
„Kraftfülle schaffen oder wirken kön=
„ne, als den höchsten Gewinn meines Kunst=
„Studiums betrachte? 2c. 2c."

„2c. 2c. Ich verlasse Venedig mit einem gu=
„ten Vorrathe von Kenntnissen und mit einer
„Menge angenehmer Rückerinnerungen, zugleich
„aber auch mit der traurigen Ueberzeugung, daß
„dieser, in seinem Innern schon längst zerstörte
„Staat, auch seiner äußern Auflösung entgegen
„eilend, kaum sechzig Jahre mehr die Welt mit
„seinem Scheine republikanischer Weisheit und
„Größe betriegen werde. Der hohe Rath ist hier

„nicht der Bürger wegen, sondern diese sind um
„seinetwillen da; das Princip der Trennung und
„des Schreckens, nicht die Idee des ewigen Rech=
„tes ist die Basis, worauf er die allgemeine Wohl=
„fahrt, das ist, sein eigenes behagliches Daseyn
„gegründet hat. Dieses in seinem geheimen Trei=
„ben erspähen, stören oder tadeln wollen, ist
„das höchste und bey nahe das einzige Verbre=
„chen, das der schrecklichsten Rache nie entrin=
„net; denn nur rächend, nicht strafend, erscheinet
„hier die Macht, an welcher der heilige Nahme,
„Gerechtigkeit, entweihet wird. Um diese Sicher=
„heit unangefochten zu erhalten, wird unter den
„Laien wie unter dem Clerus die zügelloseste Un=
„sittlichkeit, nicht nur geduldet, sondern sogar
„geflissentlich begünstiget; wird durch beständige
„Aufforderungen zu geheimer Angeberey Frey=
„müthigkeit, Vertrauen und Redlichkeit aus der
„Gesellschaft verbannet, Spähsucht, Kleinmuth
„und Mißtrauen zur herrschenden Stimmung
„gemacht, jede edlere Gesinnung, jedes menschen=
„freundlichere Gefühl in den Gemüthern erstickt
„und der National=Charakter vergiftet. Wel=
„ches Bewußtseyn verderblicher Absichten, wel=

„che Gewissensbisse mögen eine Regierung in ih=
„rem Innern beunruhigen und zermalmen, wel=
„che in der Einrichtung ihrer Staats=Inquisition
„sich bestreben mußte, selbst die List, die Ränke,
„den Fanatismus und die Wuth des Ketzerge=
„richtes zu übertreffen, welche unter ihren Hand=
„werkern, Kaufleuten, Beamten und Edeln eine
„beträchtliche Anzahl heimlich schleichender Kund=
„schafter besoldet, die unbesoldeten reichlich be=
„lohnet, an allen öffentlichen Plätzen und Ge=
„richtshöfen durch eingemauerte offene Löwen=
„rachen zum Verrath der Freundschaft, des Ver=
„trauens und der Offenherzigkeit einladet; wel=
„che die Verrathenen in finstern Kerkern schmach=
„ten läßt, ihnen keine Vertheidigung gestattet,
„sie zum Tode verurtheilt, und in dem Canal
„Orfano ganz im Stillen ersäufet? Nie ging
„ich vor jenen gefährlichen Schlünden und die=
„sem Canal der Waisen vorüber, ohne den leb=
„haftesten Abscheu gegen diesen Spionen=Staat,
„ohne den innigsten Wunsch, daß sein Richter
„und Zerstörer bald erscheinen möge in mir zu
„erneuern. Ich ward von der Gerechtigkeit des
„erstern und von der gewissen Erfüllung des letz=

„tern durch die geheimen Regeln versichert,
„welche einst Paolo Sarpi der Republik zur
„Befestigung ihrer Macht gegeben hatte. Der
„biedere Servit Girello legte sie mir einst in
„seiner Zelle vor, und ich erkannte, daß Vene=
„digs Untergang durch nichts, als durch die,
„dort aufgestellten, Maximen des Fra Paolo*),
„welche sie seit hundert zwanzig Jahren pünct=
„lich befolget, gewisser und unausbleiblicher vor=
„bereitet werden konnte. Ich schloß das Buch
„mit einem Fluche über Venedig, und auch über
„Genua, von dem mein Vaterland nach den=
„selben Maximen behandelt wird, und Girel=
„lo billigte mein Bedauern, daß Sarpi's
„großer Geist, unvermögend die verderbliche
„Richtung seines Zeitalters zu durchschauen,
„dem kleinen Geiste seiner Zeitgenossen unter=

---

*) Z. B. „Man lasse den Verbrecher aus der Clas=
„se der Nobili sein Leben im Kerker endigen, oder
„wenn es die Nothwendigkeit fordert, ihn im Ver=
„borgenen hinrichten." —
„Lasset den Giftbecher die Stelle des Scharf=
„richters vertreten, die Wirkung für euch ist die=
„selbe, und der Haß bey dem Volke geringer." 2c.2c.

„thänig, und der Mitschuldige ihrer Verbrechen
„ward." 2c. 2c.

In Milano eilte Bonaventura, dem
Prior der Olivetaner zu San Vittore das Schreiben zu überbringen, welches ihm der Abt dieses
Ordens zu Bologna, Don Bernardo, mitgegeben hatte. Don Clemente Farinato, ein
Mann voll Anstand und Würde, empfing ihn
so treuherzig und zutraulich, daß er während seines Aufenthaltes daselbst, mehr in dem Kloster
desselben, als in seiner Wohnung zu Hause war.
Clemente prüfte und billigte sein Bestreben, in
Platon's göttlicher Ideen-Welt einheimisch zu
werden, er selbst hatte sich das Bürgerrecht in
ihr schon längst erworben. Er erweiterte die
Ansichten des jungen Corsen von ihr in der Erklärung auserlesener Stellen aus Plotinus
Enneaden, er zeigte ihm ihre poetischen Gestalten
in den Dogmen und in dem Cultus der Kirche,
er offenbarte sich ihm als philosophischen Kunstkenner in der Zergliederung seiner mahlerischen

Studien, sprach gern mit ihm über Gesetzgebung
und Regierungskunst, in welcher er sich selbst
seiner zahlreichen Gemeinde als seltnen Meister
bewähret hatte; allein dieß alles übertraf in Bo=
naventura's Schätzung eine Unterhaltung, zu
welcher sie Beyde eines Tages durch den merk=
würdigsten Gegenstand der Klosterkirche waren
verleitet worden. Sie gab ihm den Schlüssel zu
einem tiefer liegenden Geheimnisse der Weltregie=
rung, und zu so manchem historischen Problem
fand er durch ihn die Auflösung.

Sie standen vor dem alten metallenen Tho=
re, an welchem einst der heilige Ambrosius
dem Kaiser den Eintritt in eben diese Kirche ver=
wehret, und ihn zur Versöhnung seiner Blut=
schuld durch eine öffentliche Buße ermahnet hät=
te. Clemente pries die apostolische Freymüthig=
keit des Bischofs und die Ergebung des großen
Theodosius mit einem Enthusiasmus, dem
Bonaventura nichts entgegen zu setzen wuß=
te, als Montesquieu's Bemerkung: „daß
„ein Fürst, der durch die Macht der religiösen
„Furcht und Hoffnung geleitet wird, einem Lö=
„wen gleiche, welcher sich der Hand ergibt, die

„ihm schmeichelt, und der Stimme folgt, die ihn
„besänftigt.‟ *) Der Prior lächelte, und rieth
dem Jünglinge, bey einem Gegenstande, wel=
cher bloß im Lichte der Philosophie betrachtet
und erkannt werden könnte, sich nie wieder auf
Montesquieu zu berufen. Er hieß ihn; Kai=
ser, Könige und Senate, Päpste, Bischöfe, Prie=
ster und Concilien einen Augenblick vergessen,
und nur die reine Idee des Staates und der
Hierarchie in seiner Anschauung fest halten,
um aus ihr das einzig Richtige, allgemein Wah=
re und unbedingt Gültige für alle wirkliche Staats=
verfassungen abzuleiten. Es war nicht zweifel=
haft unter ihnen, daß das an sich Wahre und
das an sich Schöne, das an sich Gerechte und
das an sich Gute; in der Idee völlig Eins, und
nur im Begriffe, durch die Endlichkeit verschie=
den bestimmte Formen des unendlich Heiligen
sind. Sie wurden daher auch bald darüber ei=
nig, daß der höchste Endzweck des Staates mit
dem höchsten Endzwecke der Menschheit noth=
wendig zusammen stimmen müsse; und da die

*) Esprit. d. L. XXIV, 2.

Hierarchie in keiner andern Richtung, als zu eben
diesem Endzwecke, von der Vernunft erkannt
würde, da der Staat nur das ewig Gerechte und
Schöne, die Hierarchie lediglich das an sich Wah=
re und unbedingt Gute, mithin Beyde zusammen
bloß das unendlich Heilige, als das höchste Ziel
ihres Seyns und Wirkens anerkennen könnten;
die Hierarchie, weder in ihrem Ursprunge, noch
in dem Wesen ihrer Macht, von dem Ursprunge
und der Macht des Staates, als verschieden,
gedacht werden dürfe.

„Was in der Idee Eins ist,‟ so sprach dann
Elemente, „trennet der Begriff, obgleich nur
„scheinbar, für die Erkenntniß des Verstandes;
„man geräth aber immer in Verwirrung und
„Irrthum, so oft man das an sich Eine, bloß
„für die verständige Ansicht Gesonderte, in der
„Wirklichkeit, als ein Getrenntes oder Entgegen=
„gesetztes behandeln will. Darum hören wir auch
„dieß= und jenseits der Alpen so viel Irriges, in
„Schulen, von einem politischen Staate und
„auch von einem ethischen; im Fürstenrathe
„von einem bürgerlichen Rechte und auch von
„einem kirchlichen; in der Römischen Curia von

„einer weltlichen Gewalt und auch von einer
„geistlichen: und überall bemerken wir ein
„verderbliches Streben, das, nur im Begriffe
„Verschiedene wirklich zu entzweyen und gegen
„einander in Kampf zu setzen."

Nun fuhr er fort, die unglücklichen Folgen
dieser Verwirrung in treffenden Beyspielen zu
schildern und zu beweisen, daß sich nur durch
eine Verfassung, welcher die Einheit des Staates und der Hierarchie in der Idee zum Gründe
läge, ein besserer, dem Ideal der ewigen Gerechtigkeit mehr sich nähernder, Zustand der bürgerlichen Gesellschaft hoffen ließe, da hingegen jeder Staatsverein, in welchem die Trennung jener idealen Einheit geflissentlich unterhalten würde, unfehlbar endlich in sich selbst zerfallen, oder
der sicherern, durch hierarchischen Geist unter-
stützten, Gewalt des benachbarten Staates unterliegen müßte.

Den Hellersehenden mißverstehend, wähnte
Bonaventura, er wolle die Eine Macht des
Staates und der Hierarchie auch nur von Ei-
nem, gleichviel ob weltlichen oder geistlichen,
Verweser ausüben lassen; und dawider erklärte

er sich mit der ganzen Stärke seines historischen
und juristischen Wissens: allein sein Wahn verschwand bey Clemente's Versicherung, daß
nach seiner Ansicht von den Dingen überall noch
gar keine Hierarchie da sey; daß er das Papst-
thum nur als einen verunglückten Versuch, dieselbe in die menschliche Gesellschaft einzuführen,
betrachtete; daß sogar unter allen Päpsten, außer Gregorius dem VII., von der Idee der
Hierarchie nur wenigen eine Ahndung, keinem
Einzigen eine Anschauung vorgeschwebt habe;
jener aber, in dessen Seele sie sich zur völligen
Klarheit und Bestimmtheit ausgebildet hatte, bey
der schrecklichen Verderbtheit des Clerus und der
gänzlichen Zerrüttung des rechtlichen Zustandes
in der bürgerlichen Gesellschaft, dieselbe unmöglich anders, als durch eine mehr umfassende Einrichtung des Papsthumes darstellen konnte.

„Dieß steht nun einmahl da," so sprach er
weiter, „in den Anmaßungen, welche durch die
„sittliche Unmündigkeit jenes Zeitalters gerecht-
„fertigt wurden, jetzt ziemlich beschränkt, und der
„Idee der Hierarchie allmählich näher schreitend:
„Diese Annäherung würde bald sichtbarer wer-
„den,

„den, wenn Hierarchen und Fürsten, mehr die
„Wohlfahrt der Welt, als das kleinliche In=
„teresse ihrer Leidenschaften in das Auge fassen
„und ihrer unseligen Entzweyung ein Ende ma=
„chen wollten. Die Hierarchie kann den heiligen
„Bund des Friedens und der Eintracht mit dem
„Staate nicht trennen, ohne sich selbst ihrer äu=
„ßern Stütze zu berauben; und jede Staatsver=
„bindung, welche in unversöhnlicher Feindschaft
„von der Hierarchie sich scheidet, verlieret ihre
„innere Stärke und beginnt ihre eigene Auf=
„lösung."

Er schloß die Unterredung mit einigen Be=
merkungen „über die Fürsten und Gelehrten, wel=
„che das göttliche Werk des frommen Fra Mar=
„tino im Schwindel der Leidenschaft und des
„Secten = Geistes entheiliget, und irrig geglaubt
„hatten, sie dürften die Idee der Hierarchie ver=
„lästern und aus der Welt verbannen wollen,
„weil öfters nichtswürdige Menschen den päpst=
„lichen Stuhl, von welchem sie zuerst ausgegan=
„gen war, durch ihre Laster und Verbrechen ge=
„schändet hatten;" wobey er aber auch gestand,
„daß er eben so wenig den eigensüchtigen Prose=

L

„lnten=Eifer der Römiſchen Prieſter billigen könn=
„te, weil er glaubte, das gewaltſam Getrennte
„könnte, müßte und würde nicht durch einzelne
„Bekehrungen, ſondern durch die Macht des ewig
„thätigen, in furchtbaren Erſchütterungen wir=
„kenden Geiſtes, durch den Schrecken eines un=
„aufhaltbaren Verderbens und durch den unü=
„berwindlichen Drang des Bedürfniſſes wieder
„geeiniget werden.“ Noch öfters lenkte Bona=
ventura das trauliche Geſpräch mit Clemen=
te auf dieſen und ähnliche Gegenſtände, und im=
mer ward er mit neuen Anſichten von den Welt=
erſcheinungen im Allgemeinen bereichert; in ſei=
ner kirchlichen Geſinnung mehr befeſtiget, und
in die hellern Kreiſe religiöſer Jdeen hinein ge=
führt, in welchen er jedoch der übrigen Merk=
würdigkeiten Milano's nicht vergaß. Er bewun=
derte und verehrte dort wieder die Macht des
religiöſen Gemüthes in einem kirchlichen Heiligen,
machte ſich mit Leonardo da Vinci's hehrem
Kunſtſinne vertraut, und lernte Weisheit von
einem Mädchen.

Bald in den erſten Tagen nach ſeiner Ankunft in Milano bemerkte er, ſo wohl an den geiſt-
lichen als an den weltlichen Bewohnern der Stadt,
mehr Eingezogenheit und Sittſamkeit, bey jenen
eine ſtrengere Zucht, bey dieſen eine freundlichere Häuslichkeit, bey allen ein regeres Streben
nach dem Anſtändigen, Guten, Edeln und Schönen, als in den übrigen Städten Italiens, welche er bis dahin geſehen hatte. Seine meiſten
Abende verlebte er in dem Zirkel ausgezeichneter
Menſchen, welche ſich täglich bey der vortrefflichen Gräfinn Cřelia Borromea verſammelten;
ihr theilte er auch ſeine Bemerkung mit, und erwartete von ihr befriedigende Aufſchlüſſe über
dieſe Erſcheinung. Ihre Antwort war: „Der Ur-
„heber und Gründer unſerer Vorzüge liegt in
„dem Dome begraben; die Kunſt, durch welche
„er ſeinen Geiſt unter uns im Leben erhalten hat,
„kann Ihnen nur die Kenntniß ſeiner Thaten ent-
„hüllen.‟ Ihre liebenswürdige Beſcheidenheit
verboth ihr, den Nahmen ihres heiligen Verwandten zu nennen, und Bonaventura bedurfte nichts weiter mehr, um ſogleich den großen Erzbiſchof und Cardinal, Carlo Borro-

meo, zu errathen, zu deſſen Grabe er ſodann
mehrmahls wallfahrtete. Die Verdienſte des
Mannes, deſſen ganzes Leben der reinſte Spiegel der Religioſität, der Menſchenliebe und der
hierarchiſchen Weisheit war, ſah er in der Gruft
durch die Kunſt in acht Bas-reliefs ſchöner und
ſprechender abgebildet, als ſie ihm der beredteſte
Biograph hätte erzählen können; doch mehr als
jene Schilderungen belehrte und erbauete ihn
das Gemählde, welches Carlo ſelbſt durch die
Acten ſeiner ſechs Provinzial-Syno-
den zu Milano von ſich entworfen hatte. „Ich
„las,“ ſchrieb er an Peraldi, „dieß edle Denk-
„mahl ſeines apoſtoliſchen Eifers in fortdauern-
„der Begeiſterung, und ſegnete oft dabey mit
„aufrichtigem Herzen Fra Martino’s Refor-
„mation, durch welche die Römiſche Kirche mit
„dieſem Heiligen verherrlichet wurde. Wahrlich,
„dieſer Mann arbeitete und kämpfte eben ſo, wie
„der gottſelige Martino, nur für die Sache
„Gottes; jedoch religiöſer und weiſer als der un-
„geſtüme Auguſtiner-Mönch, wußte Carlo, daß
„bey allem Wirken das Allgemeine, zwar in der
„Idee feſt gehalten werden müſſe, aber unmög-

„lich anders, als durch Bildung oder Verbeſſe-
„rung des Einzelnen und Beſondern zur Wirk-
„lichkeit gelangen könne. So wurden die letzten
„drey Reformations-Decrete des Conciliums zu
„Trient und die Synodal-Acten von Milano
„das Werk ſeiner unbeſiegbaren Kraft; jene wer=
„den, als bleibende Richtſchnur einer wohlge=
„ordneten Disciplin, der ganzen Kirche, dieſe
„als ein erhabenes Vorbild einer weiſen Refor-
„mation, allen Biſchöfen Italiens, bald ermah=
„nend, bald ſtrafend, vorſchweben, ohne daß
„jemahls Fürſten ihre eigennützigen Abſichten hin=
„ter das Werk Gottes verſtecken, und durch eine
„bewaffnete Vertheidigung deſſelben ſie erreichen
„könnten. Ich werde einſt eine gute Anzahl Exem=
„plare von dieſen Acten nach Corſica mitneh=
„men und unter unſern vaterländiſchen Clerus
„vertheilen." ꝛc. ꝛc.

Nothwendig mußte in dem gemüthvollen und
religiöſen Carlo auch die göttliche Kunſt einen
liebenden Verehrer finden; nur war er als Bi-
ſchof zu arm, um ſeinen Pallaſt, die erſte und
ſicherſte Zufluchtsſtätte der Dürftigen, mit ihren
Schätzen zu ſchmücken. Was er ſich im Gefühle

seiner Pflicht verweigern mußte, gab ihm der Zu=
fall. Durch den Tod seines ältern Bruders wur=
de er Erbe sämmtlicher Familien=Güter, unter wel=
chen ihm eine kostbare Sammlung von Statüen
und Gemählden das Liebste war. Allein auch die=
se verkaufte er nachmahls an seinen Vetter, den
Cardinal Federico Borromeo, einen eifri=
gen Beförderer der Künste und Wissenschaften,
weil es seinem Herzen Bedürfniß war, auf einem
Tage hundert arme Mädchen auszusteuern, und
bey einer allgemeinen Hungersnoth täglich drey
tausend Menschen zu ernähren. Mit diesen, zu
einem so menschenfreundlichen Zwecke, veräußer=
ten Kunstschätzen legte Federico den Grund
zu den herrlichen Sammlungen, welche in dem
erzbischöflichen Pallaste und in der Ambrosiani=
schen Bibliothek aufbewahret werden. Bona=
ventura fand an beyden Orten nichts Mittel=
mäßiges; für seine Studien aber wählte er über=
all nur die kostbaren Reliquien, welche von Le=
onardo da Vinci vorhanden waren. Außer
einer großen Menge seiner Handzeichnungen und
Cartons fand er in der Ambrogiana noch eine
Madonna von ihm, und bey San Francesco

eine heilige Jungfrau mit zwey Engeln. Erst
nachdem er an diesen Werken seinen Blick geübt,
und durch das Lesen der Schriften Leonardo's
seinen Geist zu dem Größern und Herrlichern vorbereitet hatte, ging er in den Speisesaal der Do-
minicaner zu S. Maria delle Grazie, um das
berühmte, von der Religion und von der Kunst
in gleich hohem Grade geheiligte, Abendmahl
zu studieren.

Leider ist dieses einzige Kunstgebilde schlecht
erhalten, und von einem sinnlosen Mahler durch
Auffrischung der Farben seines Lebens beraubt
worden; er konnte es bloß an wohlgelungenen
Copien in den Klöstern della Pace, San Bar-
naba und Monasterio Maggiore beschauen.
Sein Urtheil darüber eröffnete er in folgenden
Aeußerungen an Peraldi: „2c. 2c. Schon die
„Wahl des höchst mahlerischen Momentes ver-
„kündigte mir die schöpferische Kraft seiner Phan-
„tasie. Es war der Augenblick, in dem Jesus
„sagte: Einer aus euch wird mich in dieser Nacht
„verrathen; und mit welcher unerreichbaren Kunst
„ist in den eilf Aposteln der vermischte und in
„jedem Kopfe eigenthümlich gegebene Aus-

„druck von Ueberraschung, Schreck, Furcht, vom
„Bewußtseyn der Unschuld, von Liebe und En-
„thusiasmus der treuesten Anhänglichkeit, von
„Begierde den Verräther zu erfahren und von
„Muth den geliebten Meister zu vertheidigen,
„dargestellet und gehalten! In Christus erschien
„mir die Göttlichkeit in menschlicher Gestalt so er-
„haben und doch so einfach, daß ich in dem Ur-
„theile berühmter, mehr verständiger als religi-
„öser, Künstler: „„das Angesicht des Heilandes
„„sey nicht vollendet,„„ gerade den höchsten
„Triumph des Geistes und der Kunst Leonar-
„do's anerkennen mußte. Mir ist dieser Chri-
„stus Kopf in der bildenden Kunst, so weit sie das
„Erhabenste darstellen kann, eben das, was in
„der redenden Moses Worte: „„Gott sprach,
„„es werde Licht, und es ward Licht.„„

„Je öfter ich mich in die poetische Fülle die-
„ses Gemähldes versenke, desto heller und aus-
„gedehnter zeiget sich mir die allumfassende Kraft
„des Idealen in da Vinci's innerer Welt, und
„desto inniger fühle ich in meiner Seele die Ge-
„wißheit, daß nicht durch Unterricht und
„Gelehrsamkeit, nicht durch Grundsätze

„und Erfahrung, sondern einzig und
„allein durch das Leben des Gemüthes
„in Ideen, wie die Totalität des Künstlers,
„eben so auch der Charakter des Men-
„schen vollendet werde."

Ein lebendiges Beyspiel davon sah und ver=
ehrte er in Maria Gaetana Agnesi. Die
ganze Stadt bewunderte dieß, in jeder Rücksicht
außerordentliche, Mädchen, weil sie, eben so fer=
tig als zierlich, Französisch, Lateinisch und Grie=
chisch sprach, und auf das zudringlichste Bitten
ihrer gelehrten Verehrer ihre tiefen Kenntnisse in
der reinen Mathematik, Physik und Philosophie
einige Mahl in öffentlichen Disputationen zum
allgemeinen Erstaunen an den Tag gelegt hatte.
Bonaventura machte bey der Gräfinn Cle=
lia ihre Bekanntschaft. Die Grazie ihrer Weib=
lichkeit, ihre natürliche Bescheidenheit und der
kalte, ruhige, gleichgültige Blick ihres sonst so
schönen, schwärmerischen Auges bey dem Weih=
rauch, der ihr von allen Seiten verschwenderisch
gestreuet wurde, verriethen ihm den eigentlichen
Gehalt ihres Wissens und ihres Charakters. Bey=
des stand bey ihr im genauesten Verhältnisse; ihr

waren Kenntniffe kein Gut an sich, noch weni=
ger ein Mittel zur Befriedigung einer eiteln
Ruhmbegierde; sie studierte bloß, um in ihrer
Selbstbeschauung das zu seyn, was sie andern
schien. So dachte Bonaventura von ihr, und
einige feine Aeußerungen dieses Urtheils erwar=
ben ihm ihr ganzes Vertrauen und sogar die Frey=
heit, sie in ihrer Einsamkeit zu besuchen, so oft es
ihm beliebte, welches bey nahe täglich geschah.

Bey seinem ersten Eintritte fand er sie mit
Barbansons geheimen Wegen der göttlichen
Liebe beschäftiget. So sehr ihn diese Erscheinung
überraschte, so war sie doch die füglichste, um
Beyden ihre gegenseitige Annäherung zu erleich=
tern, und das ihnen gemeinschaftlich Befreunde=
te ohne Umwege zu entdecken. — „Wir setzten,“
so schrieb er nachmahls an Peraldi, „diese Lec=
„türe mit einander fort, der Abschnitt handelte
„„von der Erhebung des Gemüthes zur Gott=
„„heit durch reine Anschauung, ohne Bilder, Ge=
„„stalten und Begriffe;““ *) und ich verehrte

----

*) Constantini de Barbanson amoris divini semitae.
Amstelod. ap. Wetsten. 1698 in 12. — Part. II. Cap.
IV. p. 171. seqq.

„in ihren Bemerkungen den hohen religiösen
„Sinn, womit sie den lichten Ideen = Gang des
„Verfassers in dem Nebel seiner Worte aufzu=
„finden und zu bezeichnen wußte. Mit gleicher
„Erbauung und Erleuchtung für mich lasen wir
„in der Folge auch die weit erhabenern Offenba=
„rungen „„von der Ruhe und dem Frieden der
„„„Seele, in welcher die Einwirkungen des Un=
„„„endlichen alle Selbstthätigkeit des Verstandes
„„„aufheben, — durch alle sichtbare und unsicht=
„„„bare Dinge nur das Göttliche sich ihr verklärt
„„„darstellet, — und nur dieß, durch die Idee,
„„„durch die Anschauung und durch das Gefühl
„„„auf das innigste mit ihr vereinigt, in dem
„„„Gemüthe lebt.„„ *) Was ich über dieß noch
„von dem Reichthume ihres Geistes mir aneig=
„nen konnte, mögen Sie Selbst aus der Erzäh=
„lung von dem besondern Gange ihrer Studien
„schließen.„

„Ihr Lehrer in der Mathematik und Physik
„war ihr Vater, in den Sprachen und übrigen
„Kenntnissen Clemente Farinato, bevor er

———————

*) l. c. Part. II. C. VIII, IX, XII.

„in den Orden der Olivetaner eingetreten war.
„Die Basis, worauf dieser das ganze Gebäude
„seines Unterrichtes gegründet hatte, war der
„Satz:"

„es gäbe zwey Welten, eine wirkliche und
„eine scheinbare, jene der Gegenstand des
„vernünftigen Wissens durch die Anschauun-
„gen des innern Sinnes, diese der Gegenstand
„der verständigen Erkenntniß durch Begriffe;
„und sein vorzügliches Bestreben dabey ging nur
„dahin, ihr diesen Satz, so wie die Folgerung:"

„daß alle verständige Erkenntniß nur ein
„Schein von dem Scheinbaren, und so, wie
„die sichtbare Welt nur ein Bild von der un-
„sichtbaren ist, auch jener Schein, so hell und
„ausgedehnt er immer seyn möchte, bloß ein
„Symbol der Vernunftwissenschaft sey,"

„unter allen möglichen Gestalten, Bildern und
„Gleichnissen anschaulich zu machen. Doch eigen-
„thümlich und deutlicher ward ihr dieß alles erst
„durch den Begriff von der Mathematik, den
„sie einst von ihrem Vater in den Worten erhielt:
„„sie sey die Mystik aller Welterkennt-
„„niß, die idealische Wissenschaft der

„„„reinen Anſchauungen des Verſtan-
„„„des.‟‟ Hieraus ſchloß ſie ſelbſt nun weiter
„auf das Daſeyn einer Myſtik der Vernunft-
„wiſſenſchaft, auf ein wirkliches Wiſſen
„der reinen Anſchauungen des innern
„Sinnes, — auf ein geiſtiges Bewußt-
„ſeyn jenſeits der Gränzen des Raums
„und der Zeit, im Gegenſaße des ſinnlichen,
„durch Raum und Zeit begränzten.—Fa-
„rinato zeigte ihr ſodann die erſte in der Idee
„der Religion, das andere in der Idee
„der Philoſophie, das leßte in der, allen
„Menſchen eingebornen, Idee des Unendli-
„chen: als ſie aber auch hierüber ausführliche-
„ren Unterricht von ihm verlangte, wies er ſie
„auf ihr Gemüth zurück, mit der Verſicherung:
„„„im Idealiſch-Wirklichen wäre die Mathema-
„„„tik das Einzige und zugleich das Aeußerſte, was
„„„ein Menſch den andern lehren könnte, und
„„„auch dieß nur unter der Bedingung, daß der
„„„Lehrling fähig ſey, zu dem ihm dargeſtellten
„„„Begriffe die angemeſſene Anſchauung ſelbſt-
„„„thätig hervor zu bringen.‟‟‟ Von nun an ward
„ſie ſich ihre eigene Lehrerinn, und, die Grund-

„lage ihres frühern Unterrichts fest haltend, fand
„sie, eben so wie Platon, auf dem Wege der
„Mathematik und Physik, in der Ideen=Welt
„ihr höchstes Ziel und in dem Heiligthume der
„Religion ihren eigenthümlichen Ruhepunct."

„Bey meinem Sinne für die Kunst und mei=
„nen mathematischen Vorkenntnissen äußerte sie
„ihre Verwunderung, daß sie zur Betrachtung
„des sichtbaren Universums, in welchem unser
„Erdball mit allen seinen Herrlichkeiten unter
„vielen Myriaden Sonnen und Wandelsternen
„gleich einem Tropfen im Ocean schwebte, so we=
„nig Neigung in mir wahrgenommen hätte. Sie
„erbath sich einige Mahl meine Gesellschaft bey
„ihren nächtlichen Besuchen auf der Sternwarte
„des Paters de la Grange; und nie gedenke
„ich der mit ihr daselbst verlebten heiligen Stun=
„den, ohne mich von einer Andacht, wie sie kein
„Werk der Kunst, keine Offenbarung eines Bu=
„ches, keine Harmonie der Musik und kein my=
„stisches Dunkel des kirchlichen Cultus in mir er=
„wecken kann, in meinem ganzen Wesen durch=
„drungen und begeistert zu fühlen. Ihr verdan=
„ke ich jetzt so manche selige Stunde in der Nacht,

„in der ich wonnetrunken unendlich mehr schaue
„und empfinde, als was Cicero im Traume
„des Scipio beschreiben, und Luis de Leon
„in seiner geistvollen Ode, Noche serena, be=
„singen konnte."

„Gaetana Agnesi ist jetzt in ihrem sieben
„und zwanzigsten Jahre; vor drey Jahren starb
„ihr Geliebter, seit dieser Zeit hat sie sich von der
„Welt ganz zurück gezogen, und der auserwähl=
„te Kreis der Milanesischen Diotima ist die
„einzige Gesellschaft, welche sie bisweilen noch
„besucht.*) Mein Gefühl bey dem Abschiede von
„dieser erhabenen Seele war seit meiner Tren=
„nung von Ihnen das schmerzlichste; möchte mir
„doch derselbe Geist, der sie zum schönsten Bilde
„der veredelten Menschheit gestaltet hat, irgend
„einmahl in Camilla wieder erscheinen!" ꝛc. ꝛc.

---

*) Im Jahre 1748 gab Agnesi ihre Institutioni ana-
litiche 2 Voll. in 4to heraus. — 1760 bewohnte sie,
unweit der Borgo di porta romana, der Kirche
S. Maria del Paradiso gegen über, ein einsames
Haus, wo sie, Einheimischen und Reisenden un=
zugänglich, sich zur Ausführung ihres Entschlus=
ses, Nonne zu werden, vorbereitete.

Schneller, als es bisher geschehen war, setz=
te nun Gonella mit seiner Gesellschaft die Rei=
se durch die Schweiz und durch Deutschland fort.
Bonaventura zog sich immer mehr in sich
selbst zurück, denn überall vermißte er Italiens
schöne Natur, seine göttliche Kunst und die ehr=
würdigen Spuren seiner höhern Religiosität. In
Wien erwartete sie schon Don Carlo's Befehl,
im nächsten Jahre das nördliche Europa so weit
als möglich zu bereisen, denn wenig Tröstendes
für ihn enthielten die Nachrichten, welche er von
dem Abbate über Bonaventura's Fortschrit=
te in der verständigen und weltbürgerlichen Auf=
klärung empfangen hatte. Darum sollte der Ver=
such gemacht werden, in wie fern die Kälte des
Nordens es vermöchte, das Feuer seiner Schwär=
merey zu ersticken, und sein ganzes Wesen mit
ernster Klugheit zu incrustieren. Den Winter soll=
ten sie in England zubringen, im folgenden Früh=
linge nach Spanien hinüber segeln, damit der
junge Corse die gräulichen Verirrungen der
Schwärmerey und des Aberglaubens recht an=
schaulich kennen lernte; und um den Sinn für
Welt und Lebensgenuß kräftig in ihm anzuregen,
                                        soll=

sollten sie ein ganzes Jahr in Paris verleben,
dann aber nach Italien zurück kehren und in Flo=
renz seine weitern Verfügungen erwarten. Wie
weit Don Carlo hierdurch seine Absichten bey
Bonaventura erreicht habe, mit welchen An=
sichten und Gesinnungen dieser nach Italien zu=
rück gekommen sey, mag folgender Brief, den
er aus Modena an Peraldi nach langem
Schweigen geschrieben hat, zeigen.

„Die Stunde, ehrwürdiger Vater, in der
„ich Ihnen meine Zurückkunft in das freundliche
„Land der Kunst und Gottseligkeit melde und an
„Sie schreibe, ist seit langer Zeit die erste, von
„welcher ich mit Wahrheit sagen kann, sie sey
„für mein Herz gewonnen. Seit unserer Reise
„über die Rhätischen Alpen habe ich viele Län=
„der und die Sitten vieler Völker gesehen; ich
„habe in ihrer klimatischen Organisation die
„Quelle ihrer Leiden, in ihrer einseitigen, hier in
„dem Verstande, dort in der Phantasie über=
„spannten Cultur den Grund ihres Verderbens,
„und hinter dem Scheine ihrer gegenwärtigen
„politischen Größe die Keime ihrer künftigen Auf=
„lösung entdeckt. Ein Volk, das sich zur Größe

„einer Nation erhoben hätte, fand ich im Nor=
„den nirgends. Ich war oft erbittert, bisweilen
„zur Wehmuth gerührt, selten begeistert, nir=
„gends geblendet worden. Wir waren in allen
„Hauptstädten des nördlichen Europa, ich sah
„daselbst manches Nützliche, viel Gleißendes und
„Prächtiges, wenig Schönes, Edles und Wür=
„diges. Erhaben fand ich bloß die Natur in ih=
„rer Wildheit, groß nur das Elend bey den Nie=
„drigen und die Verderbtheit bey den Vorneh=
„men. Nach Einem oder einigen Menschenaltern
„wird man von jenen Gegenden, in welchen das
„Leben des Gemüthes nur allmählich erwachen
„und die heilige Flamme des Enthusiasmus nicht
„anders als langsam sich erheben kann, Meh=
„reres, vielleicht auch Besseres, zu erzählen ha=
„ben, wenn sie ihren Prometheus, und dann
„zu rechter Zeit auch ihren Herkules und Or=
„pheus finden.”

„Neues hat sich nicht viel in mir entfaltet;
„allein auch das Wenige will ich Ihnen mitthei=
„len. Oft war ich von dem auffallenden Unter=
„schiede zwischen den Deutsch redenden Völ=
„kern, die von dem nördlichen Ufer des Mayns

„und der Donau, so wie von dem rechten der
„Elbe an, sich Deutsche nennen, und den Deut=
„schen, welche diesseits dieser Ströme wohnen,
„überraschet worden. Regsames Gefühl, kindli=
„cher Frohsinn, jubelnde Freude, uneigennützi=
„ge Gutmüthigkeit, romantische Andacht und
„schwärmerische Liebe sind bey diesen einheimisch,
„während jene durch und durch verständig, ernst=
„haft, finster, das Genialische hassend, in einem
„ärmlichen Treiben und unter kleinen Erfahrun=
„gen durch das Leben sich winden: und dennoch
„ist weder bey den Einen noch bey den Andern
„unter sich Einheit des Sinnes und der Kraft zu
„finden. Nicht das Klima, nicht die Regierung
„konnte mir diese Erscheinung befriedigend erklä=
„ren; denn die Verschiedenheit derselben ist auf
„beyden Seiten zu geringe, als daß sie es ver=
„mocht hätte, eine solche Trennung zu begrün=
„den und zu nähren.‟

„Nur die Geschichte des ganzen, von uns
„noch immer für groß und mächtig geachteten
„Volkes gab mir darüber Licht. Von einzelnen
„Völkerstämmen und zu verschiedenen Zeiten war
„das weit ausgedehnte Land unterjocht wor=

„den; aber weder ihre neuchriſtlichen Bekehrer,
„noch irgend einer ihrer Beherrſcher hatten die
„Einſicht und die Kraft beſeſſen, aus ihnen Eine
„Nation und einen Staat zu bilden. Dagegen
„ſchufen ſie unter dem Zaubernahmen eines h e i=
„ligen R ö m i ſ ch e n R e i ch e s ein Ungeheuer,
„womit die angränzenden Nationen durch meh=
„rere Jahrhunderte bald kämpften, bald ſpielten,
„während ſeine Häupter aus den Sachſen, Sa=
„liern und Hohenſtaufen es nur brauchten, um
„der, damahls noch unentbehrlichen, Obervor=
„mundſchaft des Papſthumes Trotz zu biethen,
„und Italien, den Mittelpunct deſſelben, zu er=
„obern. Sie ſcheiterten und bezahlten das kühne
„Wageſtück mit dem Verluſte ihrer Kräfte. Hät=
„ten ſie dieſe angewendet, um die unförmliche
„Maſſe zu einem Körper zu geſtalten, und ihn
„durch Eintracht, National=Sinn und Gemeingeiſt
„zu beleben, ſo ſtände er jetzt da als eine gewal=
„tige Monarchie, und nie würden bloße Reichs=
„beamten in dem Reiche ſelbſt, ſeinem Ober=
„haupte widerſtrebend, ſouveräne Fürſten ge=
„worden ſeyn. Was ſie verſäumet hatten, konn=
„ten ihre Nachfolger nicht mehr bewirken; denn

„von Rudolf dem Habsburger bis zu Carl dem
V., ruhte das Reich im Ganzen, ohne daß ein
„auswärtiger Feind die Theile desselben zur Ver=
„einigung ihrer Kraft geweckt, und zum gemein=
„schaftlichen Kampfe für ihre Sicherheit aufge=
„fordert hätte. Ohne Erschütterung von außen
„erweiterte und befestigte sich durch das, dem
„gottseligen Fra Martino entwundene Refor=
„mations=Werk die Trennung im Innern; und
„als sie mit dem dreyßigjährigen Kriege in all=
„verheerende Flammen ausgebrochen war, muß=
„te für den Süden ein Französischer Staatsmann,
„für den Norden ein Schwedischer Held die Schan=
„de und die Ohnmacht der Deutschen Kraft ent=
„scheiden. Während jener Theil des Reiches durch
„die Eintracht mit dem Papstthume auch für ei=
„ne spätere Zukunft noch immer mächtig blieb,
„täuschte diesen die völlige Lossagung von dem=
„selben und das Recht zu reformieren mit einem
„scheinbaren Glücke, das an sich nur ein glän=
„zender Anfang seines Unglückes war. Der nie
„wieder beyzulegende Kampf zwischen der Liebe
„des Südens und dem Hasse des Nordens wird
„das Unglück ausdehnen und die alten Leiden

„mit neuen Häufen; aber auch der Druck dersel=
„ben wird die durch Haß und Spaltung ge=
„lähmte Kraft nicht mehr aufreizen können. Ein
„Riese an Gemüth und an Verstand wird
„kommen; — so sah ich's auf Montferrato
„in der Nacht vor Mariä Himmelfahrts=Tage,
„wo ich mich in die Betrachtung des mannigfal=
„tigen und wechselnden Schicksals der Völker
„und Staaten vertieft hatte; — er wird das siech
„gewordene Reich auflösen, wird die Deutschen
„Völker zum ersten Mahle das Gefühl ihres Be=
„dürfnisses und ihres Werthes lebhaft empfinden
„lassen, wird sie zu einem festen National=Bunde
„vereinigen, und das Ganze durch das Schluß=
„glied einer weislich eingerichteten Hierarchie ver=
„stärken. Dann werden endlich die einzelnen
„Stämme dieses redlichen, besonnenen und flei=
„ßigen Volkes nie mehr gesondert in Feindschaft
„oder Eifersucht wider einander kämpfen; son=
„dern in treuer Liebe und rühmlicher Nacheife=
„rung verbunden, neben einander stehen, und
„zur Idee einer ewigen Gerechtigkeit, auch unter
„Nationen, wie unter Menschen, sich erheben.“

„Ich habe dieß auch, mit allerley Bemer=

„kungen über England, Spanien und Frank-
„reich, an meinen Oheim geschrieben, damit er
„sehe, wie wenig mich das Leben im Reiche der
„Kunst und im Himmel der Ideen hindern konn-
„te, auch dasjenige, was der Erde frommen
„möchte, zu beachten. Ich bin ausgesöhnt mit
„ihm, denn sein Einfall, mich in der weiten Welt
„herum zu jagen, war gut, heilsam und frucht-
„bar für mich. Renato ist mit der Versicherung,
„daß wir uns bey Florenz wieder sehen würden,
„in der Carthause Colegno bey Turin zurück-
„geblieben; unser geliebter Fabio hat sich zu
„Novalese in den Benedictiner-Orden aufneh-
„men lassen, weil er das dringende Zureden des
„Abtes, der sein musikalisches Talent zu würdi-
„gen verstand, für einen Ruf des Schicksals hielt;
„ich bin daher mit Gonella jetzt ganz allein,
„doch nicht einsam, verlassen oder unzufrieden.
„Die Rückblicke auf das Gemählde meines Le-
„bens, zu Salamanca an dem Grabe des
„verewigten Luis de Leon, zu Escorial in der
„Bibliothek und vor den Kunstwerken Leonar-
„do's da Vinci, zu Montferrato in der Einsie-
„deley des heiligen Hieronymus, und zu Paris

„in der Gesellschaft des leichtblütigsten und froh=
„sinnigsten Volkes; der Nachgenuß meiner seli=
„gen Empfindungen zu Paraklet bey der Ru=
„hestätte zweyer Liebenden aus einem frömmern
„und romantischern Zeitalter, zu Clairvaur, Ci=
„steaur und Clugny im Andenken an die Hei=
„ligen, die e i n st dort w a r e n, und in der
„Großen Carthause bey Grenoble im Umgange
„mit den erleuchteten Sehern und Heiligen, die
„n o ch dort s i n d, machen mir jede Unterhaltung
„mit Menschen entbehrlich und biethen mir reich=
„lichen Stoff zur Beschäftigung in mir selbst
„dar. ꝛc. ꝛc.“

„Die Bilder des nördlichen und des südli=
„chen Europa, welches ich bey nahe ganz gese=
„hen habe, treten oft in kräftigen Umrissen vor
„meine Seele. Dort erschreckt mich eine Natur,
„die nicht selten unter furchtbaren Meteoren dro=
„hend, immer huldlos, nur der Anstrengung des
„gekrümmten Sclaven kärglich zumißt, was ich
„sie hier, als eine holde Göttinn, in den lieblich=
„sten Gestalten, segnend und liebkosend, ihren
„freudigen Kindern reichlich spenden sehe. Dort
„erblicke ich schaudernd einen einsamen, in sich

„selbst verschlossenen Gott, nur in der klaren,
„aber kalten, Luft der Begriffe erscheinend, ohne
„Macht für das Gemüth, ohne Anmuth für das
„Herz, unbekümmert, wie der Nordländer um
„seinen Nachbar, um das Glück der Welten, die
„unter ihm hinrollen; hier begeistert mich eine
„Gottheit mit einem Gemüthe voll heiliger Liebe
„und einem Herzen voll väterlicher Zärtlichkeit,
„unzählige Geister, die einst das Kleid der Sterb=
„lichkeit trugen, noch immer Freunde der Men=
„schen, umgeben in der Glorie der Ewigkeit sei=
„nen Thron, alles Wahre, Gute und Schöne er=
„gießt sich aus ihm über Millionen Welten, de=
„ren Harmonien seine Herrlichkeit preisen. Dort
„erstarre ich unter einem Gottesdienst, in wel=
„chem der träge Verstand keine Aufmunterung,
„der thätigere keine Befriedigung, das leidende
„Herz keine Tröstung, das vertrocknete keine
„Salbung findet; hier ergetze ich mich an einem
„Cultus, den das Gemüth geschaffen, die Liebe
„gepflegt, die Kunst verherrlichet hat, der die
„Kirche als das Bild des Himmels, diesen als
„den Wohnplatz der verklärten und verewigten
„Menschheit darstellt, und den glücklichen, wie

„den leidenden Erdensohn, mit seinen Wünschen
„und Erwartungen, Klagen und Hoffnungen
„dahin verweiset. Dort entdecke ich in dem ge=
„wöhnlichen Menschen niedrigen Sclavensinn,
„verzweifelnde Trägheit, tückische List und dum=
„pfe Gefühllosigkeit, in dem Vornehmern eine
„gänzliche Verbildung, den auffallendsten Con=
„trast zwischen verschwenderischer Pracht und ge=
„meinsten Gesinnungen, in dem Bessern eine un=
„bedingte Herrschaft des Verstandes, eine aus=
„schließende Achtung für das bloß Nützliche; ei=
„nen Scharfsinn, nur in Berechnung der Vor=
„theile geübt, eine Rechtlichkeit, lediglich in der
„Furcht gegründet, eine Weltansicht, ganz auf
„das Irdische beschränkt; keine Empfänglichkeit
„für das Idealische, keine Kraft zu dem Auf=
„schwunge in die lichtern Höhen der Vernunft;
„in allem langsame Arbeit statt hinreißender Be=
„geisterung, ängstliche Reflexion statt beflügel=
„ter Andacht, mechanische Nachahmung statt
„frey bildender Kunst: hier bewundere ich bey
„einem Geschlechte, voll Heroismus, Biedersinn
„und Genialität, die zärteste Schwärmerey der
„Liebe, das lebendigste Gefühl für Religiosität

„und Kunst, die frömmste Unterwerfung unter
„Formen und Geseße; dabey eine Leidenschaft=
„lichkeit, welche zu den edelsten Aufopferungen,
„wie zu den kühnsten Erschütterungen, und nicht
„minder zu den erhabensten Thaten, wie zu den
„verwegensten Verbrechen geschickt macht. Dort
„empöret mich das rastlose Treiben und Rüsten
„des eifersüchtigen Mißtrauens, der neidischen
„Unzufriedenheit, der unauslöschlichen Krieges=
„lust und der nimmer ruhenden Begierde, alles
„um sich her zu verschlingen; — hier beruhiget
„und erheitert mich die sanftere Herrschaft einer
„edelmüthigen Genügsamkeit, der zufriedene Ge=
„nuß, die weise Würdigung des Friedens und
„die hohe Zuversicht des Sieges über jeden un=
„gerecht gewagten Angriff.“

„„„Werden wohl die Bewohner des Nordens
„„„in bewaffneten Auswanderungen die reizen=
„„„den Fluren des Südens jemahls wieder über=
„„„schwemmen und das Glück seiner Völker zer=
„„„stören; oder werden diese, mit dem, bey ih=
„„„nen einheimischen, Oehlzweige des Friedens
„„„in der Hand, die Keime der menschlichen Ver=
„„„edlung mit gesegnetem Erfolge bis zu den

„„Nordländern verpflanzen?"""" Diese Frage ver-
„setzt mich oft in angenehme Träume; und im-
„mer finde ich in den mir kund gewordenen Merk-
„mahlen von Spanien's und Frankreichs noch
„sehr verborgener Kraft und Geistesfülle die über-
„zeugendsten Gründe für das künftige Verdienst
„des Südens. Eine ausführliche Beantwortung
„der Frage habe ich auch an Don Carlo ge-
„sandt, und herzlich freue ich mich über die Zu-
„friedenheit, die er mir dafür bezeigt hat. Hof-
„fentlich wird er mich nun frey und ungehindert
„meine Wege wandeln lassen, da er sieht, daß
„sie mich der Welt nicht entführen. Zu Florenz
„werde ich seine Beschlüsse über meine weitern
„Wanderungen erfahren." 2c. 2c.

„Mein Studium der zeichnenden Kunst glau-
„be ich zu Parma und hier vollendet zu haben;
„denn in den Schöpfungen des Allegri da
„Correggio hat sich mir die höchste Kunstwelt
„aufgeschlossen, und schwerlich werde ich jemahls
„das Göttliche und ewig Schöne in größern und
„ansprechendern Gestalten, schwerlich je das
„Räthselhafte, tief Verschlossene, Unerklärbare
„der ewigen Nothwendigkeit durch erhabnere

„Kunstgebilde, als durch die seinigen, im End-
„lichen angedeutet sehen. — Seine Nacht war
„mir der lieblichste und hellste Tag, den je ein
„menschliches Gemüth im Reiche des Unendlichen
„erschauet hatte. Alles Licht ließ der von Gott
„erfüllte Meister von dem so eben gebornen Kin-
„de ausgehen, durch welches sich die göttliche
„Idee einer ewigen und heiligen Menschheit dem
„Menschen offenbaren wollte; und nur durch
„das Licht dieser Idee wird Joseph, das Sym-
„bol des frommen Glaubens, wird Maria, der
„reinste Spiegel der schönen Liebe, sichtbar: Al-
„le übrige Umgebungen zeigen sich bloß im mat-
„ten Schimmer des Mondes, dem Sinnbilde der
„Begriffe. — In Allem, was ich noch außer die-
„sem Wunderwerke der Kunst, von seiner hohen
„Kraft Geschaffenes betrachtete, entzückte mich
„derselbe Geist, dieselbe geheimnißvolle Dämme-
„rung des Idealischen, dasselbe magische Zwie-
„licht, in welchem die formlose Unendlichkeit in
„endliche Gestalten hinüber fließt, derselbe sanfte
„Nachhall des Unaussprechlichen, das in dem
„verborgenen Bache der zärtesten Empfindung
„vorüber rieselt. — In Allegri's Werken hätte

„ich sodann den ganzen Reichthum und die höch=
„ste Macht der religiösen Romantik verklärt ge=
„sehen; wohlbedächtig habe ich mich bisher al=
„ler Beschauung der Antiken in einzelnen Denk=
„mählern oder kleinern Sammlungen enthalten,
„damit ich nun in den Schätzen zu Florenz und
„zu Rom auch die Einwirkungen der religiösen
„Hellenik desto freyer und unbefangener in mich
„aufnehmen möge. ꝛc. ꝛc."

Bonaventura sollte, der Anordnung Don
Carlo's gemäß, den Sommer über in Florenz
bleiben, und jetzt der Aufsicht Gonella's ent=
bunden, unter der Anleitung des Senatore Ni=
coletto sich mit dem eigentlichen Gange der öf=
fentlichen Staats = und Rechts=Angelegenheiten
bekannt machen, vor Anfang des Winters aber
sich nach Rom begeben, um in der Sapienza
daselbst seine wissenschaftliche Bildung zu beschlie=
ßen. Pünctlich erschien er an den bestimmten Ta=
gen und Stunden bey dem Senatore; seine übri=
ge Zeit war zwischen dem vertrauten Umgange

mit dem Geiste der alten Kunst in der Medicei=
schen Gallerie, und den Weihestunden der Reli=
gion und Philosophie in Platon's verlassenem
Heiligthume zu Careggi getheilt. Dort weilte
er am liebsten in der Tribuna vor der Venus
Anadyomene und der Venus Urania, in
jener das Ideal der höchsten weiblichen Schön=
heit, in dieser die würdevollste Erscheinung der
vergöttlichten Weiblichkeit betrachtend; hier be=
wohnte er dasselbe Landhaus, welches Cosmo
di Medicis für die Platonische Akademie, seine
Stiftung, angefangen und sein Enkel Lorenzo
vollendet hatte. Zur Wahl dieses Aufenthalts be=
stimmte ihn der Anblick eines Fresco=Gemähldes
von Francesco Furino im Pallaste Pitti, wel=
ches die Stiftung jener Akademie zu Careggi vor=
stellt. Das kostbarste Geräth, an dem Bonaven=
tura sich dort ergötzte, hatte er aus dem Nachlasse
eines Florentinischen Gelehrten kurz vorher erstan=
den. Es war dasselbe gedruckte Exemplar von
Platon's und Plotinus Schriften, welches
einst Marsiglio Ficino zu Careggi besessen
und eigenhändig mit Anmerkungen beschrieben
hatte. So heiligte ihm sein kindlich frommes Ge=

müth eine Menge Oerter und Gegenstände, welche
tausend Andere nicht der geringsten Aufmerksamkeit werth fanden.

Eben dieser andächtige Sinn trieb ihn öfters in die Dominicaner-Kirche San Marco zu
den Grabstätten, des Märterers Savanaro-
la des geistreichen Angelo Politiano und
der zartfühlenden Freunde, Pico di Miran-
dola und Girolamo Benivieni. Beyde liegen unter einem Steine: „damit nach dem Tode
„auch die Asche derjenigen nicht getrennet wür-
„de, deren Seelen die Liebe schon im Leben ver-
„einiget hatte.“ Inniger als sonst ward er am
zehnten Julius, dem Todestage des Letztern, von
der Grabschrift der beyden Platonischen Freunde angesprochen. Lebhaft stand vor seiner Seele
das Bild des wehmüthigen Greises, der die Hülle
seines geliebten Pico hierher hatte begleiten, und
ihn noch um drey und vierzig Jahre überleben
müssen. Benivieni's Leiden der Sehnsucht mit-
fühlend, verglich er die glücklichen Jahre seiner
eigenen frühern Jugend im Schooße seines Vaters, in den Armen Peraldi's und in der traulichen Anhänglichkeit an Fabio mit seinem ge-

gen-

genwärtigen Zustande, in welchem er sich von
Allen, die seinem Herzen theuer waren, getrennt
und entfernt sah. Das dringende Bedürfniß, sich
einem Wesen seines Geistes liebend hinzugeben,
weckte in ihm die Erinnerung an Renato's Ver=
sprechen, daß er ihn bey Florenz wieder finden
würde: „wahrscheinlich,“ — dachte er, — „ist
„der würdige Mann, der einzige, an den du die
„Erinnerungen deiner seligsten Stunden knüpfen
„kannst, schon in dieser Gegend, und harret dei=
„ner in der Carthause vor der Stadt;“ — und
da es ihm sonst unmöglich war, von San Mar=
co irgend anders wohin, als nach Careggi zu
gehen, trieb es ihn jetzt unwiderstehlich vor das
Römische Thor hinaus, um den Freund seines
Vaters aufzusuchen.

In der Carthause sagte man ihm, Abbate
Bonneval sey am ersten Julius von dort ab=
gegangen, um das Fest der Heimsuchung Ma=
riä mit einem Besuche bey seinem Freunde An=
selmo zu Camaldoli zu feyern, wo er sich
wohl noch einige Wochen aufhalten dürfte. Die=
ser heilige Ort liegt vierzehn Stunden Weges von
Florenz entfernt. Bonaventura hatte noch

N

nirgends eine Camaldulenser-Einsiedeley besucht,
nie einen Genossen dieses Ordens gesehen, mehr
als jemahls fühlte er sich gedrungen, den Mann
aufzusuchen, der ihn auf seinen Reisen, gleich ei=
nem schützenden Genius, bis Turin begleitet, je=
den seiner Wünsche erfüllt, ihn in allen seinen
Bestrebungen unterstützt, nie mißverstanden hat=
te; mit dem allein er von seinem Vater, von
Peraldi, von Camilla und Gaetana, von
dem Göttlichen der Kunst und von dem Ewigen
der Wahrheit sprechen, dem er sein Innerstes zu
jeder Zeit und über Alles vollständig aufschlie=
ßen konnte.

Mit Tages Anbruch ging er von Careggi
weg, und erreichte des Abends die Abtey Val=
lombrosa, das Mittel zwischen Florenz und
Camaldoli. Er bath um liebreiche Beherbergung,
und sie ward ihm um so bereitwilliger gewähret,
als am folgenden Tage das Fest des heiligen
Joannes Gualbertus, des Stifters dieses
Ordens und dieser Abtey, begangen wurde.
Nachdem der Prior den Zweck seiner Reise er=
fahren hatte, führte er ihn in das Kloster, öff=
nete eine Zelle und hieß ihn hinein treten. Der

Fremde, welcher sie bewohnte, ward von ihm
erkannt, und freudig sank er in seine Arme. Es
war Renato, der kurz vor ihm von Camaldo=
li mit der Absicht angekommen war, am folgen=
den Tage nach Florenz abzureisen, und den vier=
zehnten Julius, Bonaventura's Nahmens=
fest und zwey und zwanzigsten Geburtstag, ent=
weder in der Earthause, oder auf dem Berge der
Olivetaner, oder wo er es sonst wünschen wür=
de, mit ihm der Religion zu weihen: jetzt ent=
schied Bonaventura für Camaldoli, sie
blieben daher den zwölften bey den Vallombro=
sern und setzten den dreyzehnten ihre Reise dahin
fort, wo sie des Abends in dem Cönobiten=Klo=
ster Fontebuono *) am Fuße des heiligen Ber=
ges anlangten.

---

*) Die Mönche des heiligen Romualdus, von
der Congregation Camaldoli, verbinden das cö=
nobitische Leben mit dem eremitischen; darum
bauen sie sich in der Regel nur auf Bergen an,
und bey ihren Einsiedeleyen auf denselben ist
überall im Thale auch ein Kloster, wo diejeni=
gen, welche zu einer gänzlichen Abgeschiedenheit

Noch hatte kein Ort in der Welt so wunder=
bar rührend und erschütternd auf ihn gewirkt,
wie dieser begeisternde Wohnplatz beschauender
Weisen, an welchem Natur, Kunst und Religion
alles Große, Feyerliche und Erhabne vereiniget
und gehäuft zu haben schienen. Von seinem
zwölften Jahre an hatte er an seinem Geburts=
tage nie unterlassen, einem frommen Priester,
den er als den Stellvertreter seines Gewissens
und des ewigen Weltgeistes betrachtete, in der
Beichte, von dem verlebten Jahre Rechenschaft
abzulegen und in dem Genusse des heiligen Abend=
mahls den Uebergang des Menschlichen in das
Göttliche, durch den Glauben und die Liebe, zu

---

und zur anhaltenden Contemplation keinen be=
sondern Beruf fühlen, in Gemeinschaft beysam=
men wohnen, die Novizen unterrichten, ihre Kran=
ken Ordensbrüder verpflegen und Reisende be=
herbergen. Wer sich in eine Einsiedeley zurück
ziehen will, muß es von dem Abte verlangen,
welcher diese Absonderung nur den Starken an
Geiste und den Vollendeten in der Gesinnung
gestattet.

feyern. Nach dieser Erneuerung seines innern
Lebens sehnte er sich auch in Camaldoli; und da
ihm Renato unter Weges seinen Freund Anselmo, als den würdigsten Priester, der ihm
bekannt wäre, als den scharfsichtigsten Herzens-
kenner und gottseligsten Weisen geschildert hatte, so mußte er ihm auch versprechen, zu bewirken, daß derselbe seine Beichte annähme, und
unter der Messe das geheiligte Symbol der vergöttlichten Menschheit ihm darreichte. Die sie-
bente Stunde des folgenden Tages, gerade die
Stunde seiner Geburt, war zur Erfüllung seines
Wunsches bestimmt.

Mit sorgfältiger Sammlung des Gemüthes
bereitete sich Bonaventura des Abends dazu
vor. Er las in den Bekenntnissen des heiligen
Augustinus, seinem gewöhnlichen Gebethbu-
che, das sechste Buch; die Schilderung, welche
derselbe gleich anfangs von seiner frommen Mutter macht, wirkte dieß Mahl so nachdrücklich auf
sein Herz, daß ein Strom von Thränen aus seinen Augen sich ergoß. Noch nie hatte er das tief
in seiner Seele gewurzelte Leiden über den Ver-

luſt oder die geheimnißvolle Verborgenheit ſei=
nes Vaters ſo ſchmerzlich empfunden; er wollte
erkannt ſeyn von dem Manne, dem er ſo viel zu
verdanken hatte; er ſehnte ſich nach ſeinem Zeug=
niſſe, das ihm die Verſicherungen ſeines Selbſt=
bewußtſeyns beſtätigte; er fühlte ſich ſeines Bey=
falls, ſeiner Liebe und der Freude; dem gelieb=
ten Vater Freude zu geben, würdig. Er verſank
in düſtere Schwermuth. Luis de Leon's erha=
benſte Oden ſollten ſeinem Geiſte wieder aufhel=
fen; allein jede Regung des Gefühls der An=
dacht, der Liebe und der Hoffnung erſtarb ſo=
gleich in der Sehnſucht nach Aufſchlüſſen über
das Schickſal ſeines Vaters, und ſo kräftig er
auch dagegen arbeitete, die Flügel ſeines Geiſtes
blieben gebunden. Er entdeckte Renato ſeine
quälende Unruhe, er weinte, er bath um trö=
ſtende Kunde von ſeinem Geliebten, um Verſi=
cherung, daß er noch lebe, um Anzeige, wann
und wo er ihn finden würde; wodurch allein
Friede des Herzens und Heiterkeit des Geiſtes in
ihm wieder hergeſtellt werden könnte. Doch
unerbittlich war Renato.

„Der unſterbliche Geiſt deines Vaters,"
ſprach er, „lebt in dir und heißt dich mit Erge-
„bung dulden und harren, damit du ſeiner wür-
„dig bleibeſt. Hätte er aufgehört für dich zu le-
„ben, wenn ſeine Geſtalt von der Erde verſchwun-
„den wäre; oder bedarfſt du der Kunde von ih-
„rem Daſeyn, um das Wirken ſeiner Kraft in
„dir zu empfinden und zu verſtehen? Was wäre
„deine innere Welt, wenn ſie die Sehnſucht nach
„Geſtalten ſo jämmerlich zerrütten; was dein
„Ideen-Reich, wenn es in dem Mangel derſel-
„ben dir als eine ſchreckliche Wüſteney erſcheinen
„könnte? Der Geiſt des All iſt dein Vater und
„die ewige Menſchheit deine Mutter; kehre in
„dich zurück und einige dich mit ihnen, ſo be-
„darfſt du der Bilder nicht, in welchen ſie dir
„einſt vorgeſchwebt hatten."

Schlaflos durchwachte er die Nacht im de-
müthigenden Gefühle ſeiner Sinnlichkeit und im
muthigen Kampfe wider ſie. Gewaltig ſtürmte
dieſer in ihm noch fort, als er des Morgens an
der Seite des ernſthaft und feyerlich ſchweigen-
den R e n a t o den heiligen Berg hinan ſtieg,

auf deſſen Gipfel die Geweihten der himmliſchen
Weisheit in abgeſonderten Einſiedeleyen um die
Kirche herum wohnten. Dort ſaß Anſelmo be-
reits in dem Beichtſtuhle, nach der Vorſchrift
des Ordens, hier ſowohl, als ſonſt bey dem
Eingange zum Altare, das Angeſicht verhüllt.
Bonaventura näherte ſich dem Ehrwürdi-
gen, deſſen erſte Segnung ſchon alle Wolken des
Trübſinnes und der Schwermuth von dem Him-
mel ſeiner Seele verſcheuchte.

Die Stimme des Gewiſſens war ſtets die
Regel ſeiner Handlungen, er hatte daher auch
nur Menſchlichkeiten, keine Sünden zu bekennen;
jene aber deckte er mit einer Offenheit, Beſtimmt-
heit und Vollſtändigkeit auf, welcher nur ein ſo
beſonnener und mit ſich ſelbſt bekannter Menſch
fähig war. Es gehört bloß das Licht des echten
Prieſtergeiſtes und einiges Beichtvater-Talent
dazu, um gleich nach den erſten Aeußerungen
des Beichtenden die Tiefe ſeines Gemüthes, den
Gehalt ſeiner Religioſität und den ganzen Umfang ſeiner moraliſchen Einſichten zu überſchau-
en: dem frommen Camaldulenſer Anſelmo

schien jenes in reinster Klarheit, und dieses be=
saß er in einem vorzüglichen Grade; darum war
er das Orakel der ganzen Gegend, durch wel=
ches alle Bessern, auf den Höhen wie in den Thä=
lern des Apennin, die Stimme Gottes und des
Gewissens vernehmen und die Zuversicht ihrer
Versöhnung mit Beyden empfangen wollten;
darum sagte auch Bonaventura, als er mit
einem heitern Engelsblicke aus dem Beichtstuhl
kam, zu Renato: „ich habe oft gottseligen und
„weisen Männern, heute aber Gott selbst ge=
„beichtet; sie redeten zu meinem Herzen, was
„darin werden sollte; er sprach es aus meinem
„Gemüthe und schuf es in meinem Herzen."

Jetzt trat Anselmo vor den Altar, um
das mystische Opfer darzubringen. Die Würde,
die Salbung und Verklärung, womit dieser
Mann die erhabensten Mysterien der Religion
durch die Messe darstellte, war Bonaventu=
ra, in der Fülle seiner Begeisterung und in sei=
ner Entfernung von dem dunkeln Heiligthume,
unvermögend zu bemerken. Bey der Commu=
nion des Priesters näherte er sich dem Altare

und kniete auf die oberste Stufe hin. Anselmo wendete sich mit der geheiligten Hostie zu dem Jünglinge, der Abglanz der Gottheit erhellte, das Antlitz des Priesters, die Zähre der Menschlichkeit zitterte in seinem Blicke. Bonaventura stürzte zu den Füßen des Heiligen hin; er hatte in Anselmo — seinen Vater erkannt.

Die Macht des religiösen Gefühls besiegte und heiligte die gewaltig aufgeregten Empfindungen kindlicher Zärtlichkeit; unter einem Strome süßer Thränen richtete er sich bald wieder empor und empfing aus den Händen seines Geliebten das ehrwürdigste Symbol der ewigen Liebe. *)

---

*) Für den verständigen Katholiken, Lutheraner, Calvinisten oder Rationalisten, der sich in die Idee des religiösen Katholiken von dem Abendmahle hinein zu denken nicht vermag, ist diese Situation Bonaventura's, der schöne Sieg der Religion über die Natur und das Untergehen des kindlichen Gefühls in dem religiösen, nicht schlecht, sondern verloren.

Mit unbeschreiblicher Wonne erfüllt, kehrte er auf seinen Platz zurück; die Vergangenheit war ihm in der entzückenden Anschauung der Gegenwart verschwunden, die ganze Außenwelt in dem überschwänklichen Gefühle der Andacht und Seligkeit für ihn untergegangen.

Erst bey dem Schlusse der Messe bemerkte er, daß Renato nicht mehr in der Kirche war, an seiner Stelle lag ein Zettel mit den Worten:

„Mein Werk ist vollbracht. Das Andenken
„dieser Stunde macht dir hinfort meine Be=
„gleitung entbehrlich; ich gehe in mein Thal
„bey Certaldo. Dein Vater bewohnt die
„Einsiedeley di San Agostino an der öst=
„lichen Seite des Berges; Donatello's
„Gruppe, wie der Heilige seiner sterbenden
„Mutter Monica beysteht, wird sie dir
„kennbar machen. Dort erwartet dich An=
„selmo. Lebe und wirke, in Allem Begeiste=
„rung und Besonnenheit vereinigend."

Bonaventura eilte zur Einsiedeley. — Lange lag er sprachlos in Anselmo's Armen. — „O,

„Vater! Geliebter Vater! O, meine Mutter!‟
Dieß waren die einzigen Laute, die er, von weh-
müthiger Freude überfließend, ganz fühlender
Mensch, ganz genießendes Kind, bisweilen von
sich hören ließ.

Bonaventura's mystische Nächte.

Zweytes Buch.

Licet ejus aetas imperfecta sit, vita perfecta est.

SENECA Epift. XCIII.

Der ausgetretene Strom der kindlichen Zärtlichkeit ward endlich von der Geisteskraft des Mannes in seine Gränzen zurück gedrängt, und sein
leidenschaftliches Rauschen ging in das liebliche
Rieseln der sanftern Empfindung über. Da begann Anselmo:

   „Was mir des Freundes Nachrichten von
„deinem Seyn und Werden bis jetzt erzählet hat-
„ten, das both sich heute meinen Blicken in dein
„Innerstes zur erfreulichen Anschauung dar;
„Dank sey daher dem Ewigen, dessen Gnade
„das Gute so herrlich wachsen und blühen ließ,
„wozu ich nur den Boden bereiten und die ersten
„Keime entwickeln und befruchten konnte. Mei-
„ne Jugend war nicht wie die deinige, und erst
„nach vielen Verirrungen lernte ich das Bessere,
„nicht in, sondern außer, mir kennen, ohne daß
„ich fähig war, es mir sogleich auch anzueignen.

„Mein guter Vater Alfonso war ein rechtschaf=
„fener Corse, fern von jeder niedrigen Gesin=
„nung, treu in seiner Pflicht, so weit er sie er=
„kannte, duldsam und friedfertig unter dem Drux=
„ke unserer Tyrannen, wohlthätig gegen die Dürf=
„tigen, die seine Hülfe in Sovarella suchten,
„gerecht gegen jedermann, fromm gegen Gott
„und gegen die Kirche; doch unfähig, über den
„Schein gottseliger Werke und äußerer Andachts=
„übungen zu dem Geiste und Wesen der Gottse=
„ligkeit sich zu erheben. Meine Mutter Clau=
„dia Corsini, eine Florentinerinn, die Nichte
„Clemens des XII., ein zärtliches treues Weib,
„hatte von meines Bruders Geburt an durch
„neun Jahre gekränkelt, im zehnten trug sie mich
„unter ihrem Herzen. Von den Qualen der Mut=
„terwehen ganz entkräftet, gelobte sie dem Aller=
„höchsten in die Hände meines geängstigten Va=
„ters, daß ihre Leibesfrucht, im Falle sie glück=
„lich an das Tageslicht kommen, und im Leben
„bleiben würde, in dem Orden des heiligen Do=
„minicus ihm geopfert werden sollte. Mein
„Vater sprach, Amen, dazu, und ich lag kurz
„darauf gesund in ihren Armen."

„Zwölf

„Zwölf Jahre war ich alt, als ich in ihrer
„Todesstunde ihr noch versprach, den Wunsch
„und das Gelübde ihres frommen Herzens in
„meinem zwanzigsten Jahre zu erfüllen. Bald
„nach ihrem Hintritte nahm mein Vater einen
„Dominicaner=Mönch in das Haus, der mich
„unterrichten und für seinen Orden erziehen soll=
„te. In meinem sechzehnten Jahre ward ich mit
„dem Mönche nach Siena geschickt, um mir die
„nöthigen Schulkenntnisse zu erwerben; dort ließ
„mein Erzieher nach und nach seinen unheiligen
„Neigungen freyes Spiel, worin zu Sovarella
„Alfonso's strenge Sittlichkeit ihn gehindert
„hatte. Gegen sich selbst ungemein nachsichtig,
„war er gegen mich nicht strenge; er erlaubte mir
„nach meiner Neigung zu suchen, was er im
„reichlichen Maße genoß, und meinte, im Klo=
„ster könnte ich büßen, was ich im Rausche der
„Jugend sündigte. Ihm lächelte die Lust in den
„bunten Kreisen der Laien, ich wählte den Ge=
„genstand meiner Liebe unter den Töchtern des
„Himmels. Eine schwärmerische Verbindung mit
„einer Nonne machte mir das Gelübde meiner
„Mutter zum Schreckengespenst, und der Ab=

D

„scheu, womit ich bisweilen daran dachte, schien
„mir gerecht nach meiner Entdeckung, daß Sct.
„Dominicus der Stifter des Ketzergerichtes
„war, das ich haßte. Er ward aus der Reihe
„meiner Heiligen ausgestrichen, und in meiner
„Seele war es beschlossen, mich lieber dem To-
„de, als seinem Orden, zu opfern.

„Unter dem Vorwande, mich einst unter den
„Ordensmännern meines Vaterlandes durch ei-
„nen höhern Grad von Gelehrsamkeit auszuzeich-
„nen, blieb ich bis in mein vier und zwanzigstes
„Jahr zu Siena und erschlich sodann noch von
„Alfonso die Erlaubniß, Frankreich zu durch-
„reisen und in Paris zwey Jahre zu studieren.
„Dort lernte ich unter manchem Nützlichen auch
„die leichte Kunst, den Gott der Schule zu läug-
„nen, und scheiterte in der schwerern, den Gott
„des All in meinem Gewissen zu ersticken. Ich
„genoß alles, was jener durch die Gesetze der
„Kirche mir verboth, oder der Staat nicht be-
„strafte, und erhärtete unter den Martern, wo-
„mit dieser mich in den Augenblicken meiner Nüch-
„ternheit züchtigte.‟

„So waren drey Jahre verflossen, und mein

„Vater drang nun ernstlich auf die Erfüllung
„desjenigen, was meine Mutter gelobet, er gut
„geheißen und ich selbst der Sterbenden verspro-
„chen hatte. Meine Antwort war, daß ich bey
„jetzt erlangten bessern Einsichten, mich nicht so
„bald dazu entschließen könnte, diesen Augen-
„blick nicht den geringsten Beruf zu dem geistli-
„chen Stande fühlte, aber gern noch eine Reise
„nach dem frömmern Spanien unternehmen
„möchte, wo derselbe vielleicht eher, als in Frank-
„reich oder in Corsica, erwachen dürfte. Auch
„dieß bewilligte Alfonso und schickte mir die
„Mittel, welche mich in den Stand setzten, mein
„Vorhaben auszuführen. Nirgends sündigte ich
„mit größerer Lust, als in jenem Lande, in wel-
„chem die hochfliegende Schwärmerey des schö-
„nen Orientalismus mit dem romantischen Rit-
„tersinne sich vermählet hat. Zwey Jahre hatte
„ich dort verträumt, als mein Vater mir alle
„weitere Unterstützung mit Gelde verweigerte.
„Der Mangel nöthigte mich zur Rückkehr; ich
„nahm den Weg über Grenoble, wo ich vor
„fünf Jahren in dem unschuldigen Kusse eines
„vierzehnjährigen Mädchens zum ersten Mahle

„die Macht und Seligkeit der Liebe geahndet,
„und in dem Lehrer ihres Bruders, Abbate
„Bonneval, den ersten Menschen gefunden
„hatte, der mir Achtung einflößte. Als ich jetzt
„hinkam, war der Abbate nicht mehr dort und
„Lodovica Clapeson schon seit zwey Jahren
„im Kloster zu Montfleury. Um ihrem Bru-
„der eine reichere Erbschaft zu sichern, war sie
„von ihren Aeltern gezwungen worden, unter dem
„Schleyer, den Freuden der Welt zu entsagen.
„Ich sah sie zu Montfleury in der lieblichen Blü-
„the der Weiblichkeit, durch die Grazie der Weh-
„muth und Andacht verschönert. Sie war be-
„reits durch abgedrungene Gelübde dem Him-
„mel verlobt; in ihrem Herzen aber trug und
„verehrte sie nur mein Bild. Wir sprachen uns
„oft, wir liebten uns, und noch voll des Spani-
„schen Geistes, faßte ich den Entschluß, sie zu
„entführen, wozu ihr feuriges Temperament
„mir die Wege und Mittel erleichterte. Glücklich
„brachte ich meine schöne Beute an Frankreichs
„Gränzen, wo wir einen Priester fanden, der
„uns trauete und unsere kirchliche Vermählung
„schriftlich bezeugte.‟

„Von Lodovica erfuhr'ich, Bonnevall
„wohne in einer gänzlichen Zurückgezogenheit
„bey Susa; sie wünschte ihn wieder zu sehen,
„und auch mir war es jetzt mehr als jemahls Be»
„dürfniß, mein Glück und mich selbst in dem
„Spiegel eines freundschaftlichen Herzens zu be»
„schauen. Wir zogen hin und entdeckten seinen
„Aufenthalt in einem anmuthigen Thale zwi»
„schen Susa und Novalese. Er nahm uns herz»
„lich bey sich auf, unsere Verbindung billigend
„und segnend. Du sollst hernach erfahren, wie sich
„dort mein religiöser Sinn den Banden entriß,
„womit ihn mein Hang zur Lust und meine ge»
„lehrte Unwissenheit gefesselt hatten."

„Nach einiger Zeit gab ich meinem Vater
„Kunde von meiner Verehelichung, mit dem für
„ihn beruhigenden Beysatze, daß ein frommer
„Priester mich von dem Gelübde meiner Mutter
„und meinem Versprechen los gebunden habe:
„Mein Herz konnte nur die Aussöhnung mit ihm
„völlig beruhigen, und in meiner äußern Lage
„bedurfte ich seiner Hülfe um so mehr, als ich
„von Bonnevall mich nicht mehr trennen woll»
„te. Alfonso verzieh mir alles, in der Hoffnung,

„durch mich einen Enkel zu erhalten, da mein
„Bruder Carl schon seit zehn Jahren in einer
„kinderlosen Ehe lebte; nur wünschte er, daß ich
„in mein Vaterland zurück kehren, dem Dienste
„desselben mich widmen, und mit meinem Gelieb=
„ten, mit der Gattinn und mit dem Freunde, ihm
„den Abend seines Lebens erheitern möchte."

„Nicht so glücklich war meine Lodovica;
„auch sie hatte ihren Aeltern Nachricht von ihrer
„Verbindung mit mir ertheilt, und eine auch
„von mir unterzeichnete Verzichtleistung auf ihr
„Erbtheil, zu Gunsten ihres Bruders, beyge=
„legt: aber ein schrecklicher Fluch des Vaters,
„eine grausame Verwünschung der Mutter und
„eine Sentenz des Bannes von dem Bischofe zu
„Grenoble waren die Dolchstiche, die unheilbar
„ihr Herz verwundeten. Beygefügt war noch die
„Drohung, daß bereits alle Anstalten getroffen
„wären, sie durch den Beystand der bürgerli=
„chen Gewalt nach Montfleury zurück zu füh=
„ren. Schon lebtest du unter ihrem Herzen; ei=
„ligst nahmen wir in Bonneval's Be=
„gleitung die Flucht, wir gingen zu Nizza an
„Bord und segelten mit glücklichen Winden nach

„Corsica, wo du mir nach drey Monathen ge-
„boren wurdest."

„Zwey Jahre hatten wir zu Sovarella mit
„unserm alten Vater häuslich froh gelebt, als
„die schändlichsten Streiche und unmenschlichsten
„Bedrückungen von Seiten der Republik Genua
„die ganze Insel empörten, und jeder biedere
„Corse gegen die verworfenen Wucherer, Meu-
„chelmörder und Giftmischer, die sich unsere Kö-
„nige nannten, zu den Waffen griff. Pompi-
„liani, meines Vaters innigster Freund, ward
„in der Volksversammlung zum obersten Heer-
„führer gewählt; von ihm wurden einige patri-
„otische Scharen meinem Vater anvertraut, ich
„und Carlo fochten für Vaterland und Frey-
„heit an seiner Seite. Corsica stände jetzt schon
„als mächtiger Freystaat da, hätte das Volk die
„nöthige Bildung gehabt, um durch Eintracht
„unter sich und durch unbedingtes Vertrauen in
„seine Anführer, seine Kraft zu unterstützen. So
„aber ward Pompiliani an die geschlagenen
„Genueser verrathen und gefangen genommen,
„Alvaradino an seine Stelle ernannt, und,
„wegen seiner zögernden Klugheit, bald wieder

„abgeſetzt; ſein Nachfolger Ciaffene fiel bey
„Algagliola, und mein Vater zu meiner Seite
„im Kampfe vor Ajaccio. Lodovico Giaf-
„ferri machte mit unſern, ſchon ſehr geſchwäch-
„ten, Tyrannen einen Waffenſtillſtand, dieſen be-
„nutzte Carlo, um mit ſeinem Erbtheile Corſica
„für immer zu verlaſſen. Er zog nach Orbitel-
„lo, ich aber wollte dem Vaterlande und den
„Manen meines Vaters noch einige Opfer brin-
„gen, wozu uns Spanien durch Geld, Frank-
„reich durch Waffen die Mittel in die Hände ge-
„ſpielt hatten.“

„Die Genueſer erhielten Hülfs-Truppen von
„Oeſtreich und wir verloren ſchnell hinter ein-
„ander, die bis dahin erkämpften Vortheile. Auf
„dem Gebirge von Veſrovato uns bloß verthei-
„digend, gelang es uns, ihren unvorſichtigen
„Feldherrn Wachtendoncq mit ſeinen Scha-
„ren ſo zu umzingeln, daß er einen Vergleich,
„wie er ihm von Abbate Caſtinetto, unſerm
„Anführer, war vorgelegt worden, zu ſeiner Be-
„freyung unterzeichnen mußte. Unterdeſſen war
„Giafferri mit dem Spaniſchen Gelde und
„der Franzöſiſchen Munition angekommen; die

„Volksversammlung ernannte ihn von neuen
„zum obersten Heerführer und gesellte ihm den
„tapfern Ciaccaldi bey. Raffalli und Pe-
„raldj, Priester von bewährter Rechtschaffen-
„heit und Klugheit, sollten die Gerechtigkeit ver-
„walten und den beyden Vätern des Volkes mit
„ihren weisen Rathschlägen beystehen. Wir zo-
„gen uns in den südlichen Theil der Insel zurück,
„wo nach verschiedenen Treffen die Genueser und
„die Oestreicher in den schrecklichsten Niederla-
„gen der Ihrigen die Tapferkeit der Corsen an-
„erkennen mußten. Der Kaiser ließ uns sodann
„eine Aussöhnung mit Genua, unter den vor-
„theilhaftesten Bedingungen und unter seiner
„Bürgschaft, anbiethen. Ueberzeugt, daß wir
„ohne auswärtige Hülfe, die uns jetzt schon im-
„mer sparsamer geleistet wurde, der verstärk-
„ten Macht der Oestreicher unmöglich widerste-
„hen könnten, nahmen wir den Antrag an und
„die Unterhandlungen wurden zu Corte zwi-
„schen acht Oestreichischen Generalen, vier Se-
„natoren Genua's und sechs Oberhäuptern der
„Corsen, mit auszeichnenden Merkmahlen der
„Achtung gegen die Letztern, angefangen; fort-

„geſeßt und geſchloſſen. Sobald der Vertrag
„unterzeichnet war, wurden Giafferri, Ci=
„accaldi, Vitelli und Raffalli von den
„Genueſern, unter dem Vorwande einer frühern
„Verrätherey, verhaftet und gefangen nach Ge=
„nua abgeführt, ohne daß die Generale der Deſt=
„reicher ſich dieſer Treuloſigkeit widerſeßten."

„Dieſe ſchändliche That eines verworfenen,
„verächtlichen Wuchervolkes, dem uns der Kai=
„ſer unter dem Scheine der Ausſöhnung von
„neuen unterwerfen wollte, zeigte mir, meinen
„Freunden Peraldi und Bonnevall, und
„Allen, die im edeln Kampfe für Freyheit ſich
„beſonders ausgezeichnet hatten, das Vorſpiel
„unſeres gewiſſen Unterganges: wir beſchloſſen,
„bis auf beſſere Zeiten auszuwandern. Zum
„Glücke hatte ſchon mein Vater unſer ganzes Ver=
„mögen heimlich in der Bank zu Lucca niederge=
„legt; mein Haus und meinen Garten zu So=
„rarella räumte ich dem Abbate Roſtini, der
„mit mir in Paris ſtudieret hatte, zur Wohnung
„ein. Ein Engliſches Schiff brachte uns nach Li=
„vorno, Peraldi ging in das Jeſuiter=Colle=
„gium zu Piſa, ich zog mit meinen Theuern nach

„Si e n a, wo ich die wirksamsten Mittel zur Auf=
„heiterung meiner Lo d o v i c a zu finden hoffte."

„Allein mit jedem Tage versank die gute
„Seele in tiefere Schwermuth. Der gräuliche
„Fluch ihrer Aeltern und der Bann des Bischofs
„hatten sie mit ihrem Gewissen entzweyet: Sie
„wurde von den helldenkenden Priestern, Ra s=
„s a l l i und P e r a l d i, mehrmahls von der Sün=
„de und von dem Banne los gesprochen; doch
„der Segen gemeiner Beichtväter und ihre Leh=
„re, daß erzwungene Gelübde und Eide in ihrem
„Wesen ungültig und nichtig wären, konnte sie
„nicht beruhigen. In der Hoffnung, den zerstör=
„ten Frieden ihres Herzens wieder herzustellen,
„unternahm ich endlich eine Wallfahrt nach Rom
„zu dem apostolischen Stuhle, auf welchem da=
„mahls noch mein mütterlicher Oheim saß. Mit
„väterlicher Huld empfing uns der liberale Greis
„und mit menschenliebender Theilnahme erwog
„er unser Vergehen gegen die Kirchensatzungen;
„allein auch von ihm erlangten wir nichts wei=
„ter, als die Lossprechung von dem Banne und
„die Legitimation deiner Geburt, unter der Be=
„dingung, daß ich nach dem Tode deiner Mut=

„ter mich nicht wieder verehliche, täglich der Be-
„trachtung göttlicher Dinge eine Stunde widme
„und bis an mein Ende das Brevier nach Rö-
„mischer Ordnung bethe; Loddovica aber in ei-
„nem Kloster sich durch ihre ganze Lebenszeit der
„Buße weihe, und weil ihr Kind der mütterli-
„chen Pflege nicht mehr bedürfte, seinen Aus-
„spruch zu ihrem Seelenheil sogleich vollziehe.
„Nur die Wahl zwischen dem Orden der heiligen
„Clara und der heiligen Jungfrau vom Ber-
„ge Carmel blieb ihr von ihm anheim gestellt;
„die tief gebeugte Mutter wählte den letztern,
„und zwar in Rom selbst, wo sie sich an der
„Pforte des Klosters di San Giuseppe mit
„blutendem Herzen meinen Armen entwand.
„Dich wollte sie nicht mehr sehen, damit sie nicht,
„unter der gewaltsamsten Empörung ihres müt-
„terlichen Gefühls unterliegend, unversöhnt mit
„Gott, in ihren Sünden stürbe. Daß sie durch
„die Liebe keiner Sünde schuldig, und nur durch
„den Willen des Allerhöchsten Mutter geworden
„wär, weiß sie jetzt gewiß; denn vor sieben Jah-
„ren beschloß die fromme Büßerinn auf Erden
„ihre Leiden."

Hier bemächtigte sich, auch in An\ s\ e\ l\ m o das
lange unterdrückte Gefühl der Menschlichkeit seiner Rechte, und ergoß sich in Thränen, die er in
den Busen des betroffenen Sohnes weinte.

"Dieß sind im Allgemeinen," so fuhr dann
An\ s\ e\ l\ m o fort, "die Umriffe meines äußern
"Treibens; nun mußt du noch die Geschichte mei-
"nes innern Todes hören und erfahren, wie ich
"von diesem erwachte, und fähig ward, auch
"deinem Geiste Vater zu werden. — Das Lie-
"besverständniß mit der Nonne zu Sienn hatte
"mich von gröbern Ausschweifungen zurück ge-
"halten, der Ehrgeiz meinen Fleiß in Wissen-
"schaften gespornt: durch jenes war die Entwik-
"kelung meines Gemüthes begünstiget, durch
"diesen mein Verstand in reger Thätigkeit erhal-
"ten worden. Mit vorzüglichem Eifer trieb ich
"das Studium der Sprachen, der ältern Geschich-
"te und Römischen Literatur; bey allen öffentli-
"chen Redeübungen ward mir der Preis zuer-
"kannt, und keiner meiner Mitschüler war ver-

„mögend, die Erfindungen, den Bilderreichthum
„und den Wohlklang meiner Gedichte zu errei=
„chen: Diesen Vorzug hatte ich lediglich meiner
„Nonne Gabriele, die meine Dichterkraft in
„beständiger Uebung erhielt, zu verdanken. Lei=
„der war ich nur zu jung und unerfahren, um
„das Schöne, was durch sie in meiner Seele
„sich entfaltet hatte, rein und unentweihet zu
„erhalten. Sie selbst trug eine große, doch sehr
„profane, Dichterwelt in ihrem Herzen, denn
„Petrarch a's Canzonen begeisterten sie mehr
„als David's Psalmen, und in den Weihe=
„stunden des innerlichen Gebethes betrachtete
„sie lieber das süße Sehnen des Pastor Fi=
„do als die Leiden und das Sterben
„des Erlösers. Täglich wenigstens Ein Son=
„nett an sie war das bescheidene Opfer mei=
„ner Liebe; in Romanzen von Pyramus und
„Thisbe, von Amor und Psyche, von Orpheus
„und Eurydice brachte ich bisweilen größere,
„wenn durch das Sprachgitter die Wonne ihres
„Blickes oder Kusses mich inniger ergriffen hat=
„te. Dabey lernte und übte ich auch fleißig das
„Bethen und das Glauben in Worten, diente

„gern den Priestern am Altare, ergeßte mich in
„dem Anblicke heiliger Bilder, liebte die himmli-
„sche Mutter in meiner Nonne, fürchtete Gott
„in meinen Zuchtmeistern und scheuete ihn in
„meinem Beichtvater: hiermit war der Umfang
„und der Gehalt meiner Religiosität geschlossen.“

„Gabriele starb, und von ihrem Grabe
„reiste ich mit schmerzerfüllter Seele nach Frank-
„reich. Zu Grenoble glaubte ich das Wehen
„ihres Geistes in der unschuldigen Lodovica
„wieder zu empfinden; aber bald vergaß ich
„diese sowohl als jene zu Paris, wo ich eine
„ganz andere Liebe kennen lernte. Diese belohn-
„te meine Sonnetten, Madrigale und Balladen
„mit Genüssen anderer Art, und befreyete mich
„für die Aufopferung meiner Unschuld von dem
„Zwange, dessen Bande früher mich doch mehr,
„als meine jetzige Freyheit, beglücket hatten. Vor-
„mahls war Frohsinn und Ruhe im Innersten
„meines Wesens, in der Vorhalle desselben nur
„schwaches Verlangen nach etwas Unbekann-
„tem, bloß dunkel geahndetem; nachmahls trat
„dieß verborgene Ziel in immer reizendern Ge-
„stalten aus seiner Dämmerung hervor, das seh-

„nende' Verlangen ward stürmische Begierde,
„und jede Befriedigung derselben nährte die ent-
„brannte Kriegesflamme, die weiter um sich grei-
„fend, den Frieden meines Herzens bald ganz
„zerstörte. Unter dem Rausche der Sinnenlust
„verschwand der Zauber der Schwärmerey und
„mit ihm so gar der matte Schein des Ewigen,
„der doch bisweilen in meinen äußern Andachts-
„übungen das Auge meines Geistes ergetzet hatte.‟

„Je deutlicher meine Selbstentzweyung im
„Gemüthe sich mir ankündigte, desto thätiger ar-
„beitete mein Verstand, sich über die Ursachen
„und Wirkungen derselben hinweg zu klügeln.
„Das sittliche Gefühl, das nie mit Kraft in mir
„erwachet war, erlosch völlig, und die hinfälli-
„gen Schranken des Bösen, den Wortglauben
„und die Höllenfurcht, zu durchbrechen, war der
„Leidenschaft ganz leichtes Spiel. Ich strebte in
„meiner Selbstvernichtung nach Gründlichkeit,
„und die Schriften der Engländer, Collins,
„Woolston und Tindal, täuschten mich mit
„einem Schimmer, in dem ich mir als philoso-
„phischer Freydenker vortrefflich gefiel. Nichts
„scheuete ich mehr, als in mich selbst hinein zu
„blik-

„blicken; darum suchte ich meine Aufmerksam=
„keit, ohne Unterlaß, an äußere Gegenstände zu
„heften und meinen Geist in anstrengender Be=
„schäftigung zu erhalten; so ward ich in Gesell=
„schaften ein lästiger Beobachter, und in der Ein=
„samkeit ein eifriger Gelehrter. Ich glaubte die
„Menschen zu kennen, weil ich im dunkeln Be=
„wußtseyn meiner eigenen Verderbtheit die Fer=
„tigkeit erlanget hatte, selbst ihren edelsten Hand=
„lungen die Triebfeder des niedrigsten Eigennut=
„zes unterzuschieben; ich wähnte in den Geist der
„Alten eingedrungen zu seyn, indem ich nur die
„Bedeutung ihrer Worte verstand, und die ver=
„borgensten Geheimnisse der Welterscheinungen
„durchschauet zu haben, weil ich wußte, was
„zu allen Zeiten geschehen, oder erzählet wor=
„den war.“

„In Spanien ging es anders. Sinnenge=
„nuß und Aberglaube waren dort die Gränz=
„puncte, in welchen sich die Lebenskraft derjeni=
„gen bewegte, in deren Kreise ich zuerst durch
„meine Wahl gerathen war. An dem letztern
„konnte ich nicht mehr ruhen, den erstern mach=
„ten mir endlich Sättigung, Ekel und Ueberdruß

P

„verhaßt. Aufgeschreckt dadurch und auf mich
„selbst zurückgeführt, suchte ich Zuflucht bey den
„Bessern, deren Anzahl mich überraschte; allein
„bey diesen galt nur das kindliche Gemüth, nicht
„eitler Weltsinn, ein warmes, zartfühlendes Herz,
„nicht grübelnder Verstand, Glaube, nicht Ge-
„lehrsamkeit, redliche Gesinnungen, nicht artige
„Manieren; kurz, alles, was mir fehlte: in ih-
„nen fand ich eine Menge Richter, statt des Ei-
„nen, dessen Verdammung ich in meinem In-
„nern entfliehen wollte. Ihre Verachtung ver-
„wies mich aus ihrem Lande, und das bittere Ge-
„fühl, sie verdient zu haben, erweckte in mir wie-
„der das Andenken an Gabriele und an ihr
„holdes Ebenbild, Lodovica."

„Wie diese reine Seele die Meinige wur-
„de, hast du bereits gehört; doch nicht so bald
„konnte auch ich der Ihrige werden, denn sie
„war fromm, ich gottlos; und Klugheit war es
„nur und Leidenschaft, nicht Liebe, daß ich ihres
„andächtigen Sinnes schonte, meine Nichtigkeit
„vor ihr verbergend. Weit schwerer ward mir
„dieß im Meaner-Thale vor Bonnevalls
„Scharfblick, und bey der Feinheit, womit er

„mir durchaus begegnete, gerieth ich bald in Ver-
„zweiflung an der Möglichkeit, vor ihm mich zu
„verstellen.“

„Auf einer Wanderung nach Noválese
„entdeckte ich ihm aufrichtig meine innere Zer-
„rüttung, die ich damahls noch so gern für hö-
„here Weisheit gehalten hätte. Mit ruhiger Theil-
„nahme hörte er mich an, und auf alles, was
„ich als ausgemacht behaupten wollte; erwie-
„derte er bloß: so lange diese Denkungsart, diese
„Gesinnung, diese Wahrscheinlichkeit mich beru-
„higte, geziemete es ihm nicht, dagegen zu strei-
„ten, und schonend wollte er des Freundes Mei-
„nung ehren, selbst wenn sie der seinigen entge-
„gen gesetzt wäre. Bisweilen bath ich ihn, vom
„Gegentheile mich zu überzeugen; entweder weil
„sich wirklich ein geheimer Drang nach dem Bes-
„sern in mir geregt hatte, oder weil ich wünsch-
„te, durch den Widerspruch gegen seine Gründe
„mich auf meinem Standpuncte zu befestigen;
„allein auch dieß verweigerte er, mit der Bemer-
„kung, daß kein Mensch den andern von irgend
„einer Wahrheit, die außer dem Gebiethe der Er-
„fahrung läge, überzeugen könnte, und die Ge-

P 2

„genstände, über die wir sprächen, überhaupt
„nicht durch Begriffe sich beleuchten, noch durch
„Schlüsse sich erörtern ließen; sondern sich von
„selbst mit Macht und Klarheit dem Geiste of=
„fenbaren müßten. Desto geschickter griff er mich
„dort an, wo ich am sichersten zu fassen war,
„bey meiner Lust, das verschiedene Thun und
„Treiben der Menschen zu beobachten."

„Nur Ein Mahl durfte er mich einladen, ihm
„auf seinen Wallfahrten nach der Carthause zu
„C o l e g n o oder in die Thäler von L u c e r n a,
„P e r o u s e und S a n M a r t i n o, wo die Wal=
„d e n s e r in Unschuld und Einfalt ihres Herzens
„dem Ewigen dienen, zu begleiten; in der Folge
„both ich mich ihm jedes Mahl selbst zum Ge=
„fährten an. Alles, was ich dort sah und hörte,
„war mir neu und überraschend; äußerte ich an=
„fänglich einen leisen Spott über die besondere
„Lebensweise jener Vertrauten des Himmels, oder
„über die strenge Zucht der gottseligen Thalbe=
„wohner, so beschämte er mich durch einen ern=
„sten Blick und ein bedeutendes Schweigen, das
„seine Wirkung nie verfehlte, weil ich den Um=
„fang, und die Klarheit, und die Tiefe seines

„Geiftes anerkennen mußte. Wollte ich meine ein-
„feitige Anficht von den Dingen vor ihm geltend
„machen, fo ftellte er befcheiden feine mehr um-
„faffende dagegen, und überließ es mir, ob, wie
„und wann ich fie mir aneignen könnte."

„Auf diefe Weife ward ich nach und nach
„verleitet, die Erfcheinungen mit mehr Aufmerk-
„famkeit, und endlich auch mit Wohlgefallen zu
„betrachten. Ich entdeckte unter den Einfamen
„zu Colegno Kunftgeweihte, deren Werke vor-
„her nie empfundene Ahndungen in mir etweck-
„ten, und Gelehrte, wie ich fie im Getümmel gro-
„ßer Städte nie gefunden hatte. Ich bemerkte
„unter den Gläubigen in den Thälern eine Ein-
„tracht in ihren friedlichen Hütten, eine Frey-
„müthigkeit und Wahrheit in ihrem Betragen,
„eine Reinigkeit und Einfalt in den Sitten, eine
„Gleichmuth und Seelenruhe in allen Lagen und
„Verhältniffen, woran fich die anmuthigen Bil-
„der des goldenen Zeitalters, an welchen ich in
„den Tagen meiner Unfchuld mich fo oft erfreuet
„hatte, in meinem entzweyeten Gemüthe wieder
„erneuern konnten. An ihnen erhob fich das
„fchlummernde Gefühl der Liebe für meine Lo-

„dovica über die Leidenschaft, und aus ihm er=
„gossen sich neue Reize über die Gegenstände mei=
„ner Achtung und meines Wohlgefallens. Da=
„durch ging der Sinn mir auf für einen Glau=
„ben, der im Gemüthe lebte, nicht auf Gründe
„des Verstandes gebauet wäre; für eine Liebe,
„welche, das Herz mit unaussprechlicher Selig=
„keit erfüllend, der äußern Formen nur zu ihrer
„Selbstanschauung bedürfte; für eine Gottse=
„ligkeit, die, nicht die Handlungsweise der Men=
„schen bestimmend, sondern sie nur leitend und
„sein ganzes Wesen verklärend, selbst in den selt=
„samsten Erfindungen des Mönch = und Kirchen=
„thumes das Heilige und Göttliche zu erschauen
„wüßte. Ein sicheres Merkmahl meines wie=
„der erwachenden bessern Selbst war mir die
„Sehnsucht nach meinem Vater und nach dem
„Vaterlande. Alfonso's Wünsche kamen mir
„entgegen, ich sah die Sonne wieder über Cor=
„sica's Berge herauf steigen, ich wallte wieder
„unter den frohen Erinnerungen meiner Kindheit
„an den Ufern der Prünella, ich befand mich zu
„Soparella wieder in einer Welt der Ruhe, der
„Kindlichkeit und Glückseligkeit, und ward selbst

„mit jedem Tage in ihr kindlicher, ruhiger und
„glücklicher."

„So blieb es bis zu der angst = und wonne=
„vollen Stunde, in welcher du das Tageslicht
„erblicktest; da ward auch ich beseelt von einem
„neuen Geiste, der ewigen Welt geboren, und
„im Hochgefühl meines bessern Seyns schloß ich
„dich freudetrunken in meine Arme, sank unwill=
„kührlich vor Lodovica auf meine Knie hin
„und rief, daß alle Welten es vernehmen moch=
„ten: „„Renato, es ist ein Gott!"" — „Dieß
„war das erste wahre Gebeth in meinem Leben,
„und das erhabenste, das je aus meinem Herzen
„in Worte überging."

Indem er nun ein Miniatur=Gemählde her=
vor zog und es dem Sohne reichte, sprach er wei=
ter: „So war's wie du's hier siehst; der Anblick
„dieses Bildes hat oft das Andenken jener Stun=
„de in mir verstärkt und mein Gemüth zu dem,
„der ist, erhoben, wenn das Geräusch der Welt
„oder die Macht der Leidenschaft mich mir selbst
„entreißen wollte: du magst es als Urkunde mei=
„ner Erhebung zum echten Geistesadel hinfort
„bewahren." —

„Jetzt erst war auch der heilige Bund der
„Freundschaft zwischen mir und Bonnevall
„vollendet und für die Ewigkeit befestigt; wir
„waren eins im Glauben und in der Liebe, ob-
„gleich der Gegenstand, den wir damit umfaß=
„ten, in meinem Geiste anders als in dem seini=
„gen sich abbildete. Ihm war es gegeben, in
„hohem Fluge, licht und hell, in das Unendliche
„hinein zu schauen und in der Idee einer Weis=
„heit, die alles ergründet und erkennt, alles um=
„schließt und ordnet, das Geheimniß alles wirk=
„lichen Seyns und scheinbaren Werdens zu ent=
„decken; ich konnte und wollte nur glaubend
„mich bewegen in den Geleisen, welche jene Weis=
„heit in der Stufenleiter des Sichtbaren und in
„den Ideen vom Unsichtbaren mir vorgezeich=
„net hat. Nur ein Fortschreiten des Vergäng=
„lichen zu dem Ewigen, nur eine Kraft, die
„Welt an Welten bindet, und in ihrer höch=
„sten Persönlichkeit zugleich der reinste Verstand
„und das heiligste Gemüth, die Fülle alles Lich=
„tes und aller Liebe ist, konnte m e i n e m Gei=
„ste die Quellen der himmlischen Erkenntniß
„aufschließen und die Sehnsucht meines lieben=

„den Herzens nach der Nähe des Heiligen be»
„friedigen."

„Die Gottheit, welche Bonneval in Ehr»
„furcht anbethet, ist ein ewiger, heiliger Wille,
„aus dem alles, was wir Vernunft oder Gesin»
„nung nennen, ausgegangen ist und das in ihm
„wieder untergehen muß. In seiner Idee ist das
„Leben und Wirken dieses allmächtigen Willens
„das eigentliche wahre Leben des Sohnes der
„Unsterblichkeit, der, mit einer irdischen Hülle
„umgeben, in dem Lande des Glaubens für die
„Welt des Schauens und Wissens sich nur vor»
„bereiten soll. Durch die Stimme des Gewissens
„kündiget sich ihm jener unendliche Wille in der
„Majestät des ewigen Gesetzes an, die nothwen»
„dige und unbedingte Anerkennung derselben ist
„der Grund seiner Persönlichkeit, der wesentliche
„Bestandtheil seines reinen Seyns, die wahre
„Freyheit seines endlichen Willens, und die da»
„durch erzeugte Liebe zum Guten, als unmittel»
„barer Wirkung des göttlichen Willens, der höch»
„ste Aufschwung seiner Andacht und Religiosität.
„Meinem jugendlich wieder auflebenden Ge»
„müthe fehlte die Kraft, und sie fehlt ihm noch,

„sich zu dem klaren Ideen=Himmel Bonnevalls
„empor zu schwingen; in seinem, mehr poetischen
„als philosophischen Auffluge erblickte es ein er=
„stes, in und für sich bestehendes, über Natur
„und Menschheit unendlich erhabnes Wesen, ei=
„nen persönlichen, aus seiner eigenthümlichen Un=
„endlichkeit das Endliche frey schaffenden Geist,
„eine wesenhafte, mit Willen und Vernunft, mit
„Liebe und Erkenntniß begabte Einheit. In der
„gläubigen Erhebung zu diesem Gotte entwickel=
„te sich meine Vernünftigkeit und Freyheit; in
„seiner andächtigen Beschauung und ehrfurchts=
„vollen Anerkennung bemächtigte sich die All=
„macht der Religion meines Herzens, erfüllte es
„mit der Salbung der Gnade und entzündete in
„ihm die heilige Flamme einer ewigen Liebe. In
„ihrem Lichte entdeckte ich die Mittel, wodurch
„ich meine Vaterpflicht an dir erfüllen, und dem
„armen, von seiner Mutter getrennten, Kinde
„auch ihre Stelle ersetzen konnte.‟

Von Bonnevalls und Anselmo's religiösem Standpuncte ganz verschieden, doch beyde in sich aufnehmend und vereinigend, war der Standpunct, von welchem aus Peraldi das Denken und das Seyn, das Ideale und das Wirkliche, das Unendliche und das Endliche, in der Idee der unbedingtesten Einheit, beschauete, als das vollendete Göttliche anbethete, und den kindlichen Glauben zum männlichen Wissen, vermittelst des innern Sinnes, in sich erhöhete. Eben dahin hatte er auch dem Geiste Bonaventura's die erste Richtung gegeben; und deutlich ward der gelehrige Schüler sich derselben jetzt bewußt: allein er war zu fromm, als daß er sich erkühnet hätte, zwischen Bonnevall und seinem Vater zu entscheiden, und den ewigen Willen des Einen, so wie den persönlichen Gott des Andern, nur als einzelne Erscheinungen seiner religiösen Ideen-Welt darzustellen. Er schwieg in Demuth, und Anselmo setzte seine Erzählung, höchst lehrreich für ihn, fort.

„Alle Briefe, die du während deiner Reise „an Peraldi geschrieben hast, habe ich gelesen,

„jeder war für mich eine Quelle der Freude und
„des Trostes; nur der eine, in welchem du, von
„der sonderbaren Bekehrungsweise des heiligen
„Augustinus betroffen; deine Angst schilder=
„test, und weil du nicht so, wie er, durch ein
„Wunder der siegenden Gnade in deinem gan=
„zen Wesen umgeschaffen wurdest, dich gleich=
„sam selbst vernichtetest, erfüllte mich mit bitte=
„rer Wehmuth. Noch fehlte dir die Kunde von
„der Art und Weise, nach welcher ich dich in Got=
„tes Garten zur gesunden Blume erzogen und
„vor dem Reife des Weltverderbens, so wie vor
„dem Brande einer innern Selbstentzweyung ge=
„sichert habe; wie gut ich die Kraft des Samens
„kannte, den meine Pflege frühzeitig in dir kei=
„men lassen wollte, wohl wissend, daß auf dem
„unversehrten, in dem Boden reiner Unschuld
„aufgewachsenen, Stamme die edeln Reiser des
„Wahren, Guten und Schönen weit sicherer ge=
„deihen, als auf einem Stocke, welcher vor=
„her allen Stürmen und Verletzungen des La=
„sters Preis gegeben war. Diese Kunde will
„ich dir jetzt ertheilen, denn Bedürfniß ist es
„dem Guten, in dem Bewußtseyn dessen, was

„er ist, auch zu beschauen, wie er es gewor=
„den sey."

„Von dem Augenblicke deiner Geburt an stu=
„dierte ich nichts eifriger, als die Geschichte mei=
„ner eigenen Verirrungen, und ich fand die ur=
„sprüngliche Quelle derselben in der Verwahrlo=
„sung meines Gemüthes in der Kindheit. Da
„Aeltern, Lehrer und Schulen durch die Beybrin=
„gung ihrer eigenthümlichen Vorstellungen und
„Begriffe meine eigene Thätigkeit und den mir
„eigenen Anschauungstrieb erstickt, und meine
„Erkenntniß immer nur durch das Einzelne be=
„gränzt hatten, so mußte ich in mir zu einer völ=
„ligen Gemüthlosigkeit herab sinken, und außer
„mir, in der Religion zur oberflächlichen Frey=
„denkerey, in der Moral zur kleinlichen Selbst=
„sucht, in dem gesellschaftlichen Leben zur eigen=
„nützigen Klugheit hingetrieben werden. Dieses
„Unglück wollte ich von dir abwenden. In der
„aufmerksamen Betrachtung meines Zustandes
„nach meiner glücklichen Wiedergeburt war mir
„das Streben meines Geistes, in der Auffassung
„der Dinge seine wissenschaftliche und idealische,
„religiöse und moralische Richtung zu vereinigen,

„dem Erkannten sich auch hinzugeben, seine An-
„schauung zur Begeisterung und seine Erkennt-
„niß zur Liebe zu erhöhen, klar geworden. Dar-
„aus schloß ich auf eine ursprüngliche Einheit des
„echt-wissenschaftlichen und religiösen Sinnes,
„der Verstandes- und Gemüthsbildung. Zuver-
„sichtlich setzte ich sodann die Möglichkeit voraus,
„daß sich schon in der Seele des Kindes die Em-
„pfänglichkeit und die Thätigkeit für das Wah-
„re, Schöne, Heilige und Gute bis auf einen ge-
„wissen Grad entwickeln, bilden und verstärken
„ließe. Meine Voraussetzung bestätigte sich in
„der, an mir selbst bewährten Bemerkung: daß
„der richtige Verstand überall nur der Spiegel
„des Gemüthes sey, und jener bloß durch dieses
„wahrhaft aufgekläret, keinesweges aber das
„Gemüth erst durch den Verstand gebildet wer-
„den könne. Ich suchte weiter in mir und fand,
„daß das ganze Geschäft der Gemüthsentwicke-
„lung sich in die Erregung des Anschauungssin-
„nes, der Bildungskraft und des Gefühls der
„Liebe auflöse; die Bildung des Verstandes hin-
„gegen, bloß in der Erweckung und Steigerung
„der Thätigkeit bestehe, mit welcher er aus dem

„Gemüthe den Wiederschein der ewigen Geſetze
„der Dinge und der unvergänglichen Ideen in
„ſich aufnehmen, das Unermeßliche deſſelben
„ſelbſtſtändig durch Begriffe begränzen, und in
„ſeiner freyen Welterkenntniß nur das Unbeding-
„te und ewig Feſte darſtellen ſoll. Und hiermit
„hatte ich den Schlüſſel zu dem Räthſel, welches
„mir mit meiner Pflicht an dir aufgegeben war."

„Die Annäherung zu der wirklichen Löſung
„deſſelben ward mir leicht, denn in allem unter-
„ſtützte mich Lodovica mit unermüdeter Thä-
„tigkeit und gänzlicher Hingebung. Sobald wir
„die erſten Spuren der Achtſamkeit an dir be-
„merkt hatten, kamſt du nicht mehr aus meiner
„oder ihrer Aufſicht; unſer Spielen mit dir be-
„ſtand lediglich darin, daß wir deine Aufmerk-
„ſamkeit auf lauter gefällige, beſtimmte und in
„ſich vollendete Gegenſtände leiteten und ſo lange
„es möglich war, dabey erhielten. Dadurch er-
„langten wir, daß in der Folge die Vorzeigung
„eines Bildes, oder das Spiel der Mutter auf
„dem Inſtrumente ſelbſt dein Geſchrey über kör-
„perliche Wehen augenblicklich ſtillte. Die kleinen
„Dienſte, deren Leiſtung Lodovica ſich nur

„ſelten nehmen ließ, belohnteſt du ſehr bald mit
„holdem Lächeln; in ihm erkannten wir die er=
„ſten Regungen des liebenden Gefühls, und mit
„angeſtrengter Sorgfalt vermieden wir, durch
„Merkmahle des Unwillens oder der Ungeduld,
„ſie zu ſchwächen. Deine Bedürfniſſe und Wün=
„ſche ſuchten wir zu errathen und ihnen zuvor
„zu kommen, damit die Begehrlichkeit in dir früh=
„zeitig eingeſchränkt würde: alles, was du ver=
„langteſt, ward dir gereicht; aber unerſchöpflich
„war zugleich die Kunſt der Mutter, dir zu ent=
„rücken, was du nicht begehren ſollteſt, und was
„dir nur auf Koſten des Gefühls der Liebe ver=
„weigert werden könnte. Alles, woran ſie in dei=
„ner Gegenwart arbeitete, behandelte ſie mit den
„anſprechendſten Zeichen der Achtſamkeit und
„Sorgfalt, um deine Anlage zur Bildungskraft
„vor den Einwirkungen der Zerſtörungsſucht zu
„bewahren und den edlern Formungstrieb in dir
„anzuregen.“

„Da wir uns fleißig in Worten mit dir unter=
„hielten, und zugleich die Bedeutung derſelben
„in unſern Mienen und Gebehrden dir bezeich=
„neten, ſo lernteſt du auch ſehr zeitig ſprechen,
„doch

„doch nicht dem Zufalle überließen wir die wei-
„tere Ausbildung dieses wirksamen Mittels zu
„unserm Zwecke; anhaltend übten wir dich in der
„Richtigkeit, so wohl des Ausdruckes als der Aus-
„sprache, und wo wir es vermochten, gaben wir
„auch deiner Vorstellung durch Vorzeigung des
„Bildes oder des Gegenstandes Bestimmtheit,
„Deutlichkeit und Leben. Dein Spielgeräth war
„so gewählt, daß es zum Mittel diente, die An-
„schauungen des Raumes und der Zeit in deiner
„Seele aufzuhellen und zugleich den Verwand-
„lungs- und Gestaltungstrieb ergetzend zu be-
„schäftigen; nichts durfte dir gereicht werden,
„was du verwüsten oder zerbrechen konntest. Al-
„le Hausgenossen, die Kinder von Sovarel-
„la und die Bettler der ganzen Pieve mußten
„dir durch unsere geheime Vermittelung allerley
„Freuden machen, und deine Fürbitte war wie-
„derhin die Bedingung alles Guten, das wir ih-
„nen erzeigten. Was wir als das dir Liebste
„kannten, oder was du am eifrigsten begehrtest,
„erlangtest du nie ehe für dich, als bis du es
„vorher aus unsern Händen andern Kindern ge-
„geben, oder mit ihnen getheilet hattest: das

Q

„Allgemeine, das in diesem Verfahren lag,
„sprachen wir nie aus, wofür wir das Vergnü-
„gen ernteten, daß du es selbstthätig und als
„dein Eigenes fandest: von uns erhieltest du nur
„Befehle, die Regel sollte durchaus das Er-
„zeugniß deines Geistes werden.“

„Es war ausgemacht bey mir, daß das
„Wunderbare das eigenthümliche Element
„der Kindheit sey; anstatt den Sinn für dasselbe
„durch verständige Redensarten in dir zu unter-
„drücken, pflegten und nährten wir ihn vielmehr
„dadurch, daß wir uns selbst zu Kindern mach-
„ten, und in deinen Jubel über die Wunderdin-
„ge einstimmten, womit wir dich nicht selten über-
„raschten. Auf diese Weise warst du schon in
„deinem vierten Jahre bekannt und vertraut mit
„einem unsichtbaren Vater und einer unsichtba-
„ren Mutter, mit einer Menge unsichtbarer Kin-
„der, und besonders mit dem schönen, himmli-
„schen Kinde Jesus, welche sämmtlich im Fun-
„keln der Sterne dich anlächelten, im Säuseln
„des Windes und im Rieseln des Baches dich an-
„sprachen, in meinen Bildern dir erschienen, im
„Gesange der Vögel dein gutes Verhalten lob-

„ten, durch meinen optischen und physikalischen
„Apparat in mancherley Kunststücken mit dir
„spielten; von den Bäumen dir Früchte und von
„ihren Blumen Kränze schenkten; die dich liebten
„wie wir; und deren Liebe du durch zarte Be-
„handlung der Dinge, welche sie dir gaben, dank-
„bar erwiedertest.“

„Jetzt kam Giulia, Lodovica's ver-
„waiste Base in Sovarella bey uns an; sie war
„mit deiner Mutter von gleichem Alter, durch
„ihre vorzügliche Geistesbildung und Herzens-
„unschuld würdig, daß wir die Verwaltung un-
„seres heiligsten Geschäftes mit ihr theilten. Mit
„deinem fünften Jahre begann auch dein förm-
„licher Unterricht. Alles, was du von weiblichen
„Wesen lernen konntest, solltest du auch nur von
„ihnen lernen, weil sie, zärter als der Mann ge-
„bildet, die Dinge mehr mit dem Gemüthe als
„mit dem Verstande ergreifen und behandeln.
„Nicht zum Gelehrten, nicht zum Künstler, son-
„dern zum gemüthvollen Menschen wollte ich dich
„erziehen; liebend also und durch Liebe solltest
„du dir eigen machen, was andern Kindern in
„der Regel, nur durch Ernst und Schärfe, durch

„Furcht und Anstrengung, das ist, auf Kosten
„des Gemüthes beygebracht wird. Unter der
„sanften, immer freundlichen Anleitung deiner
„Mutter lerntest du lesen, von Giulia erhieltest
„du die erste Anweisung in der Musik der Töne
„und den Zahlen; die Lust zu dem Zeichnen kam
„dir in meinen Armen, in welchen du nie ange-
„nehmer dich unterhalten fühltest, als wenn ich
„dir die unsichtbaren Himmelskinder, die Spen-
„der deiner Lebensfreuden, vorzeichnete. Deine
„ersten Versuche bestimmten mich, dir zu Siena
„von Giovanni Sorbi ordentlichen Unter-
„richt ertheilen zu lassen.“

„So weit waren wir mit dir gekommen, als
„der Ausspruch des kirchlichen Oberhauptes Lo-
„dovica von meiner Seite riß. Der Aufenthalt
„in der Stadt ward mir nun unerträglich. Ich
„kaufte daher ein Grundstück im Thale bey Cer-
„taldo, welches ich nach meiner melancholischen
„Gemüthsstimmung einrichten, und wo auch
„Bonneval sich eine Einsiedeley erbauen
„konnte; dort beschränkte ich mich lediglich auf
„meine Pflicht gegen dich. Das Zeichnen erleich-
„terte dir das Schreiben, und indem ich dich an-

„fänglich nur die buntgemahlten Buchstaben aus
„alten Handschriften nachbilden ließ, erwachte
„in dir auch die Lust zum Mahlen, worin Gio=
„vanna Fratellini deine Lehrerinn ward,
„sobald du Sorbi's Unterweisung entbehren
„konntest."

„Dein siebentes Jahr verlebtest du größten
„Theils in meiner Gesellschaft und unter meiner
„unmittelbaren Aufsicht; es war für meine Kunst
„das wichtigste, denn in deinen häufig wieder=
„hohlten Fragen über den Ursprung der Sonne
„und des Mondes, über den Geist, der sie be=
„wegt, über die Beschäftigung der Kinder und
„Knaben, die in den Sternen wohnen, über die
„Bedeutung der großen Blicke und der gewalti=
„gen Sprache des unsichtbaren Vaters in den
„Blitzen und in dem Donner, über den Sinn des
„lieblichen Lispelns der unsichtbaren Mutter im
„Gesäusel des Abendwindes, gewahrte ich in dir
„den Uebergang vom Anschauen zum Denken,
„vom Empfinden zum Fühlen, vom spielenden
„Auffassen zum freyen Bilden. Es schien mir ho=
„he Zeit, dich nun selbst aus einer zusammenhan=
„genden Darstellung der auffallendsten Natur=

„erſcheinungen den Stoff für d e i n e Religioſität
„und d e i n e Welterkenntniß ſammeln zu laſſen,
„und dabey nur darüber zu wachen, daß nir-
„gends dein Verſtand dem Gemüthe voreilete,
„und jener, mit Umkehrung der natürlichen Ord-
„nung, nichts durch Begriffe zuſammen ſetzte,
„was dieſem nicht vorher in der Idee vorgeleuch-
„tet hätte.“

„An deinem achten Geburtstage gab ich dir
„die heilige Kunde: daß der unſichtbare Vater
„und Schöpfer aller ſichtbaren und unſichtbaren
„Welten einſt zu den Menſchen geſprochen, und
„als dieſe ſeine Worte theils vergeſſen, theils nicht
„mehr verſtanden hatten, ſeinen geliebten Sohn
„Jeſu zu ihnen geſandt habe. Dieſer ſey, als Geiſt
„der Menſchheit und Ebenbild Gottes, in menſch-
„licher Geſtalt auf Erden erſchienen, und nach-
„dem er den Menſchen den Willen ſeines und ih-
„res Vaters verkündiget hatte, von den Böſen
„getödtet, in dem Grabe wieder erweckt, und im
„Angeſichte der Guten, die ſeiner Lehre folgend
„an ihn glaubten, in unvergänglicher Glorie zu
„ſeinem Vater aufgenommen worden. Bey aller
„Einfachheit meiner Erzählung konnte ich ſie doch

„nicht oft genug dir wiederhohlen; sie beschäf-
„tigte dich Tag und Nacht, du verlangtest, bit-
„tend und flehend, von den Worten des unsicht-
„baren Vaters und seines Sohnes etwas zu er-
„fahren, und gerade das war es, was ich wünsch-
„te. Ich legte dir die Begebenheiten der Mosai-
„schen Urwelt, die Geschichte und die vorzügli-
„chen Mythen der Aegyptier, Hebräer, Griechen
„und Römer, und die ganze Lebensgeschichte Je-
„su in Bildern vor; allein das konnte dich nur
„einige Wochen unterhalten, nicht befriedigen;
„denn es war Stoff, welchen du so, wie er be-
„reits gebildet war, in dich aufnehmen muß-
„test, ihn nicht mehr selbstthätig gestalten konn-
„test. Deine Neigung zu dem letztern bemerkend
„und achtend, fing ich an, das erste Buch Mo-
„sis mit dir zu lesen, darauf ließ ich einige aus-
„erlesene Abschnitte aus Salomo's Sprüchen und
„aus dem Buche Jesus Sirach mit einigen Psal-
„men folgen, schloß mit dem Evangelium Jo-
„annis, und erfüllte dann mit Freuden deinen
„Wunsch, der mich aufforderte, alles dieß noch
„Ein Mahl mit dir durchzugehen, und dich län-
„ger an der Wiege der Schöpfung, in dem Pa-

„radiese, in der Arche des Heils, in der Gesell-
„schaft der Altväter, bey dem letzten Abendmahle
„des göttlichen Sohnes, und bey seinen Lieben
„unter dem Kreuze verweilen zu lassen."

„Dabey stellte ich jedes Mahl die Hauptbe-
„gebenheit in Kupferstichen von den vortrefflich-
„sten Kunstwerken vor dir auf, und mit frohem
„Herzen unterhielt ich die Begeisterung, wovon
„ich dich in der Betrachtung der schönen, großen
„und erhabenen Schöpfungen des Raphael,
„Michelangelo, Vanni, Guercino, Cor-
„reggio und Dominichino durchdrungen
„sah. Um deinem Gemüthe auch hierbey die Herr-
„schaft über den Verstand zu erweitern und zu
„sichern, nahm ich noch die Dichtkunst zu Hülfe
„und zeigte dir das, was die Bibel nur einfach,
„kräftig und kurz für das gläubige Herz aus-
„spricht, auch in den Gestalten, womit es die
„Geweihten der Kunst, Dante, Tasso, Mil-
„ton und Tansillo, für die Phantasie beklei-
„det hatten. Der Genuß, womit diese Beschäfti-
„gung dich belohnte, reizte dein Verlangen nach
„neuen Quellen desselben; ich versicherte sie dir
„in der Lateinischen, Französischen, und am reich-

„lichsten, in der Spanischen Sprache; und dieß
„war genug, um dich zu dem trocknen Studium
„der Grammatik anzulocken. Ich behandelte das-
„selbe als eine Logik und Psychologie, und er-
„hielt dabey deinen Verstand in anhaltender
„Thätigkeit, ohne in der Pflege deines Gemüthes
„irgend etwas zu versäumen.‟

„So lange du unter meiner Leitung dich be-
„fandest, verschonte ich dich mit moralischen For-
„meln und Katechismus-Lehren; durch Autori-
„tät und Beyspiel, durch Gehorsam und eigene
„Erfahrungen gewöhnte ich dich zu dem Guten,
„das du thun und erkennen solltest: deinen Sinn
„für Religiosität konnte und wollte ich nur wek-
„ken; ihn zur höhern Erleuchtung vorbereiten,
„mußte das Geschäft eines erfahrnern und wei-
„sern Lehrers bleiben. Ihm geziemte es auch,
„nach seiner Kenntniß von dir, zu bestimmen, was
„und wie viel von der Kirchenlehre, und in wel-
„chen Formen es deinem Geiste frommen dürfte.
„Ich that das Meinige, indem ich nicht dein
„Gedächtniß mit heiligen Lehren anfüllte, son-
„dern dein Herz durch die Beyspiele der Heiligen
„rührte, und deiner Phantasie Mythen und Sym-

„bole vorhielt, in welchen sich die Anschauungen
„und Ideen deiner Vernunft spiegeln konnten.
„Der Lauf der Gestirne, der Wechsel der Jah:
„reszeiten, das Farbenspiel und der Duft der
„Blumen, die Blüthen der Bäume, der Gesang
„der Vögel und das Rauschen des Baches, dieß
„waren die Prediger, zu welchen ich dich führte,
„damit sie dir die Herrlichkeit Gottes und dein
„ewiges Fortschreiten verkündigten. Ich ließ dich
„den Schöpfer und Vater der sichtbaren Natur
„in seiner schönen Weltschöpfung betrachten, be:
„wundern und lieben, damit du in der Folge um
„so sicherer den Gott der unsichtbaren Welt in dei:
„nem eigenen Wesen finden und erkennen möchtest.
„Ich unterwarf dich rührenden Herzensgebothen,
„damit du in Zukunft das drückende Joch stren:
„ger Pflichtgesetze und kalter Verstandesregeln
„weniger empfändest. So wurdest du fromm,
„andächtig, gottselig und gut, ohne je nach Vor:
„schriften und Weisen gebethet oder gefastet zu
„haben; dein ganzes Leben war Ein unablässi:
„ges Gebeth und die Enthaltsamkeit von dem
„Bösen war dir zur Natur geworden.‟
   „Bey unserer Auswanderung aus Corsica

„hatte mir Peraldi das Wort gegeben, nach
„deinem zehnten Jahre dich bey sich aufzuneh=
„men und deinem Geiste das zu leisten, wozu ich
„mich aus Mangel an Zuversicht und Selbstver=
„trauen nicht vermögend fühlte. Da hernach,
„bey dem Besuche des wackern Corsen, Sali=
„cetti, die Schönheit und die Güte seiner Ca=
„milla so tiefen Eindruck auf dich gemacht hat=
„te, daß du vor Sehnsucht nach ihr sogar er=
„kranktest, fing ich an von deiner Reizbarkeit
„noch Schlimmeres für die Zukunft zu befürch=
„ten; sobald du also von deiner Krankheit gene=
„sen warst, wollte ich nicht länger säumen, mei=
„nem Freunde dich zu übergeben. Was er an
„dir gethan, mit welcher Weisheit er deinen Ver=
„stand im Dienste des Gemüthes erhalten, und
„aus den helldunkeln Hallen der Kirche deinen
„Geist der Sonne der Religion entgegen getra=
„gen hat, das steht schön und unauslöschlich in
„deinem ganzen Wesen abgebildet, und ich habe
„es kurz vor meinem Abschiede von der Welt mit
„Freude und mit Dank gegen den Ewigen wahr=
„genommen. Ohne weitere Besorgniß für dein
„Heil verließ ich zum letzten Mahle Pisa, um

„endlich auch für mich die höchſte Weihe des Le=
„bens in anhaltender Beſchauung des Göttli=
„chen zu ſuchen.

———————

Bonaventura äußerte nun den Wunſch,
auch von den nähern Beweggründen dieſer Zu=
rückziehung und ihrer Verheimlichung vor ihm,
Kenntniß zu erlangen, worauf Anſelmo Fol=
gendes erwiederte:

„Mit dir war alles, was die Leiden meines
„wunden Herzens ſo oft gelindert hatte, aus
„meinem Kreiſe geſchieden, die Welt ſchien mir
„ein Kirchhof, die Geſellſchaft eine Verſamm=
„lung der Todten, welche, aufgeſchreckt aus ih=
„ren Gräbern, ihren alten Schlaf nicht mehr fin=
„den und zu einem neuen Seyn noch lange nicht
„erwachen konnten.“

„Nachdem ich in Rom mit der Schöpferinn
„meiner Lebensfreuden das Urtheil unſerer Tren=
„nung empfangen hatte, war ich öfters in das
„Hoſpitium der Camaldulenſer gegangen, um
„mich in dem Gebrauche des Römiſchen Bre=

„viers unterrichten zu laſſen. Dort ſah ich des
„Andrea Sachi heiligen Romualdo, wie er
„eine himmliſche Viſion, die ihm zu Theil gewor=
„den war, ſeinen Jüngern offenbarte. Die Klar=
„heit und Erhabenheit der göttlichen Erleuchtung
„auf dem Antlitze des Heiligen, die andächtige
„Ruhe, die liebende Achtſamkeit und der zuver=
„ſichtliche Glaube in den Mienen und Geberden
„der Schüler, die unerklärbare Magie und My=
„ſtik des ganzen Gemähldes wirkte ſo eindringend
„und ergreifend auf mein Gemüth, daß in dem
„Augenblicke alle Klügeleyen meiner Eigenliebe
„gegen den Ausſpruch des Papſtes verſtummten,
„und die Klagen meines empörten Herzens un=
„ter frommen Ahndungen und Wünſchen, die
„nur die heiligere Pflicht des Vaters nicht deut=
„lich werden ließ, verhallten. Allein ſobald du
„in Peraldi's Händen warſt, erneuerte ſich je=
„ner mächtige Eindruck in meiner Seele; wo ich
„ging und ſtand, wachend und träumend, ſah
„ich nur das begeiſternde Thal von Camal=
„doli vor mir eröffnet, den heiligen Stifter des
„Ordens mir winkend, an ſeiner Seite meine
„verewigte Mutter ihre Arme zu mir ausſtrek=

„fend und um die endliche Erfüllung ihres Ge-
„lübdes mich bittend. Ich reiste in Giulia's Be-
„gleitung nach Rom, um die schon längst dem
„Himmel geweihte Lodovica noch Ein Mahl
„zu besuchen, und ihr meine drängende Unruhe
„zu eröffnen. Die Einzige, an welcher ich mit
„ganzer Seele hing, deren Ausspruch, von dem
„ersten Augenblicke meiner Liebe an, mir Gottes
„Stimme war, erkannte und verehrte in meinem
„Drange des Himmels Ruf. Zwey Männer, die
„ich noch in Corsica als weise, von Gott erleuch-
„tete Priester geachtet hatte, Raffalli und der
„Capuciner Cazaconi träten der Meinung der
„frommen Dulderinn bey; entschlossen, dem
„Rufe zu folgen, kehrte ich zurück und bestell-
„te mein Haus, als wollte ich sterben.“

„Die Sicherung deiner äußern Läge für die
„Zukunft machte es nothwendig, Peraldi und
„Bonnevall dabey zu Rathe zu ziehen. Bey-
„de widersetzten sich meinem Vorhaben mit al-
„lem möglichen Nachdrucke und verkündigten mir
„die Pflicht, dir zum Beyspiele, dem Vaterlan-
„de, dem sich eben damahls neue Aussichten zu
„seiner Befreyung eröffnet hatten, mit patrioti-

„ſcher Anſtrengung meinerKraft, beyzuſtehen. In
„meinem vier und vierzigſten Jahre, geſund und
„ſtark, konnte ich ihren Gründen nichts Gültiges
„entgegen ſetzen, ich ſchiffte mich zu Livorno ein
„und landete zu Bonifacio in dem Augenblicke,
„als der Befehl des Königs von Frankreich, eine
„Vergleichs = Acte mit den Genueſern unbedingt
„und ohne vorhergehende Prüfung anzunehmen,
„die ganze Inſel zum Aufſtande gereizt hatte.“

„Die, leider unter ſich ſelbſt uneinigen, Ober-
„häupter des Volkes waren, Giaccinto Pa-
„oli, mein Oheim, Luca di Ornano, und
„Giafferri, welchen unſere Tyrannen mit Ci-
„accaldi, Aitelli und Raffalli auf Befehl
„des Kaiſers ihres Verhaftes hatten entlaſſen
„müſſen. Ich trat zu dem Heere Paoli's, in
„welchem die edelſten und eifrigſten Verfechter
„unſerer gerechten Sache vereiniget waren. Der
„Heerführer der Franzöſiſchen Hülfs = Truppen,
„Graf Boiſſeux, hatte die gemeſſenſten Befeh-
„le von ſeinem Hofe, die Corſen ihren unwürdi-
„gen Gebiethern zu unterwerfen; aber wir ſchlu-
„gen ihn und brachten ſeine Schaaren in Unord-
„nung, wo ſie ſich zeigten. Zum Unglücke für

„uns, erlaubte ihm seine Kränklichkeit nicht, eine
„entscheidende Schlacht zu wagen; er starb zu
„Bastia und ward durch den Marquis Mail=
„lebois ersetzt, von dessen Klugheit und Ge=
„wandtheit im Unterhandeln wir manche Vor=
„theile zu hoffen, aber von seinen militärischen
„Erfahrungen und Einsichten auch alles Unheil
„zu befürchten hatten: an diesen, so wie an den
„Mitteln, sie wirksam zu machen, war er allen
„unsern Führern überlegen. Vergeblich trotzte
„unser Muth seiner Kunst und seiner Uebermacht;
„mit der blutigen Schlacht bey Lento, welche
„Paoli verlor, war Corsica's Schicksal für dieß
„Mahl wieder entschieden, in Zeit von einem Mo=
„nathe waren die meisten Pieven verheeret und
„unterjocht, Luca di Ornano unterwarf sich
„dem Sieger, von dem er schon früher gewon=
„nen war, Paoli mit seinem jüngern Sohne
„und Giafferri wurden von der Insel verwie=
„sen und traten in die Dienste des Königs von
„Neapel; ich blieb noch ein ganzes Jahr in So=
„varella, um abzuwarten, welche Wendung un=
„ser trauriges Verhängniß nehmen würde.“

„Nach einem neuen Vertrage zwischen Frank=
„reich

„reich und Genua sollte die eine Hälfte der In-
„sel von Franzosen, die andere von Oestreichern
„besetzt werden. Maillebois wurde zurück be-
„rufen. Vor seinem Abzuge machte er Nahmens
„der Republik Genua eine allgemeine Verzeihung
„bekannt, ernannte zwey Corsen zu Bischöfen
„auf der Insel, versprach bey dem Könige einen
„Vergleich zu vermitteln, der von Seiten der
„Genueser allen Bedrückungen, von Seiten der
„Eingebornen allen Beschwerden ein Ende ma-
„chen sollte, und bewirkte, daß der gewesene Do-
„ge, Marchese Spinola, ein rechtschaffener,
„von jeder Partey geachteter Mann, zum Gou-
„verneur der Insel eingesetzt wurde. Bey dem
„allen aber war voraus zu sehen, daß unsere so
„genannten Könige in Genua in ihrer Treulosig-
„keit an keine Verträge sich binden, in ihrer Ver-
„derbtheit Spinola's gerechte Verwaltung
„nicht lange dulden, in ihrer Ohnmacht dem wie-
„der aufgereizten Muthe der Insulaner nur ihre
„alten Künste, Bestechung und Meuchelmord,
„entgegen setzen würden; folglich der Schein
„des Friedens und der Ruhe bald wieder ver-
„schwinden müßte. Darum vereinigten sich zu

R

„einem heiligen Bunde die Guten, welche die Eh-
„re liebten, das Recht achteten, der Freyheit wür-
„dig waren, und sammelten im Verborgenen
„neue Kräfte. An ihrer Spitze standen der Leib-
„arzt Gafforio und der Abbate Venturini,
„jener ein wahrer Brutus, dieser ein neuer
„Thrasybulus."

„Ein Schreiben von Giulia, welche in Rom
„zurück geblieben, und von Lodovica unzer-
„trennlich, in dem Kloster zu San Giuseppe Non-
„ne geworden war, machte mich unfähig, in
„Corsica noch länger zu verweilen und der Stun-
„de des wieder ausbrechenden Sturmes zu har-
„ren. Giulia berichtete mir die Heimkehr Lo-
„dovica's in das Reich der Seligen. Herzer-
„schütternd war für mich die Schilderung ihrer
„letzten Augenblicke, wie sie liebreich meiner und
„deiner gedachte, wie sie wehmuthsvoll wünsch-
„te, daß ich auf meiner Pilgerschaft den mir an-
„gewiesenen Hafen der Ruhe und des Heils nicht
„verfehlte, wie sie zu dem Ewigen um Erleuch-
„tung und Erkenntniß der Nichtigkeit alles Ir-
„dischen für mich flehete. Meine Schuld an Cor-
„sica war abgetragen, meine Pflicht, so weit

„meine Kräfte reichten, erfüllt, ich nahm Ab-
„schied von Freunden und vom Vaterlande, be-
„suchte dich noch Ein Mahl in Pisa und ging
„hierher, um die noch übrigen Stunden meines
„untergehenden Tages der Beschauung und Er-
„kenntniß des Göttlichen ganz zu heiligen.‟

„Immer hatte mein weltkluger Bruder die
„Art und Weise, nach der ich dich erzog, als Thor-
„heit bespöttelt; meine Rückkehr nach Corsica
„betrachtete er als eine zwecklose Wirkung der
„Schwärmerey; er würde meine Flucht nach Ca-
„maldoli für völligen Wahnsinn erkläret ha-
„ben: sie mußte ihm daher ein Geheimniß blei-
„ben, aber nicht vermeiden konnte ich, ihn zum
„Vormunde über dich einzusetzen. Den Fortgang
„deiner Bildung sicherte ich dadurch, daß ich
„über alles, was Carlo mit dir beginnen möch-
„te, unsern Renato zum Wächter bestellte. Von
„ihm erhielt ich die Kunde, daß man dich von
„Peraldi abberufen hatte; deine Bestürzung
„darüber und die Heftigkeit, womit du zu wissen
„verlangtest, was aus mir geworden sey, mach-
„ten es nothwendig und für dich heilsam, daß
„meine Zurückziehung auch dir verhehlet würde.

R 2

„Mein Beyspiel würde dich vielleicht bey deiner
„Unerfahrenheit und bey deiner Neigung zu ei-
„nem stillen, beschaulichen Leben voreilig zu
„Schritten verleitet haben, welche dich dir selbst
„und dem Vaterlande entführet hätten; nur mit
„Anstrengung deiner ganzen Kraft ihm dienend,
„wirst du deiner Vollendung dich nähern. Auch
„war es gut, in der Seele des Jünglings, den
„man aus dem Schooße eines Weisen plötzlich
„in das betäubende Geräusch der großen Welt
„hinaus getrieben hatte, das sehnende Andenken
„an einen geliebten Vater zu erhalten, und das-
„selbe durch die Ungewißheit von seinem Schick-
„sale bis zur elegischen Schwärmerey zu verstär-
„ken. Den Entschluß meines Bruders, dich rei-
„sen zu lassen, erfuhr ich von Renato, und er-
„kannte in demselben ein wirksames Mittel, das
„Idealische deiner Bildung auch zur Vielseitig-
„keit und Allgemeinheit in dem Wirklichen, was
„mir immer als Ziel deiner Erziehung vorge-
„schwebt hatte, zu entfalten. Auf mein Verlan-
„gen begleitete dich der Freund, um zu verhindern
„oder zu vernichten, was etwa der Abbate nach
„seinen beschränkten Weltansichten oder nach

„Carlo's Planen in dich hinein tragen möchte;
„es ist das Werk des erfahrnen Bildners Pe-
„raldi und die Kraft des Wahren, Guten und
„Schönen, daß in dieser Hinsicht der treue Wäch-
„ter nicht viel bey dir zu thun hatte; daß ich
„nun, als glücklicher Vater, in deinen Armen
„ruhen und in der herrlichen Aussicht auf deinen
„künftigen Wandel mich erfreuen könne."

————————

Die Wahl und Bestimmung dieses künftigen
Wandels war der Zweck, zu welchem sich Anselmo gerade jetzt, und nicht früher, nicht spä-
ter, seinem Sohne entdecket hatte; sie war einer
der wichtigsten Gegenstände ihrer Unterredungen, so oft Bonaventura seine Wallfahrt nach
Camaldoli wiederhohlte. Je näher der Zeitpunct
seiner Abreise nach Rom heran rückte, desto weh-
müthiger verließ er jedes Mahl dieß begeisternde Heiligthum der Contemplation, wo so oft unter den traulichen Unterhaltungen mit seinem Vater, unter der Theilnahme an den gottseligen Ue-
bungen der Mönche, unter seinen Platonischen

Studien in der Kloster-Bibliothek und unter den
mystischen Erscheinungen seines reinen Ich in
Träumen und Visionen seine Ideen-Welt sich im=
mer mehr erweitert, die Erkenntniß seines innern
Sinnes sich der Klarheit des Wissens immerfort
genähert; zugleich aber auch das Streben seines
selbstsüchtigen Triebes, das Allgemeine und Un=
bedingte, nicht an sich, sondern bloß durch das
Besondere und Gebundene zu fassen, stets ver=
nehmlicher angekündigt hatte. Es war die Wir=
kung des Letztern, daß er bisweilen mit der ent=
schiedensten Zuversicht an Anselmo erklärte,
sein Eintritt in den Orden vom Camaldoli sey
die einzige Bedingung seiner Seelenruhe; und
er müßte alle die Weisen und Klugen für verblen=
dete Diener des profanen Zeitgeistes halten, wel=
che das lebendige Gefühl eines göttlichen Beru=
fes in ihm bestreiten, oder dasselbe mit den täu=
schenden Vorspiegelungen von höherer Geistesent=
wickelung durch Patriotismus, Weltbürgersinn
und allgemeine Nutzbarkeit schwächen wollten.

Bonaventura liebte bis jetzt in dem mensch=
lichen Geschlechte, weniger die Gesammtschaft
desselben, als seine Idee von einer göttlichen

Menschheit; und in dem Vaterlande, mehr das
Ideal eines vollkommenen Staates, als die In=
sel·Corsica, deren Verwirrungen ihm nicht un=
bekannt waren. Bey dieser Richtung seiner Lie=
be mußten ihn freylich alle Lobeserhebungen ei=
nes eingreifenden Patriotismus und thätigen
Weltbürgersinnes kalt und ungerührt lassen. Bey
der Ueberzeugung, daß wirkliche Staaten nur
durch wechselndes Steigen und Fallen ihres schein=
baren Wohlstandes, nur durch die gewaltigsten
Erschütterungen und Umwälzungen in ihrer Ver=
fassung und in dem Geiste ihrer Bürger dem
Ideale eines durchaus rechtlichen Staates sich
annähern können; was lag ihm daran, ob Cor=
sica den Genuesern, den Franzosen, oder einem
Corsen gehorchte? Wenn er in seinem Selbstbe=
wußtseyn erkannte, daß alle Realität und Wür=
de der Menschheit frey und selbstständig aus dem
Innersten des Menschen hervor dringen müsse,
und sich immer nur in einzelnen Auserwählten
der religiösen Anschauung und Verehrung des
Weisen darstellen könne; warum sollte er sich mit
dem Traume eines folgenreichen Einwirkens auf
Welt und Menschengeschlecht täuschen, und um

die Freuden des ruhigen Selbstgenusses sich betriegen? Diese Gesinnung war in ihm die herr-
schende, so oft ihn der Wunsch, sich in Camaldoli zu verschließen, mächtiger drängte.

Anselmo hatte sie ergründet und daraus
sehr richtig auf ein starkes Mißverhältniß zwischen den Anschauungen der Vernunft und der
Thätigkeit der Phantasie in seinem Gemüthe geschlossen; zugleich aber auch eingesehen, daß dasselbe nur in Zukunft durch die Macht des Gefühls der Liebe ausgeglichen werden könne. Bis
dieses bey der Entdeckung seines Gegenstandes
allergreifend und allverklärend in ihm erwachen
würde, begegnete er den Anfällen seiner Schwärmerey mit immer glücklichem Erfolge durch Platonische Schilderungen von der Seligkeit des Liebenden, der die, von seinem Wesen durch die
Sünde getrennte, Geliebte wieder findet; und
wenn er dadurch die Phantasie des Begeisterten
auf das Höchste gespannt hatte, wenn er ihn von
der Sehnsucht nach jener Wonne, nach jenem innigen Zusammenschmelzen mit einer ihm von
Ewigkeit her verwandten Seele ganz durchdrungen sah, da pries er ihm das Glück Salicetti's

auf seinem Landsitze bey Pozzuolo in den Armen seiner vortrefflichen Camilla; da schilderte
er ihm die Schönheit und den englischen Sinn ihrer
Tochter Olympia, und schloß mit der mannigfal-
tig eingekleideten Bemerkung: daß der gemüth-
volle Mann der vollen Erleuchtung und Salbung
einer heiligen Einsamkeit erst dann empfänglich
würde, nachdem er die Weihe des Lebens im
Himmel der Liebe empfangen, und in den Armen
der Geliebten sich ihm die Mysterien der Urschönheit und Unendlichkeit aufgeschlossen hätten.

Hiermit berührte er in Bonaventura's
Herzen diejenige Saite, unter deren lieblichen
Schwingungen er oft alle Menschen, Geister und
Welten liebend umarmen zu können, wünschte; und
diese Augenblicke des Entzückens benutzte Anselmo, um ihm den thätigen Patriotismus, als äch-
ten Sohn des religiösen Sinnes und der Liebe, in
treffenden Beyspielen aus den schönen Ritterzeiten
der Franken und Spanier, darzustellen. Sah er,
daß diese sein Wohlgefallen erweckten und zur Achtung ihn aufforderten, so führte er ihm die Thaten edler Corsen aus ältern und neuern Zeiten vor.

„Siehe dort zu Bastia," sprach er, „den

„Phocion unseres Vaterlandes, Leonardo
„dalla Casa Nova mit heiterer Seele in Ge=
„nua's Fesseln den Tod erwarten. Sein jüngster
„Sohn Antonio, entschlossen für Corsica's Hel=
„den sein Leben aufzuopfern, erkauft die Magd,
„der allein es gestattet war, den Gefangenen zu
„warten. In ihren Kleidern erscheinet er in dem
„düstern Kerker seines Vaters, er bittet und be=
„schwöret ihn, seine Kleider mit ihm zu wechseln,
„sich zu retten und an der Spitze einer zahlrei=
„chen, heimlich gesammelten Schar tapferer
„Kämpfer das unterdrückte Vaterland zu be=
„freyen. Der erschütterte Vater kann dem Flehen
„des Sohnes nicht länger widerstehen, er muß
„ihn die Ketten sprengen, muß sich von ihm den
„Bart abnehmen lassen und die weiblichen Klei=
„der anziehen. Leonardo entkommt, unerkannt
„und glücklich, in den Kreis seiner Freunde, An=
„tonio bleibt im Gefängnisse zurück, und sein
„Todesurtheil ist ihm zugleich eine freudige Kun=
„de von dem erreichten Zwecke. „„Für Corsica
„„bin ich geboren worden, für Corsica sterbe ich;
„„ich habe gelebt;„„ dieß sprach er und küßte
„den Strang, den der Genuesische Henker um sei=

„nen Nacken legte. — Siehe da wie der junge
„Krieger Fabio Filiughieri, der dich oft auf
„seinen Armen getragen hat, freywillig und be-
„sonnen in die Fallstricke geht, welche von Ge-
„nua's verächtlichem Senate unserm Führer
„Pompiliani gelegt waren. Er läßt sich ge-
„fangen nehmen, die gedungenen Meuchelmör-
„der werden den Betrug gewahr, sie führen ihn
„vor Gericht, keine Verheißung, keine Tortur
„kann ihm irgend ein Geheimniß der patrioti-
„schen Parten erpressen. Mit ruhiger Fassung
„vernahm er den Ausspruch des Todes, dessen
„Vollziehung Pompiliani schrecklich rächte.—
„Ehre mit mir das Andenken des verdienstvollen
„Greises Paolo di Lavagna, der des Wun-
„sches und der Hoffnung, das schimpfliche Joch
„der Genuesischen Tyrannen zerbrochen zu sehen,
„angeklagt, von seinem Krankenlager zu dem
„Galgen geführet wurde, und die Mitleidigen,
„die bey diesem letzten Gange seinem schwachen
„Körper zur Stütze dienen wollten, mit Sene-
„ca's Worten: „„stark macht auch den Greis
„„die nahe Freyheit;““*) zurück wies. Höre die

*) Hippolyt. v. 138.

„Rede des ehrwürdigen Vaters Cazaconi,
„womit er an dem Pranger in dem Halseisen die
„ihn begaffenden Genueser erschreckte: „„„Ver-
„„„nehmt es noch Ein Mahl,„„„ rief er, „„„ihr
„„„Unterdrücker meines Vaterlandes, der Krieg
„„„wider euch ist gerecht. Dieß war mein Aus-
„„„spruch in der Synode zu Orrezza, und Trotz
„„„den Qualen, die man mich dulden läßt, wie-
„„„derhohle ich es hier, der Krieg gegen euch
„„„ist gerecht! Gebiethet euern Sbirri Schwei-
„„„gen, so sollt ihr auch die Gründe hören.„„„ —
„Würden wohl diese und ähnliche Thaten, de-
„ren eine Menge Cyrnäus erzählt und ich ge-
„sehen habe, in Gemählden von Raphael
„oder Carracci einen schwächern Eindruck
„in deiner Seele zurück lassen, und weniger, als
„der Märtertod der heiligen Agnes, die Pre-
„digt des heiligen Joannes in der Wüste, oder
„die Communion des heiligen Hieronymus, ver-
„mögend seyn, über die gemeine Wirklichkeit dich
„zu erheben? Ist dir denn nur das erhaben und
„göttlich, was im Heiligthume des Gemüthes er-
„zeugt, nie in lebendigen Gestalten aus demselben
„hervor tritt; und nicht auch das, wodurch die

„Menschenkraft in der höchsten Würde der Selbst-
„verläugnung und des Heroismus sich offenbart?
„Oder hättest du bis jetzt deinen Sinn und dein
„Gefühl nur zu der andächtigen Beschauung des
„Schönen und Heiligen in den Schöpfungen der
„Kunst, und nicht eben so zur würdigen Erkennt-
„niß des Großen und Unendlichen in den kräftig-
„sten Erscheinungen des Lebens gebildet? Wäre
„dir bey deiner Freyheit und Redlichkeit Pla-
„tons unermeßliche Ideen-Welt dennoch nur ein
„Gegenstand der Speculation und ein kleiner
„Ruhepunct für dich geblieben, und nicht auch
„zur reichlich strömenden Quelle der Erleuchtung
„und Begeisterung für deine Thätigkeit auf Er-
„den geworden? Stände es wirklich so mit dir,
„mein Sohn; wie weit hätten wir, ich und Pe-
„raldi in deiner Erziehung unser Ziel verfehlt!"
Je öfter sich Anselmo in diesem Geiste mit
ihm unterhielt, desto seltner und schwächer wurden die Aufwallungen seines Enthusiasmus für
die klösterliche Einsamkeit; nur bisweilen versuch-
te er es noch, gegen seinen Beruf zur bürgerlichen Wirksamkeit, den er für jetzt durchaus nicht
anders, als verständig anerkennen konnte, mit

Gründen, aus der Verderbtheit des Volkes und
aus der Schlaffheit der Beſſern hergeleitet, an=
zukämpfen. Allein nicht ſchwer ward es dem Va=
ter, auch die Einſicht in ihm aufzuhellen, daß zu
„allen Zeiten und in allen Staaten die Zahl der
„Kraftloſen, Böſen und Nichtswürdigen größer
„war als die der Guten; daß eigentlich noch gar
„kein Staat in der Wirklichkeit vorhanden ſey,
„und die verſchiedenen Völker ſich der Würde
„deſſelben nur unter dem ewigen Kampfe der
„Guten gegen die Böſen nähern können; daß je=
„der der Erſtern, der dieſem Kampfe ſich entzö=
„ge, an ihnen zum Verräther würde, die Macht
„der Böſen verſtärkte und die Fortſchritte ſeines
„Volkes gewaltſam aufhielte; daß ſodann auch
„die Rechtlichen, die Guten und die Weiſen nicht
„in einem Vaterlande lebten, ſondern ihre Verei=
„nigung zum Kampfe in gewiſſen Gränzen das Va=
„terland ausmachte, die Schlechten aber überall
„kein Vaterland hätten.“ Wollte deſſen ungeach=
tet Bonaventura die rohen, ſtets unter ſich
uneinigen, kunſt = und liebloſen Corſen den ver=
derbten Republikanern dies = und jenſeits der Al=
pen, den irreligiöſen Menſchenhaufen in den nörd=

lichen und den ausgearteten Völkern in den südlichen Monarchien an die Seite stellen, und damit die Unmöglichkeit beweisen, irgendwo eine
Verfassung zu gründen, welche des edlern Mannes und rechtschaffenen Bürgers würdig wäre;
so zeigte ihm Anselmo die Quelle des Uebels
in der geringen Anzahl der Guten, die bereit wären, mit vereinigter Kraft dem herrschenden
Verderben Trotz zu biethen und für das Allgemeine mit großmüthiger Selbstverläugnung
sich aufzuopfern. Er verwies ihn auf die Republik San Marino, welche nun schon seit dreyzehn Jahrhunderten das Glück eines rechtlichen
und sittlichen Bürgervereins genösse, und als
Muster einer wohlgeordneten Verfassung da stände, nicht weil sie auf einem fast unzugänglichen
Berge, dem Himmel näher als der Erde, befestiget wäre, sondern weil ihre sämmtlichen Bürger nichts Schöners und Heiligers kennten, als
die erhabne Pflicht, sich gegenseitig und der Welt
zu zeigen, was unter Menschen Religion und
Philosophie im Gemüthe, was Tugend und Weisheit vermag. „Nimm deinen Weg nach Rom,“
sprach er, „über San Marino, von hier hast

„du nur vierzehn Stunden dahin; dort wird sich
„dir die Einheit des Idealen und Wirklichen in
„der Idee, auch als Eines in der Erscheinung dar=
„stellen; du wirst die ruhige Contemplation mit
, der thätigsten Arbeitsamkeit, sehr eingeschränk=
„te Vorstellungen und Begriffe mit den edelsten
„Gesinnungen, einen richtigen Verstand mit gro=
„ßer Fülle des Gemüthes und unerschöpflichem
„Reichthume an Ideen in inniger Verbindung;
„aber schwerlich auch nur Einen San Mariner fin=
„den, welcher Platons Schriften gelesen, oder
„seinen höchst religiösen Kunstweltsinn durch die
„Beschauung der Werke Raphaels, Carrac=
„ci’s und Correggio’s erlanget hätte.“

Unter diesen und ähnlichen Unterredungen
erzeugte sich in Bonaventura die ergebenste
Bereitwilligkeit, nach dem Wunsche seines Va=
ters und nach Don Carlo’s Anordnung zu Rom
zwey Jahre noch auf das gründliche Studium
der Rechtswissenschaft zu verwenden, und dann
durch einige Zeit in Neapel sich auch mit der äl=
tern und neuern Kriegeskunst bekannt zu machen.
Bey seinem letzten Besuche in Camaldoli versah
ihn Anselmo mit Empfehlungsschreiben an sei=
ne

ne Freunde, den Capitano Gozzi auf San Marino, an den Corsischen Priester Raffalli in Rom und an den edeln Corsen Galicetti in Pozzuolo. Den letzten Abschiedskuß begleitete er mit folgenden Worten: „Einst hörtest du in deinem Traume von mir die Warnung: „„„du hüthe „„„dich, den Führungen Gottes durch voreilige „„„Willkühr zu widerstreben, denn nach mancherley Stürmen werden sie auch dich in einen „„„sichern Hafen geleiten.„„„ Dasselbe lege ich „nun hier dem Wachenden an das Herz. Laß es „fruchten. Ziehe hin in Frieden.“

Sobald Bonaventura den Titanischen Berg erstiegen und den kleinen Umfang der Republik San Marino überschauet hatte, beschäftigte seine Aufmerksamkeit vor allem die einfache, sieben hundert Jahr alte, Inschrift an der Hauptkirche der Stadt:

DIVO. MARINO. PATRONO.
ET. LIBERTATIS. AUCTORI.
D. C. S. P.

von welcher die Stürme der Zeiten und das

wechselnde Schickſal Italiens, eben ſo wenig in
dem Geiſte der Bürger, als in dem Steine, auch
nur Einen Buchſtaben verrücken konnten. Die
volle Bedeutung derſelben, der Hochſinn echter
Freyheit und die gottſelige Geſinnung des ehrwürdigen Steinmetzen aus Dalmatien, welcher zuerſt dieſen Berg bewohnet und den ſittlichen Freyſtaat darauf gegründet hatte, ward
ihm an Capitano Gozi, ſeinem Begleiter in die
Kirche, wie an Allen, die ihm begegneten, ſicht-
bar. Höher, als in der Capelle des il Santo zu
Padua, ſchwang ſich hier vor dem Grabe des
heiligen Marino ſeine Seele auf den Fittichen
der Andacht und Ehrfurcht zu dem ewigen Frey-
ſtaate der Geiſter empor: doch bethen konnte er
nur mit Davids Worten: „Groß iſt der Herr
„und hochberühmt in der Stadt unſeres Gottes
„auf ſeinem heiligen Berge. Wie ich gehört ha-
„be; ſo ſehe ich s an der Stadt der Gerechten, an
„der Stadt unſeres Gottes; er wird ſie ewiglich
„erhalten.“ *)

„Der Herr iſt unſer Fels und unſere Burg;“
antwortete Gozi, „ſein Geheimniß iſt unter de-

*) Pſalm 48, 1. 9.

„nen, die ihn fürchten, und seinen Bund läßt er
„sie wissen. Durch sein Wohlgefallen hat er un=
„sern Berg stark gemacht; aber da er sein Ant=
„litz verbarg, erschraken wir!" *) Und nun er=
zählte ihm der Capitano, wie wunderbar der
Ewige vor kurzer Zeit den Berg des heiligen
Marino befestiget habe. „Vor neun Jahren,"
sprach er, „wandelte den herrschsüchtigen Cardi=
„nal Alberoni die eitle Luft an, unsern Frey=
„staat unbedingt dem Papste, oder vielmehr sei=
„ner Legation in Ravenna zu unterwerfen. Ei=
„nige ausgeartete Bürger, die unsere strenge
„Sittenzucht drückte, dienten seiner ehrgeizigen
„Absicht. Von ihm geleitet, wendeten sie sich an
„den rechtschaffenen Greis Clemens XII. mit
„ihren Klagen über willkührliche Bedrückungen
„und erbothen sich, Nahmens der ganzen Ge=
„meinde, dem apostolischen Stuhle zur völligen
„Unterthänigkeit. Der Cardinal unterstützte ihre
„Klageschrift mit den boshaftesten Verläumdun=
„gen; wir wurden von ihm dem frommen Man=
„ne als heimliche Bundesgenossen der Genfer,
„als Feinde Gottes und der Heiligen, als eine

---

*) Psalm 18, 1. Ps. 25, 14. Ps. 30, 8.

„abſcheuliche Sippſchaft übermüthiger Tyran-
„nen geſchildert. Trotz dieſen gefährlichen Be-
„ſchuldigungen ertheilte ihm doch der Papſt kei-
„ne weitere Vollmacht, als daß er ſich an unſe-
„re Gränzen begeben, und dort diejenigen er-
„warten ſollte, welche, auf eigenen Antrieb ſei-
„nen Schutz verlangend, ſich vor ihm ſtellen wür-
„den. Nur wenn dieſe die Mehrheit ausmachten
„und zugleich als der würdigere Theil der Ge-
„meinde anerkannt wären, dürfte er eine Acte
„aufſetzen laſſen, durch welche ſie ſich für unmit-
„telbare Unterthanen des ſouveränen Papſtes
„und des heiligen Stuhls erklärten. Statt ſich
„in dieſen gerechten Schranken zu erhalten, er-
„ſchien der Cardinal mit einer Schar bewaff-
„neter Männer und einigen Henkern. Die Ge-
„meinde wurde in der Hauptkirche verſammelt,
„um den erlogenen Ausſpruch zu vernehmen, daß
„die Republik di San Marino von nun an auf-
„gehoben, und ihre freye Bürgerſchaft unmittel-
„bar dem Papſte unterworfen ſey. Wir waren
„liſtig überfallen, unſere Waffen in Beſchlag ge-
„nommen worden, die Kirche war von Kriegern
„umringt, in den Händen der Sbirri klirrten die

:„Feſſeln und Bande für die Widerſtrebenden,
‑ „gewaltſamer Widerſtand war unmöglich. Wir
‑ „ſollten den Eid der Unterwerfung leiſten und
‑ „unterzeichnen. Die damahligen Capitani, Gi‑
„angi und Onofri wurden unter den ſchreck‑
‑ „lichſten Drohungen aufgefordert, mit dem Bey‑
„ſpiele ihrer Ergebung dem Volke vorzugehen.
„Der erſtere ſchwor mit zweydeutigem Sinne dem
‑ „rechtmäßigen Fürſten der Republick di San
„Marino Treue und Gehorſam; der letztere band
„ſich an dieſelben Worte, und die Abgeordneten
‑ „der Familien ſprachen ſie nach in Giangi's
„Geiſte. Die Reihe traf mich. „„„Mein Vater,
„ſagte ich, im Innerſten erſchüttert, zu dem Car‑
„dinal, „„„iſt's möglich, ſo gehe dieſer Kelch von
„„„mir;““ und rief dann laut: „„„es lebe San
„„„Marino! Es lebe die Freyheit!““ Mein Ruf
„ward von tauſend Stimmen wiederhohlt, unter
„welchen Alberonis Flüche und Verwünſchun‑
„gen verhallten. Niemand ſchwor weiter, nie‑
„mand unterſchrieb die Acte, die er der Verſamm‑
„lung vorgelegt hatte, auf jedes Andringen muß‑
„te er die Antwort: San Marino und die Frey‑
„heit lebe; hören. Er zog ab und hinterließ uns

„Obrigkeiten, die wir duldeten, Gesetze, deren
„wir nicht bedurften, und eine Besatzung, die
„uns den Weg zur Gerechtigkeit nicht verschlie-
„ßen konnte. Von uns und einigen Fürsten Ita-
„liens erhielt der sieben und achtzigjährige Greis
„in Rom die Kunde von dem gewaltthätigen Ver-
„fahren seines Legaten. Strenge ahndete er an
„dem Herrschsüchtigen diese Beschimpfung des
„apostolischen Stuhls und seiner letzten Lebens-
„stunden. Eiligst sandte er den Prälaten En ri-
„quez mit dem Auftrage zu uns, alle Verfü-
„gungen Alberoni's als eigenmächtigen Un-
„fug zu vernichten, und der Republik die Unver-
„letzlichkeit ihrer alten Freyheit und Verfassung
„unter dem päpstlichen Schutze zu versichern.
„Dieß wurde uns am Feste der heiligen Agatha
„verkündiget; und am folgenden Tage starb
„Clemens mit der frohen Zuversicht, den Lohn
„seiner gerechten Gesinnung und That von dem
„Richter der Menschen zu empfangen. Mehr-
„mahls hatte es seither Alberoni versucht, die
„friedlichen Bewohner dieses heiligen Berges in
„dem Genusse ihres Glückes anzufechten; aber
„seine Ränke machten nur die Schande seines

„erſten Wagniſſes bekannter, und vermehrten
„die Verachtung, die ſein Andenken im Herzen
„aller Rechtlichen ewig beflecken wird. Einen
„neuen Sieg über ihn feyerten wir vor einigen
„Wochen, als wir die Bulle erhielten, durch wel-
„che Benedictus XIV. unſere völlige Unab-
„hängigkeit anerkennt und unſere bürgerlichen
„und kirchlichen Freyheiten für ſich ſo wohl, als
„ſeine künftigen Nachfolger beſtätiget. So ge-
„dachte der Herr an ſeine Gemeinde, die er vor
„Alters erworben und ſich zum Erbtheile erlöſet
„hat auf dieſem Berge, worauf er wohnet.“

Gozi machte ihn ſodann mit der Verfaſſung
der Republik bekannt und führte ihn ſowohl in
die Verſammlung des ganzen Volkes, als auch
in den großen Rath der Sechziger ein; denn weder jene noch dieſer hatte vor dem Fremden irgend etwas zu ſcheuen oder zu verbergen. Hier,
wie dort, bemerkte Bonaventura die Herrſchaft deſſelben religiöſen und ſittlichen Geiſtes,
derſelben echt republikaniſchen Geſinnung; in der
einen wie in dem andern verehrte er eine bedeu-
tende Anzahl Männer, welche mit dem Höhern,
das über die Geſetze ſtehet, mit der höchſt ſelte-

nen Wissenschaft der Gesetzgebung, sich innigst
vertraut zeigten. Da fand er die Weisheit und
die Macht unzertrennlich vereinigt, welche er in
allen, bis dahin ihm bekannt gewordenen, Ländern in verderblicher Entzweyung gesehen hatte;
nur der erstern ward auf San Marino die letztere anvertrauet. Keine Spur von irgend einem
allerhöchsten Interesse des Herrn oder des Se-
nates, nach welchem das Gute und das Böse,
das Rechte und das Unrechte bestimmt würde,
keine Parteyen, die ihren entgegen gesetzten besondern Zwecken widerstrebten, konnte er daselbst
entdecken; aus Allen offenbarte sich ihm die reine Idee des allgemeinen Besten, und durch alles sprach sich ein vernünftiger, wahrhaft freyer
Gemeinwille aus. Niemand hatte dort über das
Rechte und das Gute nur angelernte oder angenommene Meinungen, jeder verrieth davon ein
klares bestimmtes Wissen im Gemüthe. Nur Regenten und Bürger, nur Erhalter, Beschützer
und Ernährer begegneten ihm auf San Marino, da er sonst überall nur Herren und Dienern,
nur Despoten und Sclaven auszuweichen hatte.
Und so ward ihm erst dort recht deutlich, was

dem Geiste Platons mochte vorgeschwebt haben, als er die Bestandtheile des sittlichen Charakters, Weisheit, Gerechtigkeit, Tapferkeit und
Mäßigkeit, von dem ganzen Staate strenger,
als von dem einzelnen Menschen, forderte und
zugleich behauptete: „so lange nicht Weise regie-
„ren, oder die Regenten Weise werden, sey für
„alle Staaten und für das gesammte Menschen-
„geschlecht, weder eine Verminderung noch ein
„Ende ihrer Plagen zu hoffen."

Sieben Tage verlebte er auf dem Titanischen
Berge in anhaltender Begeisterung, denn das
einfach erhabene, das schönste und älteste Kunstwerk des menschlichen Geistes war ihm an diesem Freystaate erschienen. Er wohnte in dem
Kloster der Einsiedler des heiligen Hieronymus,
an welchen gerade die Reihe war, die Fremden
zu beherbergen; und zum ersten Mahle sah er
hier Mönche, die, unbeschadet der Richtung ihres Ordens zur Beschaulichkeit, im edelsten Sinne des Wortes, auch thätige Bürger waren. Ueber den halb zerstörten Tummelplatz gemeiner
Leidenschaften hoch erhaben, wallte er unter
den Edeln, auf jenem Felsen, auf dem allein der

göttliche Baum der Freyheit und des Lebens noch
in voller Kraft, tief eingewurzelt, allen Stürmen
des Zeitgeistes trotzend und mit herrlichen Früchten prangend, die Würdigen beschattete und
nährte. Neue Erfahrungen und Ansichten trieben
im hehren Reiche der Jdeen seine Seele in mäch-
tigem Schwunge fort, und durch wunderbare
Erscheinungen einer mystischen Nacht ward
ihm sein Aufenthalt auf San Marino unver-
geßlich. Den Sinn derselben noch immer erfor-
schend, offenbarte er sie auch seinem Vater und
seinem Lehrer.

„Was ich,“ schrieb er an den Letztern aus
Assisio, „von den Weisen und Klugen dieser
„Welt unfehlbar erfahren und mit Gleichgültig-
„keit ertragen würde, habe ich von Jhnen ehr-
„würdiger Peraldi nicht zu befürchten, könnte
„ich Jhnen auch nimmermehr etwas Anderes
„von mir, als Visionen und Aufschlüsse meines
„reinen, sich selbst darstellenden, Seyns berichten.
„Jhre Weisheit entfesselte in mir die Kraft, mit
„gleicher Aufmerksamkeit die leisesten Regungen
„meines innern Lebens zu beobachten, und in
„der Sinnenwelt zu wandeln; ihre Geisteskunde

„ſchärfte meine Beſonnenheit bis zu einem Gra-
„de, auf dem ich fähig ward, jedes hellere Wie-
„derſtrahlen des Unendlichen in meinem Gemü-
„the durch das Bewußtſeyn aufzunehmen, und
„hiermit mehr im Lichte meiner Ewigkeit, als in
„dem Scheine des Zeitlichen zu meinem Ziele fort-
„zuſchreiten. Aus meinem Briefe von Urbino
„wiſſen Sie ſchon, wie dieſe Kraft und Beſon-
„nenheit auf dem Titaniſchen Berge durch ſieben
„Tage in mir wirkte; leſen Sie nun auch die Ge-
„ſchichte meiner letzten Nacht daſelbſt.“

„Im Begriffe, mit Tages Anbruch abzurei-
„ſen, nahm ich Abends vorher von Capitano
„Gozi und dem Prior der Hieronymiten in weh-
„müthiger Stimmung Abſchied. Bey dem letzten
„Händedruck ſagte ich mit gepreßtem Herzen:
„„Eins bitte ich vom Herrn, das hätte ich gern,
„„daß ich auf dieſem Berge bleiben möge mein
„„Leben lang, zu ſchauen hier das Schöne und
„„das Göttliche unter Menſchen, und ſeinen Tem-
„„pel zu beſuchen:““ — worauf der Prior mir
„erwiederte: „„Harre des Allerhöchſten getroſt
„„und unverzagt, und glaube feſt, daß du einſt
„„ſehen werdeſt das Gute des Herrn im Lande

„der Freyen und Lebendigen!" *) „Es gibt
„gewisse seltene Menschen, in deren Rede, mit
„ihrer Gesinnung und ihrem Gefühle sich immer
„zugleich das volle Leben des göttlichen All
„ausspricht; ihre Worte sind Weissagungen, sie
„dringen in das Innerste des Hörenden, und
„scheinen, mit gleicher Kraft, aus seiner, wie aus
„ihrer, Geistesfülle hervor zu strömen. Unter die-
„se Auserwählten gehörte auch der Prior, Fra
„Giacomo, und eben so ward mir bey seiner
„Rede; sie war ein Blitz aus dem Heiligthume
„des ewigen Seyns, das in dem Augenblicke
„sich uns beyden aufgethan hatte. Ich lebte
„ganz in ihrer Bedeutung, und war daher zu
„jeder Reflexion über sie unfähig. Auch in der
„Zelle litt es mich nicht lange, ich mußte hinaus,
„um in das Leben einer unermeßlichen Natur
„um mich herum das meinige zu versenken."

„Ich ging in den Klostergarten hinauf zur
„Felsenhöhle, welche einst der heilige Marino
„bewohnet hatte. Vor dem Eingange derselben
„setzte ich mich auf seinen bemoosten Ruhestein,

*) Psalm 27, 4 13 14

„wo ihm oft in der Anschauung des Unendlichen
„die Endlichkeit des Begränzten verschwunden
„war. Vor mir lag zu meiner Rechten Pesa-
„ro, zu meiner Linken das alte Rimini, im
„Hintergrunde die unabsehbare Wasserfläche des
„adriatischen Meeres, die Strahlen des freund-
„lich heraufsteigenden Mondes mit Liebe in sich
„aufnehmend. Hinter mir die, mit Schnee be-
„deckten, Gipfel der Apenninen, nur dunkel noch
„im Flor der sanften Abendröthe sichtbar. Ueber
„mir im unendlichen Räume Millionen Sonnen
„und Welten, gegen deren Größe der Erdball,
„wie ein Tropfen im Ocean verschwindet. Ue-
„berall Fülle der Kraft, des Lichts und der Lie-
„be, überall Wonne des regesten Lebens in den
„lieblichsten Bildern der Ruhe. Ich dachte nicht,
„ich schaute nur in und außer mir, was ich un-
„zählige Mahl gesehen habe, mit neuem Wohl-
„gefallen, und genoß mit erhöheter Lust, was ich
„oft nur sinnend zu erspähen strebte. Mein Be-
„wußtseyn war in dem lebendigsten Gefühl des
„Einen Seyns versunken; ich weiß daher auch
„nicht, wie lange ich so saß, bis ich einschlum-
„merte.“

„Was ich von meinem Traume noch weiß,
„beginnt bey meinem Eintritte in das Belvedere
„des Vaticans. Es dünkte mich, als wäre ich
„eben aus dem Saale des Eliodoro von der
„Schule in Athen weggegangen. Ich stand vor
„dem Apollo. Die besondere Ehrfurcht und An=
„dacht, welche in der Beschauung desselben mich
„ergriff, war mir ein bekanntes Gefühl, das
„mich glauben machte, ich sey schon mehrmahls
„da gewesen; nur das Licht, in welchem dieß
„Mahl die Statüe vom Leben der Göttlichkeit
„umflossen schien, war mir neu. Mit kindlicher
„Hingebung ließ ich noch die Kraft, Anmuth,
„Hoheit und Majestät des antiken Geistes auf
„mich wirken, als eine vermummte Gestalt mich
„faßte, und unter ängstlichen Geberden, als
„wollte sie mich einem Bedrängten zu Hülfe ru=
„fen, mit sich fortriß. Sie führte mich zum En=
„gelsthore hinaus in einen Pallast, wo uns ein
„Saal geöffnet wurde, an welchem alle Zauber=
„künste der Sinnlichkeit und Wolluft erschöpft
„zu seyn schienen. Der Vermummte war zurück
„geblieben, ich befand mich allein, bis unter dem
„Dufte der herrlichsten Wohlgerüche und unter

„den sanftesten Harmonien von Musik und Ge-
„sang, die sich aus verborgener Ferne hören lie-
„ßen, im Hintergrunde sich ein blauer, mit
„Sternen gezierter, Vorhang aufrollte. Da er-
„blickte ich in magischer Beleuchtung ein weibli-
„ches Wesen, voll jugendlichen Reizes, halb ent-
„blößt, halb eingehüllt in fein gewebten Flor,
„auf einem schwarz sammtnen Ruhebette liegend
„und freundlich winkend, mich ihr zu nähern.
„Ich that's mit widerstrebender Empfindung.
„Sie ergriff meine Hand, drückte sie an ihren
„üppig wallenden Busen und sprach mit lüster-
„ner Beredsamkeit von den Qualen ihrer lan-
„gen Sehnsucht nach mir. Dann schilderte sie ih-
„ren ungeheuern Reichthum an Schätzen des
„Glückes, ihre unerschöpfliche Kunst, die Begier-
„de nach Lust auch in ihrem höchsten Fluge ohne
„Sättigung zu befriedigen, ihre ausgebreiteten
„Verbindungen, durch welche sie im Stande wä-
„re, den Liebling ihres Herzens mit Ehre, Wür-
„den und Macht zu überhäufen, und für dieß
„alles sollte ich nur sie lieben, mich ihr ganz über-
„lassen, und, außer der Auflösung meines Selbst
„in überschwänklicher Wonne mit ihr, keinen

„andern Zweck und Genuß des Lebens mehr su=
„chen. Darum soll' ich ihr auch schwören, mei=
„nen Studien für immer ein Ende zu machen; der
„Corsischen Felsen und ihrer rohen Bewohner
„auf ewig zu vergessen, den Vatican, das Ca=
„pitol, die Kirchen und Palläste Roms mit kei=
„nem Fuße weiter zu betreten, nur in ihrem Her=
„zen und an ihrem Busen forthin meinen Him=
„mel, meine Kunstwelt und mein Vaterland zu
„finden; das hieß, mich selbst zu vernichten. Ue=
„ber die Abscheulichkeit dieses Antrages empört,
„würdigte ich sie keiner Antwort; mit stolzer Ver=
„achtung wendete ich mich gegen die Thür, wo
„drey Banditen mit gezückten Dolchen mir dro=
„heten, wenn ich mich weigerte, das Glück, das
„mir so eben angebothen ward, erkenntlich an=
„zunehmen. Wehrlos stand ich da, vergeblich
„auf Flucht und Rettung sinnend, an Beystand
„gegen eine überlegene Macht verzweifelnd. Da
„trat plötzlich ein Jüngling herein, das Haupt
„mit Hyacinthen und Lorbern bekränzt, die Brust
„mit einer Sonne von Diamanten, Saphieren
„und Carbunkeln geschmückt, einen Spiegel in
„der Rechten, eine brennende Fackel in der linken
                                        „Hand:

„Hand! jenen hielt er meinen Verfolgern vor,
„und sie fielen zu Boden; diese schwenkte er drey
„Mahl gegen das Ruhebett, und meine Versu=
„cherinn war vernichtet. Mir gab er den größten
„Stein aus seiner Sonne zum Talisman meiner
„Sicherheit, hieß mich fliehen und verschwand.
„Der Zauberpallast stürzte hinter mir zusammen.‟

„Schon ziemlich weit von Rom entfernt,
„sank ich ermüdet am Fuße eines Berges nieder;
„auf dem Hügel gegen über stand, von Platanen
„und Cypressen überschattet, ein bescheidenes
„Landhaus, das heimlich mich einlud und eini=
„ge Erquickung hoffen ließ. Als ich hinkam, war
„es leer von Menschen; aber alle Zimmer waren
„offen. In einem derselben überraschten mich
„zwey Bildnisse weiblicher Gestalten in Lebens=
„größe; in der ältern erkannte ich sogleich Camil=
„la Salicetti; die jüngere, von unbeschreib=
„licher Unschuld, Seelenzartheit und Schönheit,
„hielt ich für ihre Tochter Olympia oder für
„eine Psyche. Zwischen beyden hing eine himm=
„lische Glorie nach Correggio. Ich glaubte
„auf Salicetti's Landsitze zu seyn und wollte,
„durch die Beschauung dieser Gemählde in süße

T

„Phantaſien eingewiegt und mit meinem Talis-
„man in der Hand, die Ankunft irgend eines Men-
„ſchen erwarten. Bald ward mein Entſchluß von
„Schreck und Entſetzen überwältigt, als ich auf
„Ein Mahl beyde, meinem Herzen höchſt erfreuli-
„che Gemählde in Flammen aufgehen ſah. Schnell
„ergriff ich die Flucht aus dem Hauſe und ge-
„wahrte es nur zu ſpät, daß ich dabey auch mei-
„nen Diamanten verloren hatte.‟

„Unbekannt mit der Gegend, wußte ich we-
„der, wohin ich ſollte, noch wohin ich kom-
„men würde. Von der einen Seite des Hügels
„führte ein bequemer Weg den Berg hinauf,
„ich ſchlug ihn ein, und als ich den Gipfel
„erreicht hatte, befand ich mich in einem fin-
„ſtern Hain vor einem Gothiſchen Tempel, durch
„deſſen bunte Fenſterſcheiben der Abglanz ſei-
„ner Beleuchtung im Innern auf dem Laube
„der nahen Bäume wunderbar ſpielte und in
„mir das Verlangen weckte, an der Erbauung
„der darin verſammelten Frommen Theil zu neh-
„men. Der Tempel war verſchloſſen, in ihm und
„um ihn rings herum herrſchte feyerliche Stille.
„Da vermißte ich meinen Sonnenſtein und zu-

„gleich den Muth zur Rückkehr, um ihn zu su-
„chen. Mehr verwegen als beherzt, stieß ich die
„Pforten ein; niemand widersetzte sich meinem
„Frevel. Im fernen Heiligthume erblickte ich eine
„doppelte Reihe ehrwürdiger Greise in weißem
„Gewande; schweigend und unbeweglich stan-
„den sie, und alles Licht des Tempels strömte
„von ihnen aus. Kühn wagte ich es, mich ihnen
„zu nähern; aber mit dem ersten Schritte vor-
„wärts stürzte ich in einen Abgrund. Da kam
„es mir vor, als läge ich in den Armen des Jüng-
„lings mit dem hyacinthenen Kranze und der
„diamantenen Sonne, und als bliese er mir
„neues Leben ein. Auch den verlornen Wunder-
„stein gab er mir wieder und hieß mich ihn be-
„wahren als das Heiligste, das ich auf Erden
„besitzen könnte. Auf meine Bitte, mir den Ge-
„brauch desselben zu offenbaren, erwiederte er:
„„„Wandle, deinen Blick unabwendbar auf
„„„sein reines Licht und helles Feuer geheftet, und
„„„du bedarfst nichts weiter; gerade auf den ver-
„„„worrensten Pfaden deiner Pilgerfahrt wird
„„„seine Kraft von selbst sich dir ankündigen.„„„
„Gerühret von der Herzlichkeit, mit der ich ihm

„für meine zweymahlige Rettung dankte, reichte
„er mir aus seiner Sonne noch einen Saphier
„und einen Carbunkel mit den Worten:
„„überall, wo diese drey Steine vor deinem Au=
„„ge ihr Licht und Feuer verbergen, dort eilest
„„du deinem gewissen Untergange entgegen; völ=
„„lig sicher schreitest du nur da, wo sie dir alle
„„drey in einfarbigem Glanze strahlen. Ver=
„„lierest du den Einen, den Diamanten, so kön=
„„nen dich die andern zwey nur irre leiten.““

„Seiner Weisung gemäß, sollte ich nun in
„den Grüften ohne Angst und Grauen fortgehen
„und durch nichts von der geraden Bahn mich
„ablenken lassen. Nach einigen hundert Schrit=
„ten würde ich an den Tag kommen, aber nicht
„ihm, sondern dem Wege, der in die nächste
„Höhle führet, sollt' ich folgen, bis ein junger
„Mann mir begegnen würde, dem ich mit Ver=
„trauen mich anschließen könnte. Ich that, wie
„es der Jüngling mich geheißen hatte. An dem
„Eingange in die zweyte Höhle kam mir ein
„Mönch entgegen, sein Haupt war von Alter
„gebeugt, sein Ausdruck im Gesichte voll Wahr=
„heit und Würde. Treuherzig fragte er mich,

„woher ich käme und wohin ich wollte; mein
„Herz war ihm offen, unverhohlen erzählte ich
„ihm meine Verirrung, meinen Sturz und mei-
„ne Rettung. Erschrocken gab er mir seinen kräf-
„tigsten Segen, um aus der Gewalt des bösen
„Geistes mich zu befreyen. — Dringend bath er
„mich, zu dem Gothischen Tempel in den Kreis
„der Heiligen zurück zu kehren, und both sich mir
„zum sichern Führer dahin an. Schwer ward es
„mir, dem Ehrwürdigen zu widerstehen, doch
„bevor ich ihm folgte, besah ich meine Steine.
„Sie glänzten, so lange ich stand, sie wurden
„gemeine Kiesel, wenn ich mit dem Alten einige
„Schritte rückwärts machte, sie schimmerten in
„einfarbigem Lichte, so bald ich gegen die zwey-
„te Höhle vorwärts schritt. Da dankte ich dem
„Greise für sein wohlgemeintes Anbiethen, ließ
„den um mich Besorgten seine Wege gehen und
„wandelte die meinigen, im Vertrauen auf den
„Jüngling und meine Steine."

„Mitten in der Höhle traf ich den jungen
„Mann, der mir von meinem Retter war bezeich-
„net worden. In tiefer Schwermuth sinnend,
„saß er auf dem Gesteine, er war von meinem

„Alter; aber der höchste Ernst des Mannes ruh=
„te auf seiner Stirn und ein großes Leiden schien
„seine Brust zu beengen. Er machte mich zum
„Vertrauten desselben; allein nichts weiß ich mehr
„davon, und auch das Eine, auf welche Art
„und zu welchem Zwecke wir den Bund der
„Freundschaft schlossen, habe ich vergessen. An
„dem Ausgange der Höhle lag eine große Stadt;
„dort lebten wir unzertrennlich mit einander, ihr
„Nahme aber und die Dauer meines Aufent=
„halts daselbst, auch wie wir in ein fremdes
„Land gekommen sind, ich dort Gerechtigkeit
„verwaltet, er Schlachten geliefert hat, was für
„ein Schicksal uns endlich beyde trennte, und
„wie ich wieder auf San Marino versetzt wur=
„de, dort ein Grab fand, an welchem ich mich
„nur nach meiner Auflösung sehnen konnte:
„dieß alles ist mir entfallen, oder ganz dunkel
„und verworren in mein Bewußtseyn überge=
„gangen. Nur des Einzigen erinnere ich mich
„noch deutlich und bestimmt, daß meine Son=
„nensteine mir nimmermehr anders, als in Ei=
„nem Feuerglanze, und am hellsten auf dem Ti=
„tanischen Berge, leuchteten.“

„Er schien mir bis an den Sternenpol er-
„höht, seine ganze Form war verändert, er war
„zu einem diamantenen Felsen geworden, die
„Stadt, die Bürge und die Dörfer waren nur
„Ein kolossalischer Tempel von Saphier. Die
„Klöster und Kirchen nur Ein großer Altar von
„Carbunkel, um welchen die Einwohner in un-
„zähliger Menge, an Alter, Figur und Gestalt
„alle sich einander gleich, alle verklärt, in heili-
„ger Beschauung des Unendlichen ruhten. Nichts
„Irdisches sah ich dort mehr, als das mir theure
„Grab; ich legte die drey Steine darauf, sie zo-
„gen sich gegenseitig an, durchdrangen sich und
„wurden ein einziger diamantener Spiegel. Un-
„ter ihm verschwand der Grabhügel und ein We-
„sen von himmlischer Abkunft, unvergänglicher
„Jugend, göttlicher Schönheit erhob sich aus
„demselben, zerfloß in meinen Armen, und ei-
„nigte sich mit meiner Seele, die sich nach ihrer
„Auflösung nun nicht mehr sehnte. Auch stellten
„sich die Dinge mir ganz anders dar als sonst,
„so oft ich durch den Wunderspiegel sie besah;
„was ehemahls meinem bloßen Auge unten war,
„erschien durch ihn mir oben, und das Einzelne,

„Befondere oder Getrennfe vereinigfe ſich in ſei-
„nem Mittelpuncfe zu einem Ganzen, Allgemei-
„nen und Einen. Keine Menſchen, Völker und
„Länder, keine Sonnen, Sterne und Welten,
„kein einzeln Rechtes, Gutes und Schönes ge-
„wahrte mein Auge nur nach und nach; auf Ein
„Mahl und allenthalben erfaßte mein Blick eine
„unermeßliche göttliche Natur, überall begegne-
„ten ihm nur Licht, Leben und Liebe, in welchen
„ich mich ſelbſt, unausſprechlich ſelig, bereits zer-
„ronnen ſah, als die Kloſterglocke, die Mönche
„zur Mette rief und auch mich aus meinem
„Traume weckte.“

„Zwey Dinge ſind mir in ihm klar und ge-
„wiß; das eine, daß er ein treues Bild meiner
„künftigen Schickſale war, ſo wie ſie meine See-
„le in ihrem reinen freyen Seyn als gegenwärtig
„überſchauet; das andere, daß nur die Bedeu-
„tung der drey Steine mir das Räthſel der Welt
„und meines Lebens in ihr löſen könne, ſie folg-
„lich der vorzüglichſte Gegenſtand meines Den-
„kens und Forſchens ſeyn und bleiben müſſe.
„San Marino entſchwand auf den Höhen
„bey Macerata meinen Augen; aber der Ti-

„tanische Berg in seinem mystischen Nebel steht
„fest gegründet in meinem Geiste, und Fra Gi-
„acomo's Weissagungen werden in meiner See-
„le nie verhallen. 2c. 2c.

———————————

Einem Gemüthe von Bonaventura's
Kindlichkeit und Gehalt mußte Rom eine heilige
Stadt und sein Wandel darin eine fortgesetzte Heiligung seines Wesens werden. Er mochte in den
Tempeln des frommen Glaubens an den lieblichen Bildungen einer gottseligen Romantik sich
ergetzen, oder auf dem Vatican und Capitol die
religiösen Mysterien des antiken Geistes vernehmen, auf seinen einsamen Wanderungen mit
Raffalli in der Villa Borghese und unter den
Ruinen bey Tivoli im mannigfaltigen Wechsel
der Dinge die Leiden Corsica's und des Men-
schengeschlechtes erwägen, oder in der Sapienza
die historischen Ueberlieferungen geistloser Rechts-
lehrer zu einer lebendigen Wissenschaft des Rechtes für sich erheben: nirgends unterließ er, seine
Freuden, Erleuchtungen, Erfahrungen und An-

ſichten an dem einfarbigen Lichte der drey Steine zu prüfen.

Es war ihm hoher Ernſt, in Rom die frucht-
barern Gefilde des hiſtoriſchen Wiſſens auch außer der Sapienza bedachtſam, doch ohne Rück-
ſicht auf künftige Brauchbarkeit, zu durchzie-
hen und in der freyen Bildung des geſammelten
Stoffes ſich des Geiſtes der Wiſſenſchaft im Ganzen und Allgemeinen zu bemächtigen. Daß er
nur nach dieſem Ziele ſtrebte, verriethen ſchon
die Geſichtspuncte, aus welchen er ſich, nicht die
Lehrer, ſondern die Gefährten auf ſeinen Zügen
wählte. Die unerläßlichſte Bedingung dabey
war, ein höherer Grad von Religioſität und eine geübtere Fertigkeit, die geſchehenen und die
erſcheinenden Dinge in ihrer religiöſen Richtung,
das iſt in ihrer Einheit mit dem Ganzen, zu erkennen. Es war ausgemacht in ſeinem Geiſte,
daß nur der Gottſelige im Reiche der Ideen ein-
heimiſch werden und Ideales aus ſeinem Weſen
gebären könne; mithin nur er des reinen Willens fähig ſey, auch den Mitgenoſſen ſeines heiligen Geſchlechtes in die gemeinſchaftliche Heimath zu begleiten.

Nicht arm war Rom an Männern, wie Bo=
naventura sie wünschte, nur saßen sie nicht
auf den Stühlen der Schriftgelehrten und Pha=
risäer, wo er sie aber auch nie suchte. In der
Akademie der Arkadier hörte er den ruhmlosen
Dichter Zanolini seine Tragödie, Laokoon,
voll tragischer Kraft und hellenischen Lebens,
vorlesen. Sie gefiel den versammelten Priestern
der Musen nicht, weil sie Maffei's Merope
an Erhabenheit der Jdeen und an Größe der
Gesinnungen übertraf, weil sie im Kampfe zwi=
schen Freyheit und Nothwendigkeit keine der an=
dern unterliegen ließ, sondern durch die Erhö=
hung der Einen zur völligen Gleichheit mit der
Andern ihn aufhob; und man hielt sie des Druk=
kes nicht werth, weil sie zu Griechisch war und
die Sehnsucht nach dem untergegangenen Lao=
koon des Sophokles schwächen könnte. Allein
für Bonaventura war gerade Zanolini der
Mann, mit dem er sich an bestimmten Tagen
über das Ganze der Geschichte, als fortströmen=
den Offenbarung der ewigen Thätigkeit des Welt=
geistes, und vor den Denkmahlen der alten Kunst
über die religiöse Begeisterung der Griechen, in

welcher ihnen das Natürliche göttlich, das wirklich Göttliche idealisch ward, und über ihr Bestreben, das Unendliche in die Endlichkeit einzuführen, am lehrreichsten unterhielt.

Bey der Richtung seines Geistes konnte er
weder das Studium der Theologie, noch das
der Naturwissenschaft dem Denker für entbehrlich halten. In dem geheimen Kreise einiger Frommen war ihm eine Darstellung der ewigen und
unaufhörlichen Menschwerdung des Sohnes Gottes in der Natur und in dem Menschen hand-
schriftlich mitgetheilt, und in dem Verfasser derselben, Abbate Curr.ado, einem religiösen Phy-
siker, entdeckte er den Geweihten, in dessen ver-
trautem Umgange er hernach die Töne aus der
ewigen Welt im Heiligthume der Natur und der
Kirche immer gleichlautend vernahm, in den
Dogmen der Theologie und in den Axiomen
der Physik, die herrlichsten Accorde der Harmonie zwischen dem Sichtbaren und Unsichtbaren finden lernte, und wie in dem Christenthume das Göttliche natürlich, das wirklich Natürliche hingegen idealisch ward, wie es ohne Unterlaß strebte, das Endliche zu dem Unendli-

chen zurück zu führen, mit zunehmender Deut=
lichkeit erkannte.

Der lichtvollen Nächte, welche er zu Mila=
no mit Gaetana Agnesi auf de la Gran=
ge's Sternwarte gefeyert hatte, eingedenk, sehn=
te er sich auch in Rom nach diesem Genusse; aber
nicht in dem Collegio Romano, wo man die heh=
ren, in zahllosen Lichtwelten ausströmenden Ide=
en der Gottheit verkörperte, nur ihren Lauf zu
berechnen und das Verhältniß ihrer Dichtigkeit
zur Masse auszumitteln verstand, suchte er Be=
friedigung. Der fromme Carthäuser Ugolino
Gaddi, der im sichtbaren Universo überall nichts
Anders, als ein allgemeines und ewiges Gebä=
ren lebendiger Ideen sah und verehrte, war ihm
der Weise, mit welchem er dem All und Einem
Hymnen der Anbethung und Liebe zur Musik
der Sphären in andächtiger Begeisterung sin=
gen wollte.

Dieß sind die Umrisse seines wissenschaftlichen
Lebens in Rom, unter welchem sich sein Herz auch
für das ganze Menschengeschlecht erweiterte und
sein Geist die Fähigkeit erlangte, einst, obgleich
in begränzten Kreisen, doch in der Idee

der Allgemeinheit, für Menschenwohl
zu wirken. War es ihm Bedürfniß, sein religiöses Gefühl auch durch die Theilnahme an den
kirchlichen Mysterien zu nähren, so befriedigte
er dasselbe, bald zu San Romualdo, bald zu
San Giuseppe; seine kindliche Liebe hatte ihm
diese beyden Kirchen vor allen übrigen geheiligt.
In der einen war in seinem Vater vor Sachi's
göttlichem Gemählde der Entschluß erwacht, die
höchste Lebensweihe auf dem Berge Camaldoli
zu suchen; in der Gruft der andern ruhete die
Hülle seiner verewigten Mutter Lodovica.

Bonaventura's Gemüth war in Anselmo's Zelle nicht ganz beruhiget worden; das
Lichte desselben erkannte zwar mit Andacht die
weisen Führungen des Ewigen, und das Edle
weilte mit Wohlgefallen vor dem Bilde seines
allmählichen Werdens; aber das Zarte verlangte noch eine Anschauung von der Quelle, aus
der es ausgeflossen war; diese ward ihm in Rom
gewährt. Giulia lebte noch daselbst und stand
jetzt dem Kloster, wo Lodovica vor acht Jahren im Rufe der Heiligkeit verschieden war, als
Priorinn vor. Sie gab ihm die vollständigste

Kunde von dem himmlischen Wandel der Seligen, von ihrer Eintracht mit sich selbst, von den
Offenbarungen der Gnade durch ihre Gesinnungen und Handlungen, von ihrem Fortschreiten
in der göttlichen Weisheit durch Contemplation
und von den erhabnen Aeußerungen ihres heitern, von Gott erfüllten, Geistes in den letzten
Augenblicken seiner Auflösung. Dabey hatte sie
ihm versichert, daß man im dritten Jahre nach
ihrem Tode, bey einer zufälligen Eröffnung des
Sarges ihren Leichnam völlig unversehrt gefunden, ihn seit der Zeit jährlich an ihrem Sterbe-
tage besehen; aber, bis zu dieser Stunde noch
keine Spur der Verwesung an ihm entdeckt habe. Lieblich lächelnd sey sie in ihrem vier und
dreyßigsten Jahre am Sct. Andreas-Tage hinü-
bergegangen, und, mit eben diesem Ausdrucke
des Wonnegefühls ihrer Seligkeit verjünget und
verschönert, liege sie noch in dem Sarge, wo sie
am künftigen Jahrstage ihrer Heimfahrt feyerlich besichtiget werden solle. Die Erlaubniß, dieser Handlung beyzuwohnen, konnte die Priorinn
ihm nicht ertheilen, doch ohne Anstand erhielt er
sie von dem General der Carmeliter, dem das

Kloster zu San Giuseppe untergeordnet war.
Auf welche Art sich Bonaventura zu diesem
Anblicke vorbereitet, was er gesehen und empfunden hatte, was dabey in ihm und um
ihn vorgegangen war; mit der Schilderung von
dem allen begleitete er das kostbare Kleinod,
welches er bald hernach an seinen Vater sandte.

„ꝛc. ꝛc. Drey Tage vor jener Nacht,“ so
schrieb er, „entzog ich mich der Gesellschaft ge-
„wöhnlicher Menschen ganz, und ging in die
„Carthause zu Santa Maria degl' Angioli, wo
„ich bey Tage nichts anders las, als Platons
„Phädo, Seneca's Abhandlung über die Kür-
„ze des Lebens und in Sct. Augustins Be-
„kenntnissen sämmtliche Abschnitte, in welchen
„sich seine kindliche Liebe gegen seine Mutter zärt-
„licher ergießt. Den größten Theil der Nächte
„durchwachte ich mit meinem Freunde Saddi
„auf seiner Warte, im Universo der Sonnen das
„Licht und Leben der Geister im All der Gottheit
„beschauend. Spät in der Sanct Andreas-Nacht
„begab ich mich in die Carmeliter-Kirche della
„Vittoria, um dort den Prior zu erwarten, und
„ihn nach der Mette in die Gruft der Nonnen

„zu

„zu San Giuseppe zu begleiten. Die Mönche
„sangen die Psalmen auf dem Chor, ich war
„ganz allein in der Kirche auf dem mir angewie-
„senen Platze vor Bernini's Statüe der heili-
„gen Theresia. Kein besserer konnte zur näch-
„sten Vorbereitung auf meine Wallfahrt gewählt
„werden, kein Kunstwerk, von Menschenhänden
„gebildet, würde diesen Augenblick, wie dieses,
„mein Gemüth mit einer so süßen Wehmuth und
„heiligen Sehnsucht erfüllet haben. Der Aus-
„druck der göttlichen Begeisterung und des völ-
„ligen Zerfließens in der Gottheit, welchen Ber-
„nini hier dem Steine eingehaucht hat, ist das
„Höchste, was je mein Auge sah. Die Heilige in
„Extase unterliegt den gewaltigen Einwirkungen
„des Unendlichen, ihr Blick des Entzückens ver-
„kündiget die innigste Verschmelzung des Mensch-
„lichen mit dem Göttlichen, ihr halb offener Mund
„ein gänzliches Versinken und Vergehen in himm-
„lischer Liebe, durch jeden Zug ihres verklärten
„Antlitzes will die überschwänkliche Wonne ihrer
„Seele sich ergießen. Mit siegesfrohem Wohlge-
„fallen betrachtet sie der Seraph, das schönste
„Bild des göttlichen Amors, dessen Pfeil sie ge-

U

„troffen hat. Das Gefühl ihrer Körperlichkeit
„scheint erstorben, das sinkende Haupt bezeich=
„net das Hinschwinden ihrer Selbstheit. Ganz
„so dacht' ich mir auch meine Mutter in ihrer
„Zelle, wenn sie, aller irdischen Verhältnisse, ih=
„rer Sünde und ihrer Leiden vergessend, nur in
„der liebenden Beschauung des Ewigen und Hei=
„ligen lebte. Dieß Bild von ihr wird nimmer=
„mehr in meiner Seele erlöschen.“

  „Die Mette war geendigt, der Prior und
„der Beichtvater der Nonnen riefen mich von
„dieser unübertrefflichen Schöpfung der religiö=
„sen Romantik weg. Schweigend, heiter im Gei=
„ste, bedrängt im Herzen, wallte ich an ihrer Sei=
„te nach San Giuseppe. Die Nonnen empfingen
„uns mit brennenden Fackeln, die Kirche ward
„hinter uns verschlossen, der Prior stimmte den
„ein und funfzigsten Psalm an, unter welchem
„wir in die Gruft hinunter stiegen. Der Sarg
„ward geöffnet, das Leichentuch weggezogen;
„und Lodovica lag da, unversehrt und schön,
„mit dem Ausdrucke der sanftesten Ruhe, als
„wäre sie so eben nach einem freudenreichen Ta=
„ge eingeschlummert.‘ Der lächelnde Zug um ih=

„ren Mund war natürlich, nicht krampfhaft,
„und verlor ſich lieblich in den übrigen Zügen
„ihres holden Angeſichts. Mir ſchien, als hätte
„der Geiſt noch in dem Augenblicke ſeines Ent-
„ſchwindens ſeine bildende Kraft an ihrem Kör-
„per bewähren und die Wirkung derſelben blei-
„bend machen wollen."

„Unter dem Pſalm: „Lobet den Herrn in
„ſeinen Heiligen;" ꝛc. ꝛc. befühlten, prüfend und
„forſchend, der Prior, der Beichtvater, G i u l i a
„und die vier älteſten Nonnen den Leichnam an
„verſchiedenen Gliedern; ich ſtand noch immer
„unbeweglich, erſtaunt und in der Betrachtung
„der Geſtalt, aus deren Weſen ſich einſt in mir
„eine neue Erſcheinung des All gebildet hatte,
„mir ſelbſt entäußert. Jetzt hieß man auch mich
„die Wahrheit deſſen, was ich ſähe, durch Be-
„rührung zu erproben, um hernach das Proto-
„koll von dieſer Beſichtigung mit vollkommener
„Ueberzeugung unterſchreiben zu können; da fiel
„ich hin auf meine Knie, anbethend den Geiſt
„der Natur, der ſich hier in einer neuen Wirkung
„ſeiner Allmacht mir offenbarte. Dann küßte ich
„ehrfurchtsvoll die blaſſen Lippen, von welchen ich

U 2

„in meiner Kindheit die ersten Andeutungen des
„ewig Wahren und göttlich Schönen vernom=
„men hatte; von Liebe und Dankbarkeit beseelt,
„drückte ich an mein Herz die kalte Hand, das
„Werkzeug der mütterlichen Zärtlichkeit zur frü=
„hesten Pflege meines Lebens und meines Gei=
„stes. Als ich sie wieder fahren ließ, lag der di=
„amantene Ring, den Sie, — Dank sey's dem
„frommen Glauben des Priors, — hiermit er=
„halten, in meinen Händen, und weder ich, noch
„jemand von den Anwesenden vermochte es, ihn
„irgend einem Finger des Leichnams wieder an=
„zustecken. Giulia sagte aus: Lodovica's
„letzte Bitte an sie sey gewesen, sie mit diesem
„Trauringe in den Sarg zu legen und darüber
„zu wachen, daß er ihr bleibe, bis — mit diesem
„Worte habe sie die Sprache verloren. „„Bis
„„die Selige selbst,"" sprach der Prior, „„den
„„frommen Sohn damit an den Himmel ver=
„„mählen würde."" — „„Oder vielmehr seinen
„„Vater, ihren Geliebten;"" erwiederte ich,
„und nur unter der Bedingung, daß ich Sie da=
„mit in ihrer Einsamkeit erfreuen dürfe, nahm
„ich das Kleinod an, das die gottselige Gemein=

„de mich behalten hieß: empfangen Sie es, mein
„theurer Vater, mit meiner Bitte, dasselbe einst
„von Ihnen mich erben zu lassen.

   „Der Beichtvater hatte den Erfolg der Un-
„tersuchung aufgesetzt, er las ihn vor, die An-
„wesenden unterzeichneten ihn, so wie ich, mit
„eigenthümlichen Zusätzen; der meinige lautete:
„„„Der Geist herrscht ewig über den Körper; der
„„„Tod ist überall nur Schein, Täuschung, —
„„„Nichts.‟‟‟

   „Nun gab der Prior das Zeichen zum Tod-
„tenamte; vorher sollte der Sarg wieder zuge-
„schlossen und versiegelt werden, auf mein Ersu-
„chen blieb er bis zur Beendigung der Vigilien
„offen. Diese Stunde, Vater, ward mir zur
„hellsten Morgenwache vor dem Heiligthume
„des Lichtes. Am Sarge kniend, das Auge un-
„verrückt auf Lodovica geheftet, betete ich
„mit den Frommen in steigender Erhebung des
„Gemüthes den ersten Nokturno bis zu Hiobs
„Worten:‟

   „„„Hast du denn auch fleischliche Augen, oder
„„„siehest du wie der Mensch sieht? Oder sind
„„„deine Tage wie die Tage des Menschen,

„„„oder deine Jahre wie die Zeiten der Sterb-
„„„lichen; (Cap. 10, 4. 5.)

„dann aber wollte mein beschauender Geist seine
„eigenthümliche Richtung im Unendlichen ver-
„folgen.“

„„„Was ist Leben,“„„ — so ordnete sich das
Chaos meiner Ideen und Empfindungen zu Gedanken, — „„„was ist Tod in der Selbstanschau-
„„„ung Gottes? Jenes überall, in den lichten
„„„Sternenwelten wie in den düstern Grüften und
„„„Abgründen der Erde, von ihm ausgegossen,
„„„dieser nirgends. — Doch nicht das Leben ist in
„„„den Dingen, sondern die Dinge sind in dem
„„„Leben, und alles, was sie sind und scheinen,
„„„ist wesentlich in ihm gegründet. — Nur die Art
„„„ihres Seyns im Leben ist zufällig und verschie-
„„„den; und auch das scheinbar Todte in ihnen
„„„ist nicht todt in ihrem Wesen, ist nur ihr un-
„„„bekanntes oder unsichtbar gewordenes Seyn
„„„im Leben. — Lodovica lebt, thätig in der
„„„Welt der Geister, ruhend in dem Reiche sicht-
„„„barer Dinge. — Ruhe ist nicht Tod; und frey
„„„steht es der Natur, ihr allumfassendes göttli-
„„„ches Leben, dort durch immerwährende Stö-

„„tung und Wiederherstellung der Eintracht, hier
„„durch Beharrlichkeit des Gleichgewichts der
„„Kräfte, dort durch mannigfaltige Thätigkeit,
„„hier durch stätige Ruhe zu offenbaren.— Geist
„„der Natur! schütze meine Vernunft gegen den
„„verständigen Wahnsinn, der deine Gattinn nur
„„als unterthänige Magd der blinden Nothwen=
„„wendigkeit sieht! Laß die heilige Mutter aller
„„Dinge mich so erkennen, wie sie in ihrer un=
„„wandelbaren Gesetzmäßigkeit frey, und zu=
„„gleich in ihrer vollen Freyheit gesetzmäßig,
„„deine ewigen Ideen für uns in der Zeit ge=
„„biert!— Lodovica lebt selbst in diesem Kör=
„„per noch, denn nur der empfangende, nicht
„„der wirkende Grund des Lebens lag in ihr:
„„dieser ist die Ursache ihres unbedingten, jener
„„war bloß die Bedingung einer eigenthümli=
„„chen Art ihres Seyns. Der eine ist durch alle
„„Welten ausgebreitet, und durchströmet jedes
„„einzelne Wesen, konnte folglich auch in dir,
„„Selige, nicht still stehen, nicht versiegen, durch
„„den andern bildete sich das Seyn des All
„„in dir zu einer besondern Welt nach dem Gra=
„„de deiner eigenthümlichen Empfänglichkeit.

„„„Der empfangende Grund, so weit er Bedin-
„„„gung deines Lebens in der Thätigkeit war,
„„„ist von dir gewichen, aber deutlich kündigt er
„„„sein fortdauerndes Daseyn an, in so fern er
„„„Bedingung deines Lebens in der Ruhe ist. —
„„„So bist du freylich wenig nur für meine Sin-
„„„ne, doch alles was du warst, das bist du noch
„„„im Schooße der Natur und meinem Geiste. —
„„„Klar schauest du jetzt das große Geheimniß
„„„des Seyns, das ich an deiner Ruhestätte, mein
„„„Wesen durchdringend, fühle, allein im Wissen
„„„meines innern Sinnes nur dunkel ahnde; und
„„„auch dieß Gefühl und diese Ahndung, was
„„„sind sie anders, als Einwirkungen deines Seyns
„„„im Leben und erleuchtende Aeußerungen dei-
„„„ner ewigen Mutterliebe?„„„

„Dieß, Vater, glaube ich fest, denn nicht so
„war's in meiner Seele zu Bologna vor der Mu-
„mie der heiligen Catharina Vigri, nicht so
„in Padua vor dem Grabe des heiligen Anto-
„nius, und auch nicht so im Dome zu Milano
„vor dem nicht minder unverwesten Leichnam des
„heiligen Carlo. Dieser Glaube, von meiner
„kindlichen Liebe erzeugt, heiliget mir diese ein-

„zelnen Laute, aus der Harmonie des All und
„auch das übrige, das ich in Worten auszuspre-
„chen nicht vermag, zu leitenden Orakel-Sprüchen
„auf meinen künftigen Wanderungen im Reiche
„der Einen, lebendigen und ewigen Natur.“

, „Noch horchte ich in Andacht und Demuth
„den Eingebungen ihres Geistes, als die jüngste
„Nonne, eine Engelsgestalt, die letzte Antipho-
„ne des Todtenamtes *) sang, der Prior mich
„aufstehen hieß, den Sarg verschloß und bis zu
„einer künftigen Besichtigung das Ordenssiegel
„darauf drückte. Er stimmte das Te Deum ꝛc. ꝛc.
„an, aber in meiner Seele schallten nur die hei-
„ligen Worte der Antiphone, wie gewaltige
„Töne aus dem Abgrunde der Gottheit, fort.
„Schon oft hatte ich sie gelesen und gehört, doch
„jetzt ward ich zum ersten Mahle von ihrem Gei-
„ste ergriffen, die Bestätigung dessen, was vor
„dem offenen Sarge sich in mir aufgehellet hat-
„te, die Einheit des Göttlichen und Natürlichen,

---

*) „Ich bin die Auferstehung und das Leben. Wer
„an mich glaubet, der wird leben, ob er gleich
„stürbe; und wer da lebet und glaubet an mich,
„der wird in Ewigkeit nicht sterben. Joh. 11, 25, 26.

„des Idealen und Wirklichen, der Unendlichkeit
„und Endlichkeit, der Religion und der Wissen-
„schaft lag in ihren Worten für mich ausgespro-
„chen. Die ewige Menschwerdung Gottes im
„Weltall ging auch in meinem Innern vor, und
„der wissende Glaube, daß Er durch seinen Sohn
„in der Menschheit die Auferstehung und das
„Leben aller Dinge sey, ward mir zur höchsten
„Seligkeit des Lebens." ꝛc. ꝛc.

Fleißiger besuchte nunmehr Bonaventura die geheimen Versammlungen der Erleuchteten, welche, von Abbate Currado gestiftet,
von ihm auch in dem reinen Bestreben, die kirchliche Theologie mit der Naturwissenschaft, und
beyde mit der Religion, in den klaren Tiefen des
Mysticismus innigst für sich zu vereinigen, erhalten wurde. Nicht groß war ihre Zahl; aber
in dem Himmel ihres Geistes ging die Sonne nie
unter, deren Strahlen die Welt ihres Herzens
immerfort in fruchtbarer Wärme erhielt. Sie
nannten sich Frati Prattici, und mit Erbau-

ung entdeckte Bonaventura, in ihrem bür=
gerlichen Wirken, wie in ihrem Denken, die un=
auflöslichste Eintracht zwischen der Einsicht und
ihrer Anwendung auf die Wirklichkeit. Obgleich
durch echte Freundschaft unter einander verbun=
den, kamen sie doch monathlich nur Ein Mahl
zusammen; dann aber trennten sie sich nie vor
Anbruch des Tages. Die Gesellschaft bestand aus
zwey Classen, der Seher und der Sucher,
diese schwiegen in der Versammlung und harrten
in Demuth, bis unter den Offenbarungen der
erstern die göttliche Flamme der Erkenntniß aus
ihrem eigenen Wesen hervor brechen, und auch sie
zu Sehern weihen würde. In der letztern Classe
befand sich Bonaventura noch, als er gegen
das Ende seines zweyten Jahres in Rom durch
das ungünstigste Ereigniß aus diesem lichtvollen
Kreise vertrieben ward.

Als er am St. Martins=Tage in Zanoli=
ni's Begleitung von einer antiquarischen Kunst=
wanderung nach Hause kam, überraschte ihn
Gonella's Ankunft mit einem Briefe von sei =
nem Oheim, worin ihm dieser meldete: „er habe
„ihn vorläufig an ein reizendes Mädchen, die

„einzige Erbinn eines ungemein reichen und mäch-
„tigen Hauses zu Florenz versprochen; diese Ver-
„bindung werde sein Glück gründen, und ihm in
„Toscana zu den höchsten Ehrenstellen die Wege
„bahnen. Am vierten Advents-Sonntage werde
„er selbst mit der Braut und ihren Aeltern, welche
„der Eröffnung des heiligen Thores und der be-
„ginnenden Feyer des Jubiläums beywohnen
„wollen, in Rom eintreffen, ihm eine der vor-
„züglichsten Schönheiten Italiens vorstellen, das
„Fest seiner Verlobung mit ihr begehen, und ihn
„sodann in sein neues Vaterland zurückführen."
Dabey war eine Anweisung auf eine ansehnliche
Summe Geldes, damit es ihm nicht an Mitteln
fehlte, zu dem bevorstehenden Besuche mit anständiger Pracht sich vorzubereiten.

Bonaventura's Entschluß war schnell gefaßt. Er erkannte die väterliche Sorgfalt seines
Oheims und dankte ihm dafür; betheuerte ihm
aber zugleich, „daß er die wichtigste Verbindung
„des Lebens nie anders, als nach eigener freyer
„Wahl und mit Ausschließung alles fremden Ein-
„flusses schließen werde. Jetzt sey er überhaupt
„noch zu jung dazu und seine Weltansicht viel

„zu einseitig und beschränkt, als daß er sich selbst
„das Zeugniß seiner Reife zum würdigen Ehe=
„manne und besonnenen Hausvater geben könn=
„te. Seine Lehrjahre auf der hohen Schule der
„Welt seyen noch lange nicht geschlossen, und
„von der Meisterschaft stehe er noch so weit ent=
„fernt, daß er fürchten müsse, die Jugendblüthe
„der schönen Florentinerinn möchte verwelken,
„bevor er mit gutem Gewissen sich zum Gatten
„ihr anbiethen dürfte. Darum habe er auch für
„gut und heilsam erachtet, ihren Besuch gar nicht
„abzuwarten, sondern Rom sogleich zu verlas=
„sen. Diesen Augenblick wisse er noch nicht, wo=
„hin sein Schicksal ihn führen und wo er neue
„Bildungsanstalten für sich finden werde; sobald
„er indessen irgendwo sich wieder heimisch und be=
„haglich fühlte, würde er nicht säumen, ihm Nach=
„richt davon mitzutheilen.“ In einem andern
Schreiben bath er den Abbate, mit diesem Briefe
an seinen Oheim eiligst zurück zu kehren, ohne in die
Beweggründe zu seiner Flucht eindringen, oder
seinen geheimen Wegen nachspüren zu wollen.
Beyde Schreiben kamen erst am dritten Tage nach
seiner Abreise von Rom in Gonella's Hände.

Abschied zu nehmen, hatte er nur von Raffalli, Zanolini, Gaddi, Currado und der
Priorinn Giulia; den beiden Letztern gab er
auch von seinem Geheimnisse nähere Kunde: diese warnte ihn vor Verirrungen, die sie bloß in
dunkeln Ahndungen für ihn fürchtete, jener entließ ihn mit dem Wunsche, daß er das vollendete Bild der ewigen Vermählung des Unendlichen
mit dem Endlichen bald in der Einigung seines
Geistes mit einer weiblichen Seele durch Liebe erschauen, und in der Seligkeit derselben den endlichen Aufschlüssen über die Welt und über sein
Wesen sich nähern möge.

Der Drang seines Herzens trieb ihn gera-
des Weges nach Pozzuolo, ohne daß ein bestimmtes Ziel in deutlichen Gestalten ihm vor-
schwebte; nur Giulia's vieldeutige Warnungen
und Currado's weissagender Wunsch beschäf-
tigten seinen Geist. Unter der Beherzigung des
letztern erwachte in ihm die Erinnerung an die
zärtlichen Schwärmereyen der Nonnen zu Venedig, an seinen vertrauten Umgang mit der, eben
so geistreichen als anmuthigen, Gaetana zu Milano, und an die Schilderungen seines Vaters

von Salicetti's häuslichem Glücke und Olym-
pias zunehmenden Vorzügen. Wunderbare Lust
und Wonne lächelte ihm aus den lieblichen Schöpfungen, welche die Phantasie in bunten Reihen
seiner Seele vorführte; und alles, was er außer
sich erblickte, oder in seinem Innern empfand,
vereinigte sich jetzt, um das sehnende Verlangen
nach einem unbekannten Etwas, das er längst
und oft gefühlt, doch nie verstanden hatte, ihm
zu deuten. In liebender Sehnsucht schien ihm die
untergehende Sonne die ruhige Meeresfluth zu
küssen und zu röthen, die wallenden Gebüsche
von Rosmarin und Myrten schienen ihm in ihrem süßen Dufte nur Freuden der Liebe auszu-
hauchen, der Bäche sanftes Murmeln und des
Zephyrs angenehmes Flistern das keusche Gemüth zu den Mysterien der Himmlischen einzuladen, die trauernden Cypressen um die Ruinen
der alten Götterwelt herum die Entheiligung der
Liebe unter Menschen zu beweinen, und das
Funkeln der Sterne zu den Wohnungen der Seligen, welche das heilige Leben der Liebe bereits
verewigt hat, ihn hinzuweisen.

Salicetti's Villa lag auf einem fruchtba-

ren Hügel in der Mitte zwischen Pozzuolo und
dem Berge Camandoli. Als er sie von fern
erblickte, war ihm, als fiele plötzlich ein dichter
Nebel von dem Auge seines Geistes; und was
seit dreyzehn Jahren, seiner Natur und seiner
Richtung nach, verhüllt in seiner Seele gelegen,
was seinem früh erwachten Leben im Idealen
den kräftigsten Schwung ertheilet, bald durch
den religiösen Enthusiasmus für die Kunst, bald
durch den melancholischen Hang zur klösterlichen
Einsamkeit in ihm gewirkt und nur bisweilen
durch ein reizendes Helldunkel in seiner eigentli=
chen Gestalt sich ihm gezeigt hatte, seine schwär=
merische Sehnsucht nach Camilla, trat jetzt
klar und deutlich in seinem Bewußtseyn hervor,
um in der Liebe gegen Olympia auf immer zu
verschwinden. Was dem geängstigten Seefahrer
nach einer langen, ungewissen, stürmischen Fahrt
das Wiedererscheinen seines leitenden Gestirnes,
das war dem jungen Corsen nun der Hügel und
die Villa, in welcher er den Gegenstand seiner
verborgensten Wünsche und sehnlichsten Erwar=
tungen zu finden hoffte. Allein nichts fand er da=
selbst, als einen alten Verwalter in dem kleinen

Kreise

Kreise seiner Familie, der ihn mit der schrecklichen
Nachricht, „daß die Gräfinn Camilla seit zwey
„Jahren in der Dominicaner-Gruft zu Pozzuo-
„lo ruhe, das fromme Fräulein Olympia in
„Frankreich in einem Kloster sich befinde, und
„der Graf, um seinen Schmerz zu mildern, auf
„Reisen sey," zu Boden warf. Alles Fragen und
Forschen nach der Gegend, welche Salicetti
wählte, oder nach der Provinz, in welcher das
Kloster läge, war vergeblich; der Verwalter
wußte nichts von allem, was den Bestürzten wie-
der aufrichten, aber sehr vieles, was ihn bis zur
Verzweiflung treiben konnte.

Unerschöpflich war er in der Erzählung, was
die englische Olympia alles wüßte, wie sie in
der Pastell-Mahlerey mit den größten Künstlern
wetteifern könnte, wie sie sich in ihrem Cabinette einen Altar bloß von ihren eigenen Gemählden errichtet hätte, wie meisterhaft sie das Clavier spielte, wie sie einem den Himmel in die Seele zu singen verstände, aber durchaus nichts anders als heilige Gesänge singen wollte, und mit
welchem Entzücken ihr oft der Französische Bischof, mit dem Sie und der Graf weggereiset

wären, zugehört habe. Hohlte der gesprächige
Verwalter einen Augenblick Athem, so bemäch=
tigte sich sein redseliges Weib des Wortes, und
nun war keine Schönheit des Körpers und des
Herzens im Himmel und auf Erden, welche das
Fräulein nicht im höchsten Grade besäße. Ein
Strom von Thränen floß aus den Augen der al=
ten Mutter, als sie versicherte, wie bitterlich sie
weinen müßte, wenn sie daran dächte, daß so
eine herrliche Rose aus Gottes schönem Men=
schengarten unter einem Nonnenschleyer verwel=
ken sollte. Die Tochter, ein reines Modell für den
Künstler zu einer kindlichen Ergebung auf das
Grabmahl einer Braut, der ihr Geliebter voran
ging, bemerkte, mehr um sich selbst, als um die
Mutter zu trösten, daß es nur im Schooße des
Glückes und in dem Besitze ungewöhnlicher Rei=
ze verdienstlich wäre, dem eiteln Glänze und den
flüchtigen Freuden der Welt zu entsagen. Wäh=
rend des Streites zwischen Mutter und Tochter
hatte sich Bonaventura gesammelt; er zog
Camilla's Bild, welches ihm von dem Car=
thäuser Girolamo zu Bologna war geschenkt
worden, hervor, und fragte, ob es dem Fräu=

lein gliche. Die ganze Familie erkannte die auf=
fallendste Aehnlichkeit, aber auch nicht die ge=
ringste Spur von der Anmuth und Lieblichkeit,
womit Olympia alle Menschen an sich anzöge.

Bonaventura's herzlichere Theilnahme
an allen diesen Lobeserhebungen, besonders aber
der Besitz eines Bildes, wie er glaubte, von dem
Fräulein, brachte den Verwalter auf die Ver=
muthung, daß der Fremde entweder ein Freund
oder ein Verwandter seiner Herrschaft sey; er
erboth sich daher, ihm die Zimmer der Villd zu
zeigen, wo er vor dem sprechend ähnlichen Bild=
nisse von Olympia ersehen würde, ob seine
Familie von diesem Engel unter Menschen zu viel
gesprochen hätte. Es hing in dem Zimmer des
Grafen, dem Bilde der Camilla gegen über, bey=
de von Serenari in Lebensgröße, diese als
mütterliche Liebe nach Albani, Olympia in der
Gestalt der Psyche, mit dem himmlischen Amor
sich vermählend, nach Raphael; in der Mitte
hing eine Himmelfahrt Maria von Solimena
nach Correggio. Wie angefesselt stand er lange
vor den Gemählden; was er in der Beschauung
derselben gesehen, empfunden, gelitten hatte,

drängte er seufzend in das einzige Wort, ver=
loren, zusammen, und folgte dann dem Alten,
der mit Olympia's Cabinette eine neue Quelle
des Schmerzes für ihn aufschloß. Unter den Bil=
dern mit ihrem Fecit zeichnete sich vorzüglich ein
heiliger Alonfius aus; und diesen Augenblick
bemerkte der Verwalter auch an dem Fremden
die treffendste Aehnlichkeit mit dem Bilde. Freu=
dig äußerte er seine Wahrnehmung, die Mutter
so wohl als die Tochter stimmten mit ihm über=
ein, und selbst Bonaventura mußte einige
seiner Züge daran erkennen. Er betrachtete eine
Weile diese wunderbare, seinem Herzen so be=
hagliche Erscheinung ihres Ideals und ging dann
an das Fenster, um seine Thränen zu verbergen.
Die Aussicht führte auf den Berg Camandoli,
auf dessen Gipfel zwey hohe Thürme empor rag=
ten. Er erkundigte sich nach dem Gebäude, und
erfuhr, es sey eine Einsiedeley der Camaldulen=
ser, von welcher aus man die schönste Aussicht
über die See und über das ganze Land genösse.
„Das Kloster, sagte der Alte, hieße Scala
„caeli; und da man dort so liebreich beherberge,
„würde, so könnte man auch wirklich von dieser

„himmlischen Höhe, wie Gott vom Himmel, auf
„die Erde herab sehen."

Plötzlich ward es heiterer in Bonaventura's Seele, seine Leiden verstummten unter dem
Entschlusse, bey den Seligen auf dem Berge
einzusprechen, und er bath den Verwalter, ihm
zu jener Himmelsleiter den nächsten Weg zu zeigen. Gegen Abend kam er dort an, und herzlich, wie es nur Menschen vermögen, die mehr
im Himmel als auf Erden wohnen, ward er aufgenommen. Der Prior war vor einigen Jahren
von Camaldoli dahin versetzt worden, Anselmo war ihm bekannt, und er dankte dem Ewigen für die Freude, den Sohn eines so würdigen Ordensgenossen bewirthen zu können. Die
Zerstreuung und das bewußtlose Sinnen des
jungen Mannes verriethen dem geübten Seher
die Qualen, die sein Innerstes zerrissen. Ohne
ihm sein Geheimniß zu entlocken, fragte er ihn
wohlwollend, ob er etwa auch einige Bücher auf
seine Zelle wünschte, und wessen Inhaltes sie seyn
sollten. Bonaventura, der seine kleine Bibliothek nebst seinen Studien und übrigen Geräthschaften dem Abbate Currado in Verwahrung

gegeben hatte, verlangte etwas über die Einsamkeit, doch von Heiligen geschrieben, und bezeigte
sich sehr zufrieden mit der Wahl des Priors, der
ihm die Vitas Patrum und die Episteln des heiligen Hieronymus brachte. So bald er sich
selbst überlassen war, vertiefte er sich in die Betrachtung seines zerrütteten Zustandes, und mit
schrecklicher Klarheit stellte sich ihm darunter die
Gewißheit dar, daß er bis jetzt in Camilla lediglich das Ideal seiner Liebe erschauet und in
diesem nur Olympia geliebt habe, daß diese
Liebe das leitende Princip seines Lebens in der
Kunst- und Ideen-Welt war und unauslöschlich, obgleich nie beglückt durch Vereinigung mit
ihrem Gegenstande in der Wirklichkeit, in seiner
Seele herrschen werde; daß die Göttliche hiernieden für ihn verloren sey, und er der Hoffnung, den von seinem Wesen los gerissenen Geist
anderswo, als in dem Schooße der Gottheit zu
finden, entsagen müßte. Seine Ruhe ging allmählich in Wehmuth über, sein Schmerz verwandelte
sich in Traurigkeit, die Leidenschaft verbarg sich
unter seinen alten Hang zum beschaulichen Leben, die Umgebungen, unter welchen er sich jetzt

Olympia durch ihre eigene freye Wahl vorstellte, rechtfertigten denselben gegen Peraldi's
und Anselmo's Ermahnungen zur Thätigkeit
in der Welt, diese tönten ihm wie der schwinden-
de Nachhall der fernen Freundesstimme, die den,
das Ziel bereits erblickenden, Wanderer vor Ab-
wegen warnen will.

Jetzt nahm er die Episteln des heiligen Hieronymus in die Hand und schlug zufällig das
Sendschreiben an Heliodorus auf. Recht in-
niglich ergötzte er sich an der Beredsamkeit, dem
Witze und der Wärme, womit der Heilige seinem
jüngern Freunde die Freuden und Erleuchtungen
der Einsamkeit schildert, und ihn ermahnet, sich
weder durch die Thränen seiner verwitweten
Schwester, noch durch die schmeichelnden Ein-
ladungen seiner Aeltern von der baldigen Rückkehr in die heilige Einöde bey Bethlehem abzie-
hen zu lassen. Von Schreck und Freude zugleich
erschüttert, las er die Worte:

„Und wenn die flehende Mutter dir auch die
„Brüste, an welchen du einst saugtest, vor-
„hielte, wenn auch der weinende Vater an
„die Thürschwelle sich hinlegte, so fasse du

„Muth„ schreite über den liegenden Vater
„weg, und fliege mit trocknem Auge der Fah-
„ne Christi zu: diese einzige Art von Grau-
„samkeit ist echte Frömmigkeit." 2c. 2c.
Beygeschrieben am Rande war Folgendes:

„Heiliges per calcatum perge patrem! Auch
„mir warst du vor zwanzig Jahren der Fit-
„tich zur Fahne Christi, die mich aus den
„Qualen einer unglücklichen Liebe in dieses
„Paradies zur Seligkeit der Kinder Gottes
„führte; auch mein Weg ging über den an
„der Schwelle liegenden Vater hin, um, ihn
„und alles, was mir angehörte, verlassend,
„der Auserwählung Jesu würdig zu werden."

Gelasio.

Unaufhörlich schallte ihm das gewaltige per calcatum perge patrem im Gemüthe, im nächtlichen
Sturme schien es ihm zu donnern, von den Sternen herab schien es ihn zu überstrahlen, und erst
in dem Vorsatze, ihm zu folgen, verhallten die
Stürme in und außer ihm, und die Sterne schimmerten ihm wieder nur im Lichte der ewigen Liebe.

Am folgenden Tage erkundigte er sich ange-
legentlichst nach dem Pater Gelasio und erfuhr,

daß dieser weise Mann jetzt in der Einsiedeley zu
Incoronata das Amt eines Noviz=Meisters
bekleide. Dieß war ihm ein neuer Antrieb, seinen
Vorsatz auszuführen, ihn dem Prior zu entdek=
ken und um die Aufnahme in den Orden anzu=
suchen: Man machte ihm Hoffnung, nur sollte
er zehn Tage noch in Scala caeli bleiben, und
in der Theilnahme an allen klösterlichen Uebun=
gen die Echtheit seines Berufes prüfen. In schein=
barer Heiterkeit des Geistes verflossen ihm diese
Tage, und nur die innere Anmahnung, an An=
selmo und Peraldi zu schreiben, störte bis=
weilen seinen Frieden. Sie war die Stimme sei=
nes warnenden Genius, aber er unterdrückte sie
als die Eingebung seines wieder auflebenden Welt=
sinnes, der ihn durch die mißbilligenden Urtheile
des Vaters und des Freundes zu besiegen hoff=
te. Den schwersten Kampf dagegen bestand er
am letzten Tage, nachdem er den Obedienz=Brief
nach Incoronata von dem Prior empfangen
hatte. Immer düsterer ward es in seinem Geiste
und stürmischer in seinem Herzen, eine so erschüt=
ternde Empörung in seinem Innern hatte er noch
nie erfahren. Alles, was Peraldi je an ihn ge=

schrieben, Anselmo auf Camaldoli zu ihm gesprochen hatte, stand in großer Flammenschrift
vor seiner Seele. Er las bis spät in die Nacht in
den Vitis Patrum. Doch ungerührt ließen ihn
die Thaten der einsamen Väter und ihre weisen
Sprüche. An den kraftvollern Aeußerungen des
heiligen Hieronymus wollte er sich erheben;
aber Schwulst schien ihm jetzt, was er vor einigen Tagen noch, als reinen Ausfluß der göttlichen Begeisterung, bewundert hatte. In den Worten: „schreite über den liegenden Vater weg;"
glaubte er die Aufforderung zu einem Verbrechen zu vernehmen, und in diesem Glauben
die Uebermacht seines lange unterdrückten
Hanges zur Welt und ihren Freuden zu empfinden: so mit sich selbst entzweyet warf er sich auf
sein Lager hin, denn die Morgenröthe färbte bereits den Osten, und auch in seinem Innern sollte es wieder tagen.

Kaum hatte er die Augen geschlossen, so war
ihm, als säße er in einer tiefen Grube, deren senk-
rechte Wände ihn keine Rettung durch eigene
Kraft hoffen ließen. Er sah sich mit dem Camal-
dulenser-Habit bekleidet, und in dem Buche, das

zu seiner Seite lag, war das Sendschreiben an
Heliodorus aufgeschlagen; doch zu nichts
weniger, als zum Lesen, war er jetzt aufgelegt.
Aengstlich lauschend wünschte er die Fußtritte eines mitleidigen Wanderers zu vernehmen, den
er um Hülfe anrufen könnte. Ein furchtbares
Gewitter zog sich in der Luft zusammen, und bald
brach es in einen heftigen Platzregen aus. Ganze Bäche stürzten von den Anhöhen in die Grube hinab, und auch in die Höhle, in welche er
sich durch eine enge Oeffnung geflüchtet hatte,
drang die Fluth gewaltig ein. Schon war sie
ihm bis an den Hals gestiegen, als Schreck und
Todesangst ihn weckten.

Das angenehme Gefühl seiner Sicherheit
wiegte ihn bald wieder in sanften Schlummer ein.
Da sah er sich in dem Orangen-Walde des Klosters
lustwandeln, der Glanz der goldenen Früchte
zwischen dem dunkelgrünen Laube ergetzte sein Auge, und der liebliche Duft der Blüthen umwehete
ihn mit frischer Lebenskraft. Er pflückte die reif-
sten von den Früchten, um dankbar sich daran
in der nahen Grotte zu erquicken. Eine ungeheu-
re Schlange wand sich vor dem Eingange gegen

ihn empor. Er warf ihr seine Orangen hin, sie
zischte; ihr grimmiger Blick und sein Entsetzen
hielten ihn wie eingewurzelt in den Boden. Schon
fühlte er das Gift ihres Athems in seinen Adern,
er sank zur Erde, die Schlange stürzte auf ihn
los, und er erwachte unter ihrem Bisse.

In der völligen Abspannung und Ermattung seiner Kräfte schlief er noch Ein Mahl ein;
jetzt kam ihm vor, als stände er auf einem steilen
spitzen Felsen, welcher mitten aus dem Meere
hoch empor ragte. Unter ihm tobte die See, das
gewaltsame Schlagen ihrer Wellen an den Stein
ließ ihn die Unsicherheit seines schwankenden
Standpunctes empfinden. Aus der Ferne glaubte er das Krachen scheiternder Schiffe und das
Jammergeschrey des untergehenden Volkes zu
hören. Es war Nacht; die Sterne schienen ihm
in ihrem zitternden Lichte sich schneller fortzuwäl-
zen, die Betrachtung ihres raschen Laufes und
das immerwährende Schwanken des Felsens
machte ihn schwindelig, die Furcht zu stürzen
überwältigte ihn, kaum konnte er sich mehr
halten, unwillkührlich schrie er um Hülfe zu den
Sternen; da war es, als wollte sich der Mor-

genftern, zu ihm herab senken, und als er ihm nä=
her kam, erblickte er in seiner lichtvollen Sphäre
den Jüngling mit dem Hyacinthen = Kranze auf
dem Haupte, und der diamantenen Sonne auf
der Bruft, in seiner Rechten hielt er den großen
Funkelstein., in seinem Schooße saß Olympia
in Trauer gekleidet und seine Arme gegen ihn
ausstreckend. Der Unglückliche glaubte sich ge=
rettet, als ihn die Donnerworte des Jünglings:
„so viel haft du in deiner Selbstvernichtung ver=
„loren; nun ist dein Loos Verzweiflung!" aller
Besonnenheit beraubten. Der Stern verschwand,
und er stürzte sich in die brausende Fluth hinab.

Bey seinem Erwachen war es heller Tag,
und schon vor einigen Stunden sollte er nach In=
coronata aufgebrochen seyn. Ganz entkräftet
schlich er sich mit dem Obedienz=Briefe zur Zelle
des Prior's, offenherzig entdeckte er ihm seinen
bisherigen Lebenswandel, die Weisungen Pe=
raldi's, die Ermahnungen und Wünsche seines
Vaters, seinen gestrigen Kampf dagegen, seine
geheime Liebe für Olympia und die Qualen
der vergangenen Nacht. Mit väterlicher Zärt=
lichkeit belohnte Don Leonello Bonaventu=

ra's treuherziges Geständniß; er erklärte seinen
voreiligen Entschluß, in den Orden zu treten, so
wie überhaupt seine Neigung zur klösterlichen Einsamkeit für die täuschende
Frucht einer Liebe, die im Verborgenen, bald der Sehnsucht nach ihrem Gegenstände müde ist, bald an der Erlan-
gung seines Besitzes verzweifelt. Er eröffnete ihm, „wie er gleich anfangs an die Gött-
„lichkeit seines Berufes nicht geglaubt, ihm dar-
„um zehn Tage Frist zur Selbstprüfung gege-
„ben, und in deutlicher Vorhersehung, daß er das
„Probejahr nicht aushalten würde, den Obedi-
„enz-Brief ausgefertigt habe. Wohlmeinend
„rieth er ihm sodann, nach Neapel zu gehen und
„nach dem Wunsche seines Vaters sich dort ei-
„nen Wirkungskreis, der seinen Einsichten ange-
„messen wäre, zu suchen; nimmermehr aber ge-
„gen die Regungen seines zarten Gewissens zu
„kämpfen oder zu handeln, indem er versichert
„seyn könnte, daß sie ihn stets sicher leiten wür-
„den, und alles, was unverdorbene Gemü-
„ther, deren eigenthümliches Element Ruhe und
„ewiger Friede wäre, erst durch Kampf gegen

„ich selbst erzielen wollten, vom Uebel und wah-
„re Sünde wider den Geist Gottes sey. Mit Sa-
„licetti's Verhältnissen genau bekannt, gab
„er sogar seiner Liebe für Olympia neuen
„Schwung durch die tröstende Kunde, daß der
„Graf eine Reise nach England, und zwar nur für
„Corsica's Wohlfahrt, unternommen habe, und
„seine Tochter seit dem Tode ihrer Mutter in dem
„Ursuliner-Kloster zu Paris als Kostfräulein sich
„befinde, um unter Anleitung der berühmtesten
„Meister die Ausbildung ihres Kunst-Genies fort-
„zusetzen. Wohl könnte man von dem schwermü-
„thigen Salicetti erwarten, daß er im Gefüh-
„le seiner innern Leiden Olympia im Nonnen-
„schleyer dem Himmel opfern möchte, weil ihm
„seit Camilla's Uebergang die Erde nur ein
„großer Kirchhof schiene: doch nie würde er dieß
„Opfer außer Italien und gegen den Willen des
„Mädchens bringen; diesen aber, so hoffe er,
„dürfte der allmächtige Lenker der Herzen schwer-
„lich in ihr erwachen lassen. „Was sollte auch aus
„der Welt werden?" so schloß Don Leonello,
„wenn allenthalben das Schönste und Edelste
„aus der Gesellschaft sich in Klöster flüchtete, wo

„entweder nur die Buße einen Uebungsplatz,
„oder das verdienſtvolle Alter einen freundlichen
„Ruheſitz finden ſoll? Wie Gottes reinſter Engel
„wallet Olympia unter den Töchtern der Men-
„ſchen, in ihrer Geſtalt und in ihren Sitten die
„Heiligkeit des kindlichen Sinnes, dem allein das
„Himmelreich vorbehalten iſt, verkündigend;
„und wohl dem Glücklichen, der einſt den Vor-
„ſchmack deſſelben aus der Fülle ihres Herzens
„empfängt! Die Gnade des Allerhöchſten mache
„Sie ihrer ganz würdig; dieß, junger Mann,
„iſt der Segen, womit ich Sie entlaſſe.

Durch die Kraft dieſes Segens zu einem
neuen Leben geſtärkt, doch immer noch ungewiß,
was er beginnen ſollte, nahm er ſeinen Weg nach
Neapel. Mit der heiterſten Ruhe im Herzen
überſchaute er noch Ein Mahl, was ſeit ſeiner
Abreiſe von Camaldoli in und mit ihm vorgegangen war, in allem erkannte er den hellſten
Wiederſchein der Viſion, durch welche ſeine Seele
in ihrem reinen, freyen Seyn auf San Mari-

a o ihre Selbſtanſchauung in ſeinem Bewußtſeyn
abgebildet hatte. Die Verblendung, in welcher
er derſelben nach zwey Jahren auf Scala raeli
ſo ganz vergaß, war ihm unbegreiflich; doch
bald entdeckte er ihre Quelle in der verkehrten
Richtung ſeines Gemüthes, ſich unbeſonnen der
ſcheinbaren Eigenthümlichkeit der Dinge hinzugeben, anſtatt beſonnen ſie zu faſſen, frey ſich
ihrer zu bemächtigen, und ihres Scheines entklei-
det, ſie in dem Charakter der Allgemeinheit in
ſich aufzunehmen. Deutlich ſah er ein, wie nöthig ihm noch das Letztere ſey, um eine feſte, immer zuverſichtliche, Freyheit des Geiſtes ſich zu
erringen. Dieſe Fertigkeit der Vernunft, meinte
er, in allem Einzelnen ſogleich das Allgemeine,
und auch nur dieß, zu erſchauen, wäre ihm von
ſeinem reinen Ich in der Geſtalt des Jünglings,
unter dem Diamanten verſinnbildet worden; nur
in dem Beſitze dieſes Steines könnte ihm auch
der Saphier und der Carbunkel in einfärbigem
Glanze mit dem Diamanten leuchten, könnte die
ſchaffende Kraft ſeiner Phantaſie und die empfangende ſeines Gefühls in Harmonie mit der
Vernunft wirken.

Y

Unter solchen Betrachtungen, deren Wirkung
zu zeigen er bald Gelegenheit fand., erreichte er
den Eingang in die neun hundert Schritt lange
Grotte des Pausilippo, wo ihm ein Capuciner begegnete. Tiefes Gefühl, edler Sinn, hohe
Würde und Heiligkeit, verklärten das Antlitz des
Greises; Bonaventura fühlte sich von seinem
scharfen, sichern Blicke fest gehalten, er grüßte
ihn mit freundlicher Ehrfurcht, und der Priester
both ihm mit väterlicher Huld die Hand. Beyden war, als müßten sie sich kennen, obgleich sie
sich einander nie gesehen hätten. Bald freuete
sich der Greis, in Bonaventura den Sohn
eines Mannes, den er liebte, umarmen, und
dieser in dem Mönch einen Märterer für Vaterland, Freyheit und Gerechtigkeit verehren zu können; es war der beherzte Corse, Pater Caza-
córi, den vor neunzehn Jahren die Genueser zu
Bastia im Halseisen an den Pranger gestellt *)
und erst nach den dringendsten Forderungen des
Pabstes frey gelassen hatten. Jetzt kam er aus
Neapel von dem Provinzial-Capitel, als neu-

*) Sieh oben S. 263.

ernannter Guardian des Kloſters zu Pozzuolo.
Sie lagerten ſich in dem nahen Wäldchen d'A-
ſtrone, und Bonaventura mußte ihm alles,
was er von Anſelmo, Girolamo und Peraldi, ſeinen alten Corſiſchen Freunden, wußte, erzählen. Cazaconi erwiederte ihm dieſen
Genuß mit der Geſchichte ſeiner eigenen Schickſale und mit einer eben ſo treffenden als kraft-
vollen Schilderung der ältern und neuern Corſen, aus welcher neben der Unrechtmäßigkeit der
Genueſiſchen Herrſchaft über die Inſel zugleich
die Verderbtheit und die daraus folgende Unfä-
higkeit der heutigen Inſulaner zur Freyheit, wie
zur Knechtſchaft, einleuchtend hervor trat. Auf
dieſes niederſchlagende Bild bezog er ſich hernach
und die grellern Züge deſſelben verſtärkte er noch,
als ihm Bonaventura ſeine Begebenheit auf
Scala cätè und ſeine Abſicht, forthin nur für
Corſica's Wohlfahrt zu wirken, eröffnet hatte.

Als das verderblichſte Uebel ſtellte er ihm
vor, daß die Corſen keinen großen Mann, der
unter ihnen aufgewachſen wäre, ertragen könnten. Seine Behauptung bewies er durch die Dar-
ſtellung ihrer thörichten Anhänglichkeit an den

Abenteurer aus Weſtphalen, Theodor von
Neuhof, dem ſie als ihrem Könige huldigten,
und ihrer Treuloſigkeit, womit ſie dem vortreff=
lichen, über ſeine Zeit und ſein Volk weit erhab=
nen Gafforio begegneten. Er zeichnete ihm
dieſen Mann in der Belagerung von Corte, un=
ter welcher die Genueſer ſeinen einzigen einjäh=
rigen Sohn, deſſen ſie ſich bey einem Ausfal=
le bemächtiget hatten, gerade über den Theil
der Mauer, gegen welchen das ſchwere Ge=
ſchütz der Corſen gerichtet war, in die Höhe
hielten, wie ſich bey dieſem Anblicke und unter
dem Jammergeſchrey der Mutter die Belage=
rer zurück ziehen wollten, wie der Held herbey
eilte; wie er befahl, mit dem Feuern fortzufah=
ren, wie er ſelbſt, auf Gott und auf die gerechte
Sache des Vaterlandes vertrauend, zur Auf=
munterung der Seinigen, der Erſte das Mord=
geſchütz gegen die Mauer und das Kind ab=
brannte, wie er eben dadurch Meiſter der Fe=
ſtung und zugleich von neuen Vater ſeines wun=
derbar geretteten Sohnes ward; und dennoch
bald darauf Genua's Senat ſelbſt unter den Cor=
ſen Meuchelmörder fand, die ſich für einige Ge=

novinen bereitwillig zeigten, den Helden zu er=
morden, ob sie gleich in dem entscheidenden Au=
genblicke den Muth verloren, die schändliche That
zu vollziehen. Er gab ihm ferner mit Abscheu zu
erwägen, wie die Insulaner, der Tugend und
der Verdienste Gafforio's überdrüssig, den
Grafen Domenico Rivarola, der sie mit
großen Hoffnungen auf auswärtige Hülfe zu
täuschen wußte, zum obersten Feldherrn ernann=
ten und den bewährten Helden seinen Befehlen
unterordneten, wie Gafforio's Ansehen und
Anhang immer schwächer wurde; wie Luca di
Ornano, ihm auch diesen beneidend, wider ihn
und Rivarola sich eine zahlreiche Partey für
Genua sammelte, und mit ihr bald die patrioti=
schen Maßregeln des Erstern, bald die herrsch=
süchtigen Absichten des Letztern vereitelte. Aus
diesen und mehrern Beyspielen folgerte er so=
dann, daß Corsica gegenwärtig nur in der Dienst=
barkeit unter einem Herrn, der Giftmischerey und
Meuchelmord noch nicht unter die Regierungs=
künste aufgenommen hätte, sein Heil finden könn=
te. „Da nun, wie der Römische Stoiker sagt,“—
so schloß Cazaconi,—„wenn die Zerrüttung des

„Staates alle Rettung unmöglich macht, wenn
„er zur äußersten Verderbtheit hinab gesunken
„ist, der Weise sich nicht fruchtlos anstrengen,
„noch dort, wo er nicht mehr helfen kann, sei-
„nen Beystand aufdringen soll, so laß auch du,
„Sohn meines Freundes, die todten Corsen ihre
„Todten begraben, und kehre auf Scala cäli
„zurück, um das Reich Gottes in dir und andern
„zu erbauen. Du hast deine Hand an den Pflug
„gelegt und zurück gesehen."

„Was ich dort wagte," versetzte Bonaventura, „war Frevel, war Empörung gegen die
„Stimme Gottes, welche mich in dem Wunsche
„meines Vaters und in den Regungen meines
„Gewissens zur Arbeit, nicht zur Ruhe berief."

„Nach allem, was ich so eben von dir ge-
„hört habe, ist dein Beruf zur Contemplation
„und Liebe des Ewigen entschieden."

„Bedarf ich, um ihm nachzuleben, einer Or-
„densregel und eines Klosters? Ist nicht die
„ganze Erde des Herrn und alle Welt seiner
„Herrlichkeit voll?"

„So spricht die kurzsichtige Weltklugheit, der
„sich die Mysterien des Himmels ewig nicht ent-

„schleyern werden.! Was ist Ruhe, was ist Ar-
„beit in den flüchtigen Augenblicken unserer Wan-
„derschaft, deren längste Dauer siebzig bis acht-
„zig Jahre sind? und vergehen nicht auch diese
„in Gottes Ewigkeit, wie der Hauch meines letz-
„ten Wortes in dem unermeßlichen Lufträume?
„Was ist dieses Sandstäubchen, Erdball ge-
„nannt, gegen jenen ungeheuern Lichtkörper dort,
„vor dessen Strahlen wir uns hier verbergen?
„Ist es mehr als Ein vierzehn hundert tausend-
„ster Theil desselben; und wie viele Myriaden
„Lichtwolken rollen über unserm Haupte weg,
„gegen deren Größe selbst jene brennende Sphä-
„re, wie ein Sandkorn gegen den Erdball, ver-
„schwindet! Und du könntest im Ernste glauben,
„daß irgend ein sinnigerer Mensch, der, Gott in
„seiner Unermeßlichkeit beschauend und liebend,
„das ganze Weltenall mit seinem Gemüthe zu
„umfassen fähig ist, bey dem jämmerlichen Spie-
„le der blinden Insecten, die auf diesem Sand-
„stäubchen wimmeln, zum thätigen Mitspieler
„besonders berufen sey? Was sonst, als diese
„große Ansicht von dem göttlichen All, hat von
„jeher die Weisesten unter den Menschen in ein-

„same Wälder und düstere Felsenhöhlen, ja selbst
„deinen Vater in voller Mannskraft nach Ca-
„maldoli getrieben? und wenn du dich auf seine
„Wünsche berufest, welche Eitelkeit und Eigen-
„liebe läßt dich in ihnen lieber Gottes Stimme,
„als Anselmo's Verzweiflung an deiner Kraft,
„für jene Ansicht lesen?"

„Sie meinen es gut und freundlich, ehrwür-
„diger Vater, mit meinem Seelenheil; auch wol-
„len Sie mich, wie ich bemerke, für einen sinni-
„gern Menschen gelten lassen; um so weniger
„werden Sie es mir verargen, wenn ich Ihnen
„frey bekenne, wie ich den Schein der Dinge se-
„he. Ich glaube nähmlich, daß ein Guardian, der
„eine Gemeinde frommer Mönche mit Weisheit
„regieret, und ein Heerführer, der unerschrocken
„seinen Scharen auf den Schauplatz des Kampfes
„und des Todes für Freyheit und Vaterland vor-
„an ziehet, ein erleuchteter Carthäuser, der mit
„andächtigem Gemüthe die Ordnung und Harmo-
„nie der ewigen Welt beschauet, und ein tiefsinni-
„ger Staatsmann, der, mit der heiligen Wissen-
„schaft der Gesetzgebung vertraut, die bürgerliche
„Gesellschaft jener Ordnung und Harmonie nä-

„her zu führen sich bestrebet, der einsame Denker,
„welcher, in seiner Abgezogenheit von der Welt,
„die ihm klar gewordenen Offenbarungen Got-
„tes, sey es in einem Systeme von Begriffen und
„Schlüssen, oder in einer Geschichte der Kirche
„und der Staaten, der Nachwelt überliefert,
„und der unbestechliche Richter, welcher, mit un-
„verwandtem Auge auf das ewige Recht hinse-
„hend, in der Beschützung der Unschuldigen, Ret-
„tung der Unterdrückten und Bestrafung der
„Schuldigen die Gerechtigkeit Gottes verwaltet;
„daß diese Alle in der Erkenntniß und Würdi-
„gung des Allerhöchsten völlig Eins sind, mit-
„hin auch von dem religiösen Sinne des Men-
„schen, nicht in ihrer zufälligen Verschiedenheit,
„sondern in ihrer wesentlichen Einheit, beach-
„tet und begriffen werden müssen. — Kurz ist die
„Pilgerschaft des Erdensohnes, und, unter wel-
„cher Zone er auch wandern mag, schneller als
„er sichs versieht, kehrt er als Staub zur Erde
„zurück; aber seine Pilgerschaft ist nicht sein Le-
„ben; und er ist noch mehr, als Erdensohn, er
„ist ein nothwendiges Glied in der unendlichen
„Kette göttlicher Wesen, er ist Mitgenoß einer

„heiligen, im ganzen Weltall ausgebreiteten
„Menschheit; als solcher soll er im Geiste dersel-
„ben wirken, wo und wie er kann, was er auch
„thut, es ist zwar in der Zeit, doch nicht für
„die Zeit geschehen, es ist ewige That, nicht jäm-
„merliches Spiel. Klein ist der Erdball gegen die
„Sonne, und noch kleiner diese gegen die Mil-
„lionen Welten, die in ihrem eigenen Lichte glän-
„zen; allein der Eine Geist und das Eine Le-
„ben, wodurch sie alle bestehen und alle zur
„Eins sind; nicht die Größe oder das Gewicht
„ihrer Massen ist der Gegenstand, in dessen reli-
„giöser Beschauung dem andächtigen Seher selbst
„die scheinbaren Spiele der darauf wimmelnden
„Kreaturen zu Thätigkeiten des Universums wer-
„den, mit welchen seine eigene überein stimmen
„soll. Es geziemet mir nicht, über den Geist zu
„richten, der meinen Vater nach Camaldöli ge-
„führet hat; aber in meiner Seele steht seit mei-
„nem heutigen Erwachen die Gewißheit, daß nur
„diese Ansicht von dem All der Dinge die Quelle
„war, aus welcher mir Anselmo's Wünsche
„und Peraldi's Lehren flossen. So glaube

„i ch:, ehrwürdigen Vater, und in diesem Glau:
„ben hoffe ich selig zu werden!"

„Mit welchem du jedoch nicht einen Berg in
„Corsica versetzen wirst!"

„Genug, wenn er mich über Corsica, und
„über die ganze Erde so weit erhebt, daß mir
„alle Tiefen erhöhet, alle Abgründe geschlossen,
„alle Berge geebnet, daß mir alle Welten unter
„und über der Sonne, Zeit und Ewigkeit, End-
„lichkeit und Unendlichkeit nur in dem Lichte der
„göttlichen Einheit erscheinen."

„Und wo könntest du diese Erhebung zuver-
„sichtlicher erwarten als auf Scala gälli?"

„Warum nicht eben so in Corsica?"

„Der stürmische Kampf der niedrigsten Lei-
„denschaften gegen alles Gute, das du dort zu
„wirken hoffest, wird dein Gemüth zerstreuen
„und das drückende Gefühl vergeblich aufgerie-
„bner Kraft die Flügel deines Geistes lähmen."

„Werden Sie nicht unwillig, ehrwürdiger
„Vater, über mein Bekenntniß, daß ich an keine
„Aufreibung und noch weit weniger an eine ver-
„geblich aufgeriebene Geisteskraft glauben kann.
„Mit gleicher Stärke, so dünkt es mich, wirkt

„sie in der Regel zugleich nach außen und nach
„innen; findet sie dort unbezwinglichen Wider-
„stand, so reibt sie sich nicht auf, sondern drän-
„get ihre Wirksamkeit in der Richtung nach In-
„nen nur mächtiger zusammen und wird eben
„dadurch verstärkt. Ich will in Corsica wirken,
„nicht um dieß oder jenes zu erreichen, nicht da-
„mit es heiße: dieß oder jenes hat Bona ven-
„tura di Ornano gethan, sondern, damit
„das ununterbrochene Leben und Schaffen des
„Weltgeistes, auch durch mein Wirken sich offen-
„bare, und ich die Gesammtthätigkeit des göttli-
„chen All und Einen auch in meiner eigenen be-
„sondern Thätigkeit beschauen möge: Bey dieser
„Absicht, was liegt mir daran, ob Corsica zu
„meiner, oder ich zu Corsica's Erhebung diene.—
„Noch Eines, ehrwürdiger Vater, damit wir
„eben so offen scheiden, als wir uns zutraulich
„einander genähert haben: was halten Sie von
„der Ehe?"

„Sie ist das älteste und heiligste Sacrament,
„unmittelbar von Gott eingesetzt, ein ewiges,
„unzertrennliches Bündniß zwischen Geistern, ein
„höchst bedeutendes Sinnbild der Liebe Gottes

„gegen sich selbst und die Menschheit; allein un-
„ter hundert ehelichen Verbindungen erreicht nicht
„eine diesen erhabnen Rang."

„Doch halten Sie es für möglich, ihn zu er-
„ringen?"

„Durch innere Würdigkeit und gottselige
„Wahl."

„Die letztere habe ich getroffen, und ich bitte
„Sie, es mir zu glauben; daß meine Seele sie,
„noch unbekannt mit der Sünde, im Lichte der
„Gottseligkeit und in der Salbung der Gnade
„traf; die erstere muß ich in Kampf und Arbeit,
„nicht in der Ruhe auf Scala cäli, mir erwerben."

„Dieß Einzige, mein Sohn, widerlegt alle
„meine Gründe. — Der Segen des Allerhöchsten
„überströme dich und die Gute, die deine Seele,
„so wie du sagst, gewählet hat."

„Vielleicht ist es Ihnen vorbehalten, die-
„sen Segen an heiliger Stätte über uns zu er-
„neuern."

In der Mitte der Pausilippischen Grotte ist eine Einsiedlerwohnung und eine Capelle, der heiligen Jungfrau zu Ehren, in den Felsen eingehauen. Das von dort ausgehende matte Licht einer Lampe lud Bonaventura ein, näher zu schreiten und den Gegenstand, den es beleuchtete, zu besichtigen. Die Capelle zeigte ihm nichts Merkwürdiges, außer den Einsiedler, der sich in seiner Andacht vor der Statue der Heiligen durch seine Ankunft nicht stören ließ, und auf die Frage, ob er hier ein wenig ausruhen dürfte, nur mit einem freundlich bejahenden Winke antwortete. In der Höhle desselben fand er einen jungen Mann, bürgerlich gekleidet, und im ernsten, ruhigen Nachdenken auf das blinkende Gestein hingelehnt, vor dem Unbekannten stand eine Lampe, daneben lag ein entsiegelter Brief und ein aufgeschlagenes Buch, welches, wie Bonaventura hernach erfuhr, die Römischen Schriftsteller über das Kriegswesen enthielt. Nachdem er sich eine Weile in den verschiedenen Nischen und Grotten der Höhle umgesehen hatte, setzte er sich dem Fremden gegen über, der ihn noch immer nicht zu bemerken schien; desto begieriger

ward er, den räthselhaften Sonderling kennen
zu lernen. Neben seinem Platze lag eine Laute,
ihre Güte versuchend, griff er einige Accorde
darauf; und als ihm ihr Ton gefiel, spielte er
Scarlati's bekannte Melodie zu Tasso's lieb-
lichem Madrigal: Quando miro le stelle ꝛc. ꝛc.
Da richtete sich der Unbekannte auf, und ersuchte ihn, auch den Text zu singen. Bonaventura erfüllte seinen Wunsch und fragte ihn hernach
mit anziehender Gutmüthigkeit: „ob der Inhalt
„des Madrigals seinem Herzen etwa ganz be-
„sonders wichtig wäre.“

„Nur in so fern ich liebe,“ versetzte der
„Fremde.

„Wahrscheinlich glücklich?“ forschte jener
weiter.

„In der Gegenwart unglücklich,“ versetzte
dieser; „denn meine Geliebte seufzet in Ban-
„den.“

„Und Ihr Herz findet keine Mittel, sie zu
„befreyen?“

„Meine Zeit ist noch nicht gekommen; und
„allein bin ich auch zu schwach.“

„Fehlt Ihnen ein bewährter Freund und

„Gehülfe, so können sie mit Sicherheit auf den
„guten Willen des Lautenspielers rechnen."

„Auch wenn der Gegenstand meiner Liebe
„nicht etwa ein blühendes Mädchen, sondern
„nur meine alte Mutter wäre."

„Dann noch zuversichtlicher; lassen Sie uns
„eilen!"

„Wer sind Sie?"

„Der Freund eines zärtlichen, treuen Soh-
„nes."

„Das mögen, das sollen Sie mir seyn; wer
„sind Sie aber außer dieser Höhle?"

„Ein Corse und der Sohn des Serafino
„di Ornano."

„Sohn meiner geliebten Mutter, meines
„theuern Vaterlandes!" mit diesen Worten warf
sich der Unbekannte in seine Arme, und als die
ersten Aufwallungen der Freude vorüber waren,
gab er ihm den offenen Brief zu lesen.

Er enthielt die umständlichsten Nachrichten
von allem Nützlichen und Guten, welches der
Französische Marquis von Cursay seit seiner
Ankunft auf der Insel zur empfindlichsten Be-
schämung der Genueser, nicht nur ohne Widerstand,

ſtand., ſondern ſogar durch das Vertrauen der
Corſen auf ſeine Klugheit und Rechtlichkeit eingeführt hatte; zugleich aber deckte er die niedrigen Ränke und Kunſtgriffe auf, wodurch Genua's Senat dieſen würdigen Mann bey ſeinem
Hofe anſchwärzte, um ſeine Abberufung aus
Corſica zu bewirken. „Vorläufig wäre der Mar-
„quis Chauvelin, der Curſay's Verwaltung
„zu unterſuchen geſandt war, und, von den Ge-
„nueſern beſtochen, ſeine heilſamen Einrichtungen
„aufheben wollte, mit der Verachtung und dem
„Abſcheu der Inſulaner wieder abgezogen; es
„ſey indeſſen mit ziemlicher Gewißheit voraus
„zu ſehen, daß die ſchändlichen Cabalen des ver-
„ſchmißten Wuchervolkes endlich doch über Cur-
„ſay's Rechtſchaffenheit ſiegen, und dann die
„Patrioten unter Gaffori's Anführung, deſ-
„ſen Tugend über alle ſeine Nebenbuhler glück-
„lich geſiegt hätte, ſtrenger als jemahls über
„die Unterdrücker des Vaterlandes Gericht hal-
„ten werden.‟

Aus dem Schluſſe des Briefes errieth Bonaventura den Mann, den er vor ſich hatte;
er lautete: „Dieſer Zeitpunct, geliebter Bruder

3

„Pasquale, ist näher, als ihr zu Neapel glau:
„ben könnet. In stiller Zurückgezogenheit beob:
„achte und berechne ich seine allmähliche Annähe:
„rung, sinne auf die zweckdienlichsten Maßre:
„geln, die dann ergriffen werden müssen, und
„bereite ihre Wirksamkeit bey den Freunden des
„Hauses Paoli behutsam vor. Deine Ernen:
„nung zum Port'insegna bey dem Corpo
„Reale wird mir erst dann Freude machen, wenn
„ich erfahre, daß der ehrenvolle Dienst, weder
„deinen vertrauten Umgang mit Polybius,
„Frontinus und Vegetius unterbricht, noch
„deine mathematischen und tactischen Meditatio:
„nen in der Einsiedlerhöhle des Pausilippo selt:
„ner macht. Es war in dem geheimnißvollen
„Dunkel einsamer Felsengrotten, wo Numa,
„Fingal und Mohammed sich zu herrschen:
„den Geistern ihres Volkes und Zeitalters bilde:
„ten. Trage deine Fahne mit zufriedener Erge:
„bung und unbekümmert, ob du höher steigest;
„sie ersetzet dir an Zeit und Muße dasjenige reich:
„lich, um was sie dich Anderen, vielleicht weni:
„ger Würdigen, an Ehre und Sold zurück stehen
„läßt. Was Könige nie lernen werden, die Kunst,

„den Mann nach seiner Kraft zu würdigen, ver=
„steht ein begeistertes Volk vortrefflich: denke an
„den ehemahligen Leibarzt und jetzigen Protector
„Corsica's, Gafforio; und so wärest wahrlich
„auch du nicht der Erste, den der Gemeinwille
„des Volkes vom Fähnrich eines Königs zum
„obersten Heerführer des Vaterlandes befördern
„würde. Was Gottes Wille ist, wird geschehen;
„laß uns durch alles nur ihm in Andacht und
„Demuth dienen. Grüße unsern lieben Vater
„Giacinto und seinen Freund Giafferri.‟

„Dein treuer Bruder Clemente Paoli.‟

Diese Entdeckung war für Bonaventura
ein höchst erfreuliches Ereigniß, und ganz er=
wünscht kam ihm Pasquale's Aufforderung,
sich mit ihm sogleich seinem Vater vorzustellen.
Mit väterlicher Zärtlichkeit ward er von dem
Obersten des königlichen Corps der Corsen auf=
genommen, und seinem Herzen that es wohl, per=
sönlich nun den Mann verehren zu können, an
dessen Seite einst sein Vater für Vaterland und
Freyheit gefochten hatte. Die Erzählungen des=
selben von Serafino's rühmlichen Thaten un=
ter ihm, und seinen frühern unter Pompilia=

ni; Ciattene und Giafferri stellten ihm die
Würde des echten Patrioten in ihrem schönsten
Lichte dar; wogegen der alte Krieger bis zu Thränen gerührt wurde, wenn ihm Bonaventura
den gottseligen Wandel schilderte, welchen eben
dieser Serafino gegenwärtig unter dem Nahmen Anselmo führte. Große Anlagen zur Religiosität und kindliche Frömmigkeit veredelten den
Charakter und den Patriotismus des Greises so
wohl, als seiner Söhne, und je deutlicher Bonaventura dieß an ihnen erkannte, desto fester
ward auch sein Vertrauen zu Pasquale's
Freundschaft und zu Giaccinto's Erfahrungen.
Da er nun das Studium der ältern und neuern
Kriegeskunst nach dem Wunsche seines Vaters für
den Zweck seines Aufenthaltes in Neapel angegeben hatte, und der Oberste in dieser Absicht
den wirklichen Dienst für ein unentbehrliches Mittel hielt, so ließ er sich auch ohne Bedenken von
ihm dem Könige vorführen, der ihn auf Paoli's und Giafferri's dringende Empfehlung
bey dem Corps der Corsen, und weil er durchaus keinen Sold nehmen wollte, sogleich als
Luogotenente anstellte. Er säumte nicht, sowohl

seinem Vater, als auch seinem Oheim davon
Nachricht zu geben, und beyde bezeigten ihm
darüber ihre innigste Zufriedenheit, dieser, weil
er glaubte, daß nunmehr in seinem Neffen der
Corse völlig erstorben sey, und nichts Gewissers
erwartete, als daß Neapel in einem Bündnisse
mit Oestreich Genua nächstens angreifen dürfte;
jener, weil er hiermit seinen Sohn auf dem We=
ge sah, dem bedrängten Vaterlande einst von
mehrern Seiten beystehen zu können.

Es lag in Bonaventura's Wesen, daß er
alles, was er begann, mit ausdauerndem Fleiße
fortsetzte und es so fest hielt, als wäre es der ein=
zige Zweck seines Daseyns; aber er begann es
nicht ehe, als bis er es von seiner idealischen
Seite gefaßt, oder vielmehr die Einheit des Ide=
alen und Wirklichen in ihm erschauet hatte. Durch
die Form dieser Einheit erschien ihm auch die Krie=
geskunst auf gleichem Range mit der Kunst des
Schönen; sie war ihm lebendige Poesie, Kunst
der Kraft, hohes Epos des Hasses, in welchem
die tödtende Eigenthümlichkeit im Leben und in
der Liebe der Allgemeinheit untergeht.

„Für mich,“ sagte er in dem Schreiben an

Abbate Currado, womit er die Uebersendung seiner Bücher und Geräthschaften verlanget, „hat „sich die Weltordnung unter meinen gegenwär- „tigen Geschäften wieder um Ein Uebel vermin- „dert; ich verehre die Idee des Friedens, und „liebe den Krieg. Er ist mir der Lebens-Prozeß „der Gesellschaft, in seinem Ursprunge und in „seinen Wirkungen gleich dem Lebens-Prozesse in „der Natur; er ist das Feuer der Staatenwelt, „dieser eben so nothwendig zu ihrem Erzeugen, „Verwandeln und Bilden, wie das Naturfeuer „im Schooße des Erdballs; lodert es auch nicht „immer in lichten Flammen auf, so brennet „und arbeitet es doch beharrlich im Innern fort, „und was unter dem Scheine einer jetzt erst ent- „standenen Gestalt hervor bricht, hat seine, im „Verborgenen zusammen gedrängte, Kraft schon „längst gebildet. Ob unter diesen Palingenesien „hier Inseln versinken und anderswo neue her- „aufsteigen, dort ganze Gebirge zusammen stür- „zen und in andern Gegenden neue Vulcane ih- „re Schlünde öffnen, was liegt daran: das „Gleichgewicht der Erde in ihren Theilen und im „Ganzen wird dadurch nicht gestört. Wer wür-

„de sich auch um die schönen Blätter des Pla-
„táns bekümmern, wenn sein gesunder Stamm
„fallen muß, damit aus seinem Holze ein einla-
„dendes Brautbett, oder ein Tisch zum fröhli-
„chen Mahle gefertiget werde?" ꝛc. ꝛc.

„Ein ewiger Friede, wollten wir ihn auch
„in der Wirklichkeit als möglich gelten lassen,
„wäre ein ewiger Tod aller Völker- und Staa-
„tenvereine; der Krieg ist die Bedingung ihres
„Lebens; und gerade die Idee des ewigen Frie-
„dens das Princip, das jenen verewiget. Das
„Geheimniß ihres Bestehens, glaube ich in dem
„Zusammenstoße entgegen gesetzter Bestrebun-
„gen gefunden zu haben; die eine scheinet mir
„mit der Idee des Friedens gegen den Krieg oh-
„ne Unterlaß anzukämpfen, die andere den Krieg
„immer neu anzufachen, damit im Leben der
„Völker, wie im Leben der Natur, das Gleich-
„gewicht bedingter Kräfte fortwährend gestört
„und fortwährend wieder hergestellt werde. Sie
„ersehen hieraus, daß ich von dem Glauben an
„eine eigentliche Eroberungssucht und Herrsch-
„begierde in den großen Welterschütterern ab-
„trünnig geworden sey; ein heiligeres Feuer ent-

„flammte ihre Seele, als die erlöschende Gluth
„dieser kleinlichen Leidenschaften, von deren letz-
„ten Funken ihre historischen Richter, und oft so-
„gar sie selbst, über die Richtung und die Wür-
„de ihres Kampfes getäuscht wurden. Das Be-
„kenntniß meines Unglaubens kann mich in dem
„Lichtkreise Ihrer Frommen meines Platzes nicht
„entsetzen, denn irre ich nicht, so wissen sie alle
„mit mir, daß die ewige Menschwerdung Got-
„tes in der Natur überall nur lebend, kämpfend
„und wirkend sich offenbart, und Gottes Sohn
„das Mittel zu dem Zwecke seiner Erscheinung
„in der Menschheit, für alle Ewigkeit nicht an-
„ders ausgesprochen hat, als, er sey gekommen,
„den Krieg, nicht den Frieden in die Welt zu
„senden." 2c. 2c.

Von diesen Ideen und Ansichten geleitet,
konnten ihn weder die gewöhnlichen Dienstübun-
gen mit der ihm untergeordneten Mannschaft,
noch die Vorlesungen des gelehrten Tactikers
Palmieri, welche er unausgesetzt hörte, ermü-
den oder seinen Geist abspannen; jene sowohl
als diese lieferten ihm nur mannigfaltigen Stoff,
an welchem seine Kraft in der scheinbaren Viel-

artigkeit der Dinge die göttliche Form der unbe=
dingten Einheit anzuschauen, sich üben konnte.
Selbst die Geschichte der Völker und Staaten
stellte sich ihm unter dieser Beschäftigung als ei=
ne heiligere Kunde des Weltgeistes dar, und die
Evangelisten desselben, Thukydides, Poly=
bius, Appianus und Livius wären ihm
nicht mehr künstliche Historien=Schreiber, sondern
erleuchtete Seher, welche ihm in dem Spiegel
ihrer Schriften den Kampf zwischen der begränz=
ten Freyheit und der allumfassenden Nothwen=
digkeit, durch eine höhere Weltordnung auch in
der Wirklichkeit vermittelt zeigten.

„So weit ich auch,“ schrieb er an Peral=
di, „in die Geschichte der ältern Heroen und
„neuern Helden eindringen mag, nirgends fin=
„de ich in ihrem Drange zu dem Schwerte
„das ängstliche Arbeiten der kleinlichen Sucht zu
„erobern oder zu herrschen, überall nur die kalte
„Entschlossenheit, das sinnliche Daseyn für die
„Ahndung oder für den Genuß des Lebens in
„der Idee aufzuopfern, und den Schein dessel=
„ben für seinen eigentlichen Werth hinzugeben.
„So viele Kriege auch in den Annalen der Völ=

„ter vor meiner Seele vorüber ziehen mögen, ich
„sehe sie alle ursprünglich von einer Idee entzün=
„det. Oft waren sich ihrer die Urheber des Krie=
„ges bewußt; am öftersten wirkte sie, von ihnen
„selbst nicht erkannt und ganz im Verborgenen,
„nur durch die verschiedenen Aeußerungen ihrer
„Eigenthümlichkeit. Nicht Sparta's Stolz, son=
„dern seine Idee von der Erhabenheit einer stren=
„gen Bürgertugend über die Cultur der Kunst
„fachte die Flamme an, welche endlich Attika's
„Glück und Größe verheeret hat. Nicht der Ehr=
„geiz des Philippus, sondern die Idee, daß
„das Schwächere dem Stärkern, das Entartete
„dem Unverdorbenen nach dem Rathschlusse des
„Schicksals gehorchen müsse, machte die Make=
„donier den Griechen unüberwindlich. Nicht eine
„glückliche Verwegenheit, welche die Stelle der
„Tapferkeit ersetzte, sondern die Idee eines all=
„gemeinen Völkervereins unter dem Bande der
„Griechischen Cultur trieb Alexandern sieg=
„reich vom Granikus bis an die Mündungen
„des Indus. Ohne die Idee von einer ewigen
„Vorbestimmung zur Weltherrschaft wäre die
„Stadt des Romulus nicht die Gebietherinn

„aller Völker, und ohne die Idee von einem,
„nur durch die monarchische Form möglichen,
„Staatsglücke Cäsar nicht Herr der Römer
„geworden. Nur in dem lebendigen Gefühle ei-
„nes göttlichen Berufes zum Dienste des un-
„sichtbar waltenden Verhängnisses ward der
„große König der Hunnen eine Geißel der ver-
„geltenden Nemesis über das östliche und west-
„liche Reich; und nur die andächtige Anschau-
„ung eines einzigen, selbstständigen, allerbarm-
„herzigsten Erbarmers im Universo begeister-
„te den Sohn Abdalla's zum Seher, zum
„Apostel der Einheit Gottes, zum Eroberer und
„Gesetzgeber von mehr als einer halben Welt.
„Man nehme Carl dem Großen die kräftige
„Ahndung von der Vortrefflichkeit des Christen-
„thumes, und kein Verlangen, sein Reich zu er-
„weitern, keine Herrschsucht, keine Ruhmbegier-
„de wird ihn bewegen, in den wüsten Steppen
„des Sachsenvolkes Lorbern der Tapferkeit zu
„suchen. Man übersehe den romantisch-gottse-
„ligen Aufschwung des Zeitalters zu dem Idea-
„len, und die heiligen Kriege im Orient bleiben
„ein durchaus unerklärbares Räthsel." ꝛc. ꝛc.

„Ist nun lediglich die Idee, wie es mir schei=
„net, der Geist und das Leben des Krieges, so
„kann durch ihn auch nur der Religiöse zum sie=
„genden Helden werden. Wo bey gleichen phy=
„sischen Kräften ein größerer Reichthum und ei=
„ne tiefere Klarheit der Ideen, mithin eine reich=
„lichere Fülle des religiösen Stoffes vorhanden
„ist, dorthin wird auch der Sieg sich unfehlbar
„neigen; darum kann ich mich des Streitens
„kaum enthalten, wenn ich hören muß, wie ge=
„lehrte Tactiker scharfsinnigen Berechnungen,
„künstlichen Verbindungen und klüglich angeleg=
„ten Planen zuschreiben, was immer nur die
„plötzliche Wirkung des religiösen Genius ist.
„Im Reiche der Ideen einheimisch, frey und all=
„überschauend, entscheidet dieser schnell, wo tau=
„send Andere, was zu thun sey, erst sorgfältig
„prüfen, mühsam berechnen und reiflich erwä=
„gen müssen. Ein irreligiöser, an Ideen armer
„Heerführer, der an das Kriegsschwert greift,
„ist mir sodann wie ein kühner Atheist, der Messe
„lesen, oder wie ein geübter Farbenreiber, der
„Michelangelo's jüngstes Gericht copieren will;
„er muß dem religiösen Helden gegen über fal=

„len, doch sollte er siegen, so wäre es kein Be-
„weis der ihn belebenden Kunst, sondern des
„Vortheils, daß sein Gegner an Religiosität und
„an Ideen noch ärmer war, als er." 2c. 2c.

Was Bonaventura in diesem Geiste an
Currado, an Peraldi oder an seinen Vater
bisweilen schrieb, war größten Theils das Erzeugniß, welches sich unter dem öftern Gedan-
kenwechsel mit seinem Freunde Pasquale durch
den Widerspruch des letztern in ihm entwickelt
hatte. Mehr verständig als gemüthlich, mehr
fromm als religiös, und weniger sinnig als gelehrt, konnte ihm Pasquale nur selten, und nie
sehr weit, in die höhern Regionen folgen, in
welche er ihn so gern mit sich hinauf gezogen hätte. Sein Widerstreben schwächte indessen ihre
gegenseitige Zuneigung jetzt noch nicht; es verstärkte in Bonaventura nur die Kraft, womit er sich gegen die starken Versuche desselben,
ihn zu sich herab zu ziehen, auf seiner Höhe behaupten mußte. Jener liebte in diesem den reinen edeln Menschen und gutmüthigen Vernunft-
schwärmer, ohne die Ueberlegenheit seines Geistes zu erkennen oder zu fühlen; und dieser ach-

tete in Pasquale den besonnenen, rechtschaffe=
nen und kenntnißvollen Mann, ohne an der
Möglichkeit seines künftigen Aufschwunges zu
dem Höhern zu verzweifeln. Beyde trieben mit
einander, außer der Kriegeskunst, noch man=
cherley andere wissenschaftliche Beschäftigungen.
Sie lasen die Alten, nur mußte Bonaventura
seinen Freund mit dem Platon verschonen; sie
besuchten fleißig den Pater de la Torre, um
durch seine physikalischen Versuche ihre Natur=
kenntniß zu erweitern; allein von einem ewigen,
göttlichen Leben der Natur durfte er nicht spre=
chen: sie nahmen Theil an Cyrillo's Vorle=
sungen über die Rechtskunde, aber auch hier, so
wie in allem Uebrigen, blieben sie nur bis zur
Ausmittelung des Stoffes vereinigt. Der Eine
war bloß gewohnt, alles nach seiner eigenthüm=
lichen Tauglichkeit zu benutzen, der Andere fühlte
sich allenthalben gedrungen, es zu vergeistigen;
dieß nannte Pasquale Metaphysik, gegen wel=
che sich in ihm schon auf der Akademie die ent=
schiedenste Abneigung begründet hatte. Gern lei=
stete ihm jener Gesellschaft auf seinen Wanderun=
gen in die Catacomben, auf den Pausilippo, auf

den Vesuv und überall hin, wo die Majestät der
Natur in kräftigern Gestalten sich ankündigte;
denn da war es, wo sich Pasquale's andächtiger Sinn bis zur höchsten Liebenswürdigkeit ent-
faltete; dagegen begleitete dieser seinen Freund,
so oft er's wünschte, doch mehr aus Gefälligkeit
als aus Geschmack in das Heiligthum der Kunst,
in welchem es aber Bonaventura nie vermochte, ihn von dem bloßen Wohlgefallen an
dem Schönen zur religiösen Ansicht seiner höhern
Bedeutung zu erheben.

Diese Verschlossenheit seines Gemüthes für
alles, worin Bonaventura eigentlich lebte, nöthigte endlich diesen, seinen Weg größten Theils
allein zu wandeln, bis er von Currado an den
Theatiner Don Antonello eine ihm sehr erwünschte Anweisung erhielt. Von diesem ward
er in eine Gesellschaft eingeführt, welche mit dem
geheimen Kreise des Abbate in Rom den Nahmen, die Verfassung und die Richtung gemein
hatte. Nur in der Wahl des Stoffes unterschie-
den sich die Frati Prattici zu Neapel von den
Römischen, indem ihnen nicht, wie diesen, die
Mystik der Naturwissenschaft und Theologie,

sondern die Mystik der Archäologie, der Musik und der Kunst das Element ihrer gegenseitigen Erleuchtung und die Quelle ihrer gemeinschaftlichen Genüsse war. Die Gesellschaft bestand aus Gelehrten, Künstlern und Dilettanten; allein weder der Reichthum an Kenntnissen, noch der Ruhm der Meisterschaft, sondern nur unverkennbare Merkmahle eines höhern religiösen Sinnes öffneten zu ihr den Zutritt. Von dem, was der gemeinberühmte Cicerone, Musiker, Mahler oder Bildhauer Antike, Styl, Form, Satz, Tinte, Colorit, Incarnat und dergleichen nennet, war dort nie die Rede; auch von dem nicht, was bloß durch das Scheinen oder durch das Nachahmen für schön gehalten wird, sondern lediglich von dem Unbedingten, Ewigen und Heiligen, welches sich auf den zwey Hemisphären des Schönen, der sinnvollen Hellenik und der lieblichen Romantik, durch die Kunst der religiösen Anschauung, darbiethet. Nicht das Erforschen und Auffassen der Kunst in ihren Wirkungen, sondern das Erkennen, das Wissen des Höhern, aus dem sie floß, das gleichsam neue Schaffen der Schöpferinn war die verbindende Idee ihrer

Ver=

Vereinigung, in welcher Bonaventura schon nach seinem dritten Besuche in die Classe der S e - h e r erhoben wurde, und wo er nun die hellsten und seligsten Nächte feyerte, bis ihm der schön- ste und herrlichste Tag seines Daseyns erschien.

———————————

Die erste Ausstellung oder Aufdeckung eines größern Werkes von einem vorzüglichen Künstler war in Neapel immer ein Fest, zu welchem sich sowohl Kunstverehrer als Kunstkenner aus der Stadt und aus den entferntesten Gegenden hau- fenweise versammelten. Die Einladung zu einem solchen Feste war jetzt von der Kirche Santa Chia- ra ausgegangen, wo die von dem berühmten S e - b a s t i a n o C o n c a vollendeten Gemählde an dem Gewölbe aufgedeckt werden sollten. B o n a v e n - t u r a, der in der letzten Versammlung der Fra- ti prattici, ihrem Auftrage gemäß, aus S o l i m e - n a's vorzüglichsten Kunstwerken zu San Do- menico maggiore, San Paolo, San Filippo Neri und in der Carthause zu San Martino den Umfang der Ideen und den religiösen Geist des-

selben zu allgemeiner Befriedigung ausgemittelt
hatte, ward von ihnen nun auch nach Santa
Chiara abgesandt, um das Verborgene, was
Conca's Genius dort angedeutet haben dürfte,
der Gesellschaft nach seinen Ansichten zu enthüllen.

In der ruhigsten, heitersten Seelenstimmung
ging er hin, in seinem Gemüthe war der Himmel
schon aufgeschlossen, dessen Bild in der Verklä=
rung der heiligen Chiara erst aufgedeckt werden
sollte. Die prächtige Kirche war mit Menschen
aus allen Classen, Ständen und Gegenden an=
gefüllt. Unter feyerlichem Trompeten= und Pau=
kenschall ward der Vorhang von dem Gewölbe
des Schiffes in die Höhe gezogen, nur die Kup=
pel des Sactariums blieb noch bedeckt. Vor
demselben war das Chor errichtet, auf welchem
jetzt die auserlesensten Tonkünstler ein Oratorium
von Jomelli aus der Legende der heiligen
Chiara aufführten. Unter demselben versenkte
sich Bonaventura in die Betrachtung der vor=
trefflichen Bildungen; allein je größer, kühner
und vollendeter sich ihm die Erfindungen des
Künstlers ankündigten, desto seltsamer und drük=
kender fühlte er sich im Herzen beengt. Die An=

strengung seiner Aufmerksamkeit, womit er die
Darstellung des Wunders, wie die Heilige mit
dem Ciborium in der Hand einen Haufen raub-
süchtiger Saracenen von dem Kloster zurück scheu-
chet, und weiter hin, die Aufnahme der Bundes-
lade in den Tempel, Salomo's Einzug in denselben und die Huldigung der schönen Königinn
von Saba vor dem weisen Könige, prüfen wollte, machte ihm nur dieß sonderbare, mehr weh-
müthige als mißbehagliche Gefühl deutlicher. Er
würde es sich aus seinem Abscheu vor den Castra-
ten-Stimmen, deren Daseyn, als die schändlichste
Entheiligung der Kunst, ihm stets ein Gräuel
war, erkläret haben, wäre ihm nicht immer so
zu Muthe gewesen, so oft ihm etwas Außerordentliches bevor stand; doch was ihm hier begegnen sollte, konnte er auch nicht auf das Ent-
fernteste ahnden.

Endlich begann das Oratorium den Jubel-
gesang der Engel bey der Aufnahme der heiligen
Chiara in die ewige Glorie, und der Vorhang
verschwand auch von der Kuppel des Sacrari-
ums. Da erschien, von der Kunst gestaltet, was
das Chor besang, und Aller Augen waren dahin

gerichtet; nur Bonaventura's Blick wurde
von einem andern Gegenstande fest gehalten.
Auf der obersten Stufe des Hochaltars stand der
Prior von Scala cáli, den er ungeachtet seiner
Entfernung bestimmt erkannte, neben ihm ein
etwas bejahrter Mann, edel, leidend und ehr=
würdig von Ansehen; diesem zur Seite ein Mäd=
chen, eine kleine, schlanke, holde Gestalt, von
einem weißen Schleyer mit eingestickten Ster=
nen umflossen, das klare, seelenvolle Auge hin=
auf gegen die, im Schooße der Gottheit ru=
hende Heilige gerichtet, und in seinem großen
Blicke das Licht und die Seligkeit des Himmels
in ihrem Innern ausstrahlend. Alle seine Gefühle
verkündigten ihm: „das ist Camilla's Tochter;"
und durch sein ganzes Wesen wiederhallte die be=
geisternde Kunde: „es ist deine Olympia!"

Er hatte seinen Standpunct auf der Galle=
rie, freudetrunken eilte er jetzt in die Kirche hin=
unter und drängte sich gegen das Sacrarium
vor. Es dauerte lange, bis er dem Hochaltar nä=
her kam, um so mehr Zeit gewann er, sich zu
sammeln, und die ersten Aufwallungen der Lei=
denschaft zu unterdrücken. Ganz besonnen trat

er den Prior an, der seinen Gruß mit ausgezeich=
neter Freundlichkeit erwiederte, und ihn sogleich
dem Grafen Salicetti, als den biedern Sohn
des würdigen Serafino di Ornano, und
dem Fräulein, als einen, eben so bescheidenen,
als geistreichen, Künstler vorstellte. Als der Graf
hörte, daß Bonaventura von seinem Vater
ein Schreiben an ihn hätte, lud er ihn auf den
folgenden Tag nach Pozzuolo ein; und dieß er=
leichterte dem jungen Manne die Herrschaft über
sich selbst, um nicht durch unbescheidene Blicke
das Zartgefühl des Engels zu verletzen. Um so
öfter wendete sie ihr Auge auf ihn, und bald er=
röthend bald erblassend, faßte sie den ernsten,
hohen Ausdruck seiner kräftigen Züge, wobey sie
nur der Prior bisweilen überraschte. Das Ge=
spräch ging zu Conca's Gemählden über; und
wer hätte sie diesen Augenblick sinnreicher wür=
digen können, als Bonaventura, dem sich
mit ihnen zugleich der ganze Himmel seiner glück=
lichen Zukunft enthüllet hatte. Jetzt erst sah auch
er die heilige Nonne in der Glorie der vergött=
lichten Menschheit; in seiner lyrischen Stimmung
gewahrte er nicht das, in der Anordnung auch

hier zu strenge gehaltene, Ebenmaß, das diesem,
so wie allen Werken dieses Künstlers, eine widri=
ge Beymischung des Frostigen gab. Ergriffen
von dem göttlichen Wesen, das ihm zur Seite
stand, sprach er und machte auch den Grafen
und Olympia in Conca's Gebilde Dinge se=
hen, die nur er in seiner gegenwärtigen Begei=
sterung darin erschauen, oder hinein tragen konn=
te. Seine Rede erleuchtete den Geist und drang
in das Herz; sie gefiel dem Grafen und Olym=
pia nahm sie in ihre Seele auf, wie die knospen=
de Blume den erfrischenden Morgenthau: als
jener hernach bey dem Abschiede seine Einladung
wiederhohlte, setzte er noch hinzu: er möchte sei=
ne Maßregeln so nehmen, daß ihn nichts dräng=
te, Pozzuolo so bald wieder zu verlassen, im
Falle ihm der stille Aufenthalt daselbst behagte.
Don Leonello drückte ihm die Hand, und
sprach mit einem bedeutenden, hoffnungsvollen
Blicke: „Die Gnade des Allerhöchsten —"

Nicht in Catacomben und unter Ruinen,
auch nicht im betäubenden Volksgetümmel an
dem Strande Chiaja, oder zwischen den präch=
tigen Pallästen der Straße Toledo vermochte er

jetzt, wie sonst, zu wallen; in die Carthause, auf
dem Berge San Elmo, trieb es ihn hinauf; dort,
wo die ganze Stadt mit ihrer Pracht, mit ihrer
Geschäftigkeit und mit ihrem Elende zu seinen
Füßen lag, wo sich ihm von der einen Seite das
Leben des All durch den rauchenden Schlund
des Vesuv in seiner Zerstörung des Alten, von
der andern, über die lachenden Hügel des glücklichen Campaniens, in seiner Kraft, immer Neues
zu schaffen, darstellte; wo ihm abwechselnd, auf
der weiten Ebene von Nola und auf der wogen-
den Fläche des Meeres, das Bild einer scheinbaren Ruhe und einer ewigen Bewegung begegnete; dort, im Schooße der freyen, in ihrer Liebe,
wie in ihrem Hasse, stets einigen, sich immer gleichen, überall schönen, großen und erhabnen Natur wollte er die überfließende Fülle seiner Lust
und Seligkeit ausströmen lassen. Wie der Blitz
die schwüle, düstere Nacht erquickt und erhellt,
so hatte ihr Blick, der einzige, dem er den seinigen entgegen zu senden wagte, das Chaos seiner Empfindungen mit Licht und Wonne durchdrungen. Der mächtige Blitz ward in seiner Seele zum beharrlichen Lichtstrahl, in dem er allent-

hälben nur das reizende Auge fah, woraus er
hervorgeschoffen war. Nimmermehr entschwand
ihm Olympia's himmlische Gestalt, und in ih=
rem Abglanze schien ihm die ganze Welt, die ei=
ne sowohl, die er in seinem Gemüthe trug, als
die andere, welche er von außen liebend und
frohlockend umfaßte, durch Liebe aufgelöft und
neu geboren.

Unter den entzückenden Zauberbildern sei=
ner Phantasie und der süßen Schwärmerey sei=
ner Gefühle fah er jetzt die Sonne den fernen Flu=
then des Oceans zueilen; aber die Sonne seines
innern Tages stand in der vollen Pracht ihres
Aufganges. Die herannahende Abenddämme=
rung gemahnte ihn der Stunde, zu welcher seine
Freunde sich gewöhnlich versammelten, und der
Verbindlichkeit, die er gegen sie übernommen
hatte; er ging nach Hause, bath seinen Oberften
um Urlaub, und begab sich, jubelnd über die
vierzehn Tage, die ihm Giaccinto bewilliget
hatte in den ehrwürdigen Kreis der Brüder, um
die Begeisterung der Liebe durch seine Kunstof=
fenbarungen erklingen zu lassen, und in der An=
bethung des ewig Schönen die Nacht mit ihnen

zu durchwachen. Seine Begleiter nach Pozzuolo waren Platon, Benivieni und Luis de
Leon; seine vorzüglichsten Geräthschaften, theils
eigene, theils Peraldi's musikalische Composi-
tionen und mahlerische Studien.

***

Graf Salicetti war mit Olympia erst
vor acht Tagen aus England und Frankreich mit
ziemlichem Unmuthe zurück gekommen; schwerlich
hätten die Corsen einen untauglichern Unterhändler, als ihn, nach London senden können. Er
war zu rechtschaffen, zu weise, zu groß, um dort
seinem Vaterlande wirksame Hülfe zu erhandeln,
wo der gemeine Handelsgeist die Stelle einer
weit hinaus sehenden Staatsklugheit vertrat, und
die Kunst, das Capital der National-Kraft so
schnell, so oft und zu so hohen Zinsen als möglich, in Einem Jahre umzusetzen, unbekümmert
um die fernern Folgen, für das höchste Ziel und
Glück der öffentlichen Verwaltung galt. Seine
Darlegung der richtig berechneten Vortheile, welche aus Corsica's Unabhängigkeit, und der be-

denklichen Nachtheile, die aus seiner Unterdrük-
kung von Seiten Genua's, oder seiner wahrschein-
lichern Eroberung von Seiten Frankreichs, in
Zukunft für England unfehlbar erfolgen müßten, fand dort keinen Eingang, wo man immer
nur Stocks und Agio's, nie die mannigfaltige
Verbindung der Ursachen und Wirkungen zu
berechnen verstand. Er mußte den Schimpf ertragen, daß den Corsen, als Rebellen, von
den öffentlichen Staatsverwesern jeder Beystand
abgeschlagen wurde, und alles, was er erhielt,
waren beträchtliche Geldanweisungen auf Livorno
von edelmüthigen Privat-Personen, besonders
Katholiken, welche in S a l i c e t t i wenigstens die
Würdigkeit der Corsen zur Freyheit anerkannten.

Unter diesen hatte sich Ritter S h a d w e l l
ganz besonders freygebig ausgezeichnet. Er war
Erbe eines ungeheuern Vermögens, welches ihm
von seinem Oheim vermacht worden war; nur
haftete des Verstorbenen geheimer Wunsch darauf, er möchte zu dem katholischen Bekenntnisse
zurück kehren, welches er selbst aus eigennützigen
Absichten verlassen hätte. Diesen Wunsch erfüllte der junge Mann in Paris, wohin er den Cor-

fischen Grafen begleitet hatte. Dort sah er die
Tochter desselben; der Gedanke, ohne sie, nach
England zurück zu reisen, ward ihm zur uner=
träglichen Qual, und nur der Entschluß, ihr als
Schatten, dem Grafen als Gefährte so lange zu
folgen, bis er sich selbst in Olympia's Besitze
den glücklichsten der Sterblichen nennen könnte,
gab der Welt in seinen Augen nach Reiz und sei=
nem Daseyn Werth. Der fromme Salicetti
liebte in ihm, mehr den Neubekehrten, als den
Wohlthäter der Corsen; in jener Rücksicht betrach=
tete er ihn, als den Erstgebornen seines Geistes,
indem er den Uebertritt desselben größten Theils
für eine Wirkung seines freundschaftlichen Zure=
dens hielt; allein die Möglichkeit, seine Tochter
an ihn zu vermählen, lag so weit aus seinem Ge=
sichtskreise entfernt, daß sie nicht einmahl als dunk=
le Vorstellung seinem Geiste vorschweben konnte.
Es war vielmehr bey ihm beschlossen, gleich nach
seiner Ankunft in Pozzuolo durch alle mögliche
Mittel die Lust zum Klosterleben ihr einzuflößen,
damit sie zu Santa Chiara Gott ihr Leben wei=
hete, welches Camilla, zu seinem unheilbaren
Schmerz, im Dienste des Fleisches, — sie starb

im Wochenbette, — verloren hatte: dann wollte
er sich nach Corsica einschiffen und im Kampfe
für Vaterland und Freyheit sich selbst in die Arme des Todes stürzen.

Die zarte Pflege der älterlichen Liebe; der
bildende Genius des Kunstgeweihten Bellini
und der weise Sinn des Prälaten Lancelot
hatten so eben in Olympia die herrlichsten Blüthen des Schönen und des Guten hervor getrieben, als die Todesfackel an dem Sarge ihrer
Mutter auch in ihr den Keim der Verwelkung
befruchten wollte. Um sie den Umgebungen zu
entziehen, in welchen das Gefühl ihres Ver-
lustes unaufhörlich erneuert wurde, brachte sie
der Vater mit dem Prälaten nach Paris; dort
ward sie bald durch die Grazie ihrer Gestalt und
ihres Geistes der Gegenstand der allgemeinen
Bewunderung. Künstler des ersten Ranges ent-
lehnten von ihr die reinsten Züge der Unschuld,
Anmuth und Würde zu ihren jugendlichen Madonnen, und Platon's seltne Vertraute beschau-
ten in ihr das geistvollste Abbild der Urschönheit
in heiliger Andacht. Der Wandel der Nonnen
daselbst; der strengern, so wie der freyern, stand

tief unter ihrem Ideal von einem Leben im Göttlichen; in den Observanzen der erstern vermißte
sie das Licht und die höhere Salbung, in den
Sitten der letztern die Gesinnung der Wahrheit
und Regelmäßigkeit: wäre ihr auch der geheime
Wunsch ihres Vaters bekannt gewesen, nichts
hätte sie bewegen können, ihn dort zu erfüllen.
Sie war jetzt in ihrem siebzehnten Jahre, noch
fröhliches Kind an dem Busen der holden Natur,
voll zarter Weiblichkeit in dem Blumengarten
menschlicher Kenntnisse, ein überirdisches Wesen
in dem Heiligthume der Kunst, gut und gottselig
in der unwandelbaren Klarheit und Harmonie
ihres Gemüthes. Noch hatte sie außer ihren Leh-
rern mit keinem männlichen Wesen in so nahem
Verhältnisse gestanden, wie jetzt mit dem Ritter
Shadwell. Er war mit ihr und ihrem Vater
gereiset, er wohnte ununterbrochen in Pozzuolo,
er befand sich in der Blüthe des männlichen Alters, er war ernsthaft ohne Trübsinn, aufge-
weckt ohne Muthwillen, gefällig ohne Zudring-
lichkeit, mit kluger Sparsamkeit witzig, mit Geschmack gelehrt, aus Ueberzeugung gottesfürch-
tig: es fehlte ihm nur das Eine, daß er in nichts

dem Ideale entsprach, nach deſſen Ebenbild ihr
Herz ſich im Verborgenen ſehnte, und deſſen Le=
ben aus ihren liebſten Kunſtgebilden, einem hei=
ligen Aloyſius und einem Chriſtus=Kopfe, ſich an=
kündigte. Um ſo unbefangener war ihr Umgang
mit ihm; und ſie hatte es lediglich ſeiner Klug=
heit und Beſcheidenheit zu verdanken, daß er
ſich dadurch nicht zu Vorausſetzungen berechtigt
glaubte, welche jeder Unerfahrnere nur zu vor=
eilig gewagt haben würde.

Sehr verändert in ihrem Innern, doch ihrer
ſelbſt ſich noch ganz unbewußt, war ſie aus der
Kirche Santa Chiara zu Hauſe angekommen.
Unter Weges ſprach der Prior von nichts an=
derm, als von Serafino's Sohne, und alles,
was er zu ſeinem Ruhme ſagte, war für ſie be=
geiſternder Text zur Muſik in ihrem Herzen. Auch
Salicetti hörte ihm mit Wohlgefallen zu, nur
die Erzählung von ſeinem Vorhaben, in den Or=
den der Camaldulenſer einzutreten, und von ſei=
nen glücklichen Rückſchritten zu rechter Zeit unter=
brach der, für ſeine geheimen Abſichten beſorgte,
Vater auf Olympia winkend. Ihr erſter Blick
bey dem Eintritte in ihr Cabinett fiel auf ihren

Aloysius und den Christus-Kopf, den sie in Paris
kurz vor ihrer Abreise gemahlet hatte. Im ersten
Erstaunen über die unverkennbare Aehnlichkeit
beyder Gemählde mit einem jungen Manne, der
ihr völlig fremd war, eilte sie, dieselben den Blik-
ken aller Menschen zu verbergen. Nie wurden sie
wieder aufgehangen; aber selbst noch in der kurzen Zeit bis zur Ankunft des angenehmen Gastes
unzählige Mahl, doch immer nur als die ihr wer-
thesten Kunstversuche ihres Genius, besehen. Un-
abläßig schwebte sein Bild vor ihrer Seele, aber
nicht die leiseste Unruhe regte sich in ihr, denn zuversichtlich glaubte sie, ihr Innerstes sey von
dem Wohlgefallen an den Heiligen, nicht an dem
Fremden, voll. Nichts desto weniger konnte sie
am folgenden Tage seine Ankunft kaum erwarten, und alle Augenblicke hatte sie in dem für
ihn bereiteten Zimmer zu thun, um es, bald
mit dieser, bald mit jener Bequemlichkeit, jetzt
mit dem einen, dann mit einem andern Zierath
auszuputzen.

Bonaventura kam an, und Salicetti's zweyte Freude, nachdem er Anselmo's
Brief gelesen hatte, waren die deutlichen Anzei-

gen, daß der Sohn seines Freundes bey ihm hei=
misch werden und das nahe Osterfest mit ihm
feyern wollte; dabey schüttelte er doch bedenklich
den Kopf, als er ihn Platon's Schriften aus=
packen sah. Er konnte nicht begreifen: „wie je=
„mand, der mit dem Christenthume es redlich
„meinte, neben der hellen Sonne der Bibel noch
„nach dem dürftig leuchtenden Lämpchen eines
„Heiden greifen wolle;". die Antwort seines Ga=
stes: „um auch in Platon, wie in allem, was
„Menschen je Wahres, Gutes, Schönes gedacht,
„geschrieben und gebildet haben, Christum zu
„finden und auf diese Weise den ganzen Chri=
„stus in sich aufzunehmen;" brachte ihn zum
Schweigen; aber sie befriedigte ihn nicht; daher
in ihm ein gewisses Mißtrauen, wodurch ihr ge=
genseitiges herzlicheres Annähern durch einige
Tage verzögert wurde; und welches weder Bo=
naventura's religiöses Wohlgefallen an den
heiligen Bildern, wovon alle Zimmer der Villa
voll waren, noch die Achtung, welche er in Sa=
licetti's kleiner Bibliothek für die Schriften des
Thomas von Kempen bezeigte, verscheuchen
konnte: das eine wie das andere hielt der from=
me

me Mann nur für eine gefällige Zurückhaltung seiner wahren Gesinnung.

Um so zutraulicher begegnete ihm Olympia; in eben dem Sternenkleide, in welchem sie zu Santa Chiara erschienen war, stand sie an der Seite ihres Vaters, als Bonaventura jene Worte sprach. Ihr reiner Kindessinn hatte sie nicht nur in ihrer vollständigen Bedeutung begriffen, sondern in ihnen auch das Licht zu einer neuen Ansicht von den Dingen in der Welt gefunden; und den ganzen Tag harrte sie des günstigen Augenblickes, der ihr die Freude gönnte, über ihre Gedanken auch sein Urtheil vernehmen zu können. Sie saß des Abends in seiner und ihres Vaters Gesellschaft am Clavier, plötzlich riefen diesen Geschäfte ab, da sprach sie mit der holdseligen Züchtigkeit der Unschuld: „Sie ha„ben heute etwas für mich Großes ausgespro„chen; kann man auch in dem Satze des Künst„lers und in den Tönen des Instrumentes Chri„stum finden?"

„Warum nicht," erwiederte Bonaventura, „warum irgend sonst noch was, als ihn? „Sind diese nicht Nachklänge aus einer Welt,

B b

„deren Harmonie nur der reinste Ausfluß seines
„Lebens und seiner Liebe ist; und ist jener et-
„was anders, als ein mehr oder weniger glück-
„liches Auffassen, Begränzen und Verbinden des-
„jenigen, was frey, unaufhörlich und unbegränzt
„aus jener Christus=Welt auch durch die Seele
„des Künstlers strömet?"

„Dann dürfte ich mir Christum wohl gar
„als die Quelle aller Schönheit in den Dingen
„denken?"

„Und damit würden Sie zugleich den Sinn
„der Worte Joannis: „„„In ihm war das Le-
„„„ben und das Leben war das Licht der Men-
„„„schen,"" erschöpfen, und den Christus der
„Welt von dem Christus der Kirche unter-
„scheiden."

„Darf ich das, da in der Bibel steht, es sey
„nur Ein Christus?"

„In Ihrem Geiste, Fräulein, steht es gewiß
„so klar wie in dem meinigen, daß das Unter-
„scheiden Eines Gegenstandes im Gedanken, und
„das Entzweyen desselben im Begriffe nicht Ei-
„nes sey, auch wissen Sie sehr gut, daß mir und
„allen Menschen diese schöne Cäcilia hier, nur

„als Abbild des Ideals, welches S o l i m e n a's
„Gemüth von der im Himmel Verklärten geschaf=
„fen hatte, nicht als sie selbst, und noch weni=
„ger als eine andere, für sich bestehende Heilige
„erscheinen dürfe."

„Nicht eben so leicht wird es mir, Ihre Un=
„terscheidung in dem Einen Christus zu fassen.
„Mein Vater hat mir erzählt, daß Sie mich
„noch als Säugling in Certaldo oft auf Ihren
„Armen getragen haben; thun Sie dieß jetzt
„auch mit meinem Geiste in einem Gebiethe, in
„dem ich gern so klar als möglich sehen möchte."

„Denken Sie Sich unsere heilige Kirche als
„bloßes Symbol einer e i n z i g e n, hier sichtbar,
„dort unsichtbar, überall zugleich lebendigen
„Welt; in dieser unterscheiden Sie in Ihrem Ge=
„danken ein E i n und ein A l l, und dann denken
„Sie beydes wieder zusammen als eine Einheit.
„Das E i n mögen Sie Sich als e w i g e M e n s ch=
„h e i t, das A l l als unermeßliche G o t t h e i t und
„die wesentliche E i n h e i t Beyder als unendliche
„Fülle der Göttlichkeit denken; können Sie dieß?"

„Mir schwindelt, und doch ahnde ich Licht
„und festen Boden."

„Vielleicht enthüllet sich Ihnen beydes deut:
„licher in folgenden Gegensäßen: Der Christus
„der Welt ist das Ein in dem All; der Chri:
„stus der Kirche ein Mensch, in dem die ewi:
„ge Menschheit und die unermeßliche Gottheit,
„das Ein und das All vereinigt dem Menschen:
„geschlechte in der Zeit sich geoffenbaret hat. Der
„Christus der Welt ist gleich ewig mit dem Va:
„ter oder mit dem All, die Menschheit gleich
„ewig mit der Gottheit, und hat sein gleiches
„Seyn und Wesen mit dem All vor, über, und
„ohne Zeit; der Christus der Kirche ward in
„der Zeit von der heiligen Jungfrau, dem Ideal
„der ewigen Liebe, geboren, und mußte daher
„auch in der Zeit wieder untergehen. Dieser war
„eine Person, im Fleische befunden, und uns in
„allem, die Sünde, die Selbstentzweyung, aus:
„genommen, gleich gemacht; der Christus der
„Welt hat weder Gestalt noch Persönlichkeit,
„sondern er ist; und alles Seyn und Leben ist
„er selbst.“

„Sie sind ein wahrer Priester, der sich und
„andern die ganze Welt zu heiligen versteht.“ —

Jetzt kam der Graf wieder zurück, und Olym:

pia ſetzte mit erhöhtem Ausdrucke Allegri's
Salve Regina fort, wo ſie es abgebrochen hatte.

———————

Auf den folgenden Tag war Ritter Shadwell eingeladen, und Bonaventura's Erwartungen von ihm waren durch Salicetti's
Schilderungen von ſeiner Rechtſchaffenheit, Klugheit, Frömmigkeit und chriſtlichen Gelehrſam-
keit, beſonders aber durch die Kunde von ſeiner
Freygebigkeit gegen die Corſiſchen Patrioten, ſehr
geſpannt. Bey ſeiner Ankunft begegnete ihm daſſelbe, was er ſchon öfters bey neuen Bekannt-
ſchaften in ſich erfahren hatte; ein dunkles Gefühl ſchreckte ihn von dem Ritter zurück. In der
Muthmaßung, daß ihm etwa ein gefährlicher
Rival bey dem Fräulein ahndete, hielt er ſich ſo
lange von ihm entfernt, bis er deutlich erkannte,
daß ihm zwar die Schöne gar nicht gleichgültig;
in ihrer Seele aber nicht die leiſeſte Spur von
Zuneigung, ja nicht einmahl von Aufmerkſam-
keit für ihn vorhanden ſey. Nun that er auch
hier, was er in ſolchen Fällen gewöhnlich zu thun

pflegte, und was ihn jedes Mahl betrog, er klü-
gelte sich Zutrauen und Freundschaft für den Ritter an, und so war er im Stande, auch in dem
Umgange, mit ihm sich selbst dem Grafen und seiner Tochter in immer vortheilhafterm Lichte darzustellen.

Schlimm war es nur, daß zwischen dem
Engländer und dem Corsen, außer der Politik
und Gelehrsamkeit, kein Berührungspunct vorhanden war. Von der erstern zu sprechen, enthielt sich Bonaventura aus Schonung, weil
er die Staatsverfassung, welche jener für die
weiseste erklärte, gerade für die allerschlechteste
hielt, und in seinem Gegner nicht die geringste
Empfänglichkeit fand für die Beweise, daß eine
Verfassung, in welcher der Verstand das Gemüth in einem fort unterdrückte, mithin die Re-
chenkunst alles, die Wissenschaft nichts gälte,
durchaus nicht anders, als schlecht seyn könne.
Im Gebiethe der Gelehrsamkeit war Shadwell nicht weiter gekommen, als so weit ihn eine richtige Urtheilskraft geleitet hatte; und so war
es ihm freylich ganz etwas Neues, in den Unterredungen mit dem Corsen über verschiedene ge-

lehrte Gegenstände zu ahnden oder wahrzuneh=
men, daß diese wohl für ein noch höheres See=
lenvermögen da seyn dürften, als bloß für das
Gedächtniß und die Urtheilskraft. Das Gefühl,
daß ihm Salicetti's neuer Gast, sowohl an
diesem Vermögen, als selbst an Kenntnissen weit
überlegen sey, war ihm nicht drückend, weil Bo=
naventura mehr als einen Beweggrund hat=
te, ihn mit ausgezeichneter Feinheit zu behan=
deln; allein bey aller Kunst, womit er den Rit=
ter und nebenbey auch den Grafen für sich ein=
zunehmen wußte, ging jener dennoch jetzt zum
ersten Mahle mißmüthig und trübsinnig aus der
Villa, denn er hatte bemerkt, wie wenig Olym=
pia auf ihn achtete, und mit welcher Theilnah=
me, Aufmerksamkeit und Lust sie jedes Wort von
den Lippen des Corsen gleichsam wegsog.

Täglich wiederhohlte er nun des Abends,
zu welcher Zeit Salicetti Gesellschaft liebte,
seine Besuche, und jedes Mahl trieb er seine An=
strengung, der Einzigen durch Witz oder durch
Kenntnißfülle zu gefallen, auf das Aeußerste;
aber er blieb größten Theils unbemerkt, und al=
les Streben, ihre Achtsamkeit auf sich zu ziehen,

diente nur, seinen Verdruß zu vermehren. Sie
horchte wie auf Gottes Stimme, wenn Bonaventura sprach, und dachte seinen Worten wie
Orakel-Sprüchen nach, wenn ihn die Reihe traf,
das Wort zu führen. Der Graf hatte es gern,
wenn der Abend abwechselnd mit Musik, Gesang und Vorlesungen zugebracht wurde; doch
mußte alles, in seinem Sinne, religiösen Inhaltes seyn. Ohne selbst ein Instrument zu spielen,
war der Ritter Kenner der Musik, allein zu seinem Unglücke nur gelehrter Kenner. Bonaventura durfte sich selten von dem Clavier entfernen, Salicetti hörte ihn gern, und er spielte mit einem Ausdrucke, den Olympia nur im
Gesange erreichen konnte, weßwegen auch sie in
der Regel sich weigerte, seine Stelle einzuneh-
men. Ihr musikalischer Vorrath bestand aus den
Werken des Allegri, Pergolese, Conti,
Marcello und Corelli; der seinige bloß aus
einigen Psalmen, Kirchen-Hymnen und Oden
seines Geistesverwandten Luis de Leon. Was
er auch, entweder ohne Nahmen von seinen oder
von Peraldi's Sätzen wählen, und das Fräulein, den ihr so nahen Künstler ahndend, mit in-

nigstem Gefühle singen mochte, Shadwell
fand alles zu einfach, zu kunstlos, zu kalt, oder
zu schwärmerisch, und ward der Holden eben dadurch widerwärtig, wodurch er ihr Wohlgefallen an dem bescheidenen Corsen schwächen wollte. Leon's begeisternde Noche serena, von diesem in der Italienischen Sprache nachgebildet und
in Musik gesetzt, weckte in dem Grafen und in
seiner Tochter das Verlangen, mit dem frommen
Dichter Spaniens vertrauter zu werden. Bonaventura erfüllte mit Freuden ihre Wünsche,
und las einige Abende hinter einander vor, was
er des Morgens übersetzt hatte. Shadwell
hatte zu viel Welt, um in die Bewunderung und
den Beyfall, der dem Dichter und Uebersetzer zu
Theil ward, nicht mit einzustimmen; aber enthalten konnte er sich nicht, zu bemerken, daß er
in den Ideen, Bildern und Wendungen des Erstern, bald Frost, bald Schwulst; jetzt eine zu
sclavische, dann wieder eine verunglückte Nachahmung des Horaz wahrgenommen hätte, daß
Milton denn doch ein größerer Dichter sey als
der Spanische Mönch, und daß es diesem sehr
heilsam gewesen wäre, wenn er Pope's Ab-

handlung, über die Kunst in der Poesie zu
sinken, zu seiner Zeit hätte lesen können. Durch
dieß alles erreichte er nichts anders, als daß man
ihm als Gast mit Nachsicht begegnete und Olympia ihn in seiner Geistesarmuth bemitleidete.

In einem hohen Grade besaß er die, bey gemeinen Menschen höchst gefährliche Gabe, alles, was er wollte, auf die feinste und auch bei-
ßendeste Art lächerlich zu machen; auch dieses
Stachels bediente er sich gegen Manches, womit Bonaventura sich der Gesellschaft gefällig bezeigte: allein der Englische Ritter befand
sich nicht bey gemeinen Menschen, wider seinen Stachel hatte sein Gegner unfehlbar siegen-
de Waffen, hohe Würde im Blicke und ein in-
haltschweres, niederschmetterndes Wort aus der
Tiefe des Geistes; und der verwundende Stich
traf immer ihn selbst. Olympia nahm ein hohes befremdendes Wesen gegen ihn an, bald sah
er in dem Corsen nur den Zerstörer seines Glük-
kes, und er vermied unter mancherley Vorwän-
den alle fernern Besuche auf der Villa, so lange
jener daselbst hauste und ihm den Himmel seiner
Hoffnungen trübte.

Bonaventura hatte durch einen Zufall erfahren, daß alle Abende, bevor man sich zur Gesellschaft versammelte, Salicetti in einer abgelegenen Capelle des Gartens eine andächtige Stunde feyerte, wobey, außer seiner Tochter, sämmtliche Hausgenossen erscheinen müßten; als ihm derselbe hernach in Olympia's Gegenwart versicherte, wie er allmählich anfange, ihn als einen, seinem Hause Angehörigen zu betrachten, widersprach er ihm mit der Erklärung, er könnte dieß dem Manne nicht glauben, der ihn von seiner Hausandacht ausschlösse und Bedenken trüge, sich seine Gesellschaft auch durch gemeinschaftliche Anbethung des Allerhöchsten zu heiligen. „Sie beklagen sich," erwiederte Salicetti, „über einen Beweis, daß ich die Pflichten „der Gastfreundschaft kenne und achte. Sie sind „Philosoph, und zwar aus der Schule eines „Heiden. Ich habe nichts dagegen, wenn Sie „darin volle Befriedigung finden; aber das Gebeth einfältiger Leute, die nur die Schule Jesu „und seiner Apostel kennen, ist nicht für Män„ner Ihres Geistes; wie hätte ich Sie dazu ein„laden können?"

Olympia entfärbte sich über das Unrecht,
welches ihr in der Rede ihres Vaters zu liegen
schien; doch mit jedem Worte, das ihm Bona=
ventura entgegen setzte, erhohlten sich die Ro=
sen ihrer Wangen wieder. „Sie sind ungerecht,“
sagte er, „gegen mich und den so genannten Hei=
„den. Hören Sie das Bekenntniß meines Glau=
„bens, und dann lassen Sie dieß unschuldige
„Kind, denn der Geist der Wahrheit offenbart
„sich am liebsten durch Kinder, über uns Beyde
„richten. Die Kirche ist mir nicht das Christen=
„thum; in jener sehe ich nur ein Werk der Zeit,
„dieses ist ewig wie Christus in Gott, und es
„hatte lange vorher, als eine Kirche war, treue
„Bekenner, erleuchtete Priester und in Gott ver=
„senkte Heilige. Platon, obgleich im Heiden=
„thume geboren, war eben so wenig ein Heide,
„als Jesus, von Jüdischen Aeltern erzeuget, und
„das Gesetz seines Volkes erfüllend, ein Jude.
„In beyden erkenne ich die gesalbten Gesand=
„ten des ewigen Christus. Das Werk des Er=
„stern war, das Christenthum der männlichen
„Wissenschaft zu enthüllen; das Werk des
„Letztern, es dem kindlichen Glauben vorzu=

„hälten. Darüm soll der Auserwählte, der
„das ewige Christenthum im Wissen besitzt, den
„Berufenen, der es noch im Glauben sucht
„oder ahndet, liebreich pflegen, und dieser jenen
„kindlich lieben, bis auch sein Glaube sich zur
„Wissenschaft erheben könne. Ob das eine ein
„wahres Wissen, das andere ein echtes Glau-
„ben sey, muß die unzertrennliche Einheit in ih-
„rer Richtung zur Liebe zeigen. Meinem Geiste
„sind Paulus und Joannes so nahe ver-
„wandt, wie Sokrates und Platon; und
„meinem Herzen ist Ihr gläubiger Verwalter
„nicht weniger lieb, als Platon's frömmster
„Schüler Xenophon: in allen erkenne und
„liebe ich nur den ewigen Christus. Und hiermit
„sey es Ihnen anheim gestellt, was Sie ferner-
„hin in mir sehen wollen.“

  „Sie sprechen, so wahr Gott lebt,“ versetzte
der Graf, „etwas Wahres, ob ich es gleich nicht
„ganz begreifen kann; hast du's gefaßt, meine
„Tochter, so wage es, zu entscheiden.“ — „Er
„soll,“ sprach sie, „heute und — ewig mit uns
„bethen, damit auch uns der ewige Christus
„durch ihn segne und erleuchte.“ Und nun drang

„ſie bis zur Abendſtunde in ihren Vater, daß er
„ihm, der ſo vortrefflich vorläſe, ſelbſt die Ver=
„richtung der Andacht übertragen möchte."

Saliceťťi's häusliche Gottesverehrungen
begannen täglich mit der Vorleſung eines Capi=
tels aus dem neuen Teſtamente, bisweilen von
kurzen Erläuterungen des Grafen, ſo gut er ſie
geben konnte, begleitet; dann folgte ein Gebeth
aus den Meditationen oder Soliloquien des hei=
ligen Auguſtinus, die das gemeinſchaftliche
und einzige Gebethbuch des Hauſes waren, den
Schluß machte die Legende des Heiligen, welche
das Hausbuch für den Tag beſtimmt hat=
te. *) Es war die Mittwoche in der Charwo=
che, an der Bonaventura zum erſten Mahle
in dieſe kleine Gemeinde eintrat und den Auftrag

---

*) Ein ähnliches religiöſes Hausbuch zum
    täglichen Gebrauche gottſeliger Fami=
    lien aus der Claſſe der Gebildeten;
    wird der Verfaſſer dieſes Werkes nächſtens er=
    ſcheinen laſſen: denn die Zeit rückt heran, in wel=
    cher die Gerechten auf Erden auch die Mitge=
    noſſen ihrer Auserwählung in der Glorie der
    ewigen Welt gern werden beſchauen wollen.

des Grafen mit bescheidener Bereitwilligkeit übernahm. Er las und erklärte das siebzehnte Capitel des Evangeliums Joannis mit religiöser Salbung, er sprach das Gebeth mit eben der Begeisterung, mit welcher Augustinus es niederge-
schrieben hatte, und trug die Legende des Tages,
das Leben des heiligen Anselmus, mit einer
so ergreifenden Lebendigkeit vor, als offenbarte
es der Heilige selbst vom Sitze seiner Glorie.
Schon unter der Erklärung des Capitels wurden
alle von der Gewalt der Religion ergriffen, der
Reichthum und die Klarheit seiner Ideen ergoß
sich in seine Gefühle, und indem er nur diese in
Worten ausströmen ließ, konnte er die Ueber-
wältigung aller Herzen nicht verfehlen.

Von nun an war alles Mißtrauen aus dem
Gemüthe des Grafen verschwunden, sein Vertrauen und seine Achtung für Bonaventura
stieg höher, als ihm dieser auch bey dem erhabnen Kirchendienste der heiligen Woche zur Fackel
diente, in deren Lichte sich ihm der göttliche Geist
der Ceremonien und Formeln im reinsten Glanze
zeigte. Vor dem Guardian Cazaconi und dem
Prior Leonello, welche sie öfters mit einander

besuchten, nannte er ihn seinen Bischof, seinen
Papst; und in der Nacht vor seiner Abreise führte
er ihn sogar in ein geheimes, allen übrigen Menschen verschlossenes Gemach, wo er ihn zum Vertrauten seiner Leiden und seiner Absichten machte.

Es war das Zimmer, in welchem Camilla
ihre Zeitlichkeit vollendet hatte, ganz schwarz
ausgeschlagen, erhellet von einer Lampe, deren
beständige Unterhaltung er selbst besorgte. Das
Sterbebett lag noch offen, auf dem Tische daneben der vier und achtzigste Psalm, ihr letztes
Gebeth, aufgeschlagen, die Uhr bey der Minute
ihres Hinscheidens unverrückt stillstehend, zur
Rechten des Bettes die Communion des sterbenden Hieronymus, eine Copie nach Carracci, zur
Linken das Bildniß ihres Vaters, der Carthäuser Girolamo, in der Gestalt des heiligen Bru-
no, sie, ihren Gatten und Olympia, als
Kind, segnend. — Unwillkührlich sanken Salicetti und Bonaventura einander in die Arme, und ihre Thränen flossen zusammen. „Hier
„verschwand," sprach jener, nachdem er sich er-
mannet hatte, „mit ihrem letzten Hauche zugleich
„mein Glück auf Erden. Mit ihr dahin sind alle
„meine

„meine Freuden und jeder Reiz des Lebens. Sie
„gebar mir einen männlichen Erben, aber todt
„gab man ihn in meine Arme, und auch für mich
„gebar sie den Tod, als sie nach drey Tagen den
„Dienst des Fleisches mit ihrem Leben bezahlte.—
„Freund, Sohn, deine Rührung läßt mich von
„deinem Herzen Liebe hoffen; ich wage es, dich
„um die Beförderung meines Zieles zu bitten.—
„Meine Olympia, dieser reine, aus dem Gött-
„lichen meiner Geliebten hervorgegangene Licht-
„strahl, soll dem Dienste des Fleisches entsagen,
„damit sie ihr Leben in Gott erhalte. Sie soll in
„das Kloster zu Santa Chiara, dann werde ich
„das Einzige in Corsica bald finden, wonach ich
„Tag und Nacht mich sehne. Zwingen werde ich
„sie nicht, selbst der Muth, ihr zuzureden, hat
„mich verlassen; aber wer den eigenen Antrieb
„dazu in ihr erwecken könnte, sey es Gott oder ein
„Mensch, den würde ich noch in meiner Todes-
„stunde als meinen Erlöser dankbar segnen. Du,
„Sohn meines Freundes und Vaterlandes, ver-
„magst viel, vermagst vielleicht alles über sie;
„komm, so oft es dir möglich ist, zu uns, benutze
„deine eindringende Kraft zu ihrem und meinem

„Glücke, sprich ihr so oft und so viel von der Si=
„cherheit, Schönheit und Heiligkeit des Kloster=
„lebens vor, bis das Feuer des göttlichen Beru=
„fes, das unfehlbar schon in ihrer Seele verbor=
„gen glimmt, in Flammen auflodert.“

„O, Vater, was haben Sie gethan?“ er=
wiederte Bonaventura in seiner Bestürzung:
„Ich kann, ich werde Ihr Haus nie wieder betre=
„ten, wenn Sie auf Ihrer Forderung bestehen.
„Verloren ist die Seele, die ohne wahren Beruf
„in die Hallen der Heiligen sich eindrängt, und
„den Himmel erstürmen will, dessen sie sich nur
„auf den, ihr angewiesenen, Wegen der Vorse=
„hung würdig machen soll. Nehmen Sie an,
„daß durch mein Zureden und meine Schilde=
„rungen in Olympia die Lust zum Klosterle=
„ben erwachte, wo hätten wir den Probierstein,
„um zu prüfen, ob ihr Entschluß ächter Beruf
„oder nur Wirkung meines Gewichtes bey ihr
„sey; und wäre er das letztere, erschienen wir
„dann nicht vor Gottes Richterstuhl, Sie als
„Urheber, ich als Werkzeug ihres Verderbens?“

„Oft geht die Lust dem Berufe voraus, und
„Gott läßt diesen aus besonderer Gnade folgen.“

„Es thut mir wehe, sie sprechen zu hören,
„wie einen Vater, der seine Tochter an einen,
„von ihr gehaßten Mann vermählet, in der Hoff-
„nung, daß die Liebe sich noch finden werde."

„Haßt denn Olympia die Abgezogenheit
„von der Welt, die innigere Gottseligkeit und
„jungfräuliche Reinigkeit?"

„Sie scheinet sie wenigstens nicht ausschlie-
„ßend unter dem Nonnenschleyer einheimisch zu
„glauben; und habe ich sie richtig beobachtet, so
„bin ich berechtigt zu behaupten, ihr Geist sehe
„schon zu hell, ihr Herz sey zu groß, als daß
„beyde in den dunkeln und begränzten Umge-
„bungen der klösterlichen Einsamkeit befriediget
„werden könnten."

„Und ich glaube, ihr Geist und Herz sey so
„gebildet, daß es ihr leicht werden müsse, eben
„diese engen Schranken sich zu einem geräumi-
„gen Gefilde der mannigfaltigsten Freuden und
„Genüsse zu erweitern. Wenn es indessen so mit
„ihr ist, wie du sagst, so werden auch deine Schil-
„derungen und dein Zureden ohne Wirkung bey
„ihr bleiben, mithin nichts schaden. Sicher kön-
„nen wir daher den Versuch unternehmen, da-

„mit wir erfahren, wer von uns beyden richtiger
„ſah. Dringend wiederhohle ich meine Bitte, und
„hoffe zuverſichtlich von dir Gewährung."

Bonaventura verſprach, zu thun, was
er ohne Verletzung ſeines Gewiſſens vermögen
würde, und verließ die Villa mit der beſeligen-
den Ueberzeugung, daß er in der Schönſten und
Edelſten unter den Töchtern der Menſchen die
ideale Hälfte ſeines Weſens gefunden habe und
von ihr geliebt werde.

———————

Olympia liebte ihn, aber ſie wußte es
nicht, weil ſie nur ihn, weil ſie ſogar in ſich ſelbſt
einzig und allein ihn liebte, oder vielmehr mit
ihrer ganzen Eigenthümlichkeit in ihn überge-
gangen war. Dieſe reine, uneigennützige Liebe
und ihre tiefe Ehrfurcht vor der Größe ſeines Geiſtes ließ den Augenblick der Reflexion über den
Zuſtand ihres Herzens, in der Gegenwart und
für die Zukunft, nie bey ihr eintreten; dieſes
kannte kein anderes Wünſchen und Sehnen mehr,
als das einzige, nur für ihn und in ihm zu ſeyn.

Sie war es, indem sie sich lediglich mit ihm be=
schäftigte. Jedes Wort, das in den vierzehn Ta=
gen, den froheften ihres Daseyns, seinen Lippen
entfloſſen war, hatte sie sich jeden Abend aufge=
zeichnet; aus ihnen entlehnte sie nun das Thema
zu den Harmonien ihres täglichen Lebens, und
was sie unter der Leitung ihres Canons zu lieb=
lichen Variationen selbftthätig zusammen gesetzt
hatte, schrieb sie bey nächtlichen Stunden nieder,
um es seiner Prüfung und Berichtigung vorzu=
legen. Allein größten Theils war es für ihn selbft
neue, überraschende Belehrung. Der unerklär=
bare magische Schein, der alle vollendete Kunft=
schöpfungen umgibt, war auch der Heiligenschein,
in welchem sich ihr Geift und ihre Ideen vor ihm
verklärten. Was er mit Erkenntniß geäußert hat=
te, sah er in diesen treuen Gemählden ihres Seyns
mit gränzenloser Liebe aufgefaßt, mit Zartheit
geftaltet und in den süßeften lyrischen Schwin=
gungen zu einer schönen weiblichen Welt verbun=
den. Die Unendlichkeit, die er in seinem Wiſſen
zu besitzen glaubte, und in ihrer Gegenwart in
tieffinnigern Worten auszusprechen, sich oft ge=
scheuet hatte, fand er in den ihm aufgedeckten

Ahndungen ihres liebenden Gemüthes durch ihr
Gefühl ergründet. Und so entschleyerte sich ihm
auch die Wahrheit, daß die keusche Seele des
Weibes, im göttlichen Gemüthe ausgeboren,
frey, sicher und freudig himmelan schwebet, während der männliche Geist, bloß der Sohn der
göttlichen Selbstanschauung, mühsam neben ihr
zum Himmel klimmet.

Jede Stunde, die ihm seine Dienstpflicht
übrig ließ, alle Tage, die ihm Giaccinto's
Gewogenheit bewilligte, waren dem Leben der
Liebe mit ihr geweihet, ohne daß das Wort durch
eigennützige Fragen und Geständnisse entheiliget,
jemahls über ihre Lippen kam. Sie waren Kinder, die, bey der nie verletzten Unschuld ihres
Herzens und völligen Befriedigung ihres Geistes, von einander nichts zu wünschen, nichts zu
begehren hatten, selig in dem Genusse der Gegenwart lebten, und die Sorgen der Eigenliebe
für die Zukunft nicht empfanden. Sie lustwandelten in der Gesellschaft des Grafen unter den
Ruinen der Römischen Größe, sie zeichneten und
mahlten die Plätze, wo sie einen neuen Zug der
innern Schönheit an einander entdeckt hatten, sie

feyerten an dem Clavier begeisternde Weihestun=
den der Kunst des Unendlichen. Er gab ihr Un=
terricht in der Spanischen Sprache, erzählte ihr,
nach dem Wunsche des Grafen, die anziehend=
sten Klostergeschichten, erschöpfte bey nahe den
ganzen Schatz der religiösen Romantik; und dieß
alles stets in Anwesenheit ihres Vaters oder an=
derer Zeugen: denn sorgfältig vermied er jede
Gelegenheit, mit ihr allein zu seyn, zu gewiß sei=
nes künftigen Glückes, als daß er irgend einen
Vorgenuß desselben auf Kosten des Vertrauens
oder der Achtung Salicetti's sich erkau=
fen sollte.

Selbst Ritter Shadwell ward durch die=
se vorsichtige Bescheidenheit an ihm irre, und ob
er ihn gleich bitter haßte, war er doch fast täg=
lich wieder der Abendgesellschafter auf der Vil=
la; denn ernstlich hatte er beschlossen, seinem Zie=
le näher zu rücken und einige Tage nach Olym=
pia's nächstem Geburtstage bey dem Grafen um
sie anzuhalten. Den Muth dazu flößte ihm das
gefällige Betragen ein, womit sie ihm seit eini=
ger Zeit in Bonaventura's Abwesenheit be=
gegnete; allein von ihrer Seite war es nur Mit=

tel, von einem größern Leiden sich zu befreyen.
So oft sie des Abends mit ihrem Vater allein
saß, mußte sie ihm einige Klostergeschichten, die
Bonaventura erzählet hatte, wiederhohlen.
Die Bemerkungen und Anspielungen, womit er
dieselben begleitete, ließen sie über seine geheimen
Wünsche und Absichten nicht lange im Zweifel;
bisweilen gab er sie ihr auf das deutlichste zu
verstehen, und jedes Mahl ging er schwermüthig
und in sich verschlossen in sein Schlafgemach,
wenn sie ihn bemerken ließ, wie ihr ganzes Wesen sich dagegen empörte. Dieß ging ihr zu Herzen, und nur Shadwells Gegenwart sicherte
sie gegen diese Quat.

Ihr siebzehnter Geburtstag erschien, es war
zugleich Fastnacht, und Salicetti hatte ein
häusliches Freudenfest, das erste nach Camilla's Tode, dazu angeordnet. Die Freunde wett-
eiferten an Geschenken. Bonaventura's Gaben bestanden in einer Madonna nach Carlo
Dolci, in einer handschriftlichen Uebersetzung
der eigenen Gedichte des Luis de Leon, in einer musikalischen Composition zu dessen Ode,
De la vida del Cielo, und in einem Lehrgedichte

von der Nichtigkeit des Todes, alles von ihm
selbst: so leicht hatte er es dem Ritter gemacht,
ihn, dem äußern Scheine nach, zu übertreffen.
Ein diamantenes Diadem, ein Rosenkranz von
Rubinen und Smaragden, siebzehn Schnüre
Perlen und ein Ring mit einer erhaben geschnit=
tenen antiken Gemme waren die Geschenke, wo=
mit Shadwell die Gaben des Corsen verdun=
keln und Olympia blenden wollte. Die Kost=
barkeit derselben mißfiel ihr, sie fragte ihren Va=
ter, was sie damit machen sollte; lächelnd ant=
wortete dieser: „Behalte sie, wenn du dich am
„Tage deiner Geburt für den Himmel und dei=
„ner ewigen Vermählung mit Gott damit schmü=
„cken willst.‟ Sorgfältig lauerte sie nun auf eine
Gelegenheit, mit Bonaventura einige Worte
allein sprechen zu können, diese ward ihr, und
eiligst sagte sie: „Sie haben mich heute zu mei=
„ner größten Freude mit lauter Gaben ihres Gei=
„stes beschenkt, jetzt erbitte ich mir auch eine von
„ihrem Herzen. Sprechen Sie nie wieder in Ge=
„genwart meines Vaters vom Klosterwesen; da=
„mit nicht ein Wunsch in ihm genähret werde,
„den ich heute vor Einem Jahre noch mit Freu=

„den erfüllt hätte; aber seit der Mittwoche vor
„dem letzten Osterfeste; ohne Zerstörung meiner
„selbst, nicht mehr erfüllen kann.“

Der Ritter beobachtete in der Ferne ihre geheime Unterredung, und seine Beobachtung ward
ihm bald zu einem Gespenste, das ihn bis zur
Verzweiflung folterte. Am andern Morgen sandte ihm Olympia das Diadem, den Rosenkranz
und die Perlen mit folgendem Schreiben zurück:

„Man hat mir den Gebrauch ihrer Geschen-
„ke unter einer Bedingung erlaubt, die ich schlech-
„terdings nicht eingehen kann, ich sende sie Ih-
„nen daher zu einer zweckmäßigern Verwendung
„zurück und erlaube mir nur noch die Bemer-
„kung, daß meiner Verdienstlosigkeit kein Dia-
„dem gebührt, und die Redlichkeit in meiner Brust,
„eben so wenig eines Perlenschmuckes, als mei-
„ne Andacht eines Rosenkranzes von Edelsteinen
„bedarf. Daß ich den Ring behalte, mag Ihnen
„zum Merkmahle meiner Achtung dienen.“

Olympia.

Bald darauf erfuhr man in der Villa, daß
Shadwell plötzlich und voll Unmuth von Poz-

zuolo abgereiſet ſey; den Zweck ſeiner Reiſe kündigte er dem Glücklichen folgender Maßen an:

„Ohne Olympia's Beſitz hat das Leben
„für mich allen Werth verloren. Sie liebt aber
„Sie, darum mußte ich von ihr beſchimpft wer-
„den, und was ſie that, war das Werk eines
„Corſen. Da ich Sie haſſe, will ich nicht entſchei-
„den, in wie fern Sie würdig ſind, das vortreff-
„liche Weſen zu lieben; nur das ſey uns Beyden
„gewiß, daß Einer von uns ſterben muß. Zum
„Wurfe des Looſes fordere ich Sie morgen in
„der zehnten Stunde zu dem See Agnano, dort
„werden ſie mich und alles, was Ihnen dabey
„nöthig ſeyn dürfte, finden. Da mir das Land,
„in dem ich Sie als den Zerſtörer meines Glük-
„kes kennen lernte, allenthalben dienſtbare Wichte
„anböthe, die bereit wären, Sie für Eine Uncia
„d'oro auf die Seite zu ſchaffen, ſo werden Sie,
„wie ich hoffe, in meiner Ausforderung die Eng-
„liſche Großmuth, die den Meuchelmörd noch
„ärger haßt als den Feind, erkennen, und wenn
„Sie den Muth der Ehre beſitzen, ſich unfehl-
„bar ſtellen.“

Den Brief fand Bonaventura des Abends

auf seinem Tische, und ohne das geringste davon in der Villa verlauten zu lassen, reiste er am
folgenden Morgen ab, um die Forderung seines
Feindes zu erfüllen. Ritter S h a d w e l l war
schon auf dem Platze. Zwey Engländer und zwey
Corsen standen da, von ihm für beyde zu Se-
cundanten gewählt. B o n a v e n t u r a selbst hätte nicht besser wählen können, denn der Eine der
Corsen war sein Freund P a s q u a l e. Zehn Schritte der Entfernung wurden abgemessen, die Pi-
stolen wurden geladen, dem Geforderten gebühr-
te der erste Schuß. Mit furchtbarer Kälte hieß
B o n a v e n t u r a den Ritter zuerst schießen. „Ich
„bin gewiß." sprach er, „daß meine Stunde noch
„nicht geschlagen hat; aber unfehlbar trifft Sie
„aus meiner Hand der Tod."

S h a d w e l l weigerte sich, und auch die Corsen
thaten Einspruch. B o n a v e n t u r a steckte einen
Stab in die Erde, in die obere Spalte desselben
schob er einen Carlino ein, trat seitwärts, gerade
der Sonne gegen über, fünf und zwanzig Schritte zurück, schoß die Münze weg, ohne den Stab
zu verletzen, stellte sich wieder auf seinen Platz
und sprach: „daß Gewißheit, nicht Verzweiflung

„meinen Vortheil mich hingeben heißt, das seht
„ihr Alle; meinetwegen kann jener Mann dort
„bis an den Tag des Weltgerichtes leben; will
„er, daß ich hier sterbe, so laßt es ihn mit dem
„ersten Schusse versuchen, ob es auch Gottes
„Wille sey." — Der Ritter, zielend auf das Herz
des Feindes, schoß; die Kugel streifte aber nur
an seinen linken Arm hin und verwundete ihn
leicht. — Bonaventura schoß in die Erde mit
den Worten: „so sterbe in mir das Andenken Ih=
„rer Beleidigung. Nehmen Sie entweder als
„Mann von Ehre meine Hand, wo nicht, meinen
„Rath, die wahre Ehre noch zu suchen." Be=
schämt und gerührt umarmte ihn Shadwell,
sprechen konnte er nicht; allein sein demüthiger
Blick sagte mehr als Worte. Schweigend schied
auch Bonaventura von ihm und fuhr mit
seinen Freunden nach Neapel.

Der längere Aufenthalt in diesen Gegenden
war dem Ritter unerträglich. Bey dem Abschie=
de von Salicetti erzählte er diesem offenher=
zig und umständlich die Begebenheit an dem See
Agnano mit allen Ursachen, die sie veranlaßt
hatten. Der Graf bedauerte den Verlust seiner

Gesellschaft um so mehr, als er ihm auf das Geständniß seiner Leidenschaft für Olympia nur
die Versicherung geben konnte, sie sey nach seinem Willen mit dem Himmel verlobet. Shadwell reiste nach Rom, und ließ den Grafen in
der unruhigsten Besorgniß über das geheime Ge-
spräch seiner Tochter mit Bonaventura zurück. In der Hoffnung, den Inhalt desselben zu
erfahren, ließ sie Salicetti zu sich kommen
und entdeckte ihr Shadwells Liebe, wogegen sie versicherte, daß sie nichts davon wüßte.
„Er hat dich," fuhr der Vater fort, „von mir
„zum Weibe verlangt."

„Dazu hat mich," erwiederte diese, „Ca-
„milla nicht geboren."

„Warum hast du ihm seine Geschenke zurück
„gesandt?"

„Weil ich mich so, wie Sie, geliebter Vater,
„sagten, nie mit ihnen schmücken kann."

„Er hat, dadurch von dir beleidiget, Bo-
„naventura zum Zweykampf heraus ge-
„fordert."

„Unser Landsmann wird sich ihm stellen und

„im Kampfe unverletzt bestehen; denn über ihn
„wacht eine höhere Hand."

„Es ist schon vorbey, er ist verwundet und
„du trägst die Schuld. Deine geheime Unterre-
„dung mit ihm hat den Engländer erbittert."

„Da ward seiner mit keinem Worte gedacht."

„Ihr habt doch auch mit einander nicht ge-
„bethet?"

„Nur gebethen habe ich unsern Hausfreund,
„seine Klostergeschichten mehr zu erzählen, weil
„mich nichts in der Welt bewegen wird, den
„Nonnenschleyer zu nehmen; er aber so anzie-
„hend zu erzählen weiß, daß man sich der Lust
„zum Klosterleben kaum erwehren kann."

„So sehr also scheuet meine Tochter das Er-
„wachen des göttlichen Berufes?"

„Bloß meine Selbstentzweyung und Ver-
„nichtung, wozu Gott keinen Menschen berufen
„kann."

„Wenn es dir aber der Allerhöchste durch
„mich gebothe?"

„Das wird er nicht, denn er sieht mein Herz;
„geschähe es aber, so müßte ich an der Wahr-
„heit seiner Stimme, die mir von außen käme,

„zweifeln, und dann würde vielleicht an die
„Stelle meines Glaubens ein Wille treten, vor
„dem mir schaudert.‟

„Wenn dein Eintritt in das Kloster die ein-
„zige Bedingung der Ruhe und des Glückes mei-
„ner alten Tage wäre?‟

„Sie sind als Mann zu groß und lieben
„mich zu zärtlich, als daß sie ihre Ruhe und ihr
„Glück von dem Verderben des Einzigen, was
„Ihnen von Camilla noch übrig ist, von der
„Aufopferung ihrer Tochter, abhängig machen
„könnten.‟

„Was willst du in der Welt beginnen?‟

„Beginnen nichts, nur fortsetzen, worin ich
„bis jetzt so selig war, Sie pflegen bis an mein
„Ende.‟

„Ich werde dir voran gehen.‟

„Dann wird Gott das treue Kind in einen
„andern Wirkungskreis versetzen.‟

„Du liebst Bonaventura.‟

„Vater, —wenn der sehnlichste Wunsch, nur ihn
„in der ganzen Natur zu sehen, alle Wunder Got-
„tes nur in ihm zu betrachten, nur ihn unaufhör-
„lich sprechen, vorlesen und beten zu hören; wenn
„eine

„eine bis zum Entzücken steigende Bewunderung
„seiner Geistesgröße, eine ganz in Andacht über-
„gehende Achtung und Ehrfurcht vor seiner Wür-
„de, wenn ein völliges Vergessen meiner selbst
„in seiner Gegenwart und eine himmlisch süße
„Wehmuth in seiner Abwesenheit; wenn das hei-
„ßeste Verlangen, tausend Leben zu besitzen, um
„sie alle für ihn hinzugeben und in der Göttlich-
„keit seines Wesens völlig unterzugehen; wenn
„Sie dieß, und alles, was ich nicht auszuspre-
„chen weiß, Liebe nennen, ja Vater, dann be-
„kenne ich frey vor Ihnen und vor Gott, daß
„ich ihn liebe und ewig lieben werde.‟

„Du wünschtest sein Weib zu werden.‟

„Daran habe ich nie gedacht, und würde
„jederzeit die leiseste Regung dieses Gedankens
„als eine Entweihung meines Allerheiligsten ver-
„abscheuet haben.‟

„Weiß Bonaventura von deiner Schwär-
„merey?‟

„Was Sie so nennen, guter Vater, was
„aber die Seele meines Lebens, den Geist mei-
„ner Seele und das lichte Wesen meines Geistes

Dd

„ausmacht, ist selbst mir in diesem Augenblicke
„erst völlig klar geworden.‟

„Gehe in dein Cabinett und bethe.‟

———

Des Abends durfte ihm Olympia nichts
anders vorspielen und vorsingen, als was sie
von Bonaventura besaß; er nahm gerade
ihr gegen über Platz, und las in der Freyheit,
womit sie sich dem Ergießen und Entzücken ihrer
heiligen Liebe im Innern hingab, so wie in dem
schmelzenden Ausdrucke ihres Spiels und Ge:
sanges die Gewißheit seiner gescheiterten Entwür:
fe. Am folgenden Tage ritt er nach Neapel, um
den Verwundeten zu besuchen und ihn wieder in
die Villa einzuladen. Dort erhielt er die erschüt:
ternde Nachricht, auf welche niedrige Art es dem
Senat von Genua endlich doch gelungen wäre,
den gerechten und biedern Marquis de Cursay
von der Insel zu entfernen, und den großen
Gafforio von reichlich besoldeten Verräthern
ermorden zu lassen. Clemente Paoli’s um:
ständlicher Bericht von dieser Schandthat for:

derte zugleich alle rechtschaffene Corſen in Neapel auf: „ewig unverſöhnlichen Haß einer Herr-
„ſchaft zu ſchwören, die ſich nicht anders mehr,
„als durch die Verbrechen der verworfenſten Bö-
„ſewichter zu erhalten wüßte; ihr patriotiſcher Eid
„würde bloß der Nachhall der einhälligen Stim-
„me ihres Vaterlandes ſeyn, welches ſie bald zu
„Heldenthaten und Siegeslorbern, zu Prieſtern
„des Todes und zu Vollziehern der Gerichte Got-
„tes über die Genueſer berufen und weihen wer-
„de. Dazu ſollten ſie ſich jetzt mit verdoppelter
„Anſtrengung durch Kenntniſſe vorbereiten und
„durch einen gottſeligen Wandel heiligen.“ ꝛc. ꝛc.

„Was wirſt du thun?“ fragte Salicetti
den Sohn ſeines Freundes. „Was ich geſchwo-
„ren habe;“ antwortete dieſer, „mich einſchif-
„fen, ſobald der Ruf des Vaterlandes erſchallt,
„mit voller Kraft wirken, wo man mich hinſtellt.“

„Und mich mit meinem Kummer und Sor-
„gen für Olympia allein laſſen?“

„Sie können nicht zurück bleiben, denn wenn
„die Stimme des Ewigen mich bloß durch ſeine
„Weltordnung, in der wir alle zur Erfüllung
„ſeiner Abſichten wirken ſollen, nach Corſica hin-

„weiſet, ſo ertönet ſie Ihnen unmittelbar durch
„den Ruf des Vaterlandes; und vielleicht kann
„ich Ihnen im Schlachtgetümmel mit beſſerm Er-
„folge als in Ihrem Hauſe dienen.‟

„Olympia ſoll vorher nach Santa Chiara.‟

„Will ſie?‟

„Sie wird müſſen.‟

„O wie blutet mir das Herz bey dem An-
„blicke eines Mannes, den ich verehre, den ich
„wie meinen Vater lieben könnte, der bey aller
„Klugheit, Rechtſchaffenheit und Frömmigkeit
„dennoch mit einem ärgern Verbrechen, als die
„Genueſer an Gafforio begangen haben, mit
„einem Seelenmorde, hören Sie es Mann, Va-
„ter, mit einem Seelenmorde ſich beflecken will!
„Wo wäre das Kloſter oder vielmehr die ſchrek-
„kenvolle Felſenhöhle, wo das tauſendjährige
„Leben von Qualen und Selbſtpeinigungen,
„worin und wodurch Sie dieß Verbrechen ab-
„büßen könnten?‟

„Wir wollen uns darüber in Ruhe, Freund-
„ſchaft und Gottesfurcht berathſchlagen, jetzt
„bin ich gekommen, um dich in unſern kleinen
„Kreis abzuhohlen.‟

„Ich kann, ich darf Ihr Haus nicht mehr
„betreten."

„Du sollst dort keine Klostergeschichten mehr
„erzählen, dein Versprechen an meine Tochter,
„oder vielmehr die Bitte der Eigensinnigen an
„dich, ist mir bekannt."

„Dann wissen Sie auch, daß unser Versuch
„für die Richtigkeit meiner Ansicht von Olym=
„pia ausgeschlagen sey. Was wollen Sie wei=
„ter von mir?"

„Vereinigt mit dir will ich ihr noch Ein
„Mahl die Flüchtigkeit und die Nachwehen aller
„irdischen Freuden und Genüsse, die Zerstörung
„des Geistes im Dienste des Fleisches und die
„Sicherheit des Heils im Paradiese des Klosters
„vorzeichnen; und es darauf ankommen lassen,
„ob sie der Allerhöchste würdigen wird, seinen
„Willen in ihrem Herzen anzukündigen: dabey
„sollst du mir als Freund beystehen."

„Richten Sie mein aufrichtiges Geständniß
„gerecht: ich kann des Mannes Freund nicht
„seyn, der Camilla's Gatte war, und doch in
„der Ehe nichts Höheres kennt, als den Dienst
„des Fleisches, der, nur die Fröhne gemeiner,

„ohne Religion und ohne Gnade geschlossener
„Heirathen, der Ehe im heiligern Sinne des
„Wortes durchaus fremd ist; nicht der Freund
„des Mannes, der seine verderblichen, von über=
„spannter Empfindsamkeit erzeugten Wünsche
„für Gottes Willen hält: und Freundschaft zu
„heucheln, wäre ich's auch fähig, verböthe mir
„die Achtung für Sie und für mich selbst.‟

„So komm mit mir als Anwalt Olym=
„pia's wider mich; vielleicht hat die Vorsehung
„dich dazu auserkoren.‟

„Sie finden mich zu allem entschlossen und
„bereit, wodurch ich die himmlische Seele retten
„kann.‟

„Ich gebe dir mein Wort, daß ich sie zu
„nichts zwingen werde, und du kannst meiner
„Versicherung trauen, daß ich nichts anders
„will, als was der Ewige über sie beschlossen
„hat. Uebermorgen wird in Pozzuolo das jähr=
„liche Gedächtniß meiner Camilla zum fünften
„Mahle begangen; du kannst dich nicht weigern,
„an dieser Feyer mit uns Theil zu nehmen: was
„unter derselben meinem Geiste sich mit größerer
„Klarheit ankündigen wird, das soll geschehen.‟

„Trage Nachſicht mit meiner Beſchränktheit; ich
„habe nun einmahl keine andere Richtſchnur für
„mein Wollen und Handeln, als die Eingebun=
„gen der Andacht und mein Gewiſſen.‟

Was ſich in Olympia's Seele unter dem
Geſpräche mit ihrem Vater zum deutlichen Be=
wußtſeyn erhoben hatte, verſtärkte ſich in ihr
während ſeiner Abweſenheit zur vollen Wirkſam=
keit der Liebe. Seine Frage, ob Bonaventu=
ra von ihren Schwärmereyen Kenntniß habe,
erfüllte ihr Herz mit dem heißeſten Wunſche, zu
erfahren, ob wohl ihr einziges Leben in ihm ſei=
nem Scharfblicke entgangen ſeyn konnte: und
unvorſetzlich verwandelte ſie ſein Zimmer durch
Blumen und Bilder in einen lieblichen Wohn=
platz der Anmuth und Hoffnung. Alles, woran
er je einiges Wohlgefallen bezeiget hatte, war
jetzt daſelbſt geſammelt und zu einem ſinnreichen
Bekenntniſſe ihrer Huldigung und Zärtlichkeit ge=
ordnet. Auch ihr Aloyſius und ihr Chriſtus=
Kopf wurden wieder hervor gezogen, aufgehan=

gen und mit Blumen bekränzt. Selbst die Schön=
heit ihrer Gestalt glaubte Bonaventura er=
neuert und erhöht zu sehen, und aus ihrem gan=
zen Wesen fühlte er sich von dem Hauche ihrer
heiligen Liebe angewehet. Schüchterner zwar als
sonst schloß sich der Himmel ihres Auges gegen
ihn auf; aber sprechender und ausdrucksvoller
ruhte auf ihm ihr Blick, der Frohsinn war von
der Sehnsucht und die Ehrfurcht von hingeben=
dem Vertrauen in ihm gemildert.

Salicetti ließ Beyde den Abend und den
ganzen folgenden Tag größten Theils allein, er
bethete auf seinem Zimmer, und Bonaventu=
ra vermied es nicht mehr, ohne Zeugen bey ihr
zu weilen. Aus seinen begeisternden Worten ver=
nahm, in seinen schmelzenden Blicken las sie die
Gewißheit seiner Vereinigung mit ihr. Sie führte
ihn in ihr Cabinett, da fand er den längst ver=
mißten Aloysius wieder und den ihm noch
ähnlichern Christus=Kopf, den er noch nie
gesehen hatte. Beyde Bildnisse erklärte sie für
göttliche Erscheinungen in ihrer Seele unter den
zwey andächtigsten Stunden ihres Lebens; die
eine, als sie in ihrem dreyzehnten Jahre zum

erſten Mahle das heilige Abendmahl, die an=
dere, als ſie vor drey Jahren in der Firmung
den heiligen Geiſt empfing. „Das eine Mahl,“
ſprach ſie, „kam mir vor, als wäre ich wieder
„Kind geworden, und als läge ich verlaſſen,
„nach meiner Mutter Bruſt mich ſehnend. Da
„kam ein Engel mit verſchleyertem Angeſichte, er
„nahm mich auf ſeine Arme und trug mich zu ei=
„nem ſchönen Manne, welcher ausſah wie die=
„ſer Heilige; der ſagte zu mir: wonach du dich
„ſehneſt, iſt nicht die Bruſt deiner Mutter, ſon=
„dern himmliſche Lebensſpeiſe; der Holde, der
„dich trägt, und bis an dein Ende tragen wird,
„will ſie dir geben, wenn du ihn entſchleyern
„kannſt. Ich liebkoſte den Engel, daß er ſelbſt
„die Hülle möchte fallen laſſen, der Schleyer
„verwandelte ſich in einen Lichtkreis und ſein
„Antlitz war gleich dem Angeſichte des ſchönen
„Mannes. Sein Licht umfloß auch mich, er
„drückte ſeine Lippen auf die meinigen, und mit
„der Süßigkeit ſeines Hauches ergriff mich ein
„neues, wonnevolles Seyn, das gleich war dem
„Leben, das ich jetzt in mir empfinde. Die Ge=
„ſtalt des Mannes und des Engels blieb unaus=

„löſchlich in meiner Seele, es drängte mich, ſie
„zu mahlen, und ich gäb meinem Bilde die Ge-
„ſtalt des heiligen Aloyſius, weil ich unter den
„ſeligen Himmelsbürgern keinen reinern Jüng-
„ling, als ihn, kannte.“

Mit den Worten: „Er wird dich ewig in ſich
„tragen;“ reichte ihr Bonaventura die Hand,
ſie drückte ſie zitternd an ihre Lippen, dann an
ihr Herz, und fuhr fort: „das andere Mahl
„war es, als ſäße ich einſam in einem Cypreſſen-
„Haine, über meine innere und äußere Verlaſſen-
„heit bitterlich weinend. Ich wußte nicht, was ich
„wünſchen ſollte, noch überhaupt, wozu ich da
„wäre; es verlangte mich zu ſterben. Da flog eine
„weiße, wunderbar ſchöne Taube mir zu und ſo-
„gleich wieder von mir weg. Mein innerer Gram
„ließ mich auf ſie nicht achten, ſie kam wieder und
„flatterte ſo lange um mich herum, bis ich ihr
„folgte. Sie leitete mich in ihrem Fluge zu einem
„unermeßlich großen Tempel, ſeine Gränzen konn-
„te ich nicht abſehen und der Sternhimmel war
„ſeine Decke. Menſchen aus allen Zeiten und Na-
„tionen, welche waren und noch ſind, ſaßen da
„verſammelt, alle ſahen fröhlich aus, und als

„liebten·sie: sich einander. Sie sangen einhällig
„Psalmen in einer Sprache, die auch ich verstand.
„Da ward mir wonniglich wohl und die Taube
„schwebte unabläſſig über Alle, bis ſich vom Him-
„mel ein Stern herab ſenkte, in dem ſie verſchwand.
„Plötzlich verwandelte ſich der Stern in eine
„menſchliche Geſtalt, ſie ſchien nur vor mir zu ſte-
„hen, und doch war ſie Allen eben ſo nahe wie
„mir. Durch meine Seele erklang eine Stimme:
„das iſt das Bild des unſichtbaren Gottes und
„der Erſtgeborne aller erſchaffenen Dinge! Ich
„fiel auf meine Knie, um ihn anzubethen, und er
„ſagte: nicht Anbethung, ſondern Liebe! Zugleich
„floß eine köſtliche Salbe von ſeinen Händen über
„mein Haupt und eine unausſprechliche Seligkeit
„überfüllte mein Herz. Da ging in meinem Geiſte
„auf ein helles Wiſſen von dem, wonach ein lech-
„zendes Verlangen mich verzehrte, und auch von
„dem, wozu ich wäre, nähmlich die Salbung der
„reinſten Liebe zu empfangen und forthin nur zu
„leben in dem Göttlichen, der mir erſchienen war,
„und ſo ausſah, wie dieſer Chriſtus. Seit jener
„Stunde glaube ich, daß ſchon der erſte Lebensau-
„genblick des Kindes auch der erſte ſeiner Liebe ſey.‟

Sie schwieg, und Bonaventura war unfähig, das heilige Schweigen zu unterbrechen; er schloß sie in seine Arme, und ihre Seelen genossen die Wonne ihrer ewigen Vereinigung.

Camilla's Gedächtnißtag war ganz der frommen Trauer gewidmet, das Todtenamt in der Dominicaner-Kirche hatte den Grafen zu einer mehr religiösen als sinnlichen Wehmuth gestimmt, das that seinem Herzen wohl, und die Liebenden mußten ihn den ganzen Tag über durch Musik und Gesang in dieser Stimmung zu erhalten. Bey der Abendandacht sollte Bonaventura wieder die Stelle des Hausvaters vertreten. Die Vorlesung traf gerade auf das funfzehnte Capitel der ersten Epistel an die Corinther. Bey den Worten: „der Tod ist verschlun„gen in den Sieg. Tod, wo ist dein Stachel? „Hölle, wo ist dein Sieg?" gerieth er in Begeisterung und sprach so feurig, so eindringend und hinreißend von dem unauflöslichen Bande zwischen den Sterblichen und Vollendeten, von der Ewigkeit der Liebe und von dem innigen, obgleich der Sinnlichkeit nicht wahrnehmbaren Leben der Geliebten in uns, daß nach dem Schluß

se, und nachdem die kleine Gemeinde, voll der Rührung und des Glaubens, weggegangen war, Vater und Tochter ihm in die Arme fielen, und ihn mit Küssen und Freudenthränen, der gottseligen Hoffnung überströmten.

Heitern, doch ernsten Sinnes, führte nun Salicetti die Liebenden, nicht in das Gesellschaftszimmer, sondern in sein geheimes Heiligthum zu Camilla's Sterbebette. „Sie lebt," begann er feyerlich, „sie lebt, die Himmlische, in mir „und mitten unter uns. Sie gebiethet mir, dein „Loos, Olympia, zu entscheiden, und wir wol„len ihr mit liebender Ergebung gehorchen. — „Olympia ist dein, mein Sohn, nimm sie hin, „heilige sie so, wie die Gnade des Allerhöchsten „dich geheiliget hat, und lasset mich einst in eu„ren Armen sterben!"

Bonaventura's erstes Geschäft war jetzt, seinen Vater und seine entfernten Freunde mit der Kunde von seiner Verbindung zu erfreuen. Seinem Oheim war es nicht vergönnt, das Glück

des Neffen zu erleben, er hatte vor zwey Mo=
nathen die Zeitlichkeit gesegnet und ihn zum ein=
zigen Erben seines Vermögens eingesetzt. Die
Antwort und der Segen seines Vaters ward ihm
ganz unerwartet persönlich von dem alten Re=
nato überbracht. Anselmo's Brief, dem Lo=
dovica's diamantener Ring beygefügt war, be=
stand nur aus wenigen Zeilen, von seiner halb
erstarrten Hand geschrieben.

„Meine väterlichen Wünsche und meine Wan=
„derschaft stehen am Ziele, dort segne ich dich
„und den Engel, in dessen reinem Seelenspie=
„gel du stets dein besseres Selbst erblicken
„wirst. Olympia wird dir alles seyn, was
„mir Lodovica war; darum ist sie auch
„würdig, das Kleinod zu empfangen, das
„ich einst der Sterblichen gab und die Ver=
„ewigte dir nachmahls schenkte. Trauert nicht
„über meinen Tod, er ist meine Geburt zum
„Leben, in dem mein fesselloser Geist euch im=
„merdar umschweben wird. Gedenket und
„freuet euch allenthalben, wo ihr in Gott
„vereinigt seyd, auch meiner freundlichen Ge=
„genwart! Dieß ist auf Erden der letzte Wille

„deines, zum Lichte der Gottheit hineilenden,
„Vaters   Anselmo."

Die herzlichen Worte des Verklärten wurden in der Villa mit Andacht vorgelesen und mit
tiefer Rührung angehört, Olympia ward mit
dem heiligen Ringe geschmückt, Renato schilderte als Augenzeuge die letzten Stunden der
Auflösung Anselmo's als das schönste Triumphfest des gottseligen Glaubens, und Salicetti
fühlte darunter noch inniger das Glück seiner Befreyung von dem Wahne, in welchem er noch
vor kurzen den Tod der Frommen als eine Trennung der ehrwürdigsten Bände betrachtet und
dadurch sein Andenken an Camilla so lange
entheiliget hatte.

Corsica's Zustand war nach Gafforio's
Ermordung täglich bedenklicher geworden; Clemente Paoli's patriotische Wachsamkeit hatte
nur Schlimmes, Zwietracht unter den Parten-
häuptern der Corsen, Niedrigkeit und Feigheit
von Seiten der Genueser, zu berichten. Jeder Tag
führte den Augenblick näher herbey, in welchem
der Bund der Treuern und Edlern sein Asyl zu
Neapel verlassen, und in den Schooß des Va-

terlandes zur Arbeit und zum Kampfe zurückkeh=
ren sollte. Bonaventura wollte sich bereit
halten, dem Rufe ungesäumt folgen zu können;
in der Nacht des Sct. Andreas=Tages führte er,
in Begleitung auserwählter Freunde, seine Ge=
liebte in die Capuciner=Kirche zu Pozzuolo, wo er
in eben der Stunde, zu welcher ihm in der Gruft
zu San Giuseppe der Ring Lodovica's in der
Hand geblieben war, Olympia feyerlich mit
sich vermählte und unter der kirchlichen Einseg=
nung des frommen Cazaconi das ewige Sa=
crament des Universums an sich und an ihr vol=
lendete.

Bonaventura's mystische Nächte.

Drittes Buch.

Longa est vita, si plena est; impletur autem, cum ani-
mus sibi bonum suum reddidit et ad se potestatem sui
transtulit. — Vidit veram lucem, non fuit unus e mul-
tis, et vivit, et vixit, et viguit.

SENECA Epist. XCIII.

Noch vor dem Ende des Jahres erhielt Pas=
quale Paoli von seinem Bruder die dringend=
ste Aufforderung, mit dem kleinen Kreise seiner
vertrautesten Freunde auf die Insel zurück zu keh=
ren, weil seine Plane zur Reise gediehen und sei=
ne Absichten jetzt selbst von den Unterdrückern
des Vaterlandes begünstiget würden.

Die Genueser waren entweder zu träge, oder
zu schwach, um aus der Bestürzung der Corsen
über die Ermordung ihres Oberhauptes Vor=
theile zu ziehen; da hingegen die letztern ihr Un=
glück, die gemeinschaftliche Gefahr und die Un=
thätigkeit ihrer Feinde täglich inniger an einan=
der schloß. Allein auch die Verwaltung, welche
sie in dem ersten Augenblicke der Verwirrung
eingesetzt hatten, war zu ohnmächtig, den glück=
lichen Zeitpunct, in welchem die Französischen
Truppen von Corsica abgesegelt waren, und die

Genueſer auf ihren feſten Seeplätzen keine Un=
ternehmungen wagten, mit einigem Erfolge zu
benußen. Clemente Paoli, das anſehnlichſte
Mitglied dieſer Verwaltung, trat daher auf
mit dem längſt vorbereiteten Vorſchlage, ſie auf=
zuheben, und an ihre Stelle einen General der
Inſel einzuſetzen, welcher, mit unbeſchränkter Voll=
macht verſehen, die ganze Staatsgewalt in ſich
vereinigen, und die Kräfte der Nation in ſtäter
Bewegung und unwandelbarer Richtung zu dem
Einen Ziele der Freyheit erhalten ſollte. Cle=
mente war allgemein geachtet, die Fülle ſeiner
Frömmigkeit gab ſeinen Worten ſiegende Stär=
ke, ſein Antrag ward einhällig angenommen.

Unterdeſſen waren Paſquale, Bona=
ventura, Salicetti, Renato und noch ei=
nige Freunde auf der Inſel gelandet. Bis zur
Verſammlung der, nach Caccia ausgeſchriebe=
nen, Wahl=Conſulta hatte ſich der Erſtere in den
volkreichſten Pieven dieſſeits der Gebirge gezeigt,
und durch ſeinen männlichen Ernſt, würdevollen
Anſtand, Reichthum an Einſichten und beſchei=
denen Glanz ſeiner Talente alle Herzen für ſich
eingenommen. Deſſen ungeachtet zeigte ſich her=

nach die Consulta geneigt, zur Sicherung der
National-Freyheit, nicht Einen, sondern zwey
Generale zu wählen, und alles hatte den An=
schein, daß Mario Manuele Matra, wenn
ihm nicht vorgezogen, doch wenigstens ihm bey=
geordnet werden dürfte. Sogleich leistete Pao=
li feyerlich auf seine Wahl Verzicht, seine Freun=
de stellten der Versammlung die Folgen, welche
aus der Uneinigkeit eines zweyköpfigen Ober=
hauptes im Denken und Handeln unausbleiblich
entstehen müßten, in den grellsten Farben vor
Augen, und Bonaventura's eindringende
Beredsamkeit bewirkte, daß die endliche und un=
abänderliche Entscheidung der höchst wichtigen
Angelegenheit einer künftigen zahlreichern Con=
sulta vorbehalten wurde. Diese ward auf den
vierzehnten Julius zu San Antonio di Ca=
sa-Bianca angesetzt, und bis dahin blieb Bo=
naventura mit seiner Geliebten und mit sei=
nem Freunde Renato bey dem Grafen in Sa=
licetto.

Gleich nach der Eröffnung der Consulta spra=
chen Bonaventura für die Einheit und Ver=
einbarung der höchsten Gewalt in Einen Mittel=

punct, Abbate Venturini für Pasquale
Paoli's Verdienste, Würdigkeit und Rechtschaf=
fenheit, so gründlich und nachdrücklich, daß an
die Wahl zweyer Oberhäupter gar nicht mehr
gedacht wurde. Paoli war auf seinem Land=
gute Stretta zurück geblieben, aber bey der
Eröffnung des Scrutiniums wurde sein Nahme
so oft genannt, daß nur eine sehr geringe An=
zahl Stimmen Matra's Andenken erneuerte.
Eine zahlreiche Gesandtschaft ging nach Stretta,
um ihm die Wahl anzukündigen und ihn sogleich
in die Versammlung zu begleiten. Paoli konnte
sich lange nicht entschließen, der Stimme der Na=
tion zu gehorchen, aber die Gesandten hatten
den Auftrag, ihm unter Androhung des allge=
meinen Unwillens Gehorsam zu befehlen; er folg=
te ihnen in die Consulta und schwor, das ihm
anvertraute Amt mit unerschütterlicher Redlich=
keit bis an sein Ende zu verwalten, wogegen ihm
als Oberhaupte des Königreiches von den Ge=
meinden der Eid der Treue und Unterthänigkeit
geleistet wurde.

Der Wahlverordnung gemäß, bereiste er
nun das Innere des Landes, in Begleitung eini=

ger Deputierten der Provinzen und zweyer
Staatsräthe, wozu er den Abbate Venturini
und Bonaventura ernannt hatte. Allenthalben erblickten sie die schrecklichen Wirkungen einer verabscheuungswürdigen Oberherrschaft und
einer dreyßigjährigen Empörung wider dieselbe.
Ueberall zeigte sich ihnen die gräulichste Verwirrung und Gesetzlosigkeit. Jede Provinz, bey nahe jede Pieve, hatte ihre eigene, von keiner höhern Behörde abhängige, niemand verantwort-
liche Verwaltung. Die Ermordung des Geg-
ners war die kürzeste und sicherste Art, sein Recht
zu behaupten, und ein Flintenschuß entschied die
verwickeltesten Händel, ohne Gefahr für die Parteyen, durch drückende Gerichtskosten zu verar-
men, oder aus Mangel an Rechtsformen die ge-
rechteste Sache zu verlieren. Die Familien beschränkten sich ganz auf ihr eigenes, von allen
übrigen getrenntes Interesse, und bildeten kleine
unabhängige Staaten, die stets bereit waren,
sich gegenseitig zu befehden, sobald Eigennutz,
Ehrgeiz oder Eifersucht sie gegen einander auf-
reizte. Unter den täglichen Opfern, welche dem
heftigsten Hasse gebracht wurden, befestigten sich

die Bande des Blutes und der Freundschaft, wel=
che auch die entferntesten Grade der Verwandt=
schaft umschlangen. Je sinnreicher und verderb=
licher der Beleidigte oder Beschimpfte sich zu rä=
chen wußte, desto gewisser war er der öffentli=
chen Achtung und seiner künftigen Sicherheit.
Der an einer feindlichen Familie begangene Raub
oder Diebstahl schändete den Thäter nicht, er=
warb ihm vielmehr den ehrenvollsten Beyfall sei=
nes Geschlechtes, und belohnte ihn mit auszeich=
nenden Vorzügen, wenn die Häupter desselben
besondere Vortheile dadurch erreicht hatten. In
den meisten Pieven waren die Priester zugleich
Schiedsrichter, aber nur die weniger Verwilder=
ten nahmen zu ihnen ihre Zuflucht, und auch diese
unterwarfen sich ihren Aussprüchen nur dann,
wenn sie die Kunst besaßen, beyde Parteyen zu
befriedigen. Der größte Theil des Adels, der Rei=
chen und des Clerus war im Mangel an Cultur
dem Volke gleich, und übertraf es nur, wie an
Macht und Mitteln, so an Willen und Kühn=
heit, Böses zu thun. So verderbt und entwür=
digt fanden sie die Menschen in einem Lande,
über welches die Natur ihre Schätze mit überflie=

ßender Gunst und Liebe ausgegoſſen zu haben
ſchien, und in welchem ſie durchaus, bald an ein=
ladenden Weinhügeln, bald unter duftenden Ge=
büſchen von Myrten, Lorbern und Thymian,
bald in Wäldern von immer grünenden Eichen,
von Mandeln=, Feigen=, Citronen= und Oran=
gen=Bäumen reiſen mußten.

Sehr ernſtlich berathſchlagte ſich Paoli bis=
weilen mit ſeinen zwey Freunden über die beſte
Verfaſſung, welche er den Corſen geben könnte.
Venturini ſprach für eine vorläufige, aus
welcher ſich die Grundzüge der künftigen beſſern
allmählich von ſelbſt entfalteten; dafür war auch
Bonaventura, nur in einem ganz andern
Sinne.

„Zeigen Sie Sich,“ ſprach er, „mit Lykur=
„gus, Solon’s, Charondas und Nu=
„ma’s Geiſte in Ihrem Innern, aber mit der
„furchtbaren, alles überwältigenden Kraft des
„Herkules in Ihrem Aeußern, in Ihren Wir=
„kungen und Verfügungen. Die rüſtige Stärke
„muß der ſanftern Weisheit die Wege bereiten;
„der Hammer des Bergmanns muß die Gold=
„ſtufe erſt zu Tage fördern, und das Feuer des

„Scheidekünstlers muß sie vorher zum gediege=
„nen Metalle schmelzen und läutern, bevor die
„höhere Kunst eine Krone für einen Heiligen,
„oder für einen König daraus formen kann.
„Wäre ich Ihr Eurystheus, so würde ich Sie
„vor allen die zwölf Arbeiten des Alkides, be=
„sonders die sechs erstern, in Corsica verrichten
„heißen, ehe ich Sie an die Begründung der
„Oberherrschaft des Rechtes durch eine ordentli=
„che Verfassung denken ließe. Doch ohne My=
„then sey Ihnen von mir gesagt, was der zu thun
„hat, der nach einem höhern Ziele strebet, als
„die Aufmerksamkeit unserer Nachbarn mit sich
„zu beschäftigen. Er denke nicht an die Erbauung
„eines Staates, wo er noch keine Nation hat;
„und er träume nicht von dieser, wo noch kein
„Volk ist. Er bewaffne sich mit Schrecken und
„verbreite Furcht, er erschüttere und zerstöre, da=
„mit die gereinigte, bewährte und geordnete Kraft
„dann freyer wirken möge. Er fasse Muth und
„wage es kühn, das heute ganz und offen zu
„seyn, was er nach einigen Jahren zu werden
„vergeblich wollen dürfte. Er beginne als be=
„herzter Despot, so wird er früher als weiser

„Monarch hervor treten und als liebender Vater
„vollenden können. Behauptet er sich, und das
„wird er, so lange sein Muth nicht sinkt, so ist
„Corsica gerettet; fallen kann er nur durch seine
, eigenen Fehler und Mißgriffe.‟

Auf seine Einwendungen von Unrecht, von
Vertrag, von einer bloß übertragenen, durch
den National=Willen beschränkten Gewalt, von
der Eifersucht der Corsen auf ihre Freyheit, von
der Menge der Parteyen und von dem Ansehen
ihrer Häupter, erwiederte B o n a v e n t u r a:
„Wer sich zu schwach fühlt, mit gänzlicher Selbst=
„verläugnung zu vollziehen, was geschehen muß,
„der lasse sich auch von der Nothwendigkeit nicht
„zum Werkzeuge brauchen. Den Körper, der Sie
„um Rettung seines Lebens angerufen hat, sehen
„wir vom Krebse ganz zerfressen; da ist alles,
„was heilet, auch recht; da sind nicht die köstli=
„chen Mixturen weiser Gesetze, nicht die leicht
„verdaulichen Speisen einer schulgerechten Mo=
„ral, sondern das Messer und die feste, sichere
„Hand, die es führet, das erste und einzige Heil=
„mittel; da haben Sie nur darauf zu achten,
„was dem Körper frommet und was er zu sei=

„ner Erhaltung wollen müſſe, nicht auf das,
„was er im unrichtigen Gefühl ſeines Zuſtandes
„von Ihnen verlanget. Nicht den Senat von
„Genua, ſondern die Corſen haben wir, wäh-
„rend unſerer Reiſe, als die ärgſten Feinde Cor-
„ſica's kennen gelernt. Sind Sie der Stimme
„der Corſen gefolgt, ſo müſſen Sie freylich für
„den Titel, General, und für einigen Schim-
„mer thun, was ihre ungeſtüme Zügelloſigkeit
„von Ihnen fordert; haben Sie aber geglaubt,
„in ihrer. den Wählern ſelbſt ganz bewußtloſen,
„Wahl den Ruf des Vaterlandes zu vernehmen,
„ſo iſt es Ihr Recht, Ihr Vertrag und Ihre
„Pflicht, zum Heil des Vaterlandes, vor allem
„die Corſen zu unterjochen. Sie ſprechen von ei-
„ner übertragenen Gewalt; war es nicht das Va-
„terland, das ſie Ihnen übertrug, ſo haben Sie
„überall noch keine. Die blinde Willkühr hat bloß
„wilde Stärke; Gewalt hat nur der Wille: Wil-
„le aber iſt nichts anders, als die Vernunft in
„Thätigkeit für eine klar erkannte Idee; und in
„wie viel Corſen haben wir dieſe bis jetzt gefun-
„den? Wie konnte alſo ein vernunft- und willen-
„loſer Haufe Ihnen übertragen, was er ſelbſt

„nicht hat; und wie vermöchte er die Gewalt des
„Vaterlandes zu beschränken durch einen Natio-
„nal-Willen, der noch gar nicht da ist, den Ihre
„Verwaltung erst noch schaffen soll? — Die Ei-
„fersucht der Corsen auf ihre Freyheit haben Sie
„schon darum nicht zu fürchten, weil sie unter
„diesem ehrwürdigen Nahmen nur ungestrafte
„Zügellosigkeit verstehen; diese aber ist überall
„zaghaft und feige, wo entschlossener Ernst und
„unbewegliche Strenge ihr die Spitze biethen.
„Lassen Sie die Insulaner, den einen wie die an-
„dern, gleich anfänglich mit Kraft und Nachdruck
„empfinden, so haben Sie für immer überwun-
„den. Ein stehendes Heer ist dem Vaterlande
„unentbehrlich; die Errichtung desselben sey Ihr
„erstes Werk; sie wird Ihnen zugleich ein wirk-
„sames Mittel werden, die Parteyen zu vereini-
„gen oder zu vernichten, ihre Häupter durch Be-
„fehlshaberstellen für Sich zu gewinnen, und die
„souveräne Gewalt, ohne welche Corsica verlo-
„ren ist, in Ihren Händen zu befestigen. Wahr
„ist es, die Führer werden Sie immer als ihres
„gleichen betrachten, und sich mit Ihnen zur
„Oberherrschaft gleich berechtigt denken; auch

„wird Sie das Gefühl, dieselbe Ihres gleichen
„verdanken zu müssen, empfindlich drücken; al-
„lein für beydes liegt in meinem Gedankenbilde
„von einem Corsischen Staate und einem
„Corsischen Reiche sichere Hülfe. Jener muß
„auf die Insel beschränkt bleiben, dieses kann
„sich unter günstigen Umständen immer weiter
„ausbreiten und Ihnen Mittel darbiethen, nach
„und nach die Treue der verdienstvollen Beför-
„derer und Diener Ihrer Macht mit souveränen
„Besitzungen zu belohnen. Es dünkt mich eben
„kein zu großes Wagestück, das Gebieth der Re-
„publik Genua nach und nach zu erobern, und
„es wäre nicht das erste Mahl, daß ein armes,
„aber tapferes Volk ein reicheres, doch schwa-
„ches, unterjochet hätte. Frankreich ist mit Eng-
„land in Krieg verflochten, Oestreich wird von
„der neuen Monarchie im Norden bedrohet, von
„Spanien, Sardinien und Sicilien haben wir
„keine Feindseligkeiten zu befürchten. Genua ist
„ganz seinen eigenen Kräften überlassen, der Se-
„nat kann uns mit der höchsten Anstrengung
„nur dreyßig tausend Mann, aber kaum drey
„tausend Krieger entgegen stellen. Die von Ge-

„nun so grausam bedrückten Einwohner von
„San Remo werden uns mit Freuden ihren
„Hafen öffnen und sich mit uns wider den ge=
„meinschaftlichenTyrannen vereinigen. Seit drey=
„ßig Jahren führen die Corsen einen unfruchtba=
„ren Empörungskrieg, und konnten doch mit al=
„lem Heldenmuthe noch nicht einen festen See=
„platz ihren Feinden entreißen, weil ihre Unter=
„ternehmungen weder Zucht noch Regelmäßig=
„keit leitete. Die Vorstellung, nicht nur ein schimpf=
„liches, vierhundertjähriges Joch abzuschütteln,
„sondern die Unterdrücker endlich einmahl auch
„zu züchtigen und an ihnen sich zu entschädigen,
„wird die Corsen mehr, als die ihnen unverständ=
„lichen Nahmen, Vaterland und Freyheit,
„zur Eintracht und zur Thätigkeit begeistern.
„Statt daß Sie Sich Selbst und der Welt auf eini=
„ge Jahre, wie ich fürchte, ein altes oder neues
„Republiken=Spiel aufführen, stellen Sie Ihnen
„dieses Ziel, und ein stehendes, strenge geordne=
„tes wohlgeübtes Heer, als die einzige Bedin=
„gung, es zu erreichen, recht lebhaft vor Augen;
„und haufenweise werden sie herbey eilen, um
„Ihnen, das ist, dem souveränen Willen des Va=

„terlandes zu huldigen. Sie werden sich auf Ihr
„Geheiß zu regelmäßigen Scharen ordnen, freu-
„dig zur Fahne ihres Oberherrn schwören; und
„in der Aussicht auf Sieg, auf Rache und auf
„Beute, sogar Schiffe zu bauen sich entschließen.
„Was das kleine Athen vermochte, kann dem
„größern Corsica nicht unmöglich seyn, sobald
„sein Oberhaupt von Themistokles Geiste be-
„seelet wird, und keinen Augenblick dabey ver-
„gißt, daß es nicht Athenienser regieren, son-
„dern verwilderte Corsen beherrschen soll."

Der Vorwurf Paoli's, daß Bonaventura's Gesinnungen, Maximen und Anschläge
dem abscheulichsten Despotismus das Wort sprächen, bewies deutlich, daß er sie lediglich in an-
wendbarer Beziehung auf gesittete Nationen und rechtliche Staatsvereine betrachtet, mithin schlechterdings nicht verstanden habe. Politik und Philosophie standen in seinem Geiste völlig verschieden und getrennt da, ohne zu
ahnden, was überhaupt den Regenten höchst
sel-

selten ahndet, daß die Saat der erstern, sproßte
sie in der einen Generation auch noch so freudig
auf, in der künftigen doch jämmerlich verschei-
nen müsse, wenn sie von der Kraft der letztern
nicht schon in ihrem Keimen belebet wird. Man
rechnet hernach der Zeit, dem Drange der Umstände, oder wohl gar einem Nichts, Unglück
genannt, an, wovon man den Grund lediglich
in seiner eigenen Verkehrtheit, die das Eine stets
entzweyet, suchen sollte. So war auch Paoli
bey seiner bloßen Verständigkeit und Gelehrsamkeit nur fähig, eine Schlußkette von Begriffen,
nicht auch ein Ganzes und Eines im Idealen und
Wirklichen zu überschauen. Die Wirklichkeit selbst
erschien ihm nie anders, als in der Form der Einzelnheit, weil ihm das Licht der Ideen fehlte, in
welchem allein das Einzelne sich als ein Allgemeines, und die Vergangenheit und Zukunft mit
der Gegenwart, als Ein Ganzes darstellen kann.
Reihenweise, wie die Bilder in einer Gallerie, ließ
er bisweilen die Geschichte und die Verfassungen
alter und neuer Republiken vor seiner Seele vor-
überziehen, aber in der Anwendung ihres Guten
mußte er durchaus fehl greifen, denn nie ver-

Ff

mochte er's, zur allgemeinen Idee des Staates, ohne welche alle politische Versuche scheitern müssen, sich zu erheben. Den Leichnam, den er so zusammen gesetzt, und späterhin wohl auch mit Blumen und Kränzen geschmücket hat, stellte er nach vollbrachter Bereisung des Landes in der Consulta zu Corte zur öffentlichen Schau und Bewunderung aus.

Die dort von ihm verkündigte Verfassung war eine reine Demokratie, der zum Leben nichts geringers, als die Seele, das ist, Tugend und Bürgersinn, mangelte. Sie bestimmte von dem Podesta und den Gemeindevätern jedes einzelnen Dorfes an bis zu dem höchsten Rathe einen stufenweisen Fortgang des Antheils an der Verwaltung und der Macht, welche, ausgehend von dem Volke, von diesem wieder genommen und nach Gefallen jährlich einem Andern verliehen werden konnte. Bonaventura verließ die Versammlung mit der vertraulichen Bemerkung gegen Venturini: „so wären wir denn gelandet, um das Vaterland zu begraben!‟

Bald zeigten sich die Folgen von Paoli's zweckwidriger Selbstbeschränkung seiner Gewalt.

Matra war in der Erbitterung über seine Zu-
rückſetzung zur Partey der Genueſer übergegan-
gen; jetzt faßte er Muth, einen Rival anzu-
greifen, der kleinherzig, dort in der Rolle eines
Ariſtides, wie er glaubte, nur blenden wollte,
wo alle Umſtände das volle Gewicht eines kraft-
vollen Piſiſtratus forderten. Er wiegelte einige öſtliche Pieven wider den General auf, und
ſah ſeinen Anhang bald ſo anſehnlich verſtärkt,
daß er es ſicher wagen konnte, im offenen Felde
ſich ihm entgegen zu ſtellen. Drey ſchnell zuſammen getriebene Scharen wurden wider ihn aus-
geſandt; die eine führte Saliretti gegen Drez-
za, die andere Bonaventura gegen Pie de
Corte, an der Spitze der mittlern eilte Clemente gegen Aleria, Pasquale blieb in Caſtellaro
zurück, die Bewegungen der Seinigen, und des
Feindes beobachtend. Den Erſten ſchlug Matra gänzlich, und nahm ihn mit dem größten
Theile ſeines Volkes gefangen. Der Zweyte vermied, ſich immer zurückziehend, das Treffen, bis
er ſich mit ſeinem Bruder vereiniget hatte; aber
ſelbſt dann noch ward er in die Flucht gejagt,
und Pasquale gezwungen, mit dem kleinen Reſ-

te seiner Horde sich nach Corte zu retten, wohin ihm Bonaventura den Rückzug deckte. Ma- tra verweigerte die Auslösung der Gefangenen; um ihn dazu zu zwingen, ließ Paoli die allge- mein verehrte Wittwe des Gafforio, Ma- tra's Schwester, in Verhaft nehmen; und als derselbe auf seiner Weigerung beharrte, sie auch mit Eisen und Banden belegen. Jetzt gab der Bruder zur Befreyung seiner Schwester die Ge- fangenen zurück, und nachdem sich Paoli mit zahlreichern Scharen verstärkt hatte, griff er ihn in der Pieve di Castello an, lieferte bey Lugo di Nazza eine mörderische Schlacht, in welcher Ma- tra's mächtigster Anhänger Santucci, töd- lich verwundet, starb, und er selbst nur mit vie- ler Kunst dem verfolgenden Sieger entrinnen konnte. Die Partey des Flüchtigen löste sich auf, seine Güter wurden eingezogen, und er ward zur ewigen Verbannung aus der Insel verurtheilet.

Da Paoli unterlassen hatte, gleich anfäng- lich mit Furcht und Schrecken sich den Corsen an- zukündigen, und ihm schon der erste kriegerische Versuch mißlungen war, so schrieben sie auch den endlichen Sieg über Matra, weniger seiner

Kunst, als seinem Glücke zu. Ihre Zweifel an die
erstere wurden bestärkt, als ihm alle folgende
Unternehmungen auf die festen Plätze, welche die
Genueser auf der Insel noch besetzt hielten, fehl
geschlagen waren, und er von Torre San Pellegrino mit einem höchst empfindlichen Verluste zurück getrieben wurde. Ihre Zweifel waren
ungerecht, denn seine Niederlagen waren nur
eine nothwendige Folge ihrer Wildheit und Zucht-
losigkeit. Wohl fühlte er es jetzt selbst, daß er
mit einem solchen Kriegsvolke gegen einen ge-
wandtern Feind und regelmäßige Heere nur von
dem Zufall oder von der Verzweiflung Lorbern
des Sieges und des Ruhmes erwarten dürfte,
es lag aber nicht in seiner Kraft, durch eine rie-
senmäßige Thätigkeit dem Uebel auf das schnell-
ste abzuhelfen, und nach der Einführung der Demokratie stand es auch nicht mehr in seiner Macht.

Unter der langwierigen und unglücklichen
Belagerung von San Pellegrino war Salicetti von einer Stückkugel getroffen worden.
Seine Wunde war tödlich, die gläubige Zuversicht, seine Camilla im Schooße der Gottheit
wieder zu finden, und sie nun erst wahrhaft zu

lieben, erleichterte ihm den Todeskampf, den er
in Bonaventura's Armen beschloß. Noch meh:
rere wackere Männer waren dort gefallen, bis
endlich Paoli, von den Leichen der Seinigen
umgeben, dem Ausbruche einer Empörung in
seinem Lager nicht anders mehr vorbeugen konn:
te, als durch den Entschluß, ein Bestreben auf:
zugeben, bey welchem er seine Kräfte so schlecht
berechnet hatte. Düstere Vorstellungen und ban:
ge Sorgen für das künftige Schicksal des Va:
terlandes drängten sich in Bonaventura's
patriotischer Seele auf seiner Rückreise in Olym:
pia's Arme, doch bald verschwanden Vorstel:
lungen und Sorgen, und die höchste Begeiste:
rung der Religion und der Freude trat an ihre
Stelle, als ihm die Holde bey seiner Ankunft in
ungestörter Gesundheit seinen Sohn entgegen
hielt, den sie vor einigen Stunden geboren hat:
te. Es war der Tag, an welchem sein Vater vor
zwey Jahren aus der Zeit in die Ewigkeit auf:
genommen worden war. Er nannte ihn Ansel:
mo Vitale; denn er selbst und alles um ihn
her schien ihm in seinem seligen Entzücken neube:
lebt und verklärt. Mit zärtlicher Sorgfalt, An:

dacht und Liebe wachte er am Bette der Mutter
bis spät in die Nacht, und erst, da er, von den
ausgestandenen Mühseligkeiten des Krieges und
von den Beschwerlichkeiten der Reise angegriffen,
nun unter der Uebermacht der Vaterfreude völlig ermattet war, überließ er sich durch einige
Stunden der Ruhe.

Da war ihm, als würde er im Traume, zu
einem neuen Feldzuge gerüstet, von seinem Sohne, der bereits zum Knaben heran gewachsen war,
auf einen sehr hohen Berg geführt. Von dem
Gipfel desselben übersah er in einer kleinen Entfernung einen Englischen Park, welcher ungemein weit ausgedehnt, eine natürliche Karte von
Europa vorstellte. Den auffallenden Geschmack
des Eigenthümers bewundernd, bekam er Lust,
das sonderbare Gefilde genauer kennen zu lernen. Je weiter er darin fortschritt, desto angenehmer ward seine Aufmerksamkeit beschäftiget.—
„Die Stelle der größern Ströme,‟ so beschrieb
er P e r a l d i die mystische Vision seines reinen
fessellosen Seyns und Lebens, „vertraten kleine
„Bäche, in deren klarer Fluth die fröhliche Fo-
„relle in munterem Spi über das bunte Ge-

„stein hinschlüpfte. Die Meere waren fischreiche
„Teiche, über welche der Lustwandler, bald auf
„schwebenden Brücken, bald in eigen dazu ein-
„gerichteten Fahrzeugen sich selbst hinüber set-
„zen konnte. Jedes Land war durch die ihm ei-
„genthümlichen Bäume und Blumen ausgezeich-
„net, die Beete der letztern stellten die vorzüglich-
„sten Städte vor, der geistige Zustand des Vol-
„kes war durch einen Tempel, durch eine Capel-
„le, oder durch ein anderes Gebäude angedeu-
„tet. Der Park hatte nur Einen Eingang, und
„zwar im Norden, von wo aus die Wege in man-
„nigfaltigen Wendungen, theils nach Osten,
„theils nach Westen führten. Alle Capellen, auf
„welche ich in den nördlichen Ländern stieß, gli-
„chen hohen Erdhügeln mit Schlehendorn und
„Brombeerstauden besetzt, alle hatten über dem
„Eingange die Aufschrift:

Der
Klugheit und dem Nutzen
des Augenblickes
gewidmet.

„Von der Neugier in Eine hinein getrieben,

„fand ich sie im Innern mit unschmelzbaren Eis=
„quadern ausgesetzt und gepflastert, auf dem
„Altare sah ich einen schlecht geschnitzten Fuchs,
„auf einem Pfluge reiten, und spielend, ein Joch
„mit Schlangen umwinden. Auf den Altarstu=
„fen lagen als Opfer erwürgte Tauben und Ad=
„ler, klein zerschnittene Bibeln, zerrissene Blät=
„ter aus Platon, zerbrochene Kelche, Kreuze
„und Rauchfässer, Trümmer von Griechischen
„Statüen und Lappen von Gemählden des Ba=
„roccio und Carlo Dolci, die nur Heiliges
„mahlten. Vor Schreck und Frost erstarret wen=
„dete ich mich nach Westen.“

„Dort kam ich auf eine große Insel, deren
„Tempel schon von außen in Gold und Silber
„glänzte; doch seine Aufschrift:

RELIGIO. VIRTUS. ET. JUS.
IN. AURO. *)

„ließ mich nicht viel Gutes erwarten, und so fand
„ichs auch, als ich hinein kam. Auf dem Altare,
„der einen großen Geldkasten vorstellte, stand
„ein Götzenbild aus einem Granitblocke gehauen,

---

*) Religion, Tugend und Recht im Golde.

„ganz nackend, dem Mercurius ähnlich, das
„Haupt mit Blättern von Meerrettig bekränzt,
„in der rechten Hand eine Goldwage, in der lin=
„ken ein Zahlbrett, an der Stelle des Herzens
„das Allerheiligste, das Ein Mahl eins. Als Op=
„fergaben standen da, ganze Fässer voll Papie=
„re, Blut und Thränen, mit den Flaggen aller
„Handel treibenden Völker umschlungen, und mit
„Fetzen von ihren Segeln zugedeckt. Der Fuß=
„boden war mit verdorrten Oliven = und Palm=
„blättern so dicht bestreuet, daß ich glaubte, al=
„le Palmen und Oehlbäume der Welt hätten an
„einem Tage ihre Treibekraft erschöpft und ihr
„schönes Laub in diesen Tempel gesandt. Statt
„der Bethstühle säh ich nur Wechselbänke und
„Krambuden, mit allerley Zuckerwerk und Waa=
„ren von Metall und Leder angefüllt. Was ich
„auch von dem erstern in die Hand nahm, ver=
„wandelte sich sogleich in eine Meerrettigwurzel,
„und lockte mir ganze Bäche von Thränen aus
„den Augen; was ich von den letztern berühr=
„te, blieb als Blutegel an meinen Fingern han=
„gen und sog mir das Blut aus. Ich eilte aus
„dem Tempel und von der Insel fort, und

„schlug den Weg ein, der mich nordostwärts
„führte.‟

„Auch dort traf ich wenig Freyes und An=
„muthiges, dagegen viele Bilder der Zwietracht
„und Verwirrung. Die Tempel führten alle die
„Aufschrift:

LIBERTATI.

RATIONIS. ET. CONSCIENTIAE.

SACRUM. °)

„aber sie waren größten Theils auf Flugsand
„errichtet, einige aus Glas zusammen gesetzt, an=
„dere in Zeltform von feinen Schleyertüchern
„aufgeschlagen; darum konnte ich auch nichts
„weiter, als Licht, Luftzug und Staub darin fin=
„den. Hier und da bemerkte ich in einem Winkel
„ein Bild, weit über die Hälfte in Sand vergra=
„ben. Eins zog ich heraus, reinigte es von Un=
„rath, und entdeckte daran mit Erstaunen des
„gottseligen Fra Martino Luthero Ge=
„stalt.‟

„Nun kehrte ich südlich nach Westen zurück
„und kam zu der sitzenden Jungfrau schönen

°) Der Freyheit des Verstandes und des Gewissens
geheiliget.

„Bufen, wo ich alles nach den Bildern einer üp=
„pigen Phantafie eingerichtet und zum fchwel=
„genden Genuffe einladend fand. Nur der Tem=
„pel lag in Ruinen, und keine Spur der Gott=
„heit, der er einft geweihet war, konnte ich ent=
„decken. Defto prächtiger war das Theater ver=
„ziert; die Bühne war in der Mitte getheilt, über
„der einen Hälfte ftand, L'AUJOURD'HUI; über
„der anderen L'AVENIR. Dort erfchreckte mich
„die Bildfäule eines Mannes, der im hämifch=
„lächelnden Gefichte, mehr einem Faun oder Pa=
„vian, als einem Menfchen glich, zu feinen Fü=
„ßen faß ein Kaninchen und eine Eule, jedes eine
„Rolle haltend; auf jener las ich: LA PUCEL-
„LE; auf diefer, LA RAISON PAR ALPHA-
„BET. In der andern Abtheilung war von Fi=
„guren in Lebensgröße eine Scene vorgeftellt,
„über welcher ein Engel fchwebte, aus deffen
„Trompete die Worte: LE MEDICIN MALGRE
„LUI, hervorgingen. Nichts weniger als behag=
„lich fühlte ich mich auf diefem Schauplatze; der
„Boden, auf dem ich ftand, fchien mir in einem
„fort zu fchwanken."

„Nachdem ich einige blühende Hügel, ver=

„muthlich die Pyrenäen, überstiegen hatte, be=
„fand ich mich in den anmuthigen Gärten der
„Hesperiden, wo goldene Aepfel zwischen dem
„dunkeln Laube der Bäume glühten. Ein hoher
„Gothischer Dom erweckte schon aus der Ferne
„meine Aufmerksamkeit und Ehrfurcht; als ich
„hinkam, sah ich ihn halb zerfallen. Die Auf=
„schrift sagte mir, daß er in bessern Zeiten „„„der
„„„Einen Feuerquelle aller Größe, der Tugend,
„„„oder des Lasters, des Verdienstes oder des
„„„Verbrechens, je nachdem der Schöpfende ihre
„„„Flamme benußte;"" geheiliget war. Auch das
„Bild der Nymphe war noch da, eine liebliche
„romantische Gestalt, das Auge auf einen Stern
„gewandt; der über ihrem Haupte glänzte, in
„ihrer Rechten eine brennende Fackel, in ihrer
„Linken ein Zauberspiegel, beyde mit Hyaciu=
„then und Tulpen umwunden. Seitwärts, zwi=
„schen Beeten von Mohn Crocus und Asphodil=
„len, stand eine neuerbaute Capelle mit einer son=
„derbaren Thiergruppe; sieben Esel bewachten
„einen kranken, gebundenen Löwen, und rings
„herum bewegte sich kaum wahrnehmlich eine
„Anzahl Schildkröten und andere träge Thiere."

„Am Ufer des Teiches stand ein Fahrzeug,
„welches nach dem Patrimonio di San Piedro
„hinüber führte, ich schiffte mich ein, um zu se=
„hen, auf welche Art und Weise der originale
„Eigenthümer Italien nach seinem Garten ver=
„setzt habe. In einem Haine von Palmen, Ce=
„dern und Oehlbäumen kam ich zu einer Ro=
„tunda. Ihre einfache Aufschrift:

MENTI. AETERNAE. *)

„erfüllte mich mit heiligem Schauder. Ihr Inne=
„res war ein Blumengarten, der den lieblichsten
„Duft aushauchte, auf dem Altare eine Ma=
„donna mit dem Kinde, ihre Kuppel der Himmel,
„und doch war sie in ein geheimnißvolles Dun=
„kel eingehüllt, nur von einem schwachen Schim=
„mer aus der heiligen Kammer hinter dem Alta=
„re nothdürftig erhellet. Ich wagte mich in das
„Heiligthum; aber nichts erblickte ich daselbst,
„als eine überaus große Krystallkugel, die
„aus allen ihren Puncten eine Eins im hohen
„Feuerglanze hervor strahlen ließ. So lange ich
„auch diese wunderbare Eins betrachten moch=

---

*) Dem ewigen Gemüthe.

„te, immerfort stiegen neue Gestalten in ihr auf;
„und so zeigte sie mir im schnellen Wechsel das
„Antlitz meines Vaters, meiner Mutter, Ca=
„milla's und Olympia's, das Ihrige und
„selbst das meinige, das Antlitz jedes, an den ich
„dachte, und endlich das Angesicht aller mir Lie=
„ben und Theuern zu Einer Gestalt in einander
„geflossen."

„Jetzt erst vermißte ich meinen Knaben und
„erinnerte mich zugleich, daß er mir schon bey
„meinem Eintritte in die nördlichen Eis=Capellen
„entschwunden war. Ich setzte mich nach Corsica
„über, wo ich ihn wieder zu finden hoffte, wäh=
„rend, ich sey in der wirklichen Welt, nicht in ei=
„nem Zaubergarten. Das meiste war mir auf
„dieser Garteninsel neu, unbekannt, und schei=
„nend, als wollten plötzlich alle Berge versinken
„und die Insel unter meinen Füßen bis über die
„Wolken sich erheben. Es ist mir unbegreiflich,
„warum ich diesen Augenblick in und außer mir
„in den kräftigsten Tönen nichts anders mehr
„hörte, als Micha's Worte: „„Und du Beth=
„„„lehem Ephrata, die du klein bist unter den
„„„Tausenden in Juda, aus dir soll mir derjeni=

,,,,ge kommen, der in Israel Herr sey. Der wird
,,,,auftreten und weiden in Kraft des Herrn und
,,,,im Siege des Nahmens seines Gottes.''''

„Gegen Südwest hinsehend und mein freund=
„liches Sovarella suchend, bemerkte ich, wiehin=
„ter ihm ein Dorischer Tempel empor stieg. Ich
„eilte hin, und sonderbar ward mir zu Muthe
„bey seiner Aufschrift:

HINC.

REGENERATIO. PAX. ET. SALUS.

ORBI. *)

„Mit gespannter Erwartung trat ich hinein und
„befand mich in einer schrecklichen Finsterniß.
„Aus weiter Ferne ertönte Kriegsgeschrey und
„Waffengetümmel. Ich wollte hinaus, doch in
„meiner großen Angst und Noth konnte ich den
„Ausgang nicht finden. Endlich verwandelte sich
„das Getöse in Siegesgesänge, ganze Bienen=
„schwärme flogen fröhlich sumsend in den Tem=
„pel herein, die Finsterniß wich dem Tage, im
„lichten Heiligthume saßen mein Vater mit einer

„Iris

---

*) Von hier aus die Wiedergeburt, der Friede und
das Heil der Welt.

„Iris aus Saphieren, meine Mutter mit einer
„Rose aus Carbunkeln, und der mir schon so
„genau bekannte Jüngling mit Zirkel und Win-
„kelmaß, in der einen, mit einer Sonnenblume
„aus gelben Diamanten und Amethysten in der
„andern Hand. Auf dem Altare lag ein großer
„Diamant in Form eines Würfels."

„„„Corsica's Schicksal ist entschieden,"""" —
„sprach der Jüngling, Anselmo und Lodo-
„vica sprachen es mit, und ich selbst schien mir
„es mitzusprechen," — „„„Corsica,"""" — „fuhren
„wir alle im einstimmigen Chor fort," „„„soll dem
„„„Lande der Lilien unterthänig werden. Paoli
„„„wird es nicht befreyen, nicht beglücken. Er be-
„„„sitzt bloß einen scharf geschliffenen Bergkry-
„„„stall, und er kennt über dem gemeinen Lasur
„„„und dem dunkeln Carneol keinen höhern Edel-
„„„stein. Kein Diamant ist ihm geworden, dar-
„„„um will ihn auch kein Saphier und kein Car-
„„„bunkel schmücken, noch mit dem niedrigern
„„„Bergkrystall im einfärbigen Glanze ihm leuch-
„„„ten, und ohne dieses Licht wird nichts Gro-
„„„ßes, nichts Schönes, Edles und Dauerhaftes
„„„in der Welt. In der Durchsichtigkeit seiner

„„„drey Steine wird er immer nur die Mittel se=
„„„hen und wählen, durch welche, gegen seinen
„„„Willen, der Plan des ewigen Weltgeistes er=
„„„füllet werden muß. Corsica soll dem Lande in
„„„Westen dienen, damit dieses gerettet, und durch
„„„die Folgen seiner Rettung die Erde neugestal=
„„„tet werde; so ist es aus dem Ein durch das
„„„All erschollen.‟‟‟

„„„Schwer wiegen die Verdienste dieses Lan=
„„„des in der Wagschale des Weltgeistes. Als al=
„„„les Schöne, Kindliche und Fromme der alten
„„„Welt von der Erde verschwunden war, und
„„„der Sohn Gottes ihr ein neues Licht, eine neue
„„„Kunst und eine neue Liebe zeigte, faßte das
„„„Land der Lilien zuerst mit reinem Kindessinne
„„„seine Offenbarungen auf und bewahrte sie
„„„treu im gottseligen Gemüthe. Was es dann
„„„auch schuf, es mochte sich im Bilde eines Staa=
„„„tes, einer Hierarchie, eines Paradieses für
„„„Gott geweihte Weise, eines frommen Ritterwe=
„„„sens der Liebe, oder eines heiligen Krieges der
„„„Andacht darstellen, alles war von dem ein=
„„„färbigen Schimmer des Diamanten, des
„„„Saphiers und des Carbunkels, woran es rei=

„„„cher war als alle andere Länder, beleuchtet
„„„und verschönert. Alle Reiche sahen mit Ent-
„„„zücken auf seine Schöpfungen hin, versuchten
„„„es, sie nachzubilden, und der Weltgeist hatte
„„„Wohlgefallen an dem Lande in Westen. So
„„„blieb es, bis listige Juwelenhändler, die nichts
„„„Edleres, als Bergkrystalle hatten, und
„„„diese dort nicht los werden konnten, unter dem
„„„Vorwande einer höchst wunderbaren Schleif-
„„„kunst, das freundliche Land verleiteten, ihnen
„„„seine Diamanten zu borgen. Sie warfen die
„„„herrlichen Steine in die See, und gaben statt
„„„derselben nur reine Bergkrystalle zurück; und
„„„nun verloren auch seine Saphiere und Car-
„„„bunkel ihren Glanz. Alles ging rückwärts, über-
„„„all stellte sich Verwirrung ein, die Aufklä-
„„„rung des Bergkrystalls verblendete
„„„Frankreich und alle Länder, die sich dasselbe
„„„zum Vorbilde gesetzt hatten.“““

„„„So war es seit jener Zeit,“““ sprach jetzt
der Jüngling allein, „„„so ist es heute, so wird
„„„es fortschreiten, bis die äußerste Zerrüttung
„„„in dem Lande folgt, und alle Gräuel des Ver-
„„„derbens in ihm herrschend werden. In der Vor-

„„„hersehung derselben hat seiner frühern Kunst
„„„und Liebe der Weltgeist gedacht, und Rettung
„„„für dasselbe vorbereitet. Er hat die falschen
„„„Juwelenhändler von dieser Insel abgehalten;
„„„und hier siehst du den Diamanten, den größ-
„„„ten, der sich jetzt auf Erden befindet, in dessen
„„„Erscheinung die Saphiere und Carbunkel ih-
„„„ren ehemahligen Glanz wieder erhalten, und
„„„im einfärbigen Lichte mit ihm, das gesunkene
„„„Land und alle Reiche der Welt überstrahlen
„„„sollen. Damit es aber diesen kostbaren Stein
„„„finden und desselben sich bemächtigen möge,
„„„muß es die Insel erobern. Wenn alsdann Ver-
„„„blendung, Laster und Verzweiflung dort alle
„„„Bande der Ordnung aufgelöst, und alle Res-
„„„te seines ehemahligen Guten und Schönen zer-
„„„störet haben werden, dann wird ihm dieser
„„„wunderthätige Sonnenstein entgegen leuchten,
„„„es wird erkennen, daß ihm nur derselbe zu sei-
„„„nem Heil gefehlt habe, es wird ihn frohlok-
„„„kend hinnehmen, um ihn mit seinem Saphier
„„„und Carbunkel unzertrennlich zu verbinden.
„„„Ein neuer Geist wird das Lilienland beleben,
„„„die drey Steine, sich einander durchdringend,

„„„und die Stirn seines Herrschers schmückend,
„„„werden als Spiegel die Strahlen des Son-
„„„nengeistes auffassen, und sie wieder als das
„„„Licht zu einer neuen Ordnung der Dinge über
„„„die ganze Erde zurück werfen. Blödsichtige, die
„„„über das Wasser des Bergkrystalls nichts Vor-
„„„trefflicheres kennen und achten, werden dort
„„„von einem blinden Glücke des Herrschers
„„„träumen, wo lediglich die Wunderkraft der
„„„drey Steine wirken wird; aber Völker von
„„„schärferem Sinne werden ihren Blick von dem
„„„zufälligen Träger der Steine zu dem Spiegel
„„„selbst erheben, sie werden in ihm ihre Schwä-
„„„che und ihre Kraft, ihre Armuth und ihre Ent-
„„„würdigung, ihr gegenwärtiges Seyn und ihr
„„„mögliches Werden ersehen, und, den Talis-
„„„man der drey Steine auch in ihrem Innern
„„„ahndend, muthig sich entschließen, ihn aus sei-
„„„ner tiefen Verborgenheit zu ihrem Heil her-
„„„vor zu ziehen.‟‟‟

„„Laß daher deinen Freund mit seinen Waf-
„„„fen und schlechten Steinen das Werk des
„„„unendlich weisen Weltgeistes vollführen; du
„„„stecke das Kriegesschwert in die Scheide, bis

„„„du nicht mehr vermeiden kannst, es zu ziehen.
„„„Nimm aus unsern Händen die drey Blumen,
„„„verbinde sie für deinen kleinen Kreis zu einem
„„„unverwelklichen Busche, den Altar der Religion
„„„damit zu zieren. Außer demselben diene nur
„„„mit diesem Winkelmaße und mit diesem Zirkel
„„„deinem Vaterlande, Gesetz und Recht erhal-
„„„tend, bis an Corsica vollbracht ist, was ge-
„„„schehen soll.„„„

„Nun wollte ich aus mir selbst sprechen; aber
„der Park versank unter mir, eine unsichtbare
„Macht trug mich in Lüften fort und ließ mich
„auf dem Berge San Marino nieder, wo
„Olympia, mein Knabe, der Hieronymiten
„Prior Fra Giacomo und ein Unbekannter,
„mich in ihre Arme schlossen und mit ihrem Ju-
„belgeschrey aus dem Schlafe erweckten. Des
„Morgens gab die Erzählung der Vision mei-
„ner Geliebten mehr Kraft, als alle Erfindungen
„der unsichern Heilkunst; sie erhielt in ihr die Ge-
„wißheit, daß ich sie nun nicht mehr so oft ver-
„lassen, und das schwere Loos des Kampfes zwi-
„schen ihrer Liebe und ihrer patriotischen Resig-
„nation sie seltener treffen werde." zc. zc.

Sobald Olympia völlig genesen war, verkaufte er Salicetto und zog sich mit den Seinigen jenseits des Gebirges auf sein väterliches Erbgut zurück. Paoli hinderte ihn daran nicht, theils weil der Widerstreit in ihrer politischen Denkungsart ihre gegenseitige Zuneigung bloß auf die Anerkennung und Achtung ihres Verdienstes beschränkt hatte, theils weil er in dem Lande jenseits des Gebirges noch nicht als Oberhaupt der Insel anerkannt war, und von dem Einflusse seines Freundes auf die Bewohner jener Gegenden wichtige Vortheile erwarten konnte.

Nach dem Wunsche seiner Gattinn richtete Bonaventura zu Sovarella ähnliche Hausandachten ein, wie er sie zu Pozzuolo mit Erbauung gesehen hatte. Das Hausbuch dazu verfertigte er selbst, nicht wie es sein Geist für ihm verwandte Geister hätte erfinden können, sondern wie es seyn mußte, um in der kleinen Gemeinde, für die es bestimmt war, die Anlage zur Religiosität zu entwickeln und ihre Bedürfnisse behaglich zu befriedigen. Freunde, die ihn besuchten, wurden von diesen gottseligen Abendstunden, wenn sie daran Theil nehmen wollten, nicht ausgeschloffen; nur übertrug er in solchen Fällen das Vorlesen und Vorbethen dem alten Renato. An Sonn = und Feyertagen wurden auch die Bewohner von Sovarella und der benachbarten Dörfer zugelassen; wenn man aber erwartete, daß er an diesen Tagen, aus dem Helldunkel der Phantasie herausschreitend, und die Flamme des Gefühls zurückdrängend, es vorzüglich auf eine Aufklärung des Verstandes, auf Ermunterung des Fleißes, oder auf Verbefferung der Sitten angelegt haben möchte, so würde man hinter dem tiefern Blicke seines religiösen Gemüthes sehr weit zurück bleiben; er wußte zu bestimmt, daß alle Mittel, auf Menschen so zu wirken, daß das Gute ihr eigenes Erzeugniß werde, lediglich in dem Gebiethe der Phantasie und des Gefühls liegen, und daß im Menschen die Richtigkeit seines Verstandes, die Antriebe zum Fleiße und die Reinigkeit der Sitten mit der Reinigkeit und Stärke seines religiösen Gefühls in dem genauesten Verhältnisse stehen; mithin durch die Anregung, Läuterung und Verstärkung desselben, unfehlbar auch alle übrige Zwecke erreichet werden.

In diesen Versammlungen sah er sich einige
Männer aus, die ihm fähig und gutwillig genug
schienen, seine weitern Absichten zu befördern.
Durch Leutseligkeit und Wohlthaten zog er sie
allmählich an sich, erweckte in ihnen die Luft zu
einer gemeinnützigen Thätigkeit, und überließ sie
dann seinem Freunde Renato, dem es eine, sei=
ner ganz würdige, Beschäftigung war, sie zu
Schullehrern zu bilden. Die Schule zu Sovarel=
la ward mit besonderer Feyerlichkeit eröffnet. Die
ganze Dorfgemeinde mit ihren Kindern wurde
in das Thal am Ufer der Prunella zu einem länd=
lichen Feste versammelt. Bonaventura, von
einer Schar, sowohl Laien als Geistlichen be=
gleitet, führte den Lehrer an seinem Arme, stellte
ihn der Gemeinde als künftigen Vorsteher sei=
ner Schule und als seinen ihm sehr werthen
Freund vor, machte diejenigen Kinder nahment=
lich bekannt, welche, zum Zeichen seiner Achtung
für das anständige Betragen und den christlichen
Wandel ihrer Aeltern, in dieselbe aufgenommen
werden sollten, und äußerte den Wunsch, daß
er bald auch von den übrigen Familien=Vätern
aufgefordert werden möchte, sie durch eben die=

ses Merkmahl seines Wohlwollens und seiner
Werthschätzung auszuzeichnen. Die ernannten
Kinder wurden hervor geladen, von Olympia
vollständig gekleidet, und von ihm zu ihren Aeltern zurück geführet. Darauf folgte ein gemein-
schaftliches Mahl, ländliche Spiele und Tänze
beschlossen den schönen Tag, an welchem in so
manchem Gemüthe der Funke eines edlern Ehr-
geizes und einer rühmlichern Nacheiferung erwachte. Auf diese Weise erreichte er seinen Zweck,
den er gebiethend zuverlässig verfehlet hätte.
Nicht Ein Vater oder Eine Mutter blieb mit ihrer Bitte zurück, daß unter der, gewiß zu erfül-
lenden, Bedingung einer würdigen Aufführung,
auch ihre Kinder in die Schule aufgenommen
werden möchten.

Die bis zum Ekel, und mit dem ganzen Fanatismus einer einseitigen Weltklugheit, als Feinde alles Guten verschrienen Mönche legten ihm
nirgends Hindernisse in den Weg, sondern un-
terstützten ihn vielmehr auf das thätigste; weil
er sie zu behandeln wußte, weil er ihnen bey aller Heiligkeit ihrer Regel, eben so schonend und
nachsichtig, wie den weltlichen Christen, bey al-

 der Heiligkeit des Evangeliums, erlaubte, Menschen zu seyn, weil er in ihren Observanzen und
Gebräuchen, selbst dort, wo sie an Aberglauben zu gränzen schienen, die darunter verborgene Richtung zum Idealen, Ewigen und Göttlichen erkannte und verehrte, weil er in ihnen das
Verdienst ihrer Stifter und Vorfahren, gerade
so, wie sie in ihm das Verdienst seiner adeligen
Ahnen, achtete; kurz, weil er als idealischer
Mensch nicht einseitig sehen, urtheilen und handeln konnte. Häufig besuchte er ihren Cultus zu
Ornano, Naspreto und Ajaccio, nicht zur Begründung oder Erhaltung seines Ansehens den
Schein einer kirchlichen Gottseligkeit erheuchelnd,
nicht zum Leithammel des gemeinen Volkes sich
herabwürdigend, sondern um, gleich der ahn-
dungsvollen Biene, die den versteckten Honig
selbst in der Distelblüthe zu erspähen weiß, das
Licht und die Salbung der Religion aus allen
möglichen Formen und Erscheinungen in sich aufzunehmen. Allein er nahm nicht nur, er gab auch
von dem Seinigen. Was in seinem Geiste Wissenschaft, was volles theologisches Leben war,
das hielten die Mönche für Gelehrsamkeit, und

fühlten sich durch seine vorzüglichen Kenntnisse
von ihrer eigenthümlichen Sache oft heilsam be-
schämt. Mit seiner Ueberlegenheit sie nie drük-
kend, gewann er ihr unbegränztes Vertrauen,
sie ehrten sein Urtheil über ihre Angelegenheiten,
sie scheueten sein Mißfallen, sie geizten nach seinem Beyfall, und hatten bisweilen sogar Ursache, seine Einwirkungen auf sie dankbar zu segnen. Nur Eine derselben stehe hier, damit erhelle,
wie sicher und wohlthätig der idealische Mensch
durch das Einzelne auf das Allgemeine wirke.

Sein Haus ward auf der Insel allgemein
das Elysium der Gastfreundschaft genannt; dieß,
noch mehr aber der, im Clerus bekannte, Ruf
von seiner Gelehrsamkeit bewog den Lector der
Serviten, Fra Benizzio, ihn zu besuchen; und
seine eigenen gelehrten Verdienste, so wie sein
musikalisches Talent, ließen ihn eine ausgezeich-
nete Aufnahme erwarten. Unter allem, was er
in Sovarella sah, fiel ihm nichts überraschender
auf, als Bonaventura's Lararium, in welchem neben den Bildern Christi, der zwölf Apostel und der vier heiligen Kirchenlehrer, auch die
Bildnisse des Peter Waldus, des Joannes

Huß, des Martin Luther, und was ihn
völlig irre machte, des Juden Spinoza auf=
gehangen, und gleichsam zu Einem Altare gerei=
het waren.

Bonaventura bemerkte seine Verwunde=
rung und sprach: „sollten Sie, gelehrter Mann,
„einen Augenblick vergessen können, daß die Re=
„ligion vereiniget, was die Kirche trennt? oder
„sollte bey Ihnen die Heiligsprechung von dem
„göttlichen Throne der Menschheit von geringe=
„rem Gewichte seyn, als die Canonisation von
„dem apostolischen Stuhle zu Rom?"

„Aber Ketzer und Juden; warum nicht noch
„Türken und Heiden?" versetzte Fra Benizzio.

„Auch diese," antwortete jener, „sind Chri=
„sten, sobald sie das, über alle Kirchen, Sy=
„nagogen, Moscheen und Tempel erhabne, Licht
„der Religion erschauen, und Heilige, sobald
„sie mit ganzer Seele in ihm leben."

Der Servit schwieg; nach einigen Tagen
aber erhielt Bonaventura von ihm eine weit=
läufige Herzensergießung. „Er müßte," meinte
Benizzio, „in seinem Herzen ein Lutheraner
„seyn, sonst könnte er unmöglich so frey und

„aufgeklärt denken. Eben diese Muthmaßung
„wäre der Grund seines Vertrauens, womit er
„ihm, wie dem ewigen Richter, sein Innerstes
„aufschlöße, und ihn um seinen Beystand bäthe.‟
Er schilderte ihm dann den Gang seiner Studien,
seine Aufnahme in die gelehrte Akademie, welche
Marquis de Cursay zu Corte gestiftet hatte,
seine Begierde, mit welcher er die, von den Fran=
zosen auf der Insel verbreiteten Schriften Hu=
me's, Rousseau's und Voltaire's ver=
schlungen, sich aber dennoch vor dem Deismus
verwahret habe, wie er anfänglich mit seinem
Stande unzufrieden geworden, dann in seiner
theologischen Denkart vom Grunde aus erschüt=
tert, und endlich zu dem Entschlusse gebracht
worden sey, seinen Orden und sein Vaterland
zu verlassen, nach Deutschland zu gehen und zur
Lutherischen Kirche über zu treten. In diesem Vor=
haben, der einzigen Bedingung seiner Gewissens=
ruhe und seiner Seelen Seligkeit, möchte er ihn
durch einige Geldhülfe und durch Empfehlungen
an würdige Männer im Auslande menschen=
freundlich unterstützen, doch keinesweges glau=
ben, daß irgend eine niedrige oder sinnliche Ab=

sicht, etwa der Fesseln des Cälibates sich zu ent-
ledigen, in die Beweggründe seines Schrittes
einflösse, ꝛc.ꝛc. Hier sind die merkwürdigern Stellen aus Bonaventura's Antwort.

„ꝛc. ꝛc. Ein leerer Schein hat mir Ihr Ver-
„trauen erworben; Sie haben es jedoch auf ei-
„ne Art und in einer Sache geäußert, die mich
„wünschen macht, daß ich es durch die Wahr-
„heit nicht wieder verlieren möge. Nehmen Sie
„also mit geneigtem Herzen meine heiligste Ver-
„sicherung hin, daß ich in meinem äußern Wan-
„del unter Katholiken Katholik, in meinem in-
„nern Leben aber, weder Lutheraner noch Ka-
„tholik, nicht Waldenser, nicht Hussit, und nichts
„von allem, was Secte heißt, sondern Religiose
„sey, und eben darum überall und in allen kirch-
„lichen Gemeinden einer ungestörten Gewissens-
„ruhe und meiner Seelen Seligkeit genieße." ꝛc.
„Auch das, wonach Sie, als der einzigen
„Bedingung Ihrer Aussöhnung mit Sich Selbst,
„streben, ist nur Schein; denn eine Lutherische
„Kirche, oder möge sie auch evangelische heißen,
„ist in der Wirklichkeit nirgends mehr vorhan-
„den. Ein bewährter Lector der Theologie und

„ein so gelehrter und zugleich redlicher Mann,
„wie ich in Ihnen achte, bedarf oft nur einiger
„Freundeswinke, um den Zauber eines blenden=
„den Irrlichtes zu zerstreuen und die ihm unver=
„merkt entschwundene Wahrheit wieder zu fin=
„den; solche wohlgemeinte Winke will ich Ihnen
„geben über das, was Fra Martino gewollt,
„was er gethan, und was nach ihm die Welt
„daraus gestaltet hat."

„Was alle Auserwählten in Osten, Süden
„und Westen durch funfzehn Jahrhunderte im
„frommen Gemüthe trugen, und was, Trotz der
„profanen Curia, in dem Heiligthume der Rö=
„mischen Kirche in schöner Klarheit leuchtete,
„das war im Norden von Anbeginn an nur
„Dämmerung; und auch dieser schwache Vor=
„bothe des himmlischen Lichtes war unter dem
„unstäten Treiben und Drängen roher Fürsten
„und ihnen gleicher Bischöfe, Priester und Mön=
„che längst verschwunden. Sie waren Zöglinge
„von Männern, die, selbst noch neubekehrte
„Christen, in der Nacht ihrer Zeiten sich nur an
„den todten Körper des Buchstabens und der
„Gebräuche hielten; den lebendigen Geist der Leh=
„re

„re nie erblickten. Vergleichen Sie, frey würdi=
„gend, die großen Väter Origenes, Cypria=
„nus, Athanasius, Hieronymus und Au=
„gustinus mit den neuern Aposteln, Colum=
„banus, Winfridus, Willebrordus Pir=
„minius und Ansgarius; so wird sich Ihnen
„das nördliche Christenthum in einem ganz
„eigenen Lichte zeigen.‟

   „Was die erstern salbungsvoll und klar
„verkündiget, die letztern nur in dunkeln Andeu=
„tungen gezeigt und schlecht gegründet hatten,
„ward von ihren Nachfolgern, des Aristote=
„les, nicht Christi Schülern, überall ganz ver=
„dorben. Ein Gewebe unnützer Spitzfündigkeiten
„verhüllte und verdrängte die Einfalt des Evan=
„geliums, die Speculation erstickte den schwachen
„Glauben, ein werthloses Ceremonien=Spiel hieß
„Christenthum und ersetzte den Mangel an Rei=
„nigkeit des Herzens und an Liebe. Da erweckte
„und entflammte der ewige Geist im Norden den
„frommen Fra Martino. Stark durch Got=
„tes Macht trat er vor das Volk der Deutschen
„Fürsten, Bischöfe, Mönche, Laien, und riß ih=
„nen die Augen schmerzhaft auf, zu schauen und

, zu erſtarren vor der Nacht des Irrthumes, in
„der ſie taumelten, und vor dem Gräuel der
„Verwüſtung, womit ſie das Reich Gottes ent‿
„weihet hatten. Sie jammerten, ſie wanden und
„krümmten ſich wie Armſelige, die den Tod des
„Fleiſches fürchten; aber in ſeinem Munde blieb
„das Wort des Herrn ein zweyſchneidiges
„Schwert, es traf, es ſchnitt, es prickelte das
„Herz, und manche fingen an darnach zu leben.

„Vor allem ſchreckte er ſie zur Buße auf,
„zur einzig wahren, die als die Donnerart des
„Geiſtes beyde, die frechen Sünder, wie die fal‿
„ſchen Heiligen, in Schrecken und Verzagen zu‿
„ſammen treibt, ſie verwundet, zermalmet und
„endlich durch die Salbung der Liebe eine gänz‿
„liche Verwandlung der Geſinnung und des Her‿
„zens wirkt. Dann hielt er ihnen die Fackel des
„Glaubens ſo nahe vor, daß ſie erkennen möch‿
„ten, ſein Weſen und ſein Leben beſtände nicht
„in Worten oder Sätzen, ſondern im Lichte, von
„Gott gleich wunderbar, wie Himmel und Wel‿
„ten, im Menſchen geſchaffen. Sie ſollten aufhö‿
„ren, mit dem Scheine des verſtändigen Wiſſens
„ſich zu täuſchen, niederſtürzen ſollte vor der

„Heiligkeit und Majestät des Glaubens das Göt=
„zenbild des Verstandes, und verbannet werden
„aus dem Himmel der Religion in die Welt der
„Erkenntniß, wo es eigentlich hin gehört. Dar=
„um predigte er ohne Unterlaß: der Mensch, der
„nicht erleuchtet wäre von Gottes Geist, vernäh=
„me nichts aus natürlichem Verstande von dem
„Willen des Allerhöchsten und von ewigen Din=
„gen; das Reich Gottes, und was es umfaßt,
„hieße darum Geheimniß, weil es geistig und
„mystisch wäre, und wohl verborgen bliebe,
„wo der Geist nicht selbst es offenbarte. Treulich
„warnete er die Kleinen, Schwachen und Kran=
„ken vor der Verblendung falscher Lehrer, die
„nach menschlichen Erfindungen sie bethen, han=
„deln und Christum erkennen lehrten. Kühn ver=
„dammte er das Gebeth im Scheine, das nur der
„Mund verrichtet, und ermahnte sie zum Be=
„then in der Wahrheit, das sich durch Wehmuth,
„Verlangen und Sehnsucht nach dem Unendli=
„chen aus Herzensgrund ergösse. Er zeigte, wie
„des Menschen Wille ohne die Gnade nur ein
„eigener, kein freyer sey, der folglich nimmer
„gut, nie Gutes wirken könne, so lange ihn nicht

„die Allmacht derselben von der Menschlichkeit
„befreyete und zu einem freyen Willen der ge-
„heiligten Menschheit erhöbe. Diese ver-
„kündigte er als den eigentlichen wahren Chri-
„stus, den niemand durch Studieren, Hören,
„Fragen, oder Klügeln finden könnte, sondern
„den der Vater allein offenbaren wollte, und
„auch wirklich geoffenbaret habe in dem Evan-
„gelium, welches so klar wäre, daß es keines
„Auslegers bedürfte. Jeden, der es mit dem Ge-
„müthe faßte, seinem Herzen Ruhe, seinem Ver-
„stande Schweigen gebőthe, würde es erleuchten
„und erwärmen, gleichwie die Sonne in dem
„ruhigen Wasserspiegel vortrefflich sich abbildet
„und kräftig wärmet, im reißenden Strome hin-
„gegen nicht also gesehen werden mag, und auch
„nicht also wärmen kann.‟

„Dieß war das Wort der göttlichen Wahr-
„heit durch Fra Martino's Mund; und ohne
„Menschenfurcht es kund zu machen allen Völ-
„kern, war sein, so bald, so allgemein verkann-
„tes Werk. Hätte er es doch unsichtbar und oh-
„ne Menschenbeystand vollenden können, jetzt,
„da kaum mehr eine Spur davon erkennbar ist,

„ſtände es feſt und unerſchütterlich! Iſt Ihnen
„die Erbauung und Befeſtigung dieſes Wer-
„kes Bedürfniß, ſo ſuchen Sie es nicht in Deutſch-
„land, nicht in irgend einem Reiche der Welt,
„ſondern beginnen und vollenden Sie es einzig
„und allein dort, wo es feſten, bleibenden Grund
„finden kann, in Ihrem Herzen. Dort ſtehe Ihre
„Lutheriſche Kirche; dort bleibe ſie aber auch
„verborgen und verſchloſſen jedem, dem es noch
„nicht eingefallen iſt, ſie ſo, wie ich Ihnen ra-
„the, in ſeinem eigenen Herzen zu erbauen; er
„würde Ihr Heiligthum nur entweihen, wie Fra
„Martino's Heiliges entweihet worden iſt.‟

„Blödſinnige, gewohnt, im Ewigen nie was
„anderes als ein Zeitliches, und in dem Noth-
„wendigen immer nur ein Zufälliges zu erblik-
„ken, wähnten, Fra Martino hätte aus ſich
„ſelbſt geſchaffen, was nur ihre Unwiſſenheit
„überraſchen, und auch nur ſie mit dem Glanze
„der Neuheit blenden konnte. Was er zu ſchaf-
„fen ſchien, war lange vor ihm da; und was er-
„ſtorben war, dem half er bloß zur Wiederge-
„burt. Andere glaubten, er hätte das Papſt-
„thum ſtürzen wollen; allein er riß es nur aus

„feiner Unthätigkeit, und brandmarkte nach Ver=
„dienſt die Laſterhaften, die es ſchändeten: ſo
„ward es durch ihn gereiniget, befeſtiget und der
„Würde der ewigen Hierarchie näher geführt.
„Der Primas der Kirche, das Schlußglied der
„Einigkeit war erhaben über ſeine dreiſten Schmä=
„hungen; ſie trafen nur den Papſt, der als der
„Mittelpunct, in dem der Welt Verderben ſich
„zuſammen drängte, vor ſeiner Seele ſtand;
„und der Haß, aus dem ſie floſſen, lag weniger
„in ſeinem Herzen, als in dem Verderben der
„Zeit, das eine andere Ordnung der Dinge un=
„vermeidlich machte. Von dieſem geleitet, ſchaff=
„te er alte und neue Gebräuche ab, verwarf den
„Bilder= und Ceremonien=Tand, entvölkerte die
„Klöſter und löſte die Gelübde der Mönche und
„der Nonnen auf; allein er that es mit der Ge=
„ſinnung des weiſen Arztes, der dem Kranken
„auch die nahrhafteſte Speiſe auf eine Zeit ent=
„zieht, wenn dieſer durch ihren unmäßigen Ge=
„brauch alle übrigen Verrichtungen des Lebens
„in ſich gehemmet hat. Groß, aber nicht erfreu=
„lich ward dadurch die Zahl ſeiner Anhänger.
„Fürſten und Völker ſammelten ſich zum Panier

„des erneuerten Evangeliums; aber was aus
„seinem gläubigen Gemüthe ausströmte, drang
„nur bis zu ihrem klugen Verstande, und was
„er geistig verkündigte, faßten sie fleischlich. Die
„zahllose evangelische Gemeinde stand vor ihm
„da als ein Körper ohne Geist, uud preßte ihm
„oft Thränen der bittersten Wehmuth aus, weil
„alles nur bey dem Buchstaben der Lehre geblie=
„ben war, und man die Morgendämmerung
„für den Tag selbst, und den Morgenstern für
„die Sonne gehalten hatte."

„Als die K i r ch e durch die neuern Bekeh=
„rungen im Norden den Geist verloren hatte und
„alles von einander fallen wollte, da erhob man
„den Römischen Bischof zum Papste, damit er
„mit erweiterter Macht wenigstens den Zusam=
„menhang des Körpers erhielte. Als unter eben
„diesem Verluste der C l e r u s gesunken war, stif=
„tete man Orden und bauete Klöster, um in der
„Einsamkeit und frommen Gemeinschaft das
„Herz himmlisch zu erhalten. Als der verwahr=
„loste, erkaltete L a i e sein Gemüth zu dem Ewi=
„gen nicht mehr empor richten konnte, wurden
„Bilder gemahlt und neue Ceremonien erdacht,

„welche das Gefühl der Andacht in ihm wieder
„ánregen und unterstützen sollten. Endlich er=
„starb aber auch in dem Papste und in den Or=
„den der Geist, die Bilder und Ceremonien ver=
„loren ihre Bedeutung und Kraft, da sollte die
„Reformation der allgemeinen Erschlaffung
„ein Ende machen; und nun rief alles: die Kir=
„che bedarf nur erleuchteter Lehrer, keines Pap=
„stes, keiner Bischöfe und Priester mehr. Nieder
„mit den Klöstern, man kann auch in der Welt
„das Göttliche beschauen, das Gute üben und
„das Herz von Schuld und Verderben rein be=
„wahren! Fort mit Bildern und Ceremonien,
„die Gottheit will im Geiste und in der Wahrheit
„angebethet werden! Bis hierher klang alles
„wohl, und es ward auch allenthalben, wo Bi=
„bel und Reformation die Losung war, mit
„stürmender Gewalt ausgeführt; aber reformie=
„ret war damit noch nichts. Der Geist kam nicht,
„um die evangelischen Stürmer, statt des Pap=
„stes, zu regieren, statt der Bischöfe sie zu wei=
„hen, statt der Priester sie zu unterweisen, statt
„der Ordensregeln sie zu leiten und statt der Bil=
„der sie im Innersten zu durchdringen. Die Für=

„ſten und Edeln ſuchten nur der Kirchengüter
„ſich zu bemächtigen, und unter dem Vorwande
„der Religions-Freyheit, ihrem Oberhaupte oder
„Lehnsherrn Trotz zu biethen. Prieſter und Mön-
„che, des Zwanges in ihren Lüſten überdrüſſig,
„ſtrebten bloß nach Zügelloſigkeit; das unter-
„drückte und verarmte Volk wollte wenigſtens
„der Beichtmarter und der Spendungen an Kir-
„chen und Klöſter entbunden ſeyn; was führte
„leichter zum erwünſchten Ziele, als die Bibel zu
„leſen, und den Nahmen eines Proteſtanten, den
„unter Tauſenden kaum Einer verſtand oder ver-
„diente, anzunehmen. Da ſeufzte die kleine Zahl
„der Erleuchteten, welche die Würde dieſes Nah-
„mens durch den Geiſt im Gemüthe fühlten, ge-
„recht mit David: „Hilf, Herr, die Heiligen ha-
„ben abgenommen, und der Gläubigen findet
„man wenig!“ — Glauben Sie mir, gerade ſo
„ſeufzen die Erleuchteten heute noch in Deutſch-
„land, wo Sie die Lutheriſche Kirche ſuchen
„wollen.“

„Der Glaube und die Liebe haben die Re-
„formation mit Fra Martino erzeugt, Regen-
„ten und Gelehrte haben ſich der kaum Gebor-

„nen bemächtigt, und sie zu ihren Zwecken, die
„Einen zur Bewahrerinn ihrer politischen Vor-
„theile, die Andern zur Mutter einer irreligiösen
„Schulweisheit erzogen. So herabgewürdigt
„und entweihet, hat sie schon lange aufgehört
„Luthero's, oder des Evangeliums Werk zu
„seyn. Die Leiden, welche sie seit zwey Jahrhun-
„derten gebären mußte, waren nothwendige Fol-
„gen ihrer Dienstbarkeit, welche ihre freye und
„bessere Richtung hinderte: aber auch das wahr-
„haft Gute, das aus ihr entsprungen scheinen
„möchte, lag nicht in ihrem Wesen; es war die
„höhere Wirkung des ewigen Geistes, der zu ord-
„nen und zu einigen mußte, was der von ihm
„verlassene Sterbliche in seiner Verblendung ver-
„wirret und entzweyet hat. Noch sind der Jam-
„mergeburten viele, die nicht aus ihrer Natur,
„sondern aus dem Zwange, unter dem sie leidet,
„sich entwickeln werden; die Allmacht des Un-
„endlichen wird auch sie in segnende Gestalten
„für das Menschengeschlecht verwandeln.

„Durch die Erniedrigung der Reformation
„zur Knechtschaft des Eigennutzes ist die Spal-
„tung Deutscher Kräfte in einem fort erweitert,

„ift der Reichsverband in feinem Innern aufge=
„löft, ift die redliche Vereinigung der Stände
„wider einen gemeinfchaftlichen Feind ungemein
„erfchweret, und ein fortdauernder Bürgerkrieg,
„der bald heimlich, bald offenbar wüthet, ent=
„zündet worden. Durch den Verluft ihrer Un-
„fchuld, Kindlichkeit und Reinheit im Dienfte der
„Schulweisheit ift aus dem Kirchenthume das
„Gute mit dem Schlechten, das Schöne mit dem
„Unwürdigen, das Rührende mit dem Täufchen=
„den verbannet worden. Das ehrwürdige Hell=
„dunkel, durch welches die ewige Welt in heili=
„gen Ahndungen dem Gemüthe fich ankündigte,
„ward entfchleyert, die herrlichen Denkmahle
„des gottfeligen Alterthumes wurden niederge=
„riffen, der Verftand, im Bunde mit der Herr=
„fchermacht, fetzte fich nun frevelnd und fpottend
„auf die Trümmer, und fing fein eigentliches
„Gefchäft des Scheidens, Entgötterns, Vernich=
„tens damit an, daß er die Dogmen, deren tie=
„fern Sinn er nicht begriff, gefchichtlich und fo=
„phiftifch beleuchtete; dann hieß er das Glauben
„dem Meinen, das Fühlen dem Klügeln weichen,
„und endigte mit dem Jubel, Gefpenfter entlarvt

„und verſcheuchet zu haben, welche nur ſeine Un=
„wiſſenheit geſchaffen hatte.

  „Unter dem Schutze eines Fürſten, in deſſen
„Geſinnungen und Thaten ſich der zerſtörende
„Kampf des Begriffes gegen die Idee, wie er
„ſeit Jahrhunderten gekämpft wird, im grellſten
„Lichte ſpiegelt; unter der Begünſtigung eines
„Fürſten, deſſen Kraft zu dem Höhern, was
„über dem Verſtande liegt, ſich empor zu ſchwin=
„gen, Witz und Klugheit gefeſſelt halten, fährt
„der Verſtand noch immer fort, mit gleicher Frey=
„heit und Thätigkeit, in dem Gebiethe der Er=
„ſcheinungen, wo er alles darf, zu forſchen, in
„dem Reiche des Ueberſinnlichen und der Ideen,
„in welchem er nothwendig erblinden muß, zu
„raſen, und in der Einbildung eines vollſtändi=
„gen Sieges über Gemüth und Glauben, nur
„ſeine Ohnmacht und Armuth zu verrathen. Und
„dort wollten Sie, gemüthlicher Menſch, ſinni=
„ger Gelehrter, gefühlvoller Tonkünſtler, eine
„evangeliſche Kirche, welche die Anſprüche Ih=
„rer Vernunft und die Bedürfniſſe Ihres Herzens
„befriedigte, ſuchen? Sie können nicht einmahl,
„wie ich bemerkt habe, an einem wackeligen Ti=

— 493 —

„sche mit Behaglichkeit sitzen; und vor einem Al-
„tare, der immerfort zwischen dem Heiligen und
„Profanen schwanket, auf welchem bald der ewi-
„gen Vernunft, bald dem frechen Verstande,
„bald Gott, bald dem Belial geopfert wird,
„über welchem die Wolken des Begriffes den rei-
„nen Aether der Idee zu trüben und zu verhül-
„len unabläſſig streben, dort glauben Sie einen
„ruhigen, sichern, festen Standpunct für Ihren
„Geist zu finden? Wie mögen Sie überhaupt
„von äußern Verhältnissen Hindernisse fürchten,
„oder erzeugende Kräfte erwarten in einer Sa-
„che, die in ihrem Wesen, Leben und Seyn von
„allen äußern Verhältnissen unabhängig ist, und
„derselben höchstens bedarf, um in der Erschei-
„nung sich darzustellen?" ꝛc. ꝛc.

   „Das Christenthum, sagen Sie, ist Ih-
„nen heilig; doch wohl kein anderes, als das
„evangelische, welches Jesus, unter dem
„Symbol eines göttlichen Reiches der Lie-
„be, verkündiget hat? Dieses kann Ihnen aber
„nirgends als in Ihrem Innern aufgehen, keine
„Kirche, wäre sie auch, als Kirche, von Gott
„selbst erbauet, kann es Ihnen so geben oder

„aufschließen, daß es Ihr Christenthum, Ihr
„Reich Gottes, das ist, das Grund=Princip, die
„Seele, und das Element Ihres geistigen Le=
„bens werde. Sie müssen es in jede Kirche mit
„Sich bringen und in die äußern Formen dersel=
„ben, diese mögen nun Dogmen, Lehrsätze oder
„Ceremonien heißen, hinein tragen. Jede Kirche,
„an sich betrachtet, ist todt und kann nur durch
„das innere Christenthum ihrer Glieder belebet
„werden. Wer mit dem Tode in seinem Herzen
„ihre Hallen betritt, der findet auch überall in
„ihr nichts anders, als den Tod, wenn sich
„gleich die Fülle des göttlichen Lebens in alles
„um ihn herum ergossen hätte. Da Sie indessen
„das Ihnen heilige Christenthum anderswo, als
„dort, wo Jesus seinen Wohnsitz angegeben hat,
„und zwar bestimmt in einer Gesellschaft, die Ih=
„nen Lutherische Kirche heißt, suchen wollen, so
„muß Ihr Christenthum ein anderes seyn, als
„das evangelische; also vermuthlich ein ver=
„ständiges, aus Begriffen zusammen gesetz=
„tes, in welchem man zwar das Evangelium
„noch als leitendes Buch anerkennt und liest,
„aber seinen Inhalt unbedingt den Einsichten

„des Verstandes unterordnet; diesem, nicht nur
„über den natürlichen Sinn der Worte, sondern
„auch über das, durch sie angedeutete, ihm völ-
„lig fremde, Licht der Ideen das entscheidende
„Urtheil zuerkennet; wo man, um die ideale, re-
„ligiöse, eigentlich christenthümliche Richtung des
„Evangeliums unbekümmert, oder sie gänzlich
„läugnend, bloß an die moralische sich hält, und
„mit der historischen Kenntniß des moralischen
„Buchstabens, zugleich die Moral und die Re-
„ligion selbst erfaßt zu haben glaubt; wo man
„gerade nicht mehr und nicht weniger Christ ist,
„als Banier ein Heide war, ob er gleich das
„ganze Reich der Mythen, in welchem ihm auch
„nicht eine einzige Idee ahndete, enthüllt zu ha-
„ben wähnte. Ein solches unchristliches Christen-
„thum dürften Sie allerdings in dem evangeli-
„schen Deutschlande finden; was hindert Sie aber,
„dasselbe auch in Corsica und in Ihrer Zelle zu
„treiben?" 2c. 2c.

„„Sie dürfen es nicht frey bekennen, nicht
„„öffentlich lehren?"" — „Bekennen Sie für die
„Menschen, oder für Gott und Ihr Gewissen?
„Was liegt denn Großes, Wichtiges und Befrie-

„digendes darin, wenn man ungestraft erklären
„darf, daß man die Erhebung des Gemüthes
„zum Unbedingten, Ewigen und Unendlichen
„als leeres Träumen, oder als mystischen Un=
„sinn ansehe, das Unverständliche, dem Begriffe
„Unerreichbare, eben darum, weil es das ist,
„für nichts halte, und allen Sinn für das Leben
„der Heiligen in der Idee verloren habe? Ist es
„nicht schon des Jammers genug, wenn man
„sich dieß selbst sagen muß? Anderen aber es noch
„öffentlich lehren wollen, würde ich ein teufeli=
„sches Beginnen nennen, wenn ich nicht zu be=
„stimmt wüßte, daß das Himmelreich dort, wo
„es im Gemüthe da ist, durch keine Lehre zerstö=
„ret werden, und wo es aus Mangel an Em=
„pfänglichkeit noch nicht gekommen ist, die schnö=
„de Lehre nur dann Eingang finden könne, wenn
„schon alles verwahrloset und verstümmelt ist.“ ꝛc.

„„„Der Gedanke,““„schreiben Sie „„„Ihren Schü=
„„„lern und dem Volke die Lehren der Kirche, mit
„„„der gründlichsten Ueberzeugung von ihrer Un=
„„„wahrheit vortragen zu müssen, sey Ihnen un=
„„„erträglich,““„ — „und darin dulden Sie nur die
„wohlverdiente Strafe ihres Frevels, womit Sie
„et=

„etwas zum Gegenstande des Forschens und der
„Ueberzeugung herab gezogen haben, was sei=
„ner Natur nach nur Sinnbild der Idee ist, mit=
„hin nur mit religiösem Auge beschauet und als
„zweckmäßig angeordnetes Zeichen eines Hö=
„hern geachtet, nicht als etwas Wirkliches be=
„handelt, zergliedert, zerschnitten und zerhauen
„werden will.“

„„„Sie können nicht mehr mit gutem Gewissen
„„„Messe lesen, weil Sie den Glauben an die Trans=
„„„substantiation verloren haben.““““ — „Sollte
„Sie aber je die Allmacht der Religion ergreifen
„und durchdringen, so wird in Ihrem Gemüthe
„der Glaube, vielleicht so gar das Wissen, von
„einer ewigen und göttlichen Menschheit, und
„von einem Uebergange des Menschen in diesel=
„be durch allumfassende und verwandelnde
„Liebe aufgehen, und dann wird es Ihnen auch
„einleuchten, daß weder die Kirche, noch Sie
„Selbst, die religiöse Anschauung dieses Ueber=
„ganges durch ein sprechenders und zweckmäßi=
„geres Sinnbild, als durch die Transsubstantia=
„tion dem gottseligen Sinne andeuten konnten.“

„„„Sie verabscheuen die Verehrung der Hei=

„„ligen, die Opfer für die Todten und den heid-
„„nischen Bilderdienst?"""— „Doch gedenken Sie
„des Sokrates mit Achtung, erinnern Sich oft
„mit Liebe und guten Wünschen Ihrer verstorbe-
„nen Aeltern, und würden Ihren Blick mit Ver-
„gnügen auf dem Bildnisse Ihrer Geliebten, Ihres
„Freundes, Lehrers oder Wohlthäters weilen
„lassen. „„„Das sind mir alles keine Heilige;"""—
„Die Religion heiligt alles." — „„„Ich rufe sie
„„nie an;""" — „Was sind denn alle wörtliche
„Anrufungs-Formeln anders, als dunkle, unvoll-
„ständige Aeußerungen der innern Anschauung
„und Empfindung, um den größten Theil weni-
„ger, und oft auch ganz was anders sagend,
„als was sie ausdrucken sollen?" — „„„Ich er-
„„warte von den Einen keine Hülfe, und begeh-
„„re den Andern keine zu leisten.""" — „Daran
„thun Sie Unrecht; gelangen Sie einst in das Son-
„nenreich der Religion, so werden Sie glauben
„oder wissen, daß die ehern scheinende Mauer,
„welche der Begriff zwischen dem Himmel und
„der Erde, zwischen den Wohnungen der Leben-
„digen und den Gräbern der Todten, zwischen
„der Welt der Heiligen und der Welt der Men-

„ſchen, zwiſchen dem Ewigen und Zeitlichen,
„Sinnlichen und Ueberſinnlichen, Endlichen und
„Unendlichen geſetzt hat, dem beſchauenden Ge-
„müthe als ein bloßes Gedankending, als ein
„leeres Nichts verſchwinde: wohl möchte ich aber
„wiſſen, wie Sie dann die andächtige Anſchau-
„ung der innigſten Einheit des Göttlichen und
„Menſchlichen treffender, als die Kirche in ihrem
„Heiligenweſen, verſinnbilden könnten? — O,
„wie ganz anders werden Ihnen alle Dogmen
„und Ceremonien der Kirche erſcheinen, wenn
„Ihnen je ihr tiefer Sinn und die göttliche Schön-
„heit ihrer Richtung zu dem Höchſten von der
„Religion aufgedeckt werden ſollte!“

„„„Dann würde es noch immer die Frage
„„„ſeyn, ob die Erfinder dieſer Dogmen und Ge-
„„„bräuche auch dieſen Sinn damit verknüpfen
„„„wollten.““„ — „Sie haben Recht, ſo würde
„der Verſtand fragen wollen; allein die religiö-
„ſe Vernunft würde ihm Schweigen gebiethen,
„weil ſie weiß, was er unmöglich begreifen kann,
„daß es nicht darauf ankomme, was die Erfin-
„der bey ihren Bildungen geſagt oder gedacht
„haben, ſondern einzig und allein darauf, was

„der ewige Geist durch sie ausspreчен wollte;
„dieser aber selbst durch das Endliche
„schlechterdings nichts Geringeres, als
„alles und Ein Unendliches, Heiliges
„und Göttliches aussprechen konnte."

„„Wenn dieß alles sich so verhält, so will
„„ich auch öffentlich lehren, daß die Dogmen
„„und Ceremonien der Kirche nur sinnbildliche
„„Andeutungen seyen, und daß der ewige Geist
„„ganz etwas anders, als was die Kirche be:
„„hauptet, durch dieselben offenbare."" — „Das
„werden Sie nicht, ein Mahl, weil Sie die Offen:
„barungen des Geistes ohne Religion nicht zu
„finden, nicht zu fassen vermögen; dann, weil
„der Verstand dem Verstande nicht lehren kann,
„was über seine Sphäre erhaben, nur von der
„Vernunft angeschauet wird; und endlich, weil
„wohl der einzelne Genoß, für sich, aber nie
„die Kirche ihr eigenthümliches Gebieth der Sym:
„bolik, in dem allein sich Einigkeit und Eintracht
„im Bekennen, wie im Streben, erzielen läßt,
„verlassen darf. Wer in ihr, nicht nur für sich,
„sondern für alle ihre Geweihten sein Bezeich:
„netes an die Stelle des Zeichens setzen will, was

„der Religiofe nie wollen kann, der greift ihr
„Gebieth feindlich an, fie muß ihn zu ihrer Selbſt-
„erhaltung hinaus ſtoßen. ꝛc. ꝛc."

„Oft iſt dem leidenden Menſchen ſchon ge-
„holfen, wenn ein theilnehmender Freund ihm
„aufdeckt, woran es ihm eigentlich fehlt. Dieſen
„Liebesdienſt will ich Ihnen leiſten. Unverderbt,
„mit Sich Selbſt unbekannt, mithin unſchuldig und
„kirchlich fromm, ſind Sie in Ihrer frühen Ju-
„gend in den Serviten-Orden eingetreten; un-
„verderbt haben Sie Sich darin erhalten, und Ihre
„angelernte Frömmigkeit fortgetrieben: Sie wa-
„ren hiermit der Religion empfänglich, aber noch
„nicht theilhaftig. Nichts hatte ſich in den erſtern
„Jahren Ihres Kloſterlebens ereignet, was Sie,
„entweder mit Sich Selbſt, oder mit dem Orden,
„oder mit der Kirche in Widerſtreit geſetzt hätte.
„Zufrieden wandelten Sie fort auf Ihrer Bahn,
„glaubend, ſie ruhefen im Heiligthume der Re-
„ligion, indem Sie nur in den helldunkeln Hal-
„len des Kirchenthumes dienten. Ihr Verſtand
„war mit der Erlernung gelehrter Disciplinen
„zu anhaltend beſchäftigt, als daß er ohne ſtär-
„kere Antriebe von außen es gewagt hätte, eine

„genauere Prüfung der kirchlichen Symbolik, in
„welcher bis dahin nur Ihre Phantasie und Ihr
„Gefühl gewaltet hatten, sich anzumaßen. Die=
„sen Antrieb aber erhielt er unter der Aufmerk=
„samkeit, womit Sie Hume's, Rousseau's und
„Voltaire's Schriften lasen, und hiermit war
„der Streit in Ihrem Innern und Ihre Selbst=
„entzweyung angegangen. Mit weniger Phan=
„tasie und Gefühl wären Sie ein Zweifler, wie
„Hume, mit einer schwächern Vernunft ein
„Deist, wie Rousseau, mit geringerer Gelehr=
„samkeit und einiger Verderbtheit, wie Voltai=
„re, ein seichter Klügler, ein leichtsinniger Witz=
„ling, oder ein frevelnder Spötter geworden.
„Ihrem guten Gemüthe hingegen und den Ahn=
„dungen des Wahren, welche aus der Vernunft
„in Ihr Bewußtseyn übergingen, verdanken Sie
„die Erhaltung Ihrer Anhänglichkeit an das,
„Christenthum."

„Allein, da der Verstand in Ihnen stärker
„war als die vernünftige Besonnenheit, so war
„es ihm auch ein Leichtes, das, als evangelisches
„Christenthum nur dunkel Geahndete vor seinen
„Richterstuhl zu ziehen, es nach Begriffen zu ge=

„stalten und Ihnen sein Geschöpf, als' echtes
„wahres Christenthum in unversöhnlichem Zwi-
„ste mit der Römischen Kirche zu zeigen; und
„von diesem Augenblicke an war auch der Wi-
„derstreit gegen Ihren Orden und gegen das
„katholische Kirchenwesen entschieden."

„Unter diesen Umständen läßt sich Ihr Kampf
„nicht durch den Uebertritt zu irgend einer an-
„dern Kirche, sondern lediglich durch Ihre Erhe-
„bung zur Religion beylegen. Und dieß ist es,
„mein Freund, was Ihnen Noth thut, und wor-
„auf der Friede Ihres Herzens und Ihrer See-
„len Seligkeit beruhen dürfte. Die Spaltung
„muß vermittelt, nicht erweitert, der Knoten mit
„Bedachtsamkeit gelöset, nicht muthwillig zer-
„hauen werden. Mit unermüdeter Anstrengung
„sollen Sie arbeiten, daß in Ihnen die Ver-
„nunft in harmonischer Eintracht mit der Phan-
„tasie und dem Gefühl zur Herrschaft über den
„Verstand gelange, und dieser dienend nur das-
„jenige zu theologischen Begriffen und Lehrsät-
„zen verbinde, was ihm aus der Ideen-Fülle
„Ihres Gemüthes zugeflossen ist."

„Haben Sie sodann männlich, aber vergeb-

„lich, gekämpft und gearbeitet, ist Ihnen auch
„dann noch, als müßten Sie aus der Gemein-
„schaft der Römischen Kirche ausscheiden und ei-
„ner andern beytreten, so ist es ein Zeichen, daß
„Sie zu Ihrer endlichen Rettung und Versöh-
„nung noch tiefer sinken sollen; und auch in
„diesem Falle halten Sie Sich versichert, daß ich
„Ihnen mit wohlwollendem Herzen alles geben
„werde, was Sie bedürfen, um zu thun, was
„Sie nicht lassen können." ꝛc. ꝛc.

Dieses Schreiben veranlaßte einen fortge-
setzten Briefwechsel, dessen endliche Wirkung dahin ausfiel, daß Fra Benizzio nicht nur seinem
Vaterlande, seinem Orden und seiner Kirche getreu blieb, sondern auch mit der Weihe der ewigen Religion beglücket ward. Im seligen Genusse
seines Lichtes und im süßen Gefühle seines innern
Friedens war er unfähig, den Schatz, den er in
Bonaventura's Briefen empfangen hatte, un-
genützt für Andere, zu vergraben; er ordnete
das Allgemeine derselben zu einem Ganzen, und

theilte es menschenfreundlich jedem mit, in welchem sich ihm, entweder das Bedürfniß, oder die Empfänglichkeit dafür ankündigte. Dadurch ward Bonaventura's Geist so manchem guten aber zwischen Licht und Finsterniß schwankenden Priester ein Leitstern zu jenen glücklichen Höhen, auf welchen Wahrheit und Schönheit, Erkenntniß und Liebe den Sterblichen in unumwölkter Klarheit leuchten.

Die vorzügliche Aufmerksamkeit und Verehrung, mit welcher sich die Geistlichkeit gegen Bonaventura betrug, befestigte in der ganzen Gegend seinen Einfluß und sein Gewicht. Das Beyspiel seines häuslichen Lebens und seiner Thätigkeit ward seinen Untergebenen Gesetz, seinen Nachbarn Muster zur Nachahmung. Die Einsichten und der Fleiß, womit er die Cultur seiner Gärten und Felder betrieb, wirkten bey ihnen mehr, als es alle Gesetze des höchsten Rathes vermocht hätten. Er gränzte an die Griechische Colonie bey Ajaccio, welche die Corsen, sowohl an Feinheit der Sitten, als an Erwerbfleiß übertraf, und nicht selten von diesen aus Neid und Eifersucht in dem friedlichen Genusse der Früchte

ihrer Arbeitsamkeit gestöret wurde; jetzt, da Bo:
naventura seiner nachbarlichen Freundschaft
sie würdigte, und in allen Künsten der Land:
wirthschaft mit ihr wetteiferte, waren ihr auch
die Erzeugnisse ihrer Thätigkeit gegen jede feind:
selige Verletzung gesichert. Gerieth sie unter sich
in Streitigkeiten, so forderte sie ihn in den mei:
sten Fällen zum Schiedsrichter auf, und die Par:
teyen gingen von ihm weg, als hätten sie in sei:
nem Urtheile den Ausspruch der ewigen Gerech:
tigkeit selbst vernommen. Was Fremde thaten,
hielten die Eingebornen auch für sich anständig
und heilsam; nicht nur die Richter der umliegen:
den Gemeinden hohlten in wichtigern Rechtshän:
deln sein Gutachten ein, sondern die Parteyen,
aus seinem Dorfe wie aus entferntern Pieven,
kamen selbst herbey und beruhigten sich erst mit
der endlichen Entscheidung dessen, den sie schlecht:
weg den il Giusto oder il Savio nannten.
So ward er in kurzer Zeit, bloß durch die Idea:
lität seines Geistes, der Priester, der Lehrer, der
Rathgeber, Vater und Richter seiner Gegend;
und er würde daselbst keinen Raub oder Mord
erlebt haben, wenn gleich der höchste Rath un:

terlaſſen hätte, die ſtrengen Geſetze gegen die Privat-Rache in der Folge auch auf jene Gegenden auszudehnen.

Unterdeſſen hatte Paoli's Glück mit Matra's Kraft und Kunſt, einen neuen Kampf beſtanden. Von Genua's Senat mit Geld und Mannſchaft unterſtützt, war der Verbannte auf die Inſel zurück gekehrt, Paoli, ihn verachtend, mit Venturini und einer kleinen Schar von ſeiner Leibwache bis Bozzio ihm entgegen gegangen, um ihn zu beobachten. Von Matra ward er in das Kloſter daſelbſt zurück gejagt und eingeſchloſſen. Das Gerücht, der allgemein verehrte Abbate Venturini ſchwebe in Gefahr, gefangen zu werden, trieb zahlreiche Haufen zu ſeiner Befreyung gegen Bozzio; mit ihnen vereinigte ſich Clemente an der Spitze der übrigen Leibwache. Schon ſtand das Kloſter in Flammen, als Matra, im Rücken überfallen, durch einen Flintenſchuß verwundet, durch einen zweyten getödtet ward, und Paoli ſeine Rettung lediglich dem geachteten Verdienſte Venturini's zu verdanken hatte.

Wunder des zufälligen Glückes können nur

entnervte Weichlinge blenden und im Zaume halten; ein rüstiges, beherztes, unruhiges Volk will
an seinem Herrscher Wunder der Kraft sehen;
diese aber hatte P a o l i bis dahin den Corsen
noch nicht gezeigt, darum hatte er auch lange
nur mit Nebenbuhlern, die ihn der Oberherrschaft unwürdig achteten, zu kämpfen. Bey der
Consulta, die ihn zum General der Insel ernannt
hatte, war aus dem Lande jenseits des Gebirges
nicht ein einziger Abgeordneter zugegen gewesen;
man hielt sich daher dort für berechtigt, ihm nicht
nur die Anerkennung zu versagen, sondern, wenn
es die Umstände nothwendig machten, sich auch
ein eigenes Oberhaupt zu wählen und es mit eben
der Gewalt zu versehen, mit welcher P a o l i das
Land diesseits der Berge regierte. Diese Wahl
wurde jetzt von den meisten südwestlichen Pieven
unternommen, und sie traf den eben so gebilde-
ten als mächtigen F r a n c e s c o C o l o n n a. Nur
die Pieven Cauro und Ornano, von B o n a-
v e n t u r a geleitet, enthielten sich aller Theilnahme an diesem Vorgange; aber fleißig übte er sie
in der Kunst, sich regelmäßig zu vertheidigen gegen jedermann, der sie zum Dienste seiner Par-

ten zwingen, oder einen Angriff auf ihr Eigen=
thum und ihren Herd wagen dürfte. Er gab auch
dem General die erste Nachricht von der ihm dro=
henden Gefahr; und indem er hiermit leistete,
was er dem Freunde schuldig zu seyn glaubte,
erklärte er zugleich, daß er mit Ausnahme des
Waffendienstes, dem er sich wider seine Mitbür=
ger nie unterziehen würde, jeden andern rechtli=
chen Beystand von ihm erwarten könnte.

Paoli's Bestechungen brachten Zwietracht
und Zerrüttung unter Colonna's zahlreichen
Anhang; und der Ritterorden der heiligen Di=
vota, den er eiligst eingesetzt hatte, vermehrte
seine Leibwache mit einigen hundert Freywilligen;
an deren Spitze er über das Gebirge zog und nach
einigen glücklichen Gefechten seinen Gegner zwang,
sich ihm zu unterwerfen. Dem Beyspiele des Be=
siegten folgten die übrigen Pieven, das ganze
Land jenseits des Gebirges huldigte Paoli's
Oberherrschaft, und unterwarf sich der Regie=
rung, welche er zu Mezzana unter dem Vor=
sitze Bonaventura's angeordnet hatte.

Unermüdet und oft durch die günstigsten Erfolge belohnt, hatte dort Bonaventura durch
sechs Jahre an der Bildung und wahren Wohlfahrt des Volkes gearbeitet, als er mit einhälligen Stimmen zum Abgeordneten der Provin-
zial-Regierung bey der großen, nach Corte
ausgeschriebenen, Consulta gewählet wurde.
Paoli hatte jetzt unter mannigfaltigem Wechsel von Fehlgriffen und gelungenen Wagnissen
den höchsten Gipfel seines Glückes und seines Ruhmes erreicht; die wider ihn aufgestandenen Parteyen waren zerstreuet, ihre Häupter theils verbannet, theils in unzugänglichen Gefängnissen
der Vergessenheit überliefert, die Genueser in die
Mauern der sieben Seeplätze, der einzigen, die
sie noch besetzt hielten, eingeschlossen. Die Schrek-
ken der Anarchie unterbrachen seltener die gemes-
senen Fortschritte der Ordnung, das Ansehen der
Gesetze siegte öfter über Willkühr und Gewaltthä-
tigkeit, ein apostolischer Vicar, auf Verlangen
des Generals von Rom gesandt, vertrat die
Stelle der geflüchteten Bischöfe, die sich an Genua verkauft hatten, unter seiner Aufsicht und
Thätigkeit gewannen in den Klöstern und unter

dem Clerus Zucht und Gelehrsamkeit, Sitten und
Gottseligkeit immer mehr Anhänger, weise Ver=
fügungen über den Ackerbau, Kunstfleiß und
Handel erweckten das Selbstgefühl des Volkes,
und gebaren einigen Wohlstand. Die Begeiste=
rung für Freyheit und der Haß gegen jede aus=
wärtige Oberherrschaft griffen weiter um sich, die
Corsen bewunderten ihre schnelle Verwandlung,
sahen mit eitler Selbstgefälligkeit auf ihren ersten
Mann hin, als hätten sie ihn zu allem, was er
war, gemacht, und gehorchten seinem Willen in
der stolzen Zuversicht, daß sie nur ihren eigenen
vollzögen. Allein dieß alles verrieth in der näch=
sten Consulta seine unhaltbare Grundlage und
begann zu schwanken.

Paoli eröffnete die Versammlung mit ei=
ner Rede, die wohl dem strengsten Republikaner
in Athens oder Sparta's schönsten Tagen gezie=
met hätte, dem General der Corsen aber nicht
mehr Ernst seyn konnte, nachdem er die Gebre=
chen und verderblichen Folgen seiner demokrati=
schen Einrichtungen bereits mehrmahls empfun=
den hatte. Selbst hier machte ihn die große An=
zahl der Versammelten, so wie ihr Enthusias=

mus und ihr Gewicht, für seine Obergewalt und
seine künftigen Maßregeln besorgt; und er muß=
te es mit vieler Geschicklichkeit zu hintertreiben su=
chen, daß keine Gegenstände von besonderer Er=
heblichkeit in Berathschlagung genommen wur=
den. Bey dem Antrage, daß in Zukunft über die
Vorschläge des höchsten Rathes durch Acclama=
tion entschieden werden, hingegen die Beschlüsse
der Consulta nicht anders, als durch zwey Drit=
tel der Stimmen Gültigkeit, und erst nach der
Bestätigung des höchsten Rathes völlige Rechts=
kraft erhalten sollten, erfuhr er einen Widerstand,
gegen welchen er sich in dem Vertrauen der An=
wesenden nur durch Nachgiebigkeit zu behaup=
ten, und dem höchsten Rathe bloß ein begründe=
tes Veto zu retten vermochte.

Obgleich Bonaventura, — mehr für die
Zusammendrängung als Zertheilung der Staats=
gewalt eingenommen, und die geheime Richtung
der Vorschläge Paoli's durchschauend, — sich
als den eifrigsten Vertheidiger derselben hervor
gethan hatte, so ward er dennoch von der Con=
sulta, nicht nur zum Mitgliede des höchsten Ra=
thes, sondern auch zum ersten Sindicatore
er=

erwählt, und in diesen wichtigen Aemtern durch
drey Jahre hinter einander bestätiget. Dieß nöthigte ihn, seinen Wohnsitz in der Hauptstadt
aufzuschlagen; bereitwillig brachte er dem Vaterlande das Opfer seiner häuslichen Muße, und
verließ mit seiner Familie das anmuthige Sovarella, unter deffen friedlichen Schatten er so viel
Gutes befördert, so viel Licht verbreitet, so viel
Schönes dargestellt und, selten nur von seinen
Lieben getrennt, so reine Freuden genossen hatte.

In der Verwaltung des letztern Amtes mußte er die verschiedenen Provinzen der Insel öfters
bereisen, um das Landvolk mit der heilsamen
Strenge der Gesetze auszusöhnen, seine Klagen
über die Local-Obrigkeiten anzuhören, jedem Un-
fuge ungesäumt zu steuern, den Fleiß durch zuer-
kannte Belohnungen zu spornen und allenthalben Ordnung und Sittlichkeit zu befestigen. So
ehrwürdig dieser Wirkungskreis seinem Geiste,
und so angemessen er seinen Einsichten war, so
stand es doch nur selten in seiner Gewalt, im
Kampfe für das ewig Rechte, die Hindernisse
ganz zu besiegen, welche ihm durch die Ideen-
Armuth seiner übrigen Amtsgenossen bey dem

Kk

Syndicate entgegen gesetzt wurden. Da indeſſen
dieß wandernde Gericht den General auf allen
ſeinen Reiſen begleitete, und dieſer den Vorſitz
dabey gewöhnlich ihm übertrug, ſo begnügte er
ſich mit den Mitteln, wenigſtens alle Parteylich:
keit, die ſich bald mit der moraliſchen Zurechnung
beſchäftigen, bald unter den Deckmantel der Hu:
manität verſtecken wollte, von der Verwaltung
der Gerechtigkeit auszuſchließen. Wo er zur Ent:
ſcheidung mitwirkte, dort mußte der Unterdrücker
fallen, dort war es dem Verbrecher unmöglich,
der geſetzlichen Strafe zu entrinnen. Sein gan:
zes Weſen empörte ſich gegen die erbärmliche
Menſchlichkeit, welche gegen Tauſende unge:
recht, ja ſogar grauſam ſeyn will, um gegen Ei:
nen oder Einige ſich gnädig zu bezeigen. Der
höchſte Punct der Menſchenliebe war ihm dort,
wo ſie mit der höchſten Gerechtigkeit in Eins zu:
ſammen fließt; und wie in ſeiner Anſicht von den
Dingen, ſo mußte auch in ſeiner Behandlung
derſelben das Einzelne im Allgemeinen untergehen.

Paoli achtete in ihm dieſe unerbittliche, nur
den Schwächling erſchütternde, nur dem Böſe:
wichte furchtbare Strenge, ohne die Quelle zu

kennen, aus der sie floß; und diese Achtung ent=
lockte ihm endlich in einer vertrauten Unterre=
dung mit Bonaventura sogar das Geständ=
niß, daß er nunmehr selbst an der Angemessen=
heit einer demokratischen Verfassung für die Cör=
sen zweifelte: „Da nun,“ meinte er, „die See=
„plätze der Genueser von den Französischen Trup=
„pen besetzt wären, und ihr Betragen gegen die
„Regierung der Insel nichts als Freundschaft
„verriethe, so ließe sich wohl auch auf ihre Un=
„terstützung rechnen, wenn unvermeidliche
„Veränderungen in der Verfassung einige Un=
„zufriedene zu Meutereyen reizen sollten.“

„Nur die Empörer,“ erwiederte Bona=
ventura, „nicht die Regierung dürfte dann
„auf den Beystand dieser Truppen rechnen; dar=
„um bitte ich Sie um Ihrer Ruhe willen, an
„nichts weiter mehr zu denken, als an einen eh=
„renvollen Rückzug, oder an ihre eigene Aufop=
„ferung.“

„Ihre Neigung, die Hoffnungen Ihrer Freun=
„de nieder zu donnern, wenn sie Ihre Muthma=
„ßungen überfliegen wollen, ist mir bekannt; doch
„wünsche ich, daß Sie Sich deutlicher erklären.“

„Dem Freunde gegründete Muthmaßun=
„gen vorenthalten, wenn er sie zu hören begehrt,
„und ihn in seiner Täuschung vorsetzlich bestärken,
„heißt mit Verrath der Freundschaft; heißt, den
„Freund gleich einem Unmündigen behandeln.
„Corsica war dem Könige von Frankreich seit
„dem Tage unterthänig, an dem Marboeuf
„mit seiner Mannschaft vor Bastia landete. Lud=
„wigs Truppen werden die Insel nimmermehr
„verlassen, und er würde nicht nöthig haben, sie
„zu vermehren, wenn irgend eine Abänderung
„in der Staatsverfassung die Flamme des Bür=
„gerkrieges unter uns entzündete.‟

„Es macht mir Freude, Sie wenigstens in
„Einer Sache eines Bessern überführen zu kön=
„nen. Genua fühlte es, daß es seine Seeplätze
„gegen die Macht der Corsen nicht länger mehr
„behaupten konnte; es war natürlich, Frankreich
„um Hülfe anzuflehen, dieß ist dem Senate eini=
„ge Millionen schuldig, es versprach die Insel
„auf vier Jahre zu besetzen, wenn er diese Hülfe
„als Bezahlung der Schuld annehmen wollte.
„Der Senat ging die Bedingung ein, die Trup=
„pen erhielten den geschärftesten Befehl, sich al=

„ler Feindseligkeiten gegen die Patrioten zu ent=
„halten, und mir kam die Versicherung zu, daß
„nach Ablauf jener Zeit die Seepläße uns über=
„geben werden sollten, wenn bis dahin kein Ver=
„gleich zwischen uns und Genua vermittelt wür=
„de. So, Freund, stehen die Dinge.‟

„Aber nicht so werden sie endigen.‟

„Eine Fortsetzung Ihrer Geschichte von
„Ihrem poetischen Genius wird mich nicht er=
„schrecken.‟

„An einem Vergleiche zwischen uns und
„Genua verzweifle ich; und Frankreich selbst wird
„ihn heimlich hintertreiben. Bey seinem Verhält=
„nisse zu England ist die Herrschaft auf dem mit=
„telländischen Meere unerläßliche Bedingung sei=
„ner Selbsterhaltung, und Corsica muß ihm in
„dieser Hinsicht wichtiger seyn, als einige Inseln
„in America, bey welchen der Vortheil ungewiß
„und die Schwierigkeit, sie zu behaupten, ent=
„schieden ist. Genua wird schon aus Haß und
„Rachsucht lieber Frankreich als das unabhän=
„gige Königreich Corsica zum Nachbar haben
„wollen. Frankreich wird diese vier Jahre an=
„wenden, um sich die Oberherrschaft über die

„ihm so wichtige Insel hier vorzubereiten, dort
„zu erhandeln. Der Senat wird sich nicht lange
„weigern, eine Besitzung fahren zu lassen, von
„welcher er nur Leiden, Schande und Schaden,
„keine Vortheile zieht. An dem Tage, an wel=
„chem der gegenwärtige Vertrag zwischen bey=
„den Staaten zu Ende geht, wird man uns zur
„Unterwerfung undUnterthänigkeitauffordern.“

„Dann haben wir unsere gerechte Sache.“

„Die nur im Himmel gelten mag, für
„die Erde glänzt sie zu wenig.“

„Wir haben Waffen und Männer.“

„Der König von Frankreich hat deren
„mehr.“

„Nicht die Zahl, sondern die Kraft und der
„Muth entscheidet.“

„Auch die nicht; nur die Kunst und die
„Zucht.“

„Die erstere haben auch wir gelernet, die letz=
„tere werden wir noch schaffen.“

„Das vermögen heut zu Tage nur Kö=
„nige.“

„Ist Ihnen denn ein König der Corsen
„etwas so ganz Undenkbares?“

„Wer nicht im Königthume geboren,
„aber dazu berufen ist, kann es nur in einem ein-
„zigen Momente seines Lebens werden; hat er
„diesen versäumt, so wird er's nie."

„Ein alter Weiser sagt: man müßte die Din-
„ge sich, nicht sich den Dingen unterwerfen."

„Das kann man lediglich mit dem, was
„Sie, Herr General, Metaphysik nennen,
„mit dem Leben in Ideen; und indem man
„in diesem alle Zeiten überschauet, trifft man
„auch immer in der Wirklichkeit den rechten Zeit-
„punct."

„Sie geben also alle Hoffnung auf?"

„Sie hat mich schon lange von selbst
„verlassen."

„Dann möchten wir lieber auf die Jagd zie-
„hen, essen und trinken, mit Weibern tändeln,
„Schach spielen, schlafen und großherzig von
„Vaterlandsliebe, von Tugend und von Herois-
„mus träumen."

„Hoffnung war nie die Triebfeder mei-
„ner Thätigkeit, nie der Stab, auf den ich mich
„stützte; ich kann also ohne Verzweiflung mein
„eigenes Treiben fortsetzen."

„Sie haben die Wahl zum Staatsrathe und
„Sindicatore angenommen, haben ihr schönes
„Sovarella, ihre geliebte Gattinn, ihren mun=
„tern Knaben und die Gesellschaft ihrer Freunde
„verlassen; sie reisen mit mir im Lande herum,
„tragen die Last des Tages und der Hitze, ge=
„währen sich keine Erholung, versagen sich je=
„den freudigen Lebensgenuß; und dieß alles,
„ohne auf die Glorie der Miltiade, Phocio=
„ne und Cincinnate hinzublicken, ohne von
„dem herrlichen:

Vincit amor patriae laudumque immensa cupido,

„sich durchdringen zu lassen; alles ohne Hoff=
„nung, ohne Zweck?"

„Ohne irgend einen andern als mit dem
„des Lebens."

„Und der ist."

„Damit durch mich geschehe und in der
„Zeit erscheine, was in der Ewigkeit ist."

„Dafür möchte ich kein Blatt vom Baume
„pflücken; denn in solchen Zeiterscheinungen sehe
„ich eben so wenig für mich, als für andere,
„Würde oder Nutzen."

„Ich hingegen von Beyden sehr viel für

„mich und für Alle. Schlecht ist der Schauspie=
„ler, dem seine Rolle des Cäsar oder Cato
„kein anderer Zweck beleuchtet, als daß er sein
„tägliches Brot dadurch gewinne und zugleich
„den Beyfall eines gaffenden Haufens erlange;
„dem nicht einzig und allein daran liegt, daß der
„Cäsar von ihm gespielt werde, und der in ihm,
„wie in den Zuschauern, verschiedenartig lebende
„Cäsar durch sein Spiel in Einen vollendeten
„Kunst=Cäsar für die ganze Welt zusammen flie=
„ße. Schlecht ist auch der Mahler, der eine Ver=
„klärung Christi nur darum mahlt, weil sie ihm
„gut bezahlet wird, oder weil sie einige fromme
„Seelen zur Erweckung ihrer Andacht bedürfen,
„oder weil sie ein reicher Kunstfreund zu ihrer
„und des Künstlers Verewigung in Mosaik set=
„zen lassen will; und nicht lediglich darum, da=
„mit sie in der Kunstwelt da sey, der in ihm ver=
„klärte Christus an das Licht trete, und er darin
„seine eigene, und in dieser, die Verklärung der
„ganzen Menschheit beschauen könne.“

„Zu diesem Ziele gibt es weit bequemere We=
„ge. Was geschehen muß, kann nicht ungesche=
„hen bleiben, und ein Anderer wird unfehlbar

„vollführen, was ich zu thun mich weigere; ich
„überlasse ihm das mühsame Handeln und ge-
„nieße meiner Ruhe in der Beschauung dessen,
„was er gemacht hat." —

„Nicht so ist es, Herr General; das Le-
„ben des Weltgeistes bildet sich in unendlich man-
„nigfaltigen Ideen in die Natur hinein; und in
„eben so unendlich mannigfaltigen Gestalten will
„es für seine Selbstanschauung und Selbstliebe
„dargestellt werden. Ruhe kann nirgends Statt
„haben als im Leben selbst und in seiner Darstel-
„lung; ich muß also handeln. Was ich thue,
„kann freylich auch ein anderer thun; aber au-
„ßer mir kann es kein Sterblicher mehr so, wie
„ich, das ist, wie es geschehen muß, und wie
„ich es vollführe. Gerade so und nicht anders
„hat das Leben des Weltgeistes seine Ideen in
„mir ausgeboren; gerade in den Gestalten, die
„ich ihnen durch mein Handeln geben kann, wol-
„len und müssen sie erscheinen, damit sich das in
„mir eingebildete Leben, und ich mich in ihm,
„nur so und nicht anders selbst beschauen und
„lieben möge.

„Ihre Speculationen verleiten zu dem käl-
„testen, stolzesten, furchtbarsten Egoismus."

„Zur höchsten Resignation, und zur ein-
„zig wahren, immer zuversichtlichen, alle Dinge
„beherrschenden, reinmenschlichen Handlungs-
„weise; denn der erste Augenblick meiner Selbst-
„anschauung und Selbstliebe im Leben ist zu-
„gleich der Untergang meines Ich in der Idee,
„meiner Einzelnheit im Allgemeinen."

„Mit Ihren Gesinnungen würde ich mich
„heute noch in eine Carthause flüchten und Cor-
„sica seinem Schicksale überlassen."

„Und dadurch würden Sie zugleich an
„den Tag legen, daß es nur angenommene, nicht
„Ihre eigenen, unmittelbar aus Ihrer ganzen
„Wesenheit entsprossenen Gesinnungen waren;
„mich halten gerade sie, weil sie meine eigenen
„sind, auf meinem Posten und in Ihrem Gefol-
„ge fest, und alles, was Sie in meinem Thun
„und Wirken mit Ihrem Beyfall beehren, ist das
„reine Erzeugniß derselben."

„Wohl möchte ich hören, wie Sie mit diesen
„Gesinnungen auf meinem Posten gehandelt hät-
„ten und jetzt handeln würden!"

„Früher hätte ich mich zum Dictator,
„dann zum Könige des, längst schon so genann-
„ten, Königreichs Corsica gemacht, und mir
„durch kühne, überraschende Thaten die Aner-
„kennung von den größern Mächten erzwungen.
„Jetzt würde ich die Corsen von ihrem demokra-
„tischen Schwindel heilen, ihnen über ihre wah-
„re Lage die Augen öffnen, sie allmählich zur Un-
„terwerfung und Unterthänigkeit an Frankreich
„vorbereiten, und wenn der entscheidende Zeit-
„punct erschiene, unter den vortheilhaftesten Be-
„dingungen für meine Mitbürger, die Insel
„Ludwig dem XV. überliefern.“

„Vielleicht auch zur Belohnung Ihrer Dienste
„den Feldmarschalls-Stab oder die Gouverneur-
„Würde in der Provinz annehmen, und verges-
„sen, daß die höchsten Ehrenstellen unter einer
„fremden Herrschaft doch immer nichts anders
„seyen, als eine glänzende Dienstbarkeit. — Da
„mir nun Ihre Gesinnungen nicht eigen sind, so
„treiben mich die meinigen, von allem, was Sie
„sagten, das Gegentheil zu thun.“

„Und eben dadurch ganz dasselbe, nur
„mit dem Unterschiede, daß durch Sie und gegen

„Ihren Willen geschehen wird, was ich selbst-
„thätig und mit Wissenschaft gethan hätte.‟

Die drey Jahre seiner Amtsverwaltung waren verflossen, und in der bestimmten Vorhersehung der künftigen Begebenheiten zog er sich
mit den Seinigen wieder nach Sovarella zurück,
in seinem kleinen Kreise für die Ewigkeit fortwir-
kend. Den größten Theil seiner Thätigkeit, ver-
schlang jetzt die Ausübung seiner Vaterkunst an
dem Stoffe, welchen er schon früher zu einem
höhern Grade von Bildsamkeit erhoben hatte.

Entwickeln und Lehren, waren die zwey
Gränzpuncte, in welchen seine Kunstbestrebun-
gen um Anselmo Vitale sich frey bewegten;
in der Richtung zu beyden leitete ihn die Eine
Idee von dem Endzwecke aller Dinge, das ist,
von dem Seyn. „Alles ist,‟ — so hatte er dasselbe in der Anschauung gefaßt, „in dem un-
„trennbaren unbedingten Einen, und dieß un-
„trennbare unbedingte Eine ist in Allem; und
„eben dieses, nicht gegenseitige, sondern Ein- und

„allseitige Ineinanderseyn ist der Dinge wahres „Wesen und zugleich ihr letzter Zweck." Die sinn= liche Erscheinung des Menschen betrachtete er als einen Abfall der Idee von dem Göttlichen, und sein ganzes Daseyn in der Zeit nur als eine Rückkehr oder fortdauernde Wiedergeburt zum vollen Seyn und Leben des Geistes. Entwik= keln, sey es in dem Einzelnen oder in der Gat= tung, hieß ihm sodann nichts anders, als die Empfänglichkeit für die Versöhnung jenes Ab= falles erwecken und erweitern, die Folgen der Erbsünde vermitteln, und bey der geistigen Wie= dergeburt gerade nur so viel Hülfe leisten, als die selbstthätige Menschenkraft zu ihrem Dien= ste forderte.

Bonaventura konnte weder zu weit hin= ter dieser Gränze zurück bleiben, noch durch ein anmaßendes Machen und Abrichten sie überschrei= ten. Er kannte zu genau das Leben, das gebo= ren werden sollte, er hatte es in der Idee von der Einheit des Göttlichen und Natürlichen im Gei= ste, gefunden, und mit unverrücktem Auge hielt er es fest. Dem Lichte dieser Idee folgend, un= terschied er im Menschen das reine, wesent=

liche, unendliche Denken von dem, an seinen Stoff
gebundenen, zufälligen und begränzten Nach=
Denken; in jenem erkannte er die lebendige und
unauslöschliche Spur seines Göttlichen, in diesem
fand er alle heilsamen und verderblichen Richtun=
gen, welche die Folgen seines Abfalles zu dem
Natürlichen nehmen könnten: und nun war ihm
Entwickeln wieder nur die Geschicklichkeit, das
Nachdenken so zu leiten, daß es sich mit Fertig=
keit der Anschauungen jenes reinen Denkens be=
mächtigen, sie in das Bewußtseyn herab ziehen,
durch die Formen der Möglichkeit, Wirklichkeit
und Nothwendigkeit begränzen und gestalten,
und hiermit den Stoff, an den es gebunden
war, beleben möchte.

In der Richtung zu dem zweyten Gränz=
puncte seiner Vaterkunst schritt er nicht minder
fest und sicher fort; denn er wußte mit Bestimmt=
heit, zu welchem Zwecke, und was Anfel=
m o lernen sollte. Der Zweck alles Lehrens und
Lernens konnte diesem Manne kein anderer seyn,
als eben derselbe und Eine des Entwickelns,
und hierin lag auch schon der oberste Grundsatz
seiner Lehrart. Er lehrte so, daß der Lehrling die

Fertigkeit erlangte, in den Gegenständen durch
das Besondere zu dem Allgemeinen selbstthätig
hindurch zu dringen, und dann die verborgene
Allgemeinheit als Idee darzustellen. Mit gerin=
ger Mühe erweckte er sodann in religiöser Hin=
sicht auch die Lust in ihm, den Geist des All, wie
er sich im Besondern offenbaret, als Schönheit,
und wie er im Allgemeinen waltet, als Wahr=
heit, zu beschauen. Der Inhalt seiner Lehre, oder
das, was Anselmo lernend sich aneignen soll=
te, war ein zweckmäßig und künstlich verjüngter
Umfang seiner eigenen Kenntnisse, an welchem
er sowohl, als Renato, den Knaben nur übte,
den Umfang selbst zu finden, und das darin Be=
griffene frey und selbstständig zu entfalten.

In dieser, seinem Herzen so angenehmen und
gesegneten, Thätigkeit ward er durch die Auffor=
derung, bey einem außerordentlichen Staatsra=
the zu Corte sich einzustellen, von neuem unter=
brochen. Die Häupter der mächtigsten Familien,
die aufgeklärtesten Mitglieder des Clerus, Alle,
die bis dahin höhere Staatsämter bekleidet hat=
ten, waren daselbst versammelt. Niemand wuß=
te den Gegenstand vorher, worüber berathschla=

get

get werden follte, felbft die Zufammenberufung
einer folchen Verfammlung war etwas ganz
Neues. Die Sitzung wurde in dem prächtig da=
zu eingerichteten Pallafte des Generals gehalten.
Zwey Thronen ftanden da, der größere von
carmefin=rothem Damaft, mit goldenen Treffen
und Franfen befetzt, umgeben mit neun Armftüh=
len von eben demfelben Stoffe und gleichmäßig
eingefaßt; daneben ein kleinerer von rothem
Sammet, mit Gold geftickt, und mit dem Wa=
pen der Infel geziert; Paoli felbft erfchien mit
auffallender Pracht und nahm den letztern ein.
In dem Anblicke der Thronen erlofch die Begeifte=
rung, zu deren Steigerung die Rede, womit er die
Sitzung eröffnete, beftimmt war. Sie verkündigte
den Anwefenden die fchnelle Eroberung der In=
fel Capraja, des Vaterlandes der beften Ma=
trofen im mittelländifchen Meere; fie fchilderte
die Vortheile, welche für Corfica's Handel und
Seewefen, zum größten Nachtheile der Genue=
fer, aus diefer glücklichen Befitznehmung entfprin=
gen könnten, wenn die Regierung im rafchen und
kräftigen Handeln durch die demokratifche Ver=
faffung weniger befchränkt wäre. „Eben die fchäd=

Ll

„lichen Folgen derselben, welche sich immer deut-
„licher bemerken ließen, hätten ihn auch jetzt ge-
„nöthigt, eine der wichtigsten Angelegenheiten
„zu ihrer alleinigen Erkenntniß zu bringen und
„ihrer ausschließenden Entscheidung zu überlaf-
„sen." Nun eröffnete er ihnen den Vorschlag des
Französischen Hofes zu einem endlichen Vergleiche
zwischen ihnen und der Republik Genua. Nach
dem Inhalte desselben sollte diese den Titel König von Corsica fortführen, die Corsen sollten
zu bestimmten Zeiten für die Anerkennung ihrer
Unabhängigkeit dem Senate, so wie der König
beyder Sicilien wegen Neapel dem Römischen
Stuhl, als Ober-Lehnsherrn huldigen, und die
Genueser in dem ruhigen Besitze einiger Seeplätze auf der Insel nicht weiter mehr angefoch-
ten werden.

Hiermit war der Gegenstand der Verhand-
lungen aufgestellt; aber niemand faßte ihn auf,
und ein tiefes Schweigen, welches sich bald in
ein dumpfes Murren auflöste, war alles, was
der General auf seinen Vortrag zur Antwort erhielt. Sein Sitz auf dem Throne schien absicht-
lich so eingerichtet, daß sein Rücken das Wapen-

schild der Insel bedeckte und die darüber stehen-
de, besonders reich gestickte Königskrone, in der
Ferne das Ansehen hatte, als ruhte sie auf seinem Haupte. Die Ursache der allgemeinen Unzufriedenheit blieb ihm kein Geheimniß; laut
fragte ihn vor der ganzen Versammlung Dr.
Murati: „für wen der größere Thron dort
„bestimmt sey?“ — „Für die Freyheit,“ antwortete Paoli mit schneller Fassung, worauf der
Doctor erwiederte: „die hat ihren Thron in dem
„Herzen des Bürgers; außer diesem hat sie wohl
„Thronen gestürzt, aber nie einen erbauet.“

Seine schlagende Aeußerung unterdrückte
alle weitern Ausbrüche des Unwillens. Schweigend verließ der General seinen Thron, um ihn
nie wieder zu besteigen, und die Versammlung
schritt befriedigt zur Berathschlagung über den
ihr vorgelegten Antrag. Die zwey ersten Puncte
desselben wurden ohne Widerrede angenommen,
der dritte verrieth zu deutlich die Absicht, in der
Folge neue Unternehmungen gegen die Freyheit der Insulaner zu versuchen; es ward daher
beschlossen, daß Genua's Senat seine Würde ohne Schaden für seine Vortheile behaupten möge,

zugleich aber auch die Sicherheit der Corsen au=
ßer Gefahr gesetzt werden müsse.

Bey dem Abschiede sagte Paoli zu Bona=
ventura: „Heute haben Sie gesehen, was frü=
„her mein Loos gewesen wäre, da man mir nach
„zwölfjährigen Arbeiten und Aufopferungen so
„begegnete.“

„Nicht gern möchte ich,“ versetzte dieser,
„den Schluß von der Gegenwart auf die Ver=
„gangenheit gelten lassen; denn wäre diese an=
„ders gewesen, so hätte sich jene nicht so ereig=
„nen können. Ich verehre Ihr Bestreben, sich
„nur durch Verdienste geltend zu machen; aber
„bis an das Ende der Welt wird man dem be=
„scheidenen Verdienste verweigern, was man
„dem kühn unternehmenden, erschütternden Gei=
„ste in Angst und Entsetzen von jeher gewähret
„hat. Jenes ist menschlich, dieser göttlich; das
„erstere erhält seinen äußern Werth bloß durch
„die Anerkennung nach Begriffen, der letztere
„findet seine äußere Stütze in dem Idealen, wel=
„ches der höhere Mensch überall mit Ehrfurcht
„würdigt, und der roheste, in sich und Andern
„wenigstens dunkel, ahndet.

„Es ist viel, aber ich hoffe, noch nicht alles
„verloren; was dünket Ihnen?"

„Versäumt möchte wohl so manches
„seyn; verloren ist gar nichts, denn auch das,
„was Sie etwa Verlust nennen dürften, wird sich
„endlich als reiner Gewinn für uns, für Corsica
„und für die Welt ausweisen. Das Sprichwort
„sagt: „„wir lernen lehrend;"" man könnte es
„wohl weiter ausdehnen und sagen: „„indem
„„wir in Gottes großer Welt schaffen und erzie-
„„hen, werden wir selbst geschaffen und er-
„„zogen.""

Bey seiner Ankunft in Sovarella fand er
den heitern Greis Renato auf dem Krankenlager. Seine Lebenskraft war abgespannt und sein
Geist sah freudig auf die schnelle Auflösung seiner Bande hin. Im deutlichen Gefühle seines nahen Verschwindens wollte er noch dem Sohne
seines Freundes das Räthselhafte seines frühern
Lebens entschleyern, was dieser schon oft von
ihm vergeblich gebethen hatte.

... Bonaventura las ihm auf sein Verlangen Platon's Phädo vor, die Ideen des Sokrates waren dem Greise Stärkung und Aufheiterung des Geistes, er hieß den Vorleser innehalten und sprach: „Du hast oft die Entdekkung eines Geheimnisses von mir verlanget, das „ich dir nun nicht länger vorenthalten darf. Es „ist einfach, es verbarg dir bisher nur die Quelle „meiner Freundschaft für deinen Vater und mei„ner Liebe für dich. Als ich in meinem zwölften „Jahre hülflos verwaiset ward, nahm sich zu „Paris der ehrwürdige Malebranche, der „Freund meines Bruders, der damahls schon „Carthäuser war, meiner an. Er ließ mich stu„dieren und verschaffte mir durch seine Verbin„dungen den nöthigen Unterhalt. Nach Vollen„dung meiner Studien nahm er mich zu sich, und „ich diente ihm theils als Vorleser, theils als „Schreiber, bis er starb. Ich war drey und zwan„zig Jahr alt, durch die fünfte Weihe bereits der „Kirche gewidmet, doch unentschieden, in welche „Verhältnisse ich eintreten sollte. Mein Umgang „mit dem religiösen Wesen hatte in mir die lebhaf„teste Neigung zum Studium der Philosophie

„erweckt; von ihr beherrscht und getrieben, hat-
„te ich, weder zu dem beschränkten Klosterleben,
„noch zu den zerstreuenden Geschäften des Seel-
„sorgerstandes Lust. Von dem Bedürfnisse des
„täglichen Brotes gedrängt, ging ich zu meinem
„Bruder in die große Carthäuse, wo mir durch
„einige Jahre alles Nöthige gereicht, und, was
„mir das liebste war, die ungestörteste Muße
„zum Studieren gewähret wurde; nur um nicht
„ganz umsonst und unverdient des Guten zu ge-
„nießen, mußte ich mich zum Priester weihen
„lassen." —

„Dort bildete sich Malebranche's Philo-
„sophie in mir zur Erkenntniß zweyer ganz ver-
„schiedener Welten, der zeitlichen, als der Welt
„des Glaubens, und der ewigen, als der des
„Schauens. Eine Macht, die kein Begriff mißt
„und kein Nahme ausspricht, in deren Leben ich
„das meinige fand, deren Stimme ich ohne Un-
„terlaß in meinem Gewissen vernahm, ward mir
„Gott, mein Wissen freyer Glaube des Gemüthes
„an ihn, und meine Religion Liebe der ewigen,
„durch seinen Willen gegründeten, Weltordnung.
„— Ich weiß, daß du anders denkest; aber laß

„mich mit meinem Glauben und mit meiner Lie-
„be heim kehren, sie sind ja in und mit mir alt
„geworden, und haben mir durch funfzig Jah-
„re, in Freuden wie in Leiden, getreulich bey-
„gestanden." —

„Außer der Philosophie beschäftigte ich mich
„mit den alten Griechen und Römern, und in
„dem Garten meines Bruders mit der Zucht und
„Veredlung der Feldblumen. Der Bischof von
„Grenoble, welcher die Carthause oft besuchte,
„würdigte mich seines Wohlwollens und empfahl
„mich dem Parlaments-Rathe Herrn von Cla-
„veson zum Erzieher seines Sohnes. Die mir
„angebothenen Bedingungen waren vortheil-
„haft, und ich zog in das Haus, wo die unü-
„berwindliche Gewalt der Liebe mit ihren schreck-
„lichsten Leiden sich bald meines Herzens bemäch-
„tigte. Meine Geburt, und noch mehr mein
„Stand, verschlossen mir jede Aussicht auf eine
„glückliche Zukunft, oder auch nur auf erfreuli-
„che Augenblicke. Die Entdeckung meines Zu-
„standes an die Geliebte würde den Himmel ih-
„rer Unschuld umwölkt, den Frieden ihres Her-
„zens vielleicht für immer vernichtet haben; mir

„schauderte vor diesem Verbrechen und das hei-
„ligste Gesetz meiner Liebe war, sie auch nicht
„durch das leiseste Merkmahl zu verrathen. Ver-
„geblich sagte ich mir täglich und stündlich: eine
„Liebe, die ihr Ziel jenseits der Gränzen der Mög-
„lichkeit sieht, die eine ewige Feindschaft mit der
„Hoffnung unterhalten muß, die nimmermehr
„aus ihrer Verborgenheit hervor treten darf, und
„doch nicht erstirbt, sey Thorheit oder Krank-
„heit; vergeblich faßte ich mehrmahls den Vor-
„satz, meine Freyheit und Genesung durch die
„Flucht mir zu erkaufen; die Stärke meines Ge-
„fühls siegte über alle Einsichten des Verstan-
„des, und meine Vorsätze verschwanden als hin-
„fällige Geburten des Augenblickes: ich mußte
„lieben, schweigen und leiden; denn der Gegen-
„stand meiner Liebe und meines Schmerzens war
„L o d o v i c a. — Sie wird den Märtyrer heute
„noch belohnen für die Opfer, die ihn die Pflicht,
„und seine Liebe selbst, ihrer Unschuld, ihrer Tu-
„gend und ihrem Glücke bringen hieß; sie kehrte
„in den Schooß der Gottheit zurück, ohne daß
„ihr je ein Blick oder ein Laut von mir angedeu-
„tet hätte, was ich für sie empfand.“ —

„Dank sey es dem verewigten Vater meines
„Geistes, unter dessen Leitung die sittliche Gesin=
„nung sich unerschütterlich in mir befestigt hatte!
„Ohne diese würde mich der Entschluß der Ael=
„tern, das holde Wesen in dem Kloster zu Mont=
„fleury auf ewig zu verschließen, zu den verwe=
„gensten Unternehmungen verleitet haben."

„Indem er nun ein kleines Miniatur=Gemähl=
de hervorzog, fuhr er fort: „Nimm dieses Ma=
„rien=Bild; sie trug es von ihrer Kindheit auf an
„ihrer Brust, es war das Einzige, was ich mir
„bey dem qualenvollen Abschiede von ihr erbäth,
„und seit der Zeit hat es, weder das Auge ir=
„gend eines Menschen, noch sie selbst wieder bey
„mir gesehen. Die Locke, die du darin verbor=
„gen finden wirst, mußte ich mir von der Nonne,
„die ihr bey der Einkleidung die Haare abschnitt,
„durch mancherley Künste zu verschaffen." —

„Mit Bestürzung auf mein zerrissenes Da=
„seyn hinblickend, verließ ich Claveson s Haus,
„sobald Lodovica geopfert war. Unterdessen
„war mein Oheim gestorben, der mir so viel ver=
„macht hatte, daß ich von Menschen unabhän=
„gig leben konnte; allein mein eigentliches Leben

„mußte ich erst wieder suchen. Im Thale bey
„Susa glaubte ich seinen Schein zu erblicken, und
„ich entschloß mich, um es nie wieder zu verlie-
„ren, in der Carthause zu Colegno um meine
„Aufnahme in den Orden anzuhalten. Da kam
„dein Vater mit seiner geretteten Gattinn, und
„verlangte bey mir eine sichere Ruhestätte. Sein
„Bedürfniß hob meinen Entschluß auf, sein Ver-
„dienst um Lodovica öffnete ihm nicht nur
„mein friedliches Dach, sondern auch mein Herz,
„wir wurden bald Freunde im heiligsten Sinne
„des Wortes, und meine Liebe war in der An-
„schauung ihrer Vortrefflichkeit und in der Theil-
„nahme an seinem Glücke vollkommen befriedi-
„get. Mit Freuden begleitete ich die Lieben nach
„Corsica und linderte durch meine Freundschaft
„seinen Gram über die Schwermuth, in welche
„Lodovica allmählich versunken war; diese zu
„zerstreuen waren wir alle nicht vermögend.“—
„Sobald sie in Rom den Schleyer genom-
„men hatte, gehörte sie mir nicht weniger, als
„deinem Vater an. In meiner Einsiedeley bey
„Certaldo blühete mir in allen Blumen nur die
„Schönheit ihrer Seele, der Gesang der Vögel

„verkündigte mir nur das Lob ihrer Vorzüge,
„und in dem geheimnißvollen Wehen des Abend-
„windes vernahm ich nur Seufzer ihrer heiligen
„Liebe zu dem Ewigen. Doch gern verließ ich
„auch dieses Heiligthum meiner süßen Schwär-
„mereyen und folgte dir auf deinen Reisen, so-
„bald Anselmo mir eröffnete, daß er und sie
„es wünschte. Ich liebte in dir den würdigen
„Sohn meiner Geliebten und meines Freundes,
„und deine Wohlfahrt war meine eigene. Mein
„Leben seit jener Zeit ist dir bekannt, und in die-
„sem so wenig als in dem vorhergegangenen ist
„ein Zug, vor dem mein Blick in dieser Stunde
„zurück schreckte." —

„Ich habe dir nichts mehr zu sagen; und
„auch mit mir geht es zu Ende. — Ueber ein Klei-
„nes bin ich frey. — Ich bleibe bey dir, du gehst
„mit mir, denn ich weiß, daß du an die ewige
„Fortdauer der Freundschaft und Liebe glau-
„best, ja sogar von ihr wissen willst. — Bewah-
„re dir dieß Wissen, die Stunde wird kommen,
„in welcher du nur in ihm Trost und Stärke fin-
„den wirst. — Wie das alles sich vor mir auf-
„kläret! — Fünf und siebzig Jahre kaum Eine

„Schwingung des Perpendikels an der großen
„Uhr der Ewigkeit! — Wie sich alles erweitert!
„— Könntet ihr's sehen wie ich! — Nirgends ei=
„ne Gränze, nirgends ein Dunkel, überall Alles,
„überall Licht! — Kein Tod. — Geburt — Le=
„ben. — Abgrund der Ewigkeit — verschwinden
„in Gott. — „Dieß war sein letzter Hauch. —
„Glück auf zur Freyheit!" sagte Bonaventu=
ra und drückte ihm die Augen zu.

Der Tag seiner Beerdigung war in der Ge=
meinde von Sovarella ein Tag der Trauer; alle
liebten sich in dem Greise, denn er hatte allen Gu=
tes gethan; nur Bonaventura liebte ihn in
sich; ihm war er ein Tag der wehmüthigen Freude.

Was er durch Renato's Hinscheiden an
Genusse des Lebens und sein Sohn an seiner Bil=
dung verloren hatte, das sollte beyden Peral=
di wieder ersetzen. Dringender wiederhohlte er
jetzt seine Bitte, der alte Weise möchte Pisa ver=
lassen, nach Corsica ziehen und seinen Ruf zur
Heimath in den Armen seines treuen Schülers

erwarten. Ihren Nachdruck unterstützte er mit
der Darstellung des nahen Sturzes, welchem der
Jesuiter-Orden unmöglich mehr entgehen könnte.
„Auch Spanien,‟ schrieb er unter andern, „hat
„sich so eben an Portugall und Frankreich an-
„geschlossen, um die schwere Geburt einer neuen
„Ordnung der Dinge auf Erden mit seinem
„Schnitte zu befördern. Ihr unbeweglichen
„Stützen des Alten, Ihr unbestechlichen Wäch-
„ter vor dem Sterbebette des siech gewordenen
„Kronos, Ihr müsset untergehen, wenn noch
„die gegenwärtige Generation den Anbruch des
„neuen Tages erleben soll; das Geräusch Eures
„Falles ist mir wie das Krähen des wachsamen
„Hahnes in der dritten Nachtwache. Fallen müßt
„Ihr, nur weniger grausam, und nicht so offen-
„bar dem Rechte und der Gerechtigkeit Hohn
„sprechend, sollte man Euch von Eurer Höhe her-
„ab ziehen, damit nicht der künftige Sturz der
„Gewaltigen, die Euch jetzt stürzen, die ganze
„Welt erschütterte. Allein so muß es geschehen,
„damit das Gericht und die Wiedergeburt allge-
„mein werde. Ohne Fra Martino's Reforma-
„tion hätte Ihr Orden die Macht, vor welcher

„nun Fürsten und Bischöfe zittern, nie erlangt,
„ohne ihn wäre die Spaltung, welche Völker
„von Völkern, und jedes Volk wieder in sich
„selbst trennet, nie so tief eingewurzelt, ohne sei-
„ne Aufhebung würde vielleicht nach Jahrhun-
„derten das noch nicht erfolgen, wozu sein Un-
„tergang schon nach Jahrzehnden die volle Zei-
„tigung an den Tag fördern wird."

„Ihr Orden, ehrwürdiger Vater, steht dem
„Weltgeiste entgegen. Was war denn Großes
„für sein Werk geschehen, wenn hier und da ein
„Papst, ein König, ein mächtiger Günstling und
„dergleichen, durch die Künste des Ordens aus
„der Reihe der Lebendigen ausgestrichen wurde?
„Der Orden that es ja nur, um das Alte zu be-
„festigen, weil ihn das Neue, konnt' er es nicht
„ausschließend allein schaffen, mit dem Verluste
„seiner Größe und seines Glanzes bedrohte. Dar-
„um würde er sich auch gleich einer ehernen
„Mauer dagegen erheben, wenn in der Folge
„der Drang der Zeit die Römische Curia selbst
„untergraben, Klöster und Kirchen zerstören,
„alle Spuren der alten Gottseligkeit und Liebe
„vertilgen, Thronen zu Boden werfen, Herr-

„ſcher-Dynaſtien ausrotten und ganze Völker-
„ſchaften auflöſen wollte. Dieß alles aber ſoll
„frey und raſch geſchehen; denn in dem Maße
„als die Welt unter ihrem Alter ermattet, muß
„ſich auch das Böſe unter ihren Bewohnern
„häufen."

„Aus der Aſche des Ordens werden Geſpen-
„ſter aufſteigen, ſchrecklicher als jemahls die Höl-
„lenfackel der Habſucht, der Zwietracht und des
„Haſſes über die Erde ſchwingend. Befreundete
„Völker werden ſich gegenſeitig verkaufen, ver-
„rathen, und ſelbſt dem Falle nahe, der Gefal-
„lenen ſpotten. Die fromme Meinung wird den
„Arm ihrer Krieger nicht mehr ſtählen, und ihre
„Unterdrückten werden vergeblich gegen die Ge-
„walt vor den entweiheten Altären der Gerech-
„tigkeit Recht und in dem Gewiſſen ihrer Herr-
„ſcher Schutz ſuchen. Verſchwendung wird das
„Mark der Staaten verzehren, und indem man
„glauben wird, in der ſchlechten Kunſt, die alles
„Blut aus dem Körper dem Haupte zuführt, Heil
„zu finden, wird das überfüllte Haupt ſelbſt mit
„dem erſchöpften Körper ohnmächtig hinſinken."

„Untrügliche Vorbothen von dem allen ſehe
„ich

„ich in der gleichmäßigen Art, womit man gegen
„die unschuldigen, so wie gegen die der Schuld ver=
„dächtigen Ordensglieder verfährt, wie man in
„beyden willkührlich über dem Jesuiten den Men=
„schen, den zum Schutze der Gesetze berechtigten
„Bürger vergißt. Die Maxime, die diesem Ver=
„fahren zum Grunde liegt, ist zur völligen Auf=
„lösung des rechtlichen Zustandes in der Gesell=
„schaft hin gerichtet. Es jammert mich der Ver=
„blendung, mit welcher Cardinäle, Bischöfe,
„Staatsmänner und ganze Mönchsorden Euern
„Verfolgern mit ihrem Ansehen dienen, oder über
„Euer Verderben frohlocken, nicht ahndend, daß
„Euer gegenwärtiges Schicksal nur ein Vorbild
„ihres künftigen sey, und daß man sich in kur=
„zen auch über sie ein Vieles erlauben werde,
„nachdem man ungehindert, nicht nur gegen den
„Orden, sondern selbst gegen seine schuldlosen
„Glieder, Alles wagen konnte. Allein, noch Ein
„Mahl, es muß so seyn, damit das Gericht des
„Weltgeistes überall treffe, von der Geburt der
„neuen Zeit alles Alte verschlungen, und das
„ganze Menschengeschlecht durch den Schmerz
„seiner eigenen Wunden zu dem lebendigen Glau=

„den der Weisen an eine strenge und gerecht ver-
„geltende Nemesis in der Welt bekehret werde."

„So würdige ich denn auch das Schicksal
„Ihres Ordens, ehrwürdiger Vater, und seiner
„Glieder nur nach seiner Allgemeinheit und Noth-
„wendigkeit, wie Sie es mich gelehret haben;
„ich finde es in diesem Lichte gerecht und gut,
„und wünsche nur, daß Sie dem unausbleibli-
„chen Streiche desselben in Toscana zuvor kom-
„men, und, meine Bitte mir in Liebe gewährend,
„sich ehestens einschiffen, um die wahre und un-
„auflösliche Gesellschaft Jesu in Sovarella mit
„ihrer Gegenwart zu erfreuen und zu vermeh-
„ren." ꝛc. ꝛc.

Bonaventura's Wunsch blieb unerfüllt,
denn Peraldi, schon reisefertig und im Begriffe
an Bord zu gehen, war plötzlich in das Reich der
vollendeten Menschheit abgerufen worden. Jetzt
aber landeten zwey tausend Jesuiten, von den
Genuesern aufgenommen, in den Corsischen Häfen
zu Calvi, zu Algaiola und zu Ajaccio. Um die Unglücklichen aussteigen zu sehen, war Bonaventura in die letztere Stadt gereist, und erkannte
unter ihnen, zu seiner größten Freude, Don Alon-

so de Castilla, in dessen Gesellschaft er zu Madrit manche lehrreiche und angenehme Stunde genossen hatte. Castilla war damahls Professor der Mathematik, in der Folge auch der Physik, dann Astronom, und war hernach als Missionär nach Paraguay gesandt, nach zehnjähriger Arbeit zurückberufen, und kurz vor der Verbannung des Ordens aus Spanien zum Rector in Barcellona ernannt worden. Bonaventura both ihm Ruhe und Freundschaft unter seinem friedlichen Dache an, und bald fand er in den Gesinnungen, Einsichten und Kenntnissen seines würdigen und angenehmen Gastes die triftigsten Bestimmungsgründe, ihn nimmermehr aus seinem häuslichen Kreise zu entlassen.

Ein unerschöpflicher Schatz von Erfahrungen, mit philosophischem Blicke gesammelt und mit religiösem Sinne geordnet, machte Castilla's Umgang höchst anziehend und fruchtbar für einen Mann, der sich an jedem, von außen ihm dargebothenen, Stoffe zum Lichte und zum Leben der göttlichen Idee empor zu schwingen wußte. Das Erfreulichste war ihm über dieß noch, daß er in dem Spanier alles vereiniget sah,

was sein Sohn, bey entschiedener Vorliebe für
die Mathematik und Naturkunde im ausgedehn=
testen Sinne, zu seiner Befriedigung bedurfte.

Des besten Erfolges gewiß, übernahm Ca=
stilla des Knaben weitere Geistespflege, zu wel=
cher ihm der idealische Vater und der scharffin=
nige Renato so thätig vorgearbeitet hatten.
Den ersten Beweis, wie angemessen der Unter=
richt des Lehrers und die Selbstthätigkeit des
Lehrlings zusammen trafen, erhielt Bonaven=
tura in einer Landkarte von Italien, mit geo=
graphischer Genauigkeit von Anselmo Vitale
gezeichnet, und durch sprechende Andeutungen
von den merkwürdigsten Begebenheiten, so wie
von den vorzüglichsten Erzeugnissen der Natur
und des Kunstfleißes in jeder Provinz, zu einer
natur = und staatshistorischen Studie eingerich=
tet: doch mehr als dieß, ergetzte den Vater, auf
seine Frage: „warum er auf den mannigfaltigen
„Volks=Charakter so gar keine Rücksicht genom=
„men hätte,“ die Antwort: „weil man, um die=
„sen zu erspüren, entweder selbst mit dem Volke
„gelebt, oder die Bücher, die davon schreiben,
„mit einem abgeschlossenen Charakter gelesen ha=

„ben müßte." Nach einiger Zeit forderte ihn der
Knabe zu einem nächtlichen Spaziergange in
den Garten auf, er folgte ihm, und es erfaßte
ihn selbst ein höheres Gefühl der Andacht, als
ihm dieser mit wahrer Begeisterung die Planeten
und Gestirne am Himmel nahmentlich zeigte, das
Verhältniß der erstern zur Erde und zur Sonne,
sowohl nach ihrem Laufe und ihrer Entfernung,
als auch nach ihrer Masse und Schwere bestimmt
angab, über die unzähligen Lichtwelten und
Sonnen-Systeme jenseits des unsrigen dichterisch
schwärmte, den Zug seines liebenden Herzens zu
den vernünftigen Wesen, von welchen sie alle bewohnet seyn müßten, schilderte, dann in der Bewunderung der göttlichen Größe, Weisheit und
Unendlichkeit verstummte, und nach einer langen
Pause des Schauens und Schweigens endlich
sagte: „so lehret mich Castilla, in der uner-
„meßlichen Kirche Gottes das Bethen, Glauben,
„Wissen und Lieben vereinigen!"

Auch Paoli wußte von den neuen Ankömm=
lingen, unter welchen sich eine große Anzahl
rechtschaffener und gelehrter Männer befand,
für Corsica Vortheile zu ziehen. Mehrere, die bey
den Genuesern nichts zu verlieren hatten, bega=
ben sich unter seinen Schutz, und dienten ihm
als Lehrer theils auf der von ihm errichteten
Universität zu Corte, theils bey den niederern
Schulen in kleinen Städten. Aber wichtiger als
diese Dienste war ihm die Gelegenheit zur schnel=
len Besetzung einiger Seeplätze auf der Insel, aus
welchen die Französische Besatzung ausgezogen
war, weil sich der König durch die Aufnahme
der vertriebenen Jesuiten von den Genuesern für
beleidigt hielt. Schon hatte er Algajola in Be=
sitz genommen, Calvi und Ajaccio würden ihm
eben so sicher zugefallen seyn, hätte ihn nicht der
Herzog von Choiseul auf Befehl des Königs
ersucht, alle Feindseligkeiten gegen diese Plätze
einzustellen, und sie bis nach Verlauf des vier=
jährigen Tractates zwischen Frankreich und Ge=
nua als Französische Besatzungsörter anzusehen.
Zugleich ward ihm die Versicherung erneuert:
,,daß dann die königlichen Truppen die Insel

„gänzlich räumen würden, und im Falle bis da-
„hin kein Vergleich zwischen ihr und dem Sena-
„te geschlossen wäre, den Corfen es völlig frey
„stehen sollte, ihre Rechte geltend zu machen."

Keine List vermuthend, ließ P a o l i seine
Vortheile fahren. Unterdessen hatten die Genueser nicht nur durch die eiligste Wegführung der
Jesuiten aus ihren Seeplätzen den König wieder
besänftiget, sondern ihm auch die Oberherrschaft
über die Insel förmlich abgetreten. Sogleich ward
allenthalben in Corsica durch ein Manifest er-
klärt: „daß Ludwig der XV. die Souveränität
„über dieses Königreich um so williger angenom-
„men habe, als er sie bloß zum Besten seiner
„neuen Unterthanen auszuüben hoffe; und da
„er beschlossen habe, nicht nur für die Wohlfahrt,
„den Ruhm und die Glückseligkeit des Landes
„überhaupt, sondern auch jedes Einwohners
„insbesondere mit den Gesinnungen eines vä-
„terlichen Herzens zu sorgen, so wolle er nicht
„befürchten, diejenigen als Rebellen behandeln
„zu müssen, die er mit so großem Vergnügen un-
„ter die Zahl seiner Unterthanen aufgenommen
„hätte."

Es war nicht länger mehr zweifelhaft, daß der Senat von Genua eine Oberherrschaft, welche er nie rechtmäßig besessen, nie mit Gerechtigkeit zu verwalten, nie mit Würde und Tapferkeit zu behaupten gewußt hatte, verhandelt, und ein kraftvolles, beherztes, siegreiches Volk, gleich einer Waare, verkauft habe. Paoli versammelte zu Corte eine große Consulta; jeder, den Selbstgefühl und Vaterlandsliebe beseelte, war aufgefordert, dabey zu erscheinen. Seine feurige, gehaltvolle Rede, so wie die einfache Darstellung der Genuesischen Niedrigkeit und der Französischen List, erzeugten den einhälligen Beschluß, Corsica's Selbstständigkeit und Freyheit bis auf den letzten Blutstropfen zu vertheidigen. Eine allgemeine Bewaffnung des Volkes ward angeordnet, von welcher sich Bonaventura weder ausschließen könnte, noch wollte. Mit Ergebung dem Rufe des Verhängnisses zur Mitwirkung folgend, sorgte er vor allem für die Sicherheit seiner Familie. Eiligst schrieb er an Fra Giacomo, Prior der Hieronymiten auf San Marino, mit dem er einen fortgehenden Briefwechsel unterhalten hatte, folgendes:

„Corsica's Schicksal nähert sich mit raschen
„Schritten der Entscheidung, das kleine Insel-
„volk hat wider das mächtige Frankreich den
„Krieg beschlossen, und sein Oberhaupt brennet
„vor Begierde, der Welt zu zeigen, wie viel er
„unter günstigern Verhältnissen würde geleistet
„haben, wenn er sie zu schaffen verstanden hät-
„te. Dem Anscheine nach dürften wir anfänglich
„zu unserer Warnung geschlagen, und dann, zu
„unserer Verblendung siegend, besieget werden;
„auf alle Fälle geht entweder mein Leben auf
„Erden, oder mein Leben auf Corsica zu Ende.
„Soll das erstere aufhören, so bitte ich Sie, die
„beyliegende Bestimmung meines letzten Willens
„dem großen Rathe der Republik von San Ma-
„rino zu überreichen, und sie von ihm an meinen
„Erben vollziehen zu lassen; für den letztern Fall
„aber mir das Bürgerrecht in Ihrem erhab-
„nen Freystaate zu erwerben, oder wenigstens
„eine sichere Zufluchtsstätte für mich und die
„Meinigen zu bewirken; wozu ich Sie hiermit
„unter allen Bedingungen bevollmächtige."

„Auf San Marino hat sich die Bedeu-
„tung meiner Wanderschaft in dem Spiegel mei-

„ner Seele auf das bestimmteste abgebildet, dort
„wünsche ich sie auch im Dienste der Menschheit
„zu beschließen. Ich verlange das Bürgerrecht,
„weil ich in einem Alter von ein und vierzig Jah-
„ren die regeste Kraft zur Thätigkeit in mir füh-
„le, und den Beruf des Menschen zur Arbeit,
„als das heiligste, durch die ganze Natur aus-
„gesprochene, Gesetz verehre. Klein ist zwar an
„Macht und an Gebieth der Staat, den ich für
„mich und meinen Sohn zu unserm neuen Va-
„terlande wähle; doch über alle Reiche Euro-
„pa's erhöhet und erweitert er sich, wenn ihm
„der Maßstab der Weisheit angelegt wird. Frey-
„lich wird der Sieger das unterjochte Corsica
„nicht in das Meer versenken, sondern, wie er
„bereits erkläret hat, nach seinen Begriffen und
„zu seinem Vortheile es blühend, ja sogar glück-
„lich machen wollen; ich kann mich aber nicht
„entschließen, dabey mitzuwirken, denn was er
„will, darf ich nicht wollen; und dem, was er
„müssen wird, selbstwillig vorzugreifen, ist mir
„nicht erlaubt. In den Hafen will ich mich flüch-
„ten, bevor der allverschlingende Sturm der ra-
„senden Weltklugheit sich erhebt; einen festen

„Standpunct will ich mir suchen, ehe das lange
„Jahrhundert der Zerstörung beginnt, dessen
„auflösende Schrecken und Qualen meines Soh-
„nes Kindeskinder wohl empfinden, dessen En-
„de sie aber nicht erleben werden. Von den
„ätherischen Höhen des Titanischen Berges her-
„ab, welche niemand fürchten und niemanden
„fürchtbar sind, welche auf die einzig wahre
„und sichere Basis des ewigen Rechtes gegründet
„und von dem Lichte der Weisheit erhellet, die
„Nebel und Irrlichter der Täuschung gleichgül-
„tig unter sich wegziehen lassen, dort will ich
„dem angehenden großen Werke des Allgeistes
„zusehen, dort mit Andacht und Ehrfurcht be-
„trachten, wie er die kurzsichtige, immer nur den
„Augenblick berechnende, Verständigkeit im ver-
„wegenen Kampfe gegen das Bleibende und Un-
„vergängliche, sowohl in ihren blutigen Nieder-
„lagen, als in ihren scheinbaren Siegen und
„gleißenden Schöpfungen, zu Schanden ma-
„chen wird, um seinem eingebornen Sohne, der
„Idee, die Herrschaft endlich auch über die Erde
„einzuräumen.“

  „Diese heilige Muße, dieß himmlische Glück

„mir zu verschaffen, sey die dringendste Ange=
„legenheit Ihres Herzens. Auch ohne mein Ersu=
„chen wird Sie der ehrwürdige Greis Gozi da=
„bey thätig unterstützen; er war meines Vaters
„Freund, und ich glaube, daß ich mir selbst vor
„achtzehn Jahren ein Plätzchen in seinem Herzen
„erworben habe. Sehnlichst harre ich der Zu=
„rückkunft meines Bothen mit der Entscheidung
„des hohen Rathes, die ich im Gefühle meiner
„Würdigkeit durch Ihre und Gozi's Verwen=
„dung nicht anders, als meinen Wünschen gün=
„stig erwarten kann.‟

Das Bürgerrecht auf San Marino ward
ihm bewilligt, und da dasselbe Schiff, welches
seinen Bothen zu Bonifacio ausgesetzt hatte, in
einigen Tagen bereit war, nach Livorno wieder
abzusegeln, brachte er seine Geliebte und seinen
Sohn, beyde der freundschaftlichen Obhuth und
dem Schutze Castilla's empfehlend, an Bort.
Von Livorno sollten sie sich nach San Marino
begeben, und daselbst, im festen Vertrauen auf
den Ewigen, seine glückliche Wiedervereinigung
mit ihnen erwarten. Tief fühlte Olympia den
Schmerz der Trennung; aber kein Laut der Kla=

ge ehtfloß ihren Lippen; sein Wille war ihr nicht
nur das einzige Element, in welchem und durch
welches sie lebte, sondern in allen bedenklichen
Fällen zugleich eine göttliche Bürgschaft für den
glücklichen Erfolg.

Da er mit Corsica's Unterjochung, die ihm
keinen Augenblick zweifelhaft scheinen konnte, seine Verbindlichkeiten gegen dasselbe für geschlossen hielt, so vollzog er noch vorher eine Schen-
kungsurkunde über seine Besitzungen auf der Insel an das, nach Pisa gehörige, Haus der Carthäuser, damit, wenigstens so weit sein Wille
reichte, geheiliget bliebe was er geheiliget hatte. Wohl konnte seinem Blicke in die Zukunft nicht
entgehen, daß unter der gemüthlosen Herrschaft
einer habsüchtigen Nützlichkeit die Weisen des Himmels, als unnütze Müßiggänger das Loos der
Vertilgung und des Raubes vor allen übrigen
treffen müßte, doch hielt er es seiner nicht unwürdig, den aufgehäuften Brenn- und Sünden-
stoff der Welt auch mit seinem Scherflein zu vermehren, in weiterer Ferne die schmerzhafte Ge-
nugthuung und wiedergebärende Versöhnung
erschauend.

Unterdessen waren die königlichen Heere auf
der Insel gelandet, das Genuesische Wapen
war überall abgenommen und an dessen Stelle
Frankreichs welkende Lilien hingepflanzt worden.
Das Wehen der Fahnen von Bastia's Mauern,
der Schall des feyerlichen Te Deum und der
Donner der Kanonen rief die Corsen zur Unterthänigkeit oder zum Kampfe.

Zu dem letztern gerüstet wurden sie durch die
Uebermacht mehrmahls zurück gedrängt, doch
verloren sie, durch zwanzig Tage unausgesetzt
fechtend, nur die Posten zwischen Nonza. Erba-
longa und Biguglia. Jeder Schritt ward dem
Feinde streitig gemacht und mit den Leichen der
Seinigen bezeichnet. Mit der Ankunft des Marquis von Chauvelin und der frischen Hülfs-
truppen neigte sich die Ehre des Sieges auf die
Seite der tapfern Corsen. Durch zwey Monathe und bis die rauhern Wintertage Stillstand
gebothen, hatten sie nur Chauvelin's Fehler
zu benutzen, und Marboeuf nur Niederlagen
und Verluste an Plätzen und an Mannschaft,
an Geld, Munition und Gepäck nach Paris zu
berichten. Bey Penta, Nebbio und Borgo di

Mariana geschahen unter Paoli's, Clemente's und Bonaventura's Anführung Heldenthaten, vor welchen die erstaunten Feinde an allen weitern Fortschritten verzweifelten, wenn sie
nicht mit neuen Heeren unterstützt würden.

Dieß war der Augenblick, in welchem Paoli durch kluge Unterhandlungen und gemäßigte
Bedingungen sein Vaterland von den Leiden und
Lasten, die ein erobertes Land gewöhnlich treffen, befreyen konnte. Die Weisern riethen dazu,
aber er hatte für ihre Rathschläge kein Gehör.
Was er versäumte, benützten die Feinde zu seinem Verderben. Erkaufte Unterhändler stellten
den Corsen vor, wie sie bey allem Muthe, bey
der edelsten Freyheitsliebe, und ungeachtet des
Schutzes, den ihnen ein gebirgiges, unwegsa-
mes Land gewährte, dennoch am Ende unterliegen müßten, wenn sie nicht von einer auswärtigen Macht nachdrückliche Unterstützung erhielten, auf welche sie jedoch nicht mehr rechnen
könnten, da ihr mühselig durchfochtener Feldzug,
ihr standhafter Kampf und ihre glänzenden Siege von allen Seiten nur mit Gleichgültigkeit betrachtet würden. Die Reichern machten sie auf-

merksam auf die schreckliche Verheerung ihrer Güter und auf den empfindlichen Verlust ihrer Einkünfte durch einen Krieg für eine hoffnungslose Sache. Den unzufriedenen oder wankenden Anführern sprachen sie von Ehrenstellen, Reichthümern und allen Vortheilen vor, welche eine allgemeine Staatsveränderung nach sich zieht, und eine große Monarchie zu ertheilen vermag.

Nachdem auf diese Weise ein großer Theil der Corsen bereits im Herzen durch Corsen selbst geschlagen war, begann der neue Feldzug, in welchem Unglück auf Unglück folgte. Den empfindlichsten Schlag empfingen die Patrioten bey Barbaggio und Orminio; dort ward Colonna mit allen seinen Scharen geschlagen und gefangen genommen, hier eroberte der Feind einen beträchtlichen Theil ihrer Kriegs-Munition und ihres Mundvorrathes, der nicht mehr ersetzt werden konnte. Jetzt erschien der Graf von Vaux mit funfzehn neuen Bataillonen auf der Insel. An der Spitze derselben rückte er in das Innere des Landes immer weiter vor. In einigen Gefechten erkämpften sich die Corsen beträchtliche Vortheile; in den meisten aber unterlagen sie,

theils

theils der feindlichen Uebermacht, theils der Verrätherey ihrer Mitbürger, die es gerathener fanden, die Unabhängigkeit des Vaterlandes zu verkaufen, als für sie zu bluten oder zu sterben. Am achten Tage des Feldzuges wurde Paoli bey Ponte=Novo völlig geschlagen; und von nun an war der Krieg nichts weiter mehr als ein schrittweises Verfolgen des Unglücklichen und seiner Treuen. Endlich, da deren nur noch fünf hundert übrig, und auch diese von einer überlegenen feindlichen Schar eingeschlossen waren, trat er in ihre Mitte und sprach:

„Das Verhängniß, theure Waffenbrüder,
„hat uns hier auf einen Punct gesetzt, auf wel=
„chem uns nur die traurige Wahl zwischen Tod
„und Sclaverey übrig bleibt. Was weder die
„Drangsale eines langwierigen Krieges, noch
„der unversöhnliche Haß der Genueser, noch das
„Gewicht verschiedener großer Mächte bewirken
„konnte, das hat endlich die Gewalt des Goldes
„allein zu Stande gebracht. Unsere unglücklichen
„Mitbürger, durch ihre bestochenen Oberhäup=
„ter betrogen und verführt, sind den Fesseln, die
„man für sie geschmiedet hat, selbst entgegen ge=

N n

„eilet. Unſere Verfaſſung iſt aufgelöſt, die Blü-
„then unſerer Pflanzung ſind verwelkt, die mei-
„ſten unſerer Freunde ſind todt oder gefangen,
„und wir ſelbſt ſind nur übrig geblieben, um
„den Untergang unſeres Vaterlandes zu ſehen
„und zu beweinen. Zu meinem Troſte iſt keiner
„unter uns fähig, für den kurzen Reſt eines elen-
„den Lebens ſich zum Diener oder Werkzeuge der
„Ungerechtigkeit und Unterdrückung herab zu
„würdigen. Mit edelm Stolze ſpreche ich noch
„zu einem Kreiſe von Männern, welche das Gold
„und die glänzenden Verheißungen Frankreichs,
„eben ſo wenig als mich, zur Schande verfüh-
„ren konnten; nur das eine Bewußtſeyn lebt in
„uns allen, daß das, was wir gethan haben,
„uns ſelbſt unſern Feinden ehrwürdig machen
„müſſe. Nach der Ehre des Sieges kenne ich
„nichts größers, als dem augenſcheinlichen To-
„de entſchloſſen Trotz zu biethen; an dieſem Zie-
„le, Brüder, ſtehen wir. Entweder müſſen wir
„mit dem Degen in der Fauſt einen Weg durch
„die Feinde uns öffnen, um in einem andern
„Lande und für glücklichere Zeiten dem Vater-
„lande Rächer aufzubewahren, oder unſere rühm-

„liche Laufbahn durch einen eben so rühmlichen
„Tod beschließen."

Hierauf umarmte er die edeln Gefährten seines Schicksals auf das zärtlichste, und nachdem
sie die besten Maßregeln zur Ausführung ihrer
Absicht getroffen hatten, schlugen sie sich noch in
derselben Nacht mitten zwischen den feindlichen
Truppen, mit eben so viel Glück als Entschlossenheit durch. Paoli hielt sich mit Bonaventura und einigen Freunden zwey Tage lang unter
den Ruinen eines Klosters bey Torre Benedetto
verborgen, und von dort aus gingen sie zu Por-
to Vechio an Bord eines Englischen Schiffes,
welches sie zu Livorno glücklich an das Land setzte.

Bonaventura hatte nicht Lust, an den
humanen Auszeichnungen Theil zu nehmen, womit Paoli und seine Unglücksgenossen dort
überhäuft wurden; er eilte nach San Marino, um nach einer einjährigen Abwesenheit in
den Armen seiner Geliebten die Wonne eines neu
beginnenden Lebens zu genießen, und in ihrer

kindlichen Freude selbst wieder Kind zu werden.
In ganz Italien wurden die ausgewanderten
Corsen als Märterer der Freyheit aufgenom=
men und verehrt; dieß geziemte keinem Staate
Italiens mit mehrerem Rechte, als der Repub=
lik San Marino, die allein in ihrem Schooße
das kostbare Kleinod wirklich besaß, mit dessen
Nahmen andere so genannte Freystaaten prah=
lend sich nur täuschten. Seine Ankunft daselbst
war ein Triumphfest der Tugend und Freyheit;
an dem Urbinatischen Thore wurde er von sei=
ner Familie, von keinen Freunden und von den
Abgeordneten des hohen Rathes empfangen, be=
grüßt, mit einem Kranze von Epheu, Lorbern
und Eichenlaub geschmückt, und so in Beglei=
tung einer großen Anzahl Bürger in die Kirche
des heiligen Marino geführt, wo er in der
Versammlung des hohen Rathes und des Clerus
den Bürgereid leistete.

Die Achtung und Liebe, die ihm unter gott=
seligen, weisen und tugendhaften Männern nicht
ermangeln konnte, wies ihm auch bald einen
Wirkungskreis an; noch hatte er kein ganzes
Jahr auf dem Berge verlebt, als sein Verdienst

in der Wahl zum Podesta das Zeugniß der allgemeinen Anerkennung und des öffentlichen Vertrauens erhielt.

Was ihm nun in seinem Seyn die Verwaltung der Gerechtigkeit übrig ließ, das war der Weisheit, der Liebe, der Vaterpflicht und der Freundschaft geheiligt. Aber seine Freunde, Gozi, Giacomo und Castilla bezahlten einer nach dem andern der Natur ihre Schuld. Nach einigen Jahren trieb seinen Sohn die Begierde nach der Wissenschaft der Natur, bis zur Wiege der neuern Menschengattung, nach Indien. — Unter gegenseitigen Eröffnungen der innern und ewigen Welt sank endlich auch Olympia in der Rosenlaube, vom Feuer des Himmels getroffen, vollendet in seine Arme. — Nichts blieb ihm übrig, als die Weisheit und die Liebe, beyde ihr Licht und Leben nicht mehr in vergänglichen Erscheinungen, sondern in dem Unwandelbaren und Ewigen der idealen Wirklichkeit umfassend, und ihn erst dadurch ganz beseligend.

Er war noch da, als im Westen die große Wiedergeburt der Dinge so gewaltig begann, daß die ganze Erde erbebte. Was alle Menschen,

in Freude wie in Schreck, verwirrte, konnte ihn
keinen Augenblick blenden; in seinem Geiste sah
er das Alte untergehen, das Neue aufsteigen,
und noch schneller stürzen als das Alte; denn
schon in seinem Werden zeigte es sich ihm als un=
haltbares, hinfälliges Verstandeswerk, als flüch=
tig ergetzende Gaukeley der Weltklugheit, nur er=
scheinend und verschwindend, um den mitspielen=
den und gaffenden Haufen aus seiner Gemüth=
losigkeit aufzuschrecken, und sein Auge zu dem
Ideen=Himmel, aus dem allein ihm Licht und
Kraft und Heil herab strömen kann, mit schmerz=
licher Gewalt hinaufzuziehen.

Er war noch da, als die Sünde der Welt
ihre Wurzeln selbst in die Felsen des Titani=
schen Berges einschlagen und seine Festigkeit
untergraben wollte. Eine Gesandtschaft erschien
auf San Marino und both den Bürgern eine
Vergrößerung ihres Gebiethes an; aber Bona=
ventura's Geist erleichterte dem Gemüthe über
den Verstand, der Idee über den Begriff den
glorreichen Sieg. Es war nur eine Stimme auf
San Marino: „Einfachheit der Sitten und
reines Freyheitsgefühl ist das theuerste Erbe

„von unſern Vätern; und heilig haben wir es be-
„wahret.im Streite ſo vieler Jahrhunderte gegen
„den Ehrgeiz und den Haß der Mächtigen. Zu-
„frieden und glücklich in unſerer Kleinheit, wagen
„wir es nicht in Hoffnungen einer ehrgeizigen
„Vergrößerung einzugehen, welche mit der Zeit
„unſere Freyheit gefährden könnte. Alles, was
„wir der Großmuth unſerer Freunde und ihrem
„nie beſiegten Führer berdanken möchten, iſt die
„Verſicherung unſerer bisherigen Unabhängig-
„keit, und einige Ausdehnung unſeres Handels."

Er war noch da, als ſelbſt der kleine Kreis,
in dem er lebte, von dem Begriffe irre geleitet,
immer nur den fürchtbaren Verweſer des
Allgeiſtes in ſeinen Rieſenſchritten anſtaunte;
er leitete den Blick der Frommen und Vertrauten
auf die unüberwindliche Macht der Vernunft, die
im Lichte der Idee durch ihn wirkte, und auf
die Sünde der Welt, die in ihren Wurzeln aufgedeckt werden ſollte; und ſie bedurften der elen-
den Träume von einem verderblichen Zeitgeiſte
oder unbegreiflichen Glücke nicht mehr, um die
Offenbarungen der heiligen Nemeſis zu verſtehen, und das Geheimniß der Dinge, die geſcha-

hen und in ferner Zukunft noch geschehen
müßten, zu durchschauen.

Endlich, nachdem alles in ihm verwandelt
und verkläret war, nachdem die drey Steine seines Wesens zu einem einzigen diamantenen Spiegel von unwandelbarer Klarheit zusammen ge-
schmolzen waren, nachdem sich ihm alles, was
außer ihm einzeln, besonders oder getrennt da
zu seyn schien, in diesem Spiegel zu einem Ganzen, Allgemeinen und Einen vereiniget hatte, und
in der großen Welterschütterung nichts mehr
Furcht oder Hoffnung, Bewunderung oder Erwartung, Schmerz oder Freude in ihm erregen
konnte; nachdem sein Blick das Rechte, Gute und
Schöne nirgends mehr einzeln, oder nur nach und
nach gewahrte, sondern auf Ein Mahl und allenthalben eine unermeßliche Göttliche Natur erfaßte, und überall Licht, Leben und Liebe ihm
begegneten; da verschwand er selbst aus der
Zeit, denn der Zweck alles Daseyns in ihr, —
Offenbarung der Macht und Heiligkeit
des Idealen im Menschen, — war auch in
seinem Daseyn erreicht.

————————

Druck=

Druckfehler und Verbesserungen.

Seite 61. Zeile 11. u. 14. statt, Rattalli, lies: Raffalli.
— 64. — 15. — — wußte, — wüßte.
— 244. — 6. — — den Zahlen — der Zahlen.
— 267. — 2. st. Filiughieri l. Filinghieri.
— 496. — 10. — Anderen, — Andere.

Lightning Source UK Ltd.
Milton Keynes UK
UKHW020215260219
337978UK00012B/1166/P